中央编译局文库编辑委员会

主　　任：贾高建

副 主 任：魏海生　柴方国　季正聚　崔友平

委　　员（按姓氏笔画排序）：

　　　　　冯　雷　牟建君　杨雪冬　沈红文　张凤宝

　　　　　陈家刚　胡长栓　郗卫东　葛海彦

马克思主义研究资料

第3卷

主　编　杨金海
副主编　冯　雷（常务）　薛晓源

经济学笔记研究 I

本卷主编　武锡申

《国际共产主义运动历史文献》顾问委员会

贾高建　顾锦屏　高　放　张中云　胡文建
宋洪训　沈志华　洪肇龙

《国际共产主义运动历史文献》编辑委员会

主　　编：王学东
副 主 编：戴隆斌（常务）　童建挺
编　　委：（以姓氏笔画为序）
　　　　　王　瑾　吕瑞林　邢艳琦　许宝友　张文成　张文红
　　　　　陈新明　林德山　胡振良　姚　颖　晏　荣　崔海智
　　　　　彭萍萍　薛晓源

参加本卷译校工作的有（以姓氏拼音为序）

陈新华　崔海智　戴隆斌　方　琼　高增训　郭家申　何孟良
侯静娜　林　桦　刘　力　刘新宇　吕允连　强德正　沈志华
孙士明　王希礼　王英杰　吴　红　徐锦栋　徐元官　杨克胜
岳书幡　张建荣　张建设　张菊萍　张木生　张廷文　钟平和

参加本卷编辑出版工作的有

苗永姝　李媛媛　贾宇琰

总 序

呈献给读者的这套《马克思主义研究资料》丛书，旨在服务于我国正在实施的马克思主义理论研究和建设工程，积极吸收和借鉴国外马克思主义研究成果，对改革开放以来中央编译局编译的有关国外学者研究马克思主义的成果，以及少量相关的国内学者的研究成果整理出版，为我国马克思主义研究提供基础性的参考资料。本丛书计划出版37卷，三年内陆续完成编辑和出版工作。

编译国外学者关于马克思主义的研究成果，并对相关问题展开深入探讨，是马克思主义经典著作编译研究的基础性工作。中央编译局作为马克思主义经典著作编译研究的专门机构，历来十分重视这项工作。20世纪50年代以来，特别是改革开放以来，中央编译局的同志们编译了大量国外学者关于马克思主义的研究文献，也发表了不少自己的相关研究成果。这些成果曾经在中央编译局编辑的《马列著作编译资料》、《马列主义研究资料》、《马克思主义与现实》等刊物公开发表，或在内部刊物《马克思恩格斯研究》、《列宁研究》等刊载。这些成果对于推进马克思主义经典著作的编译和研究工作发挥了重要作用，时至今日，一些学者仍然把它们当做研究马克思主义的珍贵资料。

然而，随着近年来中央实施马克思主义理论研究和建设工程的深入推进以及马克思主义学科建设的快速发展，这些研究资料的留存情况已经远远不能适应形势发展的需要了。《马列著作编译资料》和《马列主义研究资料》早已停止出版，很多人难以找到原有资料；《马克思恩格斯研究》等内部刊物刊载的文章没有公开面世，也难以为人们广泛使用；而新编译的文献资料又很零散。因而，希望中央编译局提供马克思主义研究资料的呼声越来越高。

为了继承前辈的事业，适应学界的需要，尽可能全面系统地收集整理中央编译局近几十年来编译的国外学者关于马克思主义的研究成果以及相关的国内学者的研究成果，中央编译局专门成立了《马克思主义研究资料》丛书课题组，并对该项工作提供了基金资助。课题组不仅在局内组织力量进行工作，而且争取到社会力量的支持。经过课题组同仁两年多努力，已经形成一批编辑成果，还将继续补充、完善并陆续推出。这套《马克思主义研究资料》丛书就是这些成果的集中体现。

本丛书力求体现如下四个特点，这也是丛书编辑工作所力求遵循的四条原则：第一，保证文献性。本丛书主要收集改革开放以来中央编译局刊物发表的有关马克思主义理论编译和研究方面的成果，这些刊物包括公开出版的《马列著作编译资料》、《马列主义研究资料》、《马克思主义与现实》、《当代世界与社会主义》、《经济社会体制比较》、《国外理论动态》等，也包括内部刊物《马克思恩格斯研究》、《列宁研究》、《斯大林研究》、《马克思恩格斯列宁斯大林研究》等；少量收集其他杂志发表的中央编译局学者编译或撰写的有关文章；个别收集与中央编译局长期合作的其他学者的相关文章；对所收商榷性文章涉及的其他学者的成果，也作为附文收入，以示对相关学者的尊重，也便于读者在阅读正文时参考。收集整理这些学术成果的目的主要是为学界研究马克思主义提供参考资料，同时帮助人们了解马克思主义研究的历史进程和思想脉络。因此，本丛书所收文献力求保持其历史原貌，包括其中的人名、地名、术语、引文等，都不作改动，以便读者进行文献考证之用，只对个别错漏文字等进行校正，对于文中可能产生歧义的地方，以"本丛书编者注"的方式加以说明。其中读者特别应当留意的是译名、术语的不统一问题，例如关于《马克思恩格斯全集》历史考证版，就有多种表达方式：原文版、国际版和MEGA版，其中，往往又以"老"、"新"、"MEGA^1"、"MEGA^2"、"MEGA1"、"MEGA2"等来区分历史考证版第1版和第2版。第二，突出编译性。本丛书所收文献中，以国外学者的成果为主，包括国外学者关于马克思主义经典作家的著作、思想、生平事业，乃至书信往来、工作生活等方面的研究文献，凡比较有资料价值的，均在收集之列。如上所述，国内学者的相关考证性成果，包括经典著作翻译、版本、传播、重要术语考据等文献，凡具有资料价值的，也一并收入，但这部分内容所占比例较小。第三，力求系统性。上述几十年来形成的这些编译研究资料繁茂芜杂，十分零散，使用起来很不方便，编辑整理就更为困难。为把这些宝贵文献整理面世，使之更好地发挥作用，编辑人员下了很大功夫。在收集整理中，我们力图分门别类，尽可能将同类资料按照一定逻辑顺序编排，使之呈现一定的系统性，以便读者全面掌握有关资料。第四，力争权威性。本丛书力争选编国内外在相关研究领域具有一定权威性的专家学者的具有代表性和影响力的文献。为保证文献的权威性和准确性，我们对文献的引文进行了校订，特别是对有关马克思主义经典著作的引文进行了原版原文核对，并对注释尽可能地作了规范化处理，以便读者更准确地了解引文及其出处。

基于上述考虑，本丛书的编排体系大体分四个部分。第一部分是经典著作研究，包括关于《共产党宣言》、《资本论》等手稿、创作、版本、传播诸方面的研究文献；第二部分是基本理论研究，包括哲学、政治经济学、科学社会主义以及政治学、法学等方面的研究文献；第三部分是版本和传播、编译以及生平事业研究；第四部分是国外马克思主义研究。每一部分包括若干卷。每一卷都有本卷编辑说明，对本卷编辑的思路、内容和有关技术问题作简要交代。各卷内容按照逻辑顺序进行编排，在此基础上再按照时间顺序编排。各卷内容一般要作分类，并加分类标题，以便读者阅读研究。

需要说明的是，由于本丛书是整理编辑已有的文献，而且主要限于整理编辑中央编译局学者编译和研究的部分成果，这就决定了本丛书不可避免地存在一些缺憾。一是这些文献中有的观点不一定正确。选编这些文献并不意味着编者赞同其中的观点，我们的目的仅仅在于为人们研究马克思主义提供参考资料，其中正确的思想成果可以作为我们研究借鉴的思想资源，而错误的观点可以作为我们研究批评的对象。例如，对有关马恩对立论的观点，我们是不赞成的，但为了让研究者了解、研究和批评这种观点，也收入了相关文章。所以，谨请读者在使用这些文献时注意辨别是非。二是这些文献存在质量参差不齐的情况。由于这些文章的作者、译者水平不同，写作时间、背景、针对的问题、产生的影响以及发表的刊物等不同，其质量也就有一定差别。例如，有的概念和译文在今天看来不一定科学、准确，有的文献曾经很有价值而在今天看来最多只有学术史的价值。在选编过程中，我们尽量收入那些分量较重、影响较大的文献，但为了比较全面地反映学术史的原貌并提供尽可能详细的研究参考资料，也收入了一些篇幅较短、影响不大但有一定资料或史料价值的文献。另外，有少量比较重要的文献，由于作者或译者不同意收入，也不得不忍痛割爱。三是这些文献的系统性、规范性不太强。尽管我们努力按照上述编辑原则工作，对这些文献进行了分类整理，力求全面系统地提供给读者相关方面的文献资料，但由于这些资料十分繁杂，彼此之间的关联性不强，有的方面资料较多，有的较少，且发表的刊物、时间等不同，体例也很不统一，整理起来难度极大，加之各位编者的研究角度不同，水平各异，所以，每一卷书的结构、篇章、内容、观点等都不尽相同，其规范程度也不尽一致。对本丛书存在的以上不足或缺憾，谨请读者鉴谅；对其中可能存在的疏漏和错误之处，谨请读者批评指正。

本丛书在编写和出版过程中，得到了各个方面的大力支持。中央编译局对此项工作高度重视，始终给予鼎力支持。国家出版基金将本丛书列入2013年度资助项目。中央编译出版社为本丛书申报国家出版基金项目并最终立项，以及为丛书出版做了大量工作。本丛书所收文献的译者、作者和出版者，凡已联系上的，均给予我们大力支持，同意使用这些文献；对尚未联系上的，我们将尽力联系，也请相关同仁主动联系我们。丛书顾问委员会的专家对丛书的编写工作给予热情指导，编委会成员和课题组同仁为丛书的编写付出了辛勤劳动。在此一并致以衷心的谢意！

《马克思主义研究资料》
编辑委员会
2013年12月10日

编辑说明

本丛书收录了马克思重要经济学笔记《巴黎笔记》、《曼彻斯特笔记》、《伦敦笔记》的有关研究文章,分两卷编辑出版。与《巴黎笔记》和《曼彻斯特笔记》相比,有关《伦敦笔记》的研究文章较多,本卷收录了其中6篇,其余编入下一卷。本卷末尾附录了冯文光整理的未公开发表过的《马克思经济学创作年表》,希望有助于读者更好地了解马克思政治经济学研究的历程。

为了保持文献性,本丛书的注释基本保持原貌,不作改动;但对原注释有错误或有遗漏的,我们尽可能查阅了有关文献,作了必要的规范和完善;对有些查找不到的,保留原来的内容和格式。

目 录

《巴黎笔记》研究 …… 1

关于巴黎笔记 …… 3

关于马克思《巴黎笔记》的资料
 《马克思恩格斯全集》旧国际版编者 …… 22

马克思"巴黎笔记"简介
 王福民 …… 32

《巴黎手稿》的文献学研究及其意义
 韩立新 …… 40

再论"马克思文本解读"研究不能无视版本研究的新成果
 ——从《巴黎手稿》的文献学研究谈起
 鲁克俭 …… 65

附：文献学与马克思主义基本理论研究的科学立场
 ——答鲁克俭和日本学者大村泉等人
 张一兵 …… 115

关于重新研究"巴黎手稿"的一个路线图
 聂锦芳 …… 140

私有财产关系的起源、表现及其社会后果
　　——马克思"巴黎时期"思想再探讨
　　　刘秀萍……………………………………………………… 164

马克思共产主义思想的起源
　　——重新思考"巴黎手稿"对共产主义的七条论证
　　　李彬彬……………………………………………………… 185

《曼彻斯特笔记》研究……………………………………………… 205

马克思和恩格斯的《曼彻斯特笔记》的科学价值
　　——《马克思恩格斯全集》历史考证版
　　　第4部分第4卷前言……………………………………… 207

《伦敦笔记》研究…………………………………………………… 253

关于《伦敦笔记》第Ⅰ—Ⅵ本的内容
　　——《马克思恩格斯全集》国际版新版
　　　第4部分第7卷的序言…………………………………… 255

关于马克思《伦敦笔记》第Ⅶ—Ⅹ笔记本
　　——《马克思恩格斯全集》历史考证版
　　　第4部分第8卷前言……………………………………… 284

关于马克思《伦敦笔记》第Ⅺ—ⅩⅣ笔记本
　　——《马克思恩格斯全集》历史考证版
　　　第4部分第9卷前言……………………………………… 320

马克思1850—1853年的伦敦笔记
　　〔德〕克劳斯·福利克　沃尔夫冈·约翰 …………… 361
《伦敦笔记》在马克思政治经济学发展中的地位
　　〔民主德国〕沃尔弗冈·扬 …………………………… 376
马克思1850—1853年期间的经济学研究
　　〔苏〕亚·马雷什 ……………………………………… 391

附　录 ……………………………………………………… 411
　　马克思经济学创作年表 ………………………………… 413

《巴黎笔记》研究

关于巴黎笔记[*]

本卷第一部分中发表的第二批材料是马克思于1843年10月中旬至1845年1月底定居巴黎期间所作的摘录笔记。这些笔记标志着马克思的革命世界观终于向着唯物主义和共产主义转变的一个新的形成阶段。这表现在题材的选择上，表现在处理材料的方式方法上，特别是表现在马克思在巴黎取得的研究成果中所作出的那些结论上。

与克罗茨纳赫笔记不同的是，巴黎笔记在题材上更加广泛。其中清楚地反映了马克思在这一时期研究的三个基本方面：继先前克罗茨纳赫时期研究的历史哲学方面的问题，在本笔记中占中心地位的经济学方面的问题，以及对社会主义文献和共产主义文献的研究。在这个意义上来说，巴黎笔记是马克思批判地分析三个基本理论来源（古典资产阶级哲学，资产阶级政治经济学和空想共产主义）的具体体现。创造性地掌握并吸收前人的理论思想的卓越成就，同时对革命实践学说加以概括，把两者结合起来，创立了崭新的、严密的革命的世界观。巴黎笔记非常明显地表明，在马克思创立新的革命理论基础的这个早期阶段，他的世界

---

[*] 本文选自《马列主义研究资料》1983年第4辑。

原题注：本文是《马克思恩格斯全集》新国际版（MEGA）关于巴黎笔记的说明，载于新国际版第4部分第2卷。——编者注

观的三个组成部分就已极为密切地共同起着作用。

巴黎笔记是从摘录雅各宾党人和国民公会议员勒奈·勒瓦瑟尔的《回忆录》开始的，这些摘要可说是连接克罗茨纳赫笔记和巴黎笔记的中间环节。笔记证明，马克思在移居巴黎之后仍继续从事历史的研究，他对法国历史的兴趣，对法国革命史尤其是对法国革命高潮时期——1792年8月10日推翻君主政体之后雅各宾党人和吉仑特党人之间争夺权力的斗争——历史的兴趣仍然和以往一样。由阿尔诺德·卢格在1844年5月20日和7月9日给德国政论家卡尔·摩里茨·弗莱舍的信中可以知道，马克思在研究勒瓦瑟尔著作的同时，还已经决定写一部关于议会史的著作。

马克思在他的笔记和摘录中逐天地——从1792年8月10日到1793年5月——逐字逐句地密切注视着雅各宾党人和吉仑特党人之间的争论。他把他的注意力集中在两个党派的纲领和政策上，以及他们与人民群众的相互关系上，并得出这样的结论：吉仑特党人的"实践局限于报告和演说"，"这使他们成为不受大众欢迎的人"，而山岳派（雅各宾党人）是广大人民群众利益的代言人。马克思写道，山岳派看到了人民中"唯一的行为的动机"，"唯一的对外和对内的反抗力量"。它是"人民群众党派的山岳，有的是强壮的穷人和坚强的忠诚之士"，而已经取得政权的吉仑特党人却竭尽全力企图扼杀人民的力量和首创精神。正是不断高涨的群众革命积极性，他们在推翻君主政体以后对吉仑特党政府的日益不满情绪导致了革命的雅各宾专政的建立，这个专政通过公社，特别是通过由坚强的人民群众组成的巴黎公社而实现了。

对勒瓦瑟尔著作所作的摘录，以及克罗茨纳赫笔记中关于世界历史的摘录，都表明了研究具体的历史资料对马克思唯物主义观点，首先是把阶级斗争看作历史发展的动力的观点的形成起着巨大的作用。

马克思打算写一部自己的关于议会史的著作的计划未能实现,但他首先在他的著作《神圣家族》和手稿《德意志意识形态》中利用了在克罗茨纳赫和在巴黎所研究和摘录的有关这一主题的材料。马克思在《评"普鲁士人"的〈普鲁士国王和社会改革〉一文》中第一次概括了他对国民公会史的研究,他写道:"国民公会是**政治动力、政治势力**和**政治理智的顶点**。"①

巴黎笔记的下一批材料是对资产阶级古典政治经济学作家亚当·斯密和大卫·李嘉图的著作的摘录,以及后来被马克思视为古典政治经济学的庸俗化者的法国和英国的经济学家让·巴蒂斯特·萨伊、约翰·雷姆赛·麦克库洛赫、詹姆斯·穆勒、吉约姆·普雷沃和安·路·德斯杜特·德·特拉西的著作的摘录。在巴黎时他还没有作出这样的区分。

1844年春,马克思开始系统地研究经济学。但是他对经济问题发生兴趣还要早得多,在他参加《莱茵报》工作时期就已产生了。马克思后来回忆这一时期时写道:"1842—1843年间,我作为《莱茵报》的主编,第一次遇到要对所谓物质利益发表意见的难事。莱茵省议会关于林木盗窃和地产析分的讨论,……就摩塞尔农民状况同《莱茵报》展开官方论战,最后,关于自由贸易和保护关税的辩论,是促使我去研究经济问题的最初动因。"②

马克思在克罗茨纳赫研究历史期间再次面临经济问题。他认识到重大政治事件的经济背景以及各个阶级和阶层的物质利益对历史进程的决

---

① 1844年8月7日《前进报》(巴黎)第63期。
② 《马克思恩格斯全集》第1版第13卷第7—8页。

定性影响。

移居巴黎，唯物主义观点的深入，对法国工人运动的熟悉，对社会主义和共产主义文献的研究，加深了马克思对政治经济学在社会进程中的作用的认识。马克思在1843年10月至12月中旬所写的《〈黑格尔法哲学批判〉导言》一文中认识到："工业以至于整个经济界和政治界的关系是现代主要问题之一。"① 从此，马克思的注意力愈来愈集中于政治经济学问题，它在马克思的科学活动中占了中心地位。

1843年11月马克思读完恩格斯的著作《政治经济学批判大纲》，这显然对马克思是一种特别的推动力，促使他去从事经济学的研究。这一著作是恩格斯为《德法年鉴》撰写的，由马克思帮助发表的。列宁写道："同恩格斯的交往，显然促使了马克思下决心去研究政治经济学，即马克思的著作在其中造成了整整一个革命的那门科学。"②

在巴黎笔记的一个笔记本上（第485—486页）有关于恩格斯这一著作的简短摘要，但它显然是1844年夏，也就是马克思读过这一著作以后半年才写上的。值得注意的是，马克思并不是在1843年11月就已作了恩格斯这一著作的摘要。原因显然在于，马克思当时对恩格斯与之争论的那些经济学家的著作还没有足够的了解。马克思在熟悉了他们的著作之后，感到有必要重新阅读恩格斯的《大纲》，并在自己新的认识水平上来评价它。他对其中阐述经济科学基本问题的部分做了摘要。然而，从同时产生的《经济学哲学手稿》中可以清楚地看出，马克思根据恩格斯在《大纲》中作出的结论，并且与他的观点大体上一致地已

---

① 马克思：《德法年鉴》，1844年巴黎版，第75页。
② 《列宁选集》第2版第1卷第91页。

经在一系列问题上又前进了一步。

巴黎笔记中其他有关经济问题的摘要是各种不同性质的。例如对萨伊著作《论政治经济学》（马克思显然是从它开始的）所作的详细摘录，就具有独特的研究特性，这有助于去认识资产阶级政治经济学的基础及其范畴。对德斯杜特·德·特拉西著作《思想的要素》和弗·斯卡尔培克著作《社会财富的理论》所作的简短摘录也具有同样的性质。对斯密的《国民财富的性质和原因的研究》（马克思首先读到的这部著作以及其他英国经济学家的著作都是法文译本）所作的详细摘要中已有马克思自己加的一系列评论。此外，他在这里将大部分摘录引文译成了德文，这也体现了他对书中所援引的材料的理解又达到了新的高度。对李嘉图、麦克库洛赫、普雷沃和穆勒的著作所作的摘要也是以同样方式进行的。所有这些摘要中都有马克思自己加的许多评论和注释。随着马克思本人的日益通晓经济科学，他摘录的数量和范围也在不断增加。

在对穆勒的《政治经济学原理》一书所作的摘要中，马克思的评论扩大为两段内容丰富的独立的论述，它们与所引著作的主题没有直接的联系，而是为了阐明自己对分工、交换、货币、信贷等等这样一些经济范畴的见解。如果说马克思未加评论的摘录表明，他如何深入地研究资产阶级经济学家的理论，哪些问题特别引起他的注意和他如何认真地对待他要研究的对象，那么，他在这些笔记中所加的评论就已表明了他的首要意图就是批判各个不同经济学家的论点并阐明他自己的观点。这两方面都明显地表明了马克思主义经济理论是如何并以什么样的形式开始形成的，它的经济学术语是如何并以什么样的形式开始制定的。

马克思在熟悉了经济科学的各个不同方面的代表的著作以后（马克思在他的摘录笔记中提到过重商学派，重农学派，货币主义的信徒以及

"最新政治经济学"的代表，其中他首先列举了李嘉图及其追随者），就能够指出资产阶级政治经济学的许多特征。

马克思在巴黎所作的所有经济学方面的摘录都渗透着在恩格斯的《大纲》中如同一条红线贯穿着的思想：资产阶级政治经济学建立在一种错误的基础上，也就是说，建立在私有制是不可动摇的并且是合法的这样一种认识的基础上的。可是它既没有说明私有财产，也没有揭示私有财产的实际内容。马克思在对萨伊著作的摘录所加的唯一评注中写道："**私有制**是国民经济学没有加以论述的现实，然而这个现实却形成国民经济学的基础……所以没有私有制就没有政治经济学。因此，整个国民经济学是建立在一个没有必然性的现实的基础上的。"因此马克思强调指出，资产阶级政治经济学一方面是违反历史的（尽管他还没有直接阐释过这一点），另一方面是一门受私有财产的利益支配的科学："国民经济学实质上是**发财致富的科学**。"

马克思认为，一切流派和学派的资产阶级经济学家都是以私有财产的维护者的身份出现的，他们在这方面的区别只在于维护的形式和方法有所不同而已。马克思以自己的共产主义的观点与他们的观点针锋相对，因为他把私有财产看作是"没有必然性的现实"。

马克思在巴黎所作的经济学摘录笔记证实，正是资产阶级经济学家对私有财产的违反历史的和辩护的观点使他们陷入了绝境，因而他们不可能正确地解决经济学的根本问题。马克思清楚地知道，斯密力图说明这样一些范畴，例如，交换和分工——在斯密看来是财富的决定性前提条件——的产生和相互关系是徒劳的："斯密演绎的这个圈子是很有趣的。为了说明分工，他就以交换为前提。而为了有可能交换，他又以分工，以人的活动的划分为前提。"

马克思在对李嘉图的《政治经济学和赋税原理》做的评注中写道,李嘉图和萨伊都回答不了这样的问题:"如果每一笔资本都得到适当的使用,那么竞争和由此产生的破产、商业危机等等又从何而来呢?"马克思问道:"如果每一笔资本都得到利润丰厚的、不被人占有的使用,那么,这些精明人怎么会自行破产并使他人破产呢?"

马克思在他从事经济研究的这个早期阶段就已发现了资产阶级经济学掩饰资本主义社会的对抗性矛盾的倾向。马克思针对李嘉图主义者写道:"国民经济学的卑鄙在于,在被私有财产敌对分开的利益的前提下研究问题,却似乎利益并没有分开,财产仍然是公共的。从而它证明,我消费掉一切,你生产出一切,这对整个社会来说消费和生产处于正常状况。"

马克思在巴黎笔记中,从批判私有财产的角度还研究了所有其他与此相关的范畴,如价值、货币、信贷等等。马克思对这些范畴的论述是从这样一点出发的,即它们不仅是私有制的后果表现,而且它们本身也影响着私有制,即也在扩大着私有制的社会势力和它对人的统治。

在巴黎笔记的有关经济学的摘录中很大的注意力被放在价值范畴上。马克思在作资产阶级经济学家著作的摘要时指出,价值问题是他们的经济学观点的中心。他们在分析资产阶级社会的各种经济现象和政治经济学范畴——利润、地租、工资、价格、货币等——时总是一再回到价值问题上。他们研究这样一些问题:价值以什么为基础,价值量由什么决定和保证并调节以价值规律为基础的商品交换的机制是怎样的。马克思很快注意到,各个不同的经济学家对这个问题有各种不同的看法。所以他在开始摘录萨伊、斯卡尔培克和斯密的著作时,还只是记下他们的价值规定,没有加以评论,或者没有把它们互相进行比较,而在他对李嘉图著作的摘录所加的评论中已经这样指出："李嘉图在价值规定中只抓住生产费用，萨伊只抓住效用（有用性）。在萨伊那里，竞争代表生产费用。"马克思发现在恩格斯的《大纲》中也有对各个不同资产阶级经济学家的价值规定所作的类似比较，并且把它收进了自己的摘录中。当时马克思从恩格斯那里接受了竞争在资本主义社会的机制中的决定性作用的思想，就宣称他与恩格斯一致地全面否定李嘉图的劳动价值论，并且认为，在私有制和竞争的条件下价值完全是一种虚构，只有受竞争支配的市场价格才是实际的。马克思明确认为：当李嘉图"谈到交换价值时，总是指自然价格，而撇开他称之为某种暂时或偶然的原因的竞争的偶然性"，马克思并且指出："国民经济学为了使自己的规律更严密和更确定，必须把现实假定为偶然的东西，把抽象假定为现实的东西。"

进一步的研究使马克思终于在《哲学的贫困》（1847）中承认了李嘉图的劳动价值论，在这里他不仅全面评价了资产阶级经济科学的这一卓越成果的重要作用，而且还阐明了将来马克思主义的劳动价值论的个别基本原理。然而，在巴黎笔记的经济学摘录本身中就已经可以看出，马克思当时正在逐渐放弃对劳动价值论的完全否定。马克思在对麦克库洛赫的著作《论政治经济学的起源、发展、特殊对象和重要性》所作的摘要中作了能说明这一问题的评论："在现今的（社会）状况中，理性规律只有通过把现今关系的**特殊**性质抽象掉才能保持，或者说，规律只是以抽象的形式统治的。"稍后，马克思在对穆勒著作的评论中已不再指责李嘉图和李嘉图学派把抽象解释为现实，而是指责他们把现实看作某种抽象的、偶然的、非本质的东西，指责他们说出"这抽象的规律"，而没有看到这规律的变化或不断扬弃——正是通过这些它才成为规律的。从这个评论中显然可以看出，马克思已经承认作为抽象物的价值规律是合理的。

在马克思对穆勒著作所作的评论中，他的关于一个重要范畴，例如，异化劳动（他在《经济学哲学手稿》第一册中第一次阐述了异化劳动）的思想，得到了进一步的精辟阐述和发展。马克思试图借助异化劳动的理论来说明政治经济学的基础范畴，并以此说明他那个时代社会的经济过程。对政治经济学来说，这个范畴的发现在一定程度上是由上述马克思的总的智力发展作准备的。马克思是在这个范畴在现存社会中表现得最明显的那些表现形式上来研究这个范畴的，即在人与其劳动产品的异化上，在他活动的异化上，在他的类本质的异化上，最后，在人与人的异化上来研究这个范畴的，并探求异化劳动和私有财产究竟是如何互相关联，以及是如何互为条件的。

按照马克思的说法，资产阶级经济学家把"人与人的关系"规定为"私有者与私有者"的关系。然而他们忽视了这样一个事实：使人互相分化、彼此对立的私有制实际上不能消除人的社会的本质。"这是否是共同体，是不以人为转移的；但是只要人不承认自己是人，从而不按照人的样子来组织世界，这**共同体**就会以**异化**的形式出现。"因此经济学家们不是同真正的社会打交道，而是同这个"异化了的人的社会"打交道，而这个社会就是一幅描绘人的**实际的共同体**，即人的真正类的生活的讽刺画。在人与人的关系即私有者之间的关系建立在物之上这样一个社会里，人已经不再支配物，相反地，却是生产的结果支配着生产者本身。在生产者方面来说，这就导致了人的活动的性质的根本改变。马克思写道：因此使人感到，"人的活动"表现为"苦难"，"他个人的创造物表现为异己的力量，他的财富表现为贫困……他支配物的权力表现为物支配他的权力",而"他即他的创造物的主人则表现为他的创造物的奴隶"。

马克思强调指出,异化劳动,"**谋生的劳动**"对人来说已不再是他的**个人存在**的活动、"他个人的自我享受、他的天赋和精神目的的实现"。因而人就丧失了他的本质所固有的真正的人的生活。

马克思在阐明他的异化劳动概念时写道:"**在谋生的劳动中**包含着:(1)劳动对劳动主体的异化和偶然联系;(2)劳动对劳动对象的异化和偶然联系;(3)工人的使命决定于社会需要,但是社会需要是同他格格不入的,是一种强制……正如同对社会来说,他的意义只在于他是社会需要的奴隶一样;(4)对工人来说,维持工人的个人生存表现为他的活动的**目的**,而他的现实的行动只具有手段的意义,他活着只是为了谋取**生活**资料。

因此,在私有权关系的范围内,社会的权力越大,越多样化,人……越同自己固有的本质相异化。"①

异化劳动的发现,使马克思在批判资本主义的非人本质方面迈出了重要的一步,他不仅以新的内容充实了异化这一哲学范畴,而且同时还发展了他原来关于资本主义剥削雇用工人的概念。

马克思认为,只有废除私有制,才能消除异化劳动,消除人同他的类本质相异化,人同人的相互间的异化,从而消除所有根源于这种异化的奴役人类的现象。只有"在私有制的前提下,它(劳动)才是**生命的外化**",因此必须消除这个前提。马克思就是这样来论证为建立一个新的人类社会形式——共产主义社会而斗争的必要性。马克思在他的一

---

① 《马克思恩格斯全集》第1版第42卷第28—29页。

些评论中描绘了一幅在未来社会里人在劳动中自我肯定的深刻景象,在那个社会里,私有制不复存在,劳动将成为快乐的源泉,生活的第一需要,人们兄弟般的合作的基础。

马克思以一个生产者的身份对另一个生产者说,"假定我们作为人进行生产。在这种情况下,我们每个人在自己的生产过程中就**双重地**肯定了自己和另一个人:(1)我在我的**生产**中物化了我的**个性**和我的个性的**特点**,因此我既在活动时享受了个人的**生命表现**,又在对产品的直观中……感受到个人的乐趣。(2)在你享受或使用我的产品时,我**直接**享受到的是:既意识到我的劳动满足了**人的**需要,从而……又创造了与另一个**人**的本质的需要相符合的物品。(3)对你来说,我是你与类之间的**中介人**,你自己意识到和感觉到我是你自己本质的补充,是你自己不可分割的一部分……(4)在我个人的生命表现中,我直接创造了你的生命表现,因而在我个人的活动中,我直接**证实**和**实现**了我的真正的本质,即我的**人的本质**,我的**社会的本质**。"①

马克思往下又说:"我的劳动是**自由的生命表现**,因此是**生活的乐趣**……因此,我在劳动中肯定了自己的**个人生命**,从而也就肯定了我的个性的**特点**。"②

马克思在对穆勒著作的评论中还研究了一系列其他的经济问题。马克思借助异化范畴批判了书中的交换和货币理论,同时开始制定他自己的货币学说,包括纸币和信贷学说。同资产阶级经济学家相比,马克思向前迈出了重要的一步,因为他从货币是私有制的统治,即物对人的统

---

① 《马克思恩格斯全集》第 1 版第 42 卷第 37 页。
② 《马克思恩格斯全集》第 1 版第 42 卷第 38 页。

治的充分的、可感觉的表现中看到了货币的客观必然性。在马克思看来，货币不是单纯的物，而是从人那里异化出来并奴役人的社会关系。马克思问道："为什么私有财产必然发展到**货币**呢？""这是因为人作为喜爱交往的存在物必然发展到**交换**，因为交换——在存在着私有财产的前提下——必然发展到**价值**。其实，进行交换活动的人的中介运动，不是社会的、人的运动，不是**人的关系**，它是私有财产对私有财产的**抽象的关系**，而这种**抽象**的关系是**价值**。货币才是作为价值的价值的现实存在……私有财产对私有财产的社会关系已经是这样一种关系，在这种关系中私有财产是自身异化了的。因此，这种关系的独立存在，即货币，是私有财产的外化，是排除了私有财产的**特殊**个性的抽象。"①

马克思认为，货币的物的性质即贵金属金或银以货币的角色出现这一事实，妨碍着货币的本质充分表现为社会关系。他由此得出结论说，"货币越是抽象"，它的这个本质就表现得越充分。"因此，**纸币**和许多**纸的货币代表**（像汇票、支票、借据等等）是**作为货币的货币**的**较为完善**的存在，是货币的进步发展中必要的因素。"②

马克思把货币作为一种社会关系来研究，这种关系使人"非人化"，而且使货币的社会本质和它在金属中的物质体现彼此区别开来，这使马克思在信贷中看到了货币的最高发展阶段，即人的异化的、"非人化"的最完全和最完美的形式。马克思的这个观点根本不同于资产阶级经济学家和圣西门学派的看法，他们代表这样一种观点：人与人之间通过信贷发生的关系是合乎人性的，因为据说信贷证明债权人对债务人

---

① 《马克思恩格斯全集》第 1 版第 42 卷第 19—20 页。
② 《马克思恩格斯全集》第 1 版第 42 卷第 21 页。

的信任。马克思对此每个观点都进行了批判,并指出,信贷关系是"在人对人的**信任**的假象下面隐藏着极端的**不信任**和完全的异化"①。

在这里,马克思还表明了银行和银行主义的本质所在。"银行家的创造,国家对银行的控制,财富的集中在这些人手中,国家的这种国民经济**阿雷奥帕格**",被马克思讽刺地称之为货币制度和信贷制度的"相当大的成功"。

巴黎笔记中内容丰富的经济学摘要使人可以想象到马克思研究经济文献是如何全面而又彻底。但我们必须注意到,巴黎笔记还远远没有包括马克思在当时已经读过的关于经济问题及其相关问题的一切著作。因此,马克思在第 III 本《经济学哲学手稿》的序言中有充分的理由可以明确地说,他的"结论是通过完全经验的以对国民经济学进行认真的批判研究为基础的分析得出的"。

巴黎经济学摘录在方法论方面也很有意义。马克思在这里在相当大程度上使用这样的方法,即对各个不同的经济学家的理论进行比较,互相对照,一方面揭示他们的理论结构的内在矛盾、不合逻辑和片面性,同时揭露他们不能或因受阶级条件的限制而不愿意暴露资产阶级社会中的对抗性,另一方面又宣布他与他们个别正确的认识相一致。该摘录还清楚地表明,马克思是经由继承并批判地吸收他前人的遗产而创造他自己的经济学说的。

巴黎经济学摘录还表明,马克思作为经济学家,他的发展过程的最初阶段的情况,在这个阶段上,他开始研究并批判资产阶级的政治经济学,并在这基础上迈出了创立他自己的经济学说的第一步。这些摘录除

---

① 《马克思恩格斯全集》第 1 版第 42 卷第 22 页。

了布鲁塞尔和曼彻斯特时期的经济学摘录外还有那内容广泛的研究材料的重要部分，正是在这基础上，马克思在五十年代和六十年代完成了政治经济学上的革命变革。马克思后来一再查阅这些笔记本，并把这些摘录使用在他的经济学手稿，首先是在《资本论》中，这并不是偶然的。

衔接经济学摘录这部分巴黎笔记的是篇幅较少的摘自黑格尔《精神现象学》最后一章《绝对知识》的摘录。黑格尔的这一著作，马克思早就研究过，他在《经济学哲学手稿》中把它称之为"黑格尔哲学"的真正的"诞生地"和"秘密"。但是，因为马克思是从哲学的角度来研究经济问题，并打算对黑格尔唯心主义的解释辩证法加以批判，所以他把该著作的最后一章，即被黑格尔本人评价为逻辑的批判性变革的纲领的那一章又通读了一遍。同时，马克思对黑格尔的客观逻辑和主观逻辑的范畴加以分类，并把它们固定在一定的次序中。

本卷中在这部分之后紧接着发表的是摘自三个德国经济学家——卡尔·沃尔夫冈·克利斯托夫·许茨、弗里德里希·李斯特和亨利希·弗里德里希·奥西安德著作的摘录笔记。这证明了马克思在从事经济研究的最初阶段不仅研究英国、法国资产阶级经济学家的资产阶级政治经济学基本著作，而且也研究他们在德国的支持者或反对者的著作。该笔记本中所摘录的著作以李斯特的《政治经济学的国民体系》最为大家所熟悉；它表示正处于上升时期的德国工业资产阶级的利益，并竭力为保护关税制度辩护。

笔记本清楚地反映了马克思使用的对比方法。马克思把李斯特的保护关税观点和奥西安德的看法相对比，前者批判自由贸易的拥护者亚·斯密的经济理论，而后者批判李斯特的观点和拥护亚·斯密的观点。马克思对李斯特著作作了详细摘录，使马克思特别感兴趣的是国民经济学问题和生产力问题。因此，马克思摘录了李斯特的关于政治经济学，即国民经济学及世界主义经济学这两类的命题，李斯特把前一类经济学的任务降为对奋发向上的德国资产阶级的具体建议，而把斯密学派算作世界主义经济学。因此马克思认为，李斯特提出国民经济学问题在根本上是试图否定一切国民形式的资本主义所固有的一般规律性。

此外，马克思在他的笔记本中还记录了关于生产力的论述，这些论述被李斯特看作是他的体系的顶点，所以实际上，是李斯特提出来替代古典资产阶级经济学代表人物的劳动价值理论的。马克思当时对这种理论还没有发表意见。后来马克思在布鲁塞尔批判李斯特的文章中才表明了他的意见。这篇文章的原稿只留下了片断①。马克思在对李斯特著作的摘录所加的一个小评论中表示了他与李斯特及其理论的关系。在这个注中，马克思首先证实了这样一个事实：对李斯特，以及其他一些资产阶级经济学家来说，"孜孜以求的理想"是完美的资产阶级社会。马克思也提到了李斯特力图掩饰资产阶级社会中各不同阶级"正相反的利益"的存在。

马克思巴黎笔记的根本论题之一是现代社会中工人阶级的状况。马克思在对斯密和李嘉图著作的摘录中，是在这样一个观点下来研究这个问题的：私有制和由私有制引起的竞争及无政府状态对无产阶级的状况有何影响，无产阶级由此而处于如何非人的境地。马克思在对李嘉图著作的摘录中强调指出，资产阶级政治经济学只有在工人是保证能给企业主带来利润的"劳动机器"时才对他感兴趣。马克思写道：对国民经济学来说，"一个人的生命本身是没有价值的"，"特别是工人阶级的价

---

① 《马克思恩格斯全集》第 1 版第 42 卷第 239—271 页。

值只在于必要的生产费用，而工人只是为生产纯收入，即为资本家争取利润和为土地所有者获得地租而存在的"。在这种情况下，工人是"而且必然始终是劳动机器，而在这机器上只花费为保持它运转所必需的资金"。对资本家来说，这种活的劳动机器的命运是无关紧要的，唯一重要的是争取利润，并尽可能地多得利润。马克思在他的摘要中提到了西斯蒙第的评论：按照由李嘉图的观点得出的结论，"如果英国国王通过在全国使用机器能得到同样多的收入，他就不需要**英国人民**"。

马克思指出，萨伊和西斯蒙第所以批判李嘉图，是因为李嘉图的观点把经济科学说成是无情的和毫无人性的科学。但是，萨伊和西斯蒙第两人反对的基本上只是"国民经济学真理的一些**犬儒主义**的用语"。马克思自己看到李嘉图的功劳正是在于李嘉图毫不掩饰地表达了资产阶级同工人的关系，因而也就消除了关于在资产阶级社会范围内工人阶级有可能达到一种按人的方式生存的任何幻想；因此，资产阶级政治经济学，表现了它按其全部性质来说的本来面目：即表现为与人性不相容的私有制的辩护者。马克思写道："西斯蒙第和萨伊必然从国民经济学中跳将出来，反对非人的结果，这对国民经济学来说，证明了什么呢？无非是证明，人性存在于国民经济学之外和非人性**存在于它之内**。"马克思把萨伊和西斯蒙第的观点与李嘉图的观点相对照，他把后者的观点看作是正确的，正像他说的："从国民经济学的观点来看……李嘉图的观点是正确的和前后一贯的。"

马克思转述了李嘉图反对国家支持穷人的论述——在李嘉图的这一论述中，"犬儒主义"，或者更正确地说，对资本主义制度本身公开的"犬儒主义"的解释表现得淋漓尽致——并对资本主义社会作了一番紧凑的，但非常确切的描绘："请注意，在这一章的开头，仁爱的李嘉图先生把**生存资料**说成是工人的**自然价格**,因而工人是为工资才劳动的。那时智力在哪里呢?但李嘉图所想要的是差别和各不同的阶级。对国民经济学是通常的循环。目的是精神自由。因此对多数人是愚蠢的奴役。肉体需要不是唯一的目的,因此对多数人是唯一的目的。或者反过来婚姻是目的,因此对多数人是卖淫。财产是目的,因此对多数人是一无所有。"

马克思对西斯蒙第的追随者,小资产阶级社会主义者欧仁·毕莱的著作《论英国和法国劳动阶级的贫困》的摘要就好像是对这些结论的一个评注。从这些摘录可以在一定程度上判断出,使马克思把这些社会主义文献看成是形成他自己观点的一个源泉的是哪些特点。马克思在那个时期的著作中无数次地提到圣西门、傅立叶和其他一些空想社会主义者,这证明马克思是非常熟悉这些文献的。在空想社会主义者的著作中使马克思感兴趣的首先是他们对资本主义制度弊端的批判,具体的控诉材料,而不是他们为社会改革提议的空想主义方法,即治理社会的药方,因为这些方法在毕莱那里渗透着小资产阶级伤感的博爱思想和反历史的否认资本主义比封建主义的进步性的思想。

尽管毕莱在世界观上有弱点,但他的著作在法国和德国的民主主义和社会主义革命者中间享有很高的声望。这是由于作者写作关于那个时代特别迫切和现实的问题——劳动阶级的贫困——时所抱的那种强烈热情,以及该书具有可靠的文献根据和丰富的实际材料。

因此,这一著作也引起了马克思的注意。这一著作给马克思提供了内容丰富的关于无产者贫困状况的材料,其中不仅有英国无产者贫困状况的材料(他从斯密和李嘉图的著作中已经知道这些状况),而且还有欧洲那些同样已完成了资本主义工业化过程,并随之出现劳动者贫困化的国家的材料。

毕莱在他的著作中利用了无数研究者的调查材料，如英国人艾利生、伊登、凯-夏特沃斯，法国人维尔纽夫-巴尔热蒙、波蒙·德·拉·蓬尼尼埃尔、帕朗-杜沙特尔、维洛、维莱梅等等。毕莱还利用了许多官方的统计参考书，如英国议会委员会关于穷人状况的报告，法国的社会救济报告等等。

马克思把这许多来源记下来，以便日后能进一步熟悉它们。因此，在马克思1844—1847年的笔记本中有很多如维莱梅、比果·德·莫罗盖、维尔纽夫-巴尔热蒙、拉波尔德、钱宁等人著作的书名。马克思在布鲁塞尔和曼彻斯特逗留期间，完成了对维尔纽夫-巴尔热蒙和伊登著作的摘录。

马克思在对毕莱著作的摘录中一开始就确认了这样一个事实，即多数人的贫困是伴随少数人的财富而来的必然现象，无数财产的积聚在一小撮占有者手里是同广大劳动群众的日益贫困和道德堕落不可分离地联结在一起的："贫困及其后果是财富的代价。"马克思还把注意力放在毕莱著作中研究绝对贫困化和相对贫困化问题的那一章上，马克思后来在他的经济著作中，首先在《资本论》中科学地解决了这个问题。

我们可以把这些摘录按其问题分成两部分：第一部分是有关劳动者贫困状况的实例说明，第二部分是评价统治阶级对群众的贫困所采取的政策，即从第一个济贫法到十九世纪四十年代的相应措施。马克思从有关第一主题范围的摘录中得到的根本认识是，承认了这样的事实，即劳动阶级的贫困状况导致犯罪增加，身体变为畸形和道德堕落。马克思记下了毕莱著作中的话："道德状况"是"身体状况的结果。这两种贫困是互为条件的"。马克思在对毕莱著作的摘录中抨击了这样一种社会，这种社会就像他在《经济学哲学手稿》中强调指出的，为它的绝大多数成员生产"兽性般的野蛮，需要的极其粗糙的抽象的简单性"，并使工人"成为麻木不仁和没有需求的生物"。

属于第二主题范围的摘录明显地表示了统治阶级同贫穷（统治阶级视之为罪过）的真正关系。马克思确证，毕莱是被迫承认资产阶级社会为消灭贫困而采取的一切措施都是没有结果的。毕莱证实，这些措施只是减轻"极度的贫困"，尽管官方作了一些努力，但是无论在城市，还是在农业地区，贫困仍是有增无减，因此他得出结论：**"劳动阶级中开明的一部分越贫困"**（马克思特别强调），"这部分人就越不安分，越好争辩，越不听天由命。"毕莱在这方面报道了工人的许多行动，尤其是法国工人的行动，报道了工人试图在为改善他们的状况而进行的斗争中建立自己的组织。马克思把这些事实，还有毕莱关于反对工人结社所制定的第一个法律措施——1791年列沙白里哀法的描述都记入他的笔记本。

马克思在这一时期的其他一些著作中得出的一个结论，即工人阶级的贫困化也有它的革命的一面，因为它有助于工人阶级反对资本主义剥削斗争的发展，从而为实现他们的历史使命——推翻资本主义——作好准备，马克思的这个结论在这本笔记本中没有得到反映。毕莱的著作为马克思所已经认为唯一正确道路，即由无产阶级对现存社会进行革命变革的道路的必然性，给马克思提供了完全新的事实和进一步的证明。

（卢晓萍、章丽莉 译　沈渊 校）

关于马克思《巴黎笔记》的资料*

《马克思恩格斯全集》旧国际版编者

[**编者按**]《巴黎笔记》是马克思在首次系统地研究政治经济学的时期(1843年第四季度到1845年1月)写的,共九个笔记本。《马克思恩格斯全集》旧国际版第一部第三卷(1932年出版)首次发表了《巴黎笔记》的一部分,并对这九个笔记本的情况进行了介绍。王福民同志在他的《马克思〈巴黎笔记〉选译》(发表于《马克思主义研究参考资料》第34期)中,曾经介绍过这九本笔记的情况。现在,我们再刊出旧国际版第一部第三卷对九本笔记的介绍的中译文:第一部分是"笔记本的描述",它分别介绍了各个笔记本的情况;第二部分是"摘录著作目录",它按照作者姓氏的字母顺序把九本笔记所摘录的著作列出。

笔记本的描述

笔记本 I. 二折本,写了十二张计24页,无封面,分两栏书写(从第5页到24页的右栏为空白)。摘录内容为:让·巴·萨伊《论政治经济学》1817年巴黎第3版第1—2卷。占21页。

---

* 本文选自《〈资本论〉研究资料和动态》第2集,江苏人民出版社1982年版。

弗·斯卡尔培克《社会财富的理论》1829年巴黎版第1—2卷。占 $2\frac{1}{4}$ 页。

让·巴·萨伊《实用政治经济学教程》1837年布鲁塞尔第3版。占 $\frac{1}{4}$ 页。

笔记本Ⅱ. 八折本，写了十二张计24页（其中最后一页布满了数学演算），无封面，第1页上有标题："亚当·斯密《国富论》，热·加尔涅译，1802年。"

笔记本Ⅲ. 二折本，写了九张计17页，第6页只写了六行。第18页上只写了斯密《国富论》第4卷第5篇的标题。无封面，分两栏书写。摘录内容为：

勒奈·勒瓦瑟尔（德·拉·萨尔特）《前国民议会议员"回忆录"》1829年巴黎版第1—2卷；1831年巴黎版第3—4卷。占5页（左栏用法文书写，右栏用德文书写）。

亚·斯密《国民财富的性质和原因的研究》，热尔门。加尔涅的新译本，附译者的注释和评述，1802年巴黎版第1卷。占11页。

笔记本Ⅳ. 二折本，写了十八张计35页，无封面，一部分分两栏书写，一部分分三栏书写。摘录内容为：

色诺芬 1) 斯巴达人的国家制度，2) 雅典人的国家制度，3) 雅典人的国家收入，4) 家政学（1845年写于布鲁塞尔）。占 $1\frac{1}{2}$ 页。

大·李嘉图《政治经济学和赋税原理》，弗·索·康斯坦西奥译，附让·巴·萨伊的注释，1835年巴黎第2版第

1—2卷。占17页。

詹·穆勒《政治经济学原理》雅·德·帕里佐译，1823年巴黎版。占17页。

笔记本V. 四折本，写了十张计18页，有封面（正面为标题，背面为空白），分两栏书写。标题是：Gibbons[①]，1844年。1）麦克库洛赫。2）普雷沃伦穆勒。3）德斯杜特·德·特拉西。4）穆勒。西斯蒙第：说明等（这一部分被删掉了）。5）边沁《惩罚和奖赏的理论》，厄杜蒙编，1826年巴黎第3版第2卷。摘录内容为：

约·雷·麦克库洛赫《论政治经济学的起源、发展、特殊对象和重要性》，吉·普雷沃译自英文，1825年日内瓦—巴黎版。占9页。

安·路·克·德斯杜特·德·特拉西《意识形态原理》第4册和第5册。论意志及其作用，1826年巴黎版。占3页。

詹·穆勒《政治经济学原理》（结尾部分）。占6页。在一张活页纸上（没有页码）插入了摘自弗·恩格斯《国民经济学批判大纲》的摘录。

笔记本VI. 二折本，写了九张计17页（最后一页布满了数学演算），无封面，分两栏书写。摘录内容为：

詹·罗德戴尔《论公共财富的性质和起源》，爱·拉让·蒂德·拉瓦伊斯译，1808年巴黎版。占17页。

笔记本VII. 二折本，写了十二张计23页，有一页空白，无封面，分两栏书写。摘录内容为：

---

① Gibbons，原意为"长臂猿"。——译者注

卡·沃·克·舒兹《政治经济学原理》1843年杜宾根版。占1页。

弗·李斯特《政治经济学的国民体系。第1卷：国际贸易、贸易政策和德国关税同盟》1841年斯图加特和杜宾根版。占17页（已半破损）。

亨·弗·欧西安德尔《公众对商业、工业和农业利益的失望，或对李斯特博士工业力哲学的阐释。附一个来自乌托邦的祈祷》1842年杜宾根版。约占3页（分散在各页，半破损）。

亨·弗·欧西安德尔《论各国的贸易》第I—II卷，1840年斯图加特版，X，309页，318页。占1页。

大·李嘉图《政治经济学和赋税原理》。占1页。

数学演算练习。占4页。

笔记本VIII. 二折本，写了十三张计26页，无封面，纸页严重损坏，一部分分两栏书写。摘录内容为：

欧·德尔编辑和注释的《十八世纪的财政经济学家》文集中收录的著作：1) 比·布阿吉尔贝尔《法国详情，它的财富减少的原因以及救济的难易程度》，占 $4\frac{1}{2}$ 页；2) 比·布阿吉尔贝尔《论财富、货币和赋税的性质》，占 $10\frac{1}{4}$ 页；3) 比·布阿吉尔贝尔《论谷物的性质、耕作、贸易和利益》，占4页；4) 约翰·罗《论货币和贸易》，占1页。

罗马史的编年概要，从公元前752年到350年（用德文书写，部分用英文书写），占6页。

笔记本IX. 八折本，写了十二张计24页，无封面，第一张纸页严重破损。第一页上的标题是：欧仁·毕莱《英国和法国工人阶级的贫困》［……］

* * *

摘录著作目录

比埃尔·布阿吉尔贝尔《法国详情，它的财富减少的原因以及救济的难易程度》，载全集：《十八世纪的财政经济学家》，欧·德尔编辑和注释，1843年巴黎版，第171—266页。

笔记本VIII。占 $4\frac{1}{2}$ 页。马克思作了38段短的和中等长度的摘录，大部分用法文书写。

比埃尔·布阿吉尔贝尔《论财富、货币和赋税的性质》，载全集：《十八世纪的财政经济学家》，欧·德尔编辑和注释，1843年巴黎版，第394—424页。

笔记本VIII。占 $10\frac{1}{4}$ 页。马克思作了50段短的和中等长度的摘录，大部分用法文书写。马克思写了两段评注：1. 关于货币和价值的评注；接着是一段比较长的关于生产过剩的评注。

比埃尔·布阿吉尔贝尔《论谷物的性质、耕作、贸易和利益》，载全集：《十八世纪的财政经济学家》，欧·德尔编辑和注释，1843年巴黎版，第352—393页。

笔记本VIII。占4页。马克思作了38段短的和中等长度的摘录，大部分用法文书写。

欧仁·毕莱《英国和法国工人阶级的贫困》1840年巴黎版第I—II

卷，VI，432页，492页。

笔记本IX。占24页。马克思从第I卷共摘录41段，一部分中等长度，一部分很长，用德文书写，只有很少几段用法文书写。马克思写了两三个简短的插评。

安·路·克·德斯杜特·德·特拉西《意识形态原理》第4册和第5册。论意志及其作用，1826年巴黎版，II，IV，401页。

笔记本V。占3页。马克思作了一段比较长的摘录，由第4册的29个片断组成，部分用法文书写，部分用德文书写；从第5册结尾部分作了一段较短的摘录（节录），用德文书写。

弗里德里希·恩格斯《政治经济学批判大纲》，载于阿尔诺德·卢格和卡尔·马克思编的《德法年鉴》1844年巴黎版第1分卷和第2分卷第86—114页。

笔记本V。占$\frac{1}{2}$页（以活页的形式插入）。马克思作了一段中等长度的摘录和一段比较短的摘录，用德文书写。

詹姆斯·罗德戴尔《论公共财富的性质和起源》，爱·拉让·蒂德·拉瓦伊斯译，1808年巴黎版，XXVII，344页。

笔记本VI。占16页。马克思作了87段摘录，大部分比较长，摘自整部著作（不包括附录），一部分用法文书写，一部分用德文书写。

约翰·罗《论货币和贸易》，载全集：《十八世纪的财政经济学家》，欧·德尔编辑和注释，1843年巴黎版，第456—548页。

笔记本VIII。占1页。马克思从第1章和第2章作了9段短的摘录，大部分用德文书写。

勒奈·勒瓦瑟尔（德·拉·萨尔特）《前国民议会议员"回忆录"》1829年巴黎版第1—2卷；1831年巴黎版第3—4卷。392页，386页，352页，377页。

笔记本Ⅲ。占5页。马克思从第1卷作了43段摘录，大部分很短，用法文写在手稿左栏，右栏是概要，用德文书写。

弗里德里希·李斯特《政治经济学的国民体系。第1卷：国际贸易、贸易政策和德国关税同盟》1841年斯图加特和杜宾根版，LXIIIII，589页。

笔记本Ⅶ。占17页（已半破损），马克思从第1卷和第2卷作了42段摘录，大部分是中等长度和较长的摘录，用德文书写。马克思对李斯特的价值理论写了一个短的评注。

约翰·拉姆赛·麦克库洛赫《论政治经济学的起源、发展、特殊对象和重要性》，吉·普雷沃译自英文，1825年日内瓦—巴黎版，ⅩⅥ，204页。

笔记本Ⅴ。占9页。马克思从正文和译者对李嘉图体系的评论中作了41段短的和中等长度的摘录。马克思对所有制、李嘉图学派、价格和生产费用写了三段评论意见，还有一段关于生产费用和价格的论述以及一段关于利润的概括性意见。

詹姆斯·穆勒《政治经济学原理》，雅·德·帕里佐译，1823年巴黎版，Ⅶ，318页。

笔记本Ⅳ。占17页。马克思从全书直至Ⅳ章后半部分连续摘录52段，大部分是短的和中等长度的摘录，大部分用德文书写。马克思写了一段关于货币、信用制度、交换、共同体、私有制、交易、价格、劳动的比较长的论述；还写了一段关于私有制基础上的交换的比较长的论述。

笔记本Ⅴ。占6页。马克思从Ⅳ章后半部分作了10段大部分是中等长度的摘录，全部用德文书写。马克思关于作为唯一的税收源泉的地租写了一段短的评注。

亨·弗·欧西安德尔《公众对商业、工业和农业利益的失望，或对李斯特博士工业力哲学的阐释。附一个来自乌托邦的祈祷》1842 年杜宾根版，X，228 页。

笔记本 VII。马克思作了 29 段短的摘录，用德文书写，分散在 12 页中的右栏，与弗里德里希·李斯特著作的 13 段较长的和较短的摘录相对照。

亨·弗·欧西安德尔《论各国的贸易》第 1—2 卷，1840 年斯图加特版，X，309 页，318 页。

笔记本 VII。占 1 页。马克思从第 1 卷 1—3 章摘出 4 段较短的摘录，用德文书写。

大卫·李嘉图《政治经济学和赋税原理》，弗·索·康斯坦西奥译，附让·巴·萨伊的注释，1835 年巴黎第 2 版第 1—2 卷，XL，378 页，328 页。

笔记本 Ⅳ。占 17 页。马克思从第 1 卷作了 53 段大部分是短的和中等长度的摘录，部分用德文书写，部分用法文书写，从第 2 卷作了 27 段短的和中等长度的摘录，大部分用德文书写。马克思约写了 15 段短的评注；还有一段关于资本竞争的评注，一段评注论及总收入和纯收入以及国民经济学的卑鄙性，一段关于李嘉图的昔尼克主义和资本的使用的评注。

笔记本 VII。占 1 页。马克思从第 2 卷第 XXVII 章（论货币和银行）作了一段比较长的摘录，全部用法文书写（最后一句话除外）。

让·巴蒂斯特·萨伊《论政治经济学》1817 年巴黎第 3 版第 1—2 卷，LXXIX，452 页，486 页。

笔记本 I。占 21 页。马克思作了 218 段短的摘录，其中 86 段摘自第 1 卷，几乎包括全卷，大部分用法文书写，132 段摘自第 2 卷，几乎包括全卷，全部用法文书写。马克思写了一段关于政治经济学和私有制的关系以及关于财富问题的短的评注。

让·巴蒂斯特·萨伊《实用政治经济学教程》1837年①布鲁塞尔第8版，XIII，746页。

笔记本 I。占 $\frac{1}{4}$ 页。马克思从概论中作了3段短的摘录，用法文书写。

卡·沃·克·舒兹《政治经济学原理》1843年杜宾根版，XVI，448页。

笔记本 VII。占1页。马克思从该书的大部分篇幅中作了14段短的摘录，用德文书写。

弗雷德里克·斯卡尔培克《社会财富的理论》1829年巴黎版第1—2卷，352页，324页。

笔记本 I。占 $2\frac{1}{4}$ 页。马克思从第1卷导论、第1篇和第2篇作了24段短的摘录，全部用法文书写。

亚当·斯密《国民财富的性质和原因的研究》，热尔门·加尔涅的新译本，附译者的注释和评述，1802年巴黎版第1—5卷，CXXXVII，368页，493页，564页，556页，588页。

笔记本 II。占23页。马克思共作了100段几乎都是比较短的摘录，还有一些中等长度的摘录，部分用法文书写，部分用德文书写，摘录顺序如下：57段摘自第1卷第1篇第1—7章，9段短的摘录摘自第2卷第2篇第2章；18段摘自第1卷第8章至末尾；15段摘自第2卷，从第1篇第9章至第2篇末；一段中等长度的摘录摘自第1卷第1篇第10

---

① 《马克思恩格斯全集》1932年旧国际版中误为1836年。——译者注

章。马克思对斯密关于交易和分工的说明写了一段短的评注；还写了许多短的概括性意见。

笔记本 III。占 11 页。马克思作了 73 段短的和中等长度的摘录，部分用法文书写，部分用德文书写，其中：30 段摘自第 2 卷，从第 3 篇开头至本卷末；43 段摘自第 3 卷，涉及到全卷（各段之间有较大的空隙）。马克思写了一段短的插评。

色诺芬《雅典的色诺芬著作集》，阿·亨·赫利斯坦译。第 9 卷：《家政学和僧侣或统治者生活》1828 年斯图加特版，第 1041—1187 页。第 10 卷：《斯巴达人的国家制度；雅典人的国家制度等等》1830 年斯图加特版，第 1193—1323 页。第 11 卷：《雅典人的国家收入等》1830 年斯图加特版，第 1329—1458 页。

笔记本 IV。占 $1\frac{1}{2}$ 页。马克思从斯巴达人的国家制度部分中作了 6 段短的摘录，从雅典人的国家制度部分中作了 5 段摘录，从雅典人的国家收入部分中作了 1 段摘录，从家政学部分中作了 4 段摘录，从僧侣生活部分中作了 1 段摘录，全部用德文书写。马克思没有注明所用的版本，也没有注明页码。

（原载《马克思恩格斯全集》旧国际版
1932 年柏林版第一部第三卷）

（冯文光 译）

马克思"巴黎笔记"简介*

王福民

1842—1843年马克思担任《莱茵报》主编时，需要对所谓物质利益发表意见，促使他去研究经济问题。1943年3月《莱茵报》被查封后，马克思对黑格尔法哲学进行批判分析，得出结论：历史的发展根源于物质生活关系，要理解历史发展过程必须研究政治经济学，而当时要切实研究这门科学，在德国是不行的。1843年10月马克思移居巴黎，在那里开始对政治经济学进行系统的研究。①

马克思在巴黎除积极参加工人运动、筹办《德法年鉴》之外，还日夜不停地读书和写作，研究法国革命和政治经济学。马克思孜孜不倦地为无产阶级寻找解放的道路，锻造强大思想武器的精神感人至深。梅林曾援引马克思在《德法年鉴》的合作者卢格的一封信（卢格没有赞扬的意思，因而更加可信）描述了当时的情景："马克思读了许多书，并且正在非常勤奋地写作"，他"一次又一次地沉没到无边无际的书海

---

* 本文选自《马克思主义研究参考资料》1980年第34期。

① 马克思开始研究政治经济学的经过情形，马克思本人和恩格斯都曾经详细论述过。见马克思《"政治经济学批判"序言》（《马克思恩格斯全集》第1版第13卷第8页），恩格斯《卡尔·马克思》（《马克思恩格斯全集》第1版第16卷第409页）。

里",甚至"一连工作三、四夜不睡觉","累病了"。①

马克思在很短时间内,读了许多英、法资产阶级经济学家的重要著作,并且按照自己的习惯,写下大量摘录笔记,有的还附有自己的批注和评论意见。这些笔记有九册,通常被称为"巴黎笔记"。其中除个别地方外,几乎全是有关经济学的。

现将各册笔记的情况和内容简单介绍如下:

第一册。二折本,写了 12 张计 24 页,无封面,分左右两栏书写(但从第 5 页到 24 页的右栏为空白)。摘录内容为:

让·巴·萨伊《论政治经济学》,1817 年巴黎第 3 版第 1—2 卷。占 21 页。该书除正文外,还附有一篇"概要",列出政治经济学重要术语约 90 余种,加以简单解说,同时还将这些术语按内容分归四类。马克思对正文和附录均作了摘要,共 218 段。除第一卷中个别地方使用德文外,几乎全是用法文写成的。马克思在附录"概要"的摘要中,写下关于政治经济学和私有制的关系以及关于财富问题的评注。已发表。

弗·斯卡尔培克《社会财富的理论》,1829 年巴黎版第 1—2 卷。占 $2\frac{1}{4}$ 页。马克思只是从该书第 1 卷的导论、第 1 篇和第 2 篇(即生产论、交换论、货币论、价格论)中作了 24 段较短的摘要,全是用法文写的。马克思未加评论。已发表。

让·巴·萨伊《实用政治经济学教程》,1837 年②布鲁塞尔第 3 版。占 1/4 页。马克思从总论中做了 3 段较短的摘要,全是用法文写的。马克思未加评注。已发表。

---

① 见弗·梅林《马克思传》,人民出版社 1972 年版,第 97 页。
② 《马克思恩格斯全集》1832 年国际版中误为 1836 年。

第二册。八折本，写了12张计24页（其中最后一页布满了数学演算），无封面，第1页上有标题："亚当·斯密《国富论》，热·加尔涅译，1802年。"

摘录内容如标题所示。占23页。另：第三册笔记中还有一部分，占11页。共34页。是"巴黎笔记"中篇幅最长的。该书原为两卷：法文版分为5卷，前4卷是正文，第5卷是译者注释。马克思只对前3卷（包括1—4篇）作了摘要，共173段。马克思作摘要的顺序是，第二册笔记中：第1卷第1篇第1—7章，第2卷第2篇第2章，第1卷第1篇第8章到结束，第2卷第1篇第11章到第2篇结束，第1卷第1篇第10章。第三册笔记中：第2卷第3篇到卷终，第3卷。一部分是用法文写的，一部分是用德文写的。马克思的批注有三处：一处在第1卷第1篇第2章的摘要中，关于斯密对交换和分工的说明；一处在第1卷第1篇第6章的摘要中；还有一处在第1卷第1篇第8章的摘要中。已发表。

第三册。二折本，写了9张计17页，第6页只写了6行。第18页上只写了斯密《国富论》第4卷第5篇的标题。无封面，分左右两栏书写。摘录内容为：

勒奈·勒瓦瑟儿（德·拉·萨尔特）《前国民议会议员"回忆录"》1829年巴黎版第1—2卷；1831年巴黎版第3—4卷。占5页。该书是关于法国革命的著名著作。马克思由该书第1卷中作了43段大都较短的摘要，用法文写在笔记本的左栏中，右栏用德文写了一段摘要。马克思未加评注。未发表。

亚·斯密《国富论》，占11页。详见关于第二册笔记的介绍。

第四册。二折本，写了18张计35页，无封面，一部分分左右两栏书写，一部分分左中右三栏书写。摘要内容为：

色诺芬《雅典的色诺芬著作集》，阿·亨·赫利斯坦译。第 9 卷：《家政街和僧侣或统治者生活》，1828 年斯图加特版。第 10 卷：《斯巴达人的国家制度；雅典人的国家制度等等》，1830 年斯图加特版。第 11 卷《雅典人的国家收入等》，1830 年斯图加特版。占 $1\frac{1}{2}$ 页。马克思从以上著作中摘要共 23 段。全是用德文写的，未标明页码。马克思未加评注。未发表。

大·李嘉图《政治经济学和赋税原理》，弗·索·康斯坦西奥译，附让·巴·萨伊的注释，1835 年巴黎第 2 版第 1—2 卷。占 17 页。另：第七册笔记中还有一部分，占 1 页。共 18 页。该书原为 1 卷，法文版则分为两卷，马克思对两卷（包括萨伊的注释）均作了摘要，共 81 段（第七册中只有一长段），马克思在该篇笔记中批注和评论较多，散见于各处。除第七册中的一长段外，其他部分已发表。

詹·穆勒《政治经济学原理》，雅·德·帕里佐译，1823 年巴黎版。占 17 页。另：第五册笔记中还有一部分，占 6 页。共 23 页。该书由导论和四章构成，除导论外，马克思均作了摘要，共 62 段。大部分用德文写成。马克思的评论有三处：一处在第 3 章第 8 节的摘要中，论及货币，信用制度，交换（Austauch），共同体，私有财产，交易（Tauch），价格，劳动；一处在第 4 章第 3 节的摘要中，论及私有财产基础上的交换；一处在第 4 章第 5 节的摘要中，关于地租是赋税的唯一源泉。前两处的评论相当长，几乎像是文章。另有一处简短的批注，也是在第 4 章第 5 节的摘要中。已发表。

第五册。四折本，写了 10 张计 18 页，有封面，分左右两栏书写。封面标题是：Gibbons[①]，1844·1）麦克库洛赫。2）普雷沃论穆勒。

[①] Gibbons，原意为"长臂猿"，马克思在这里是什么意思不清楚。

3）德斯杜特·德·特拉西。4）穆勒。西斯蒙第：说明等（这一部分被删掉了）。5）边沁《惩罚和奖赏的理论》，厄杜蒙编，1826年巴黎第3版第2卷。摘录内容为：

约·雷·麦克库洛赫《论政治经济学的起源、发展、特殊对象和重要性》，吉·普雷沃译自英文，1825年日内瓦—巴黎版。该书除正文外，还附有译者普雷沃的一篇论文《评李嘉图体系》。马克思对正文和附录均作了摘要，并将后者分为两个部分；普雷沃对李嘉图学说的概述和对李嘉图体系的评论。摘要共41段，一部分是用德文写的，一部分是用法文写的。马克思在该篇笔记中的批注和评论也较多，主要集中在普雷沃论文摘要的第二部分中。内容主要涉及对李嘉图学派的评论，价格和生产费用的关系，利润等等。已发表。

安·路·克·德斯杜特·德·特拉西《意识形态原理》第4册和第5册。论意志及其作用，1826年巴黎版。占3页。全书共分5册，第4册和第5册最初出版于1815年。第4册曾以《政治经济学概论》名称于1823年在巴黎出版。马克思由第4册中作了由29个片段组成的一大长段摘要，由第5册中作了一小段摘要。一部分是用法文写的，一部分用德文写的。马克思未加评注。已发表。

詹·穆勒《政治经济学原理》。占6页。详见关于第四册的笔记的介绍。

弗·恩格斯《国民经济学批判大纲》。载：《德法年鉴》，1844年巴黎版。原1/2页。这篇笔记是插入的一张活页纸片，没有页码。马克思从该文中间的核心的部分作了两段摘要，全是用德文写的。马克思未加评注。已发表。

第六册。二折本，写了9张计17页（最后一页布满了数学演算），无封面，分左右两栏书写。摘录内容为：

詹·罗德戴尔《论公共财富的性质和起源》，爱·拉让·蒂德·拉瓦伊斯译，1808年巴黎版。占17页。马克思从全书（不包括附录）作摘要87段，一部分用法文写的，一部分用德文写的。马克思未加评注。未发表。

第七册。二折本，写了12张计23页，有1页空白，无封面，分左右两栏书写。摘录内容为：

卡·沃·克·舒兹《政治经济学原理》，1843年杜宾根版。占1页。马克思从该书中作了14段较短的摘要，全是用德文写的。马克思未加评注。未发表。

弗·李斯特《政治经济学的国民体系。第1卷：国际贸易、贸易政策和德国关税同盟》，1841年斯图加特和杜宾根版。占17页（已半破损）。马克思从第1篇和第2篇中作了42段摘要，全是用德文写的。马克思加有一处短的批注，内容是关于李斯特的价值理论。未发表。

亨·弗·欧西安德尔《公众对商业、工业和农业利益的失望，或对李斯特博士工业力哲学的阐释。附一个来自乌托邦的祈祷》，1842年杜宾根版。占12页。欧西安德尔是德国经济学家，李斯特保护关税论的坚决反对者。马克思从该书中作了29段较短的摘要，散布在12页中的右栏里，同对李斯特的摘要相对照。全是用德文写的。马克思未加评注。未发表。

大·李嘉图《政治经济学和赋税原理》。占1页。详见关于第四册笔记的介绍。

4页是数学习题。

第八册。二折本，写了13张计26页，无封面，纸页有严重损坏，有一部分分左右两栏书写。摘录内容为：欧·德尔编辑和注释的《十八世纪的财政经济学家》（1843年巴黎版）一书中收录的4篇著作。

比·布阿吉尔贝尔《法国详情,它的财富减少的原因以及救济的难易程度》。占 $4\frac{1}{2}$ 页。马克思从该书作摘要共 38 段,大部分用法文写的,其余用德文写的。马克思的批注有两处:一处是对第二部分第 4—8 章,论及这几章的内容和意义;一处在第三部分第 8 章,论及布阿吉尔贝尔的立场及分配观点。已发表。

比·布阿吉尔贝尔《论财富、货币和赋税的性质》。占 $10\frac{1}{4}$ 页。马克思从该书作摘要(包括德尔的注释)共 50 段,大部分是用法文写的,其余用德文写的。前 6 章只作了摘要,没有评注;而在第 6 章的摘要中写下两处较长的评论意见,主要是关于货币和价值以及生产过剩问题的。已发表。

比·布阿吉尔贝尔《论谷物的性质、耕作、贸易和利益》。占 4 页。马克思从该书作摘要共 38 段,大部分是用法文写的,其余用德文写的。马克思在第二部分第 4 章的摘要中加有一处批注,内容是关于地租问题的。已发表。

约翰·罗《论货币和贸易》。占 1 页。马克思从该书第 1 章和第 2 章中作了短的摘要共 9 段,大部分是用德文写的,其余用法文写的。马克思未加评注。未发表。

罗马史的编年概要,从公元前 752 年到 350 年。占 6 页。用德文和部分英文写的。

第九册。八折本。写了 12 张计 24 页,无封面,第一张纸页严重破损。第 1 页上有标题;欧仁·毕莱《英国和法国工人阶级的贫困……》。

摘录内容如标题所示,系 1840 年巴黎版第 1—2 卷。占 24 页。马克思从该书第 1 卷中作了 41 段摘要,基本是用德文写的,仅少数用法文写的。马克思写了二三处简短的批注。未发表。

这些笔记大约写于1843年10月到1845年1月，其中第一到五册笔记可能是在1844年8月之前写的，第六到九册笔记多半是在1844年12月之后或1845年1月写成的。

这些笔记的一部分，最初以德文和法文原文发表于1932年出版的《马克思恩格斯全集》老国际版（Marx/Engels Gesamtausgabe，简称MEGA，为了同名称相同的近年来开始出版的百卷本国际版区别开来，一般称老国际版）第1部分第3卷中，内容包括上面介绍中注明已发表的部分。此外，关于恩格斯和穆勒著作的摘要，也已收入最近出版的《马克思恩格斯全集》第42卷中。恩格斯的《国民经济学批判大纲》，给马克思的政治经济学研究以很大的推动和影响。马克思在"巴黎笔记"中，不仅对这一著作作了摘要，而且还把它作为自己经济学研究的主线，在许多批注和评论中一再反映出恩格斯《大纲》中的基本思想。

马克思的这些笔记，涉及许多重要的经济理论问题和范畴。马克思的摘要是根据内容和需要精心选择和归纳的，常常打破原书的先后次序，有详有略；有时还将不同经济学家的对立观点的摘要并列一起，以揭露资产阶级经济学的矛盾。马克思的批注和评论，对资产阶级经济学进行了严肃的批判，同时也阐明了自己初步形成的一些重要经济思想和观点。"巴黎笔记"为马克思后来的经济学研究打下了基础，其中的摘要在马克思后来的许多重要著作中，例如在《政治经济学批判大纲》，《剩余价值理论》等等著作中，曾多处加以利用；其中的一些思想，也在后来的文章和著作中进一步发展和完善；"巴黎笔记"是研究马克思经济思想发展的重要资料。

《巴黎手稿》的文献学研究及其意义[*]

韩立新

[摘　要] 通过对《巴黎手稿》的定义以及对国际学界《巴黎手稿》文献学研究成果的系统介绍和评述，笔者认为，《巴黎手稿》的两大组成部分（《笔记》和《手稿》）的写作是交叉进行的，《巴黎手稿》的形成存在着两个阶段，《巴黎手稿》的写作是按照"《第一手稿》→《穆勒评注》→《第二手稿》→《第三手稿》"的顺序进行的，《手稿》不是一块同质的"整钢"。笔者强调指出，《巴黎手稿》的文献学研究之所以具有十分重要的意义，是因为它不仅为我们正确地理解《手稿》的思想内容乃至理解马克思早期思想发展的复杂过程奠定了基础，而且对它的应用可能会给马克思主义研究带来一些革命性的进展。现阶段我们把研究重心转到《穆勒评注》以及第二和第三《手稿》的研究上来，将会带来《巴黎手稿》研究的新突破。

[关键词]《巴黎手稿》　文献学　《穆勒评注》　MEGA

《巴黎手稿》同《德意志意识形态》和《经济学批判大纲》（《1857—1858年经济学手稿》）一道，被称为马克思的三大手稿。作为

---

[*] 本文选自《马克思主义与现实》2007年第1期。

马克思早期思想形成过程中最重要的著作，《巴黎手稿》从它公开问世时起就一直备受关注和争议。从20世纪30年代初到60年代，有关这部手稿的讨论主要是围绕如何评价异化论而展开的，这一讨论还在世界范围内引发了所谓"两个马克思"的争论。但是到20世纪60年代末，关于《巴黎手稿》的研究出现了一个引人瞩目的新方向，即以日本和前苏联、东欧学者为中心，对这部手稿进行了文献学研究并取得了丰硕的成果。如果说有关异化概念和"两个马克思"的争论是《巴黎手稿》研究的第一次高潮的话，那么这次的文献学研究可以看作是《巴黎手稿》研究的第二次高潮。去年，笔者曾对国际上有关《德意志意识形态》的文献学研究成果做过介绍①，今年将同样对《巴黎手稿》的文献学做一简单介绍和评述，从而使我国学者了解国外同行的研究成果和所达到的高度，以促进我国对《巴黎手稿》的研究。

一、什么是《巴黎手稿》

马克思从1843年10月下旬离开德国到1845年2月初移居布鲁塞尔为止，一直住在巴黎近郊，这一时期被称作"巴黎时期"。巴黎时期在马克思思想形成史上占有重要的地位。正如马克思本人在1859年《〈政治经济学批判〉序言》中所言，在这一时期他开始了国民经济学研究，因为他发现"对市民社会的解剖应该到政治经济学中去寻求"②。正是通过这一研究，马克思摆脱了青年黑格尔派的束缚，踏上了创立新

---

① 韩立新：《〈德意志意识形态〉的文献学研究与日本学界对广松版的评价》，载《中国社会科学》2006年第2期。

② 《马克思恩格斯选集》第2版第2卷第32页。

世界观的历程。记录这一思想历程的就是马克思在这一期间撰写的一些手稿。这些手稿可以分为两大部分：一部分是对一些经济学著作所作的摘录和评注，日本学者杉原四郎和重田晃一曾将这些摘录和评注集册翻译出版，冠之为《经济学笔记》①，我们可以沿用他们的叫法，简称其为《笔记》；另一部分是一部著作手稿，即《1844年经济学哲学手稿》，简称《手稿》。所谓《巴黎手稿》，其实是由这两大部分共同组成的，并不仅仅是人们通常所说的《手稿》部分。

《巴黎手稿》最早是1932年在MEGA1中发表的②，在发表时编者将这两部分手稿同时收录在MEGA1第I部分第3卷中。而后来出版的《马克思恩格斯全集》俄文第二版一开始并没有将《手稿》收录，后因西方学者的抗议才将其收录在补卷第42卷中，而对于《笔记》，则仅仅发表了其中的《穆勒评注》部分。1975年开始刊行的MEGA2虽然收录了全部《巴黎手稿》，但是它却将《巴黎手稿》分开出版，将《笔记》收入第IV部分第2卷（1981年出版），而将《手稿》收入第I部分第2卷（1982年出版）。我国虽然早已有《手稿》的中译本，甚至依据MEGA2第I部分第2卷《手稿》出版了《1844年经济学哲学手稿》新版本（《马克思恩格斯全集》中文第2版第3卷），但实际上除了《穆勒评注》，我国至今还没有《笔记》的全译本。

---

① 马克思：《经济学笔记》，日本未来社1962年版。
② 同年，朗兹胡特和迈耶（S. Landshut und J. P. Mayer）也以《历史唯物主义——卡尔·马克思早期著作集》的形式出版了《1844年经济学哲学手稿》，不过由于没有收录《第一手稿》且判读不充分，几乎没有什么影响，倒是编者"前言"中提出的"两个马克思"的观点影响颇大。

为论述清晰起见，让我们先介绍一下《笔记》的状况。马克思从学生时代起，就养成了对其读过的著作先做摘抄和评注，然后根据这些笔记进行著述的习惯。在巴黎时期，马克思曾对英法两国著名经济学家的著作做过详细的研究，共留下了九册笔记。MEGA1 的编者曾经按照这些笔记的写作时间顺序，对它们进行了编号①，尽管 MEGA2 后来对这些《笔记》做了重新划分，将一部分剔除到《布鲁塞尔笔记》等②，但 MEGA1 的分类和编号是国际上讨论《笔记》的惯例，因此本文在此仍以 MEGA1 的分类和编号为基础进行讨论，关于这些编号的具体情况见下面的"马克思《巴黎手稿》两大部分对照表"。这九本笔记的写作时间可分为两个时期，第一至五册是在 1843 年 10 月至 1844 年 8 月间

---

① *Marx Engles Gesamtausgabe*, Bands 3, Marx-Engels-Verlag G. M. B. H., Berlin, 1932. S. 411 – 2.

② MEGA2 第 IV 部分第 2 卷对《经济学笔记》的写作时间和顺序理解如下（为清楚起见，关于各个笔记本笔者沿用了 MEGA1 称法）：

（1）第三册：勒瓦瑟尔、斯密；第七册：舒尔茨、李斯特、奥西安德（1843 年末至 1844 年初）。

（2）第一册：萨伊、斯卡尔培克；第二册：斯密（1844 年春）。

（3）第四册：色诺芬、李嘉图、穆勒（1844 年夏天和秋天）。

（4）第五册：穆勒、麦克库洛赫、特拉西、普雷沃、恩格斯《国民经济学批判大纲》的概要（1844 年夏）。

（5）第九册：比雷（1844 年夏和 1845 年 1 月）。

关于 MEGA1 所收录的第六册"罗德戴尔笔记"和第八册"波斯格威波特和罗"笔记，由于 MEGA2 认定它们写于布鲁塞尔时期，因此不再将它们当作巴黎时期的《笔记》，由于这一变更跟本文的主题无关，因此没在正文中予以讨论。

写成的①，而第六至九册则是在 1844 年 12 月到 1845 年初完成的。由于《手稿》的写作是在 1844 年 4 月至 8 月，正好与第一至五册《笔记》在写作时间上重合，因此这些《笔记》被看作是马克思写作《手稿》的基础。特别是由于《手稿》中有相当一部分内容散失，且有些内容没有完成，这部分《笔记》不能不说是我们推测《手稿》全貌的珍贵资料。

《1844 年经济学哲学手稿》，是 MEGA1 编者给马克思的手稿加上的名字。《手稿》细分起来包括三个部分和"序言"以及关于黑格尔《精神现象学》的摘录。根据各部分手稿的写作时间和马克思所做的提示，MEGA1 编者还将其分别命名为《第一手稿》、《第二手稿》和《第三手稿》。后来，MEGA2 编者又将其改称为笔记本 I、II、III。本文采用 MEGA1 编者的叫法，这也是国际上的惯例。需要注意的是，《手稿》保存得并不完整，其中《第二手稿》的大部分（计 39 页）已经遗失，只剩下最后的四页（第 40—43 页）。所谓的"序言"是马克思在 1844 年 8 月 12 日以后，也就是说《手稿》的大部分即将完成时写成的。MEGA1 编者从内容上把"序言"置于整部手稿之前，但这一"序言"是不是就属于整部《手稿》的序言至今还未有定论。《第三手稿》中还包含了一个非常特殊的片断，即"对黑格尔的辩证法及其哲学的批判"，这是马克思在对国民经济学进行批判的同时写成的，鉴于马克思

---

① 关于马克思开始经济学研究的时间，西方学者之间存在着争论。英格·陶伯特曾提出马克思的经济学研究始于 1844 年 5 月或者 6 月，而罗扬则认为马克思是从 1843 年底写作《〈黑格尔法哲学批判〉序言》时开始的，虽然 1844 年 2 月在《德法年鉴》出版以后，马克思因学习法国国民公会史而一度中断，但到 1844 年 5 至 6 月间又重新开始了经济学研究。

在"序言"中曾提到要把这一片断作为该书的最后一章，于是这一片断就被放到了《手稿》的最后。

马克思《巴黎手稿》两大部分对照表	
《经济学笔记》（按 MEGA1 的编号）	《经济学哲学手稿》（按写作时间顺序）
第一册：萨伊、斯卡尔培克 第二册：斯密 第三册：勒瓦瑟尔、斯密 第四册：色诺芬、李嘉图、穆勒 第五册：麦克库洛赫、普雷沃、特拉西、恩格斯、穆勒 第六册：罗德戴尔 第七册：舒尔茨、李斯特、奥西安德 第八册：波斯格威波特、罗 第九册：比雷	第一手稿 　工资、资本的利润、地租 　[异化劳动和私有财产] 第二手稿 　[私有财产的关系] 第三手稿 　[对第二手稿第 XXXVI 页的补充] 　[对第二手稿第 XXXIX 页的补充] 　[对黑格尔的辩证法和整个哲学的批判] 　[分工] 序言 　[货币]

这是《巴黎手稿》两大组成部分的基本情况。关于这两部分内容的篇章结构和写作时间顺序，请参照"马克思《巴黎手稿》两大部分对照表"，该表左侧的《经济学笔记》是按照 MEGA1 的编号排列的，《经济学哲学手稿》则是按照 MEGA2 考证的写作时间顺序排列的。由于《第三手稿》的情况比较复杂，"对黑格尔的辩证法及其哲学的批判"被分成三个片断夹在其中，笔者按照 MEGA2 的"第一种再现"编

45

排方案①，另外制作了一个"《第三手稿》的写作顺序图"。从图中可以看出，马克思对黑格尔的辩证法及其哲学的批判与对私有财产的批判是交叉进行的，在马克思的思想中可能同时存在着这两条"批判"的线索，为什么会存在着这两条并行的线索，二者之间是一种什么关系，这至今仍然是一个谜。

《第三手稿》的写作顺序图
［私有财产和劳动］ ［私有财产和共产主义］ ［对黑格尔的辩证法和整个哲学的批判之一］ 　　　（第94—99页"现实的存在是抽象"） ［私有财产和需要］ ［对黑格尔的辩证法和整个哲学的批判之二］ 　　　（第99页"黑格尔的双重错误"—101页） ［私有财产和需要 增补］ ［对黑格尔的辩证法和整个哲学的批判之三］ 　　　（第101页［XXII］—119页） ［分工］ 序言 　　［货币］

注：表中的阿拉伯数字是《1844年经济学哲学手稿》（人民出版社2000年版）中的页码。

---

① MEGA2为了平息各方的不满，在第Ⅰ部分第2卷中对《手稿》采取了两种编排方式。一种是按照《手稿》的写作时间顺序编排，又称"第一种再现"（Erste Widergabe）；另一种是按照《手稿》的内容结构编排，又称"第二种再现"（Zweite Widergabe），在这种编排中，编者还按《手稿》的内容加了一些小标题。中文第二版《马克思恩格斯全集》是根据内容结构编排来翻译的，但本文所讨论的显然是按照写作时间顺序的编排。

二、《巴黎手稿》的文献学研究

《巴黎手稿》的文献学研究肇始于 20 世纪 60 年代后期,其核心是对《经济学哲学手稿》与《经济学笔记》之间的写作关系进行考证,这一考证不仅使人们对《巴黎手稿》的成立过程和内在结构有了更加清晰的了解,而且还使人们对《巴黎手稿》有了崭新的理论上的再认识。

1. 拉宾的"两个阶段说"

《巴黎手稿》文献学研究所取得的最重要的成果,是提出和证明了《巴黎手稿》的写作存在着两个不同阶段。这一证明是由前苏联的早期马克思研究专家拉宾(Nikolai I. Lapin)以及日本学者中川弘和山中隆次等人完成的。拉宾 1969 年在《德意志哲学杂志》发表了一篇题为《对马克思〈经济学哲学手稿〉中收入三个源泉的对比分析》[①] 的论文。拉宾的本意是要对《第一手稿》中有关收入的三个源泉,即工资、资本的利润和地租进行对比分析,但与他的初衷相反,该文的第一部分"马克思 1844 年经济学研究的阶段划分。第一阶段的开始"却引起了人们的极大兴趣,拉宾的这篇论文也因此成为《巴黎手稿》文献学研究的名篇。

拉宾在对照《巴黎手稿》影印件的基础上,考证了《手稿》与

---

① Nikolai I. Lapin, Vergleichende Analyse der Quellen des drei Einkommens in den "Ökonomisch-Philosophischen Manuskripten" von Marx, in: Deutsche Zeitschrift fur Philosophie, Heft 2, 17. Jahrgang 1969;参见日本《思想》杂志 1971 年第 3 号细见英的译文。

《笔记》的写作关系。他根据马克思的研究习惯,即先对研究对象的基本文献进行摘录和评注,然后再依据这些笔记著书立说,确立起了一个考证手稿写作顺序的基本原则,这就是依据《手稿》中出现《笔记》内容的时间来推断《巴黎手稿》的写作顺序。他发现,有关李嘉图和穆勒的第四和第五册《笔记》的内容虽然没有出现在《第一手稿》中,但却被广泛地应用到《第二手稿》和《第三手稿》中;第四和第五册中的《穆勒评注》对商品交换和货币的研究虽然没有反映在《第一手稿》中,但却在《第二手稿》和《第三手稿》中得到了明显的反映;更重要的是,《第二手稿》和《第三手稿》所反映出来的经济学水平要高于《第一手稿》的异化劳动片断。根据以上事实,拉宾得出以下结论,即"马克思从1843年底到1844年8月的经济学研究存在着两个主要阶段:第一阶段从开始接触经济学著作,到写完第一手稿;第二阶段从对李嘉图和穆勒著作的摘录(第四和第五册摘录笔记)到写完第三手稿"①。当然,每一个阶段还可以再分成几个小阶段,因篇幅关系这里不一一赘述。如果把拉宾对五册《笔记》与三部分《手稿》写作关系的考证稍作整理,我们可以得到一个"马克思《巴黎手稿》的写作顺序图"。从该图中我们可以很清楚地看到,包括异化劳动片断在内的《第一手稿》属于第一个阶段,而包括《穆勒评注》在内的第四和第五册《笔记》与《第二手稿》和《第三手稿》则属于第二个阶段。马克思《巴黎手稿》的写作,大体上是按照《第一手稿》→《穆勒评注》→《第二手稿》→《第三手稿》的顺序进行的。

---

① 拉宾:《对马克思〈经济学哲学手稿〉中的收入三源泉的对比分析》,载日本《思想》杂志1971年3月号。

马克思《巴黎手稿》的写作顺序图	
第1阶段	1. 首次接触恩格斯、蒲鲁东等人的经济学著作
	2. 对萨伊、斯卡尔培克、斯密等人著作的摘录（《巴黎笔记》的第一至第三册）
	3. 第一手稿（笔记本Ⅰ的前半部分），对"工资、资本的利润、地租"这一收入的三个源泉进行对比分析
	4. 第一手稿（笔记本Ⅰ的后半部分）"异化劳动和私有财产"
第2阶段	1. 对李嘉图、穆勒、麦克库洛赫等人著作所作的摘录和评注，恩格斯《国民经济学批判大纲》的概要（《巴黎笔记》的第四至第五册）
	2. 第二手稿（笔记本Ⅱ）
	3. 第三手稿（笔记本Ⅲ）

拉宾的论文发表以后，在日本学界掀起了轩然大波。因为早在拉宾论文问世以前，日本学界就曾对《穆勒评注》与《手稿》的关系做过研究。比如，中川弘在1968年就从穆勒的名字没有出现在《第一手稿》而是出现在《第二手稿》和《第三手稿》中这一事实出发，提出过与拉宾类似的推测[①]，但由于他没有对照过《巴黎手稿》的影印件，无法像拉宾那样进行文献学考证，其推测基本上建立在对《手稿》思想内容的分析上。当然，仅从对《巴黎手稿》内容的分析就做出如此判断可能更显示其具有深厚的研究功底。

受拉宾论文的刺激，喜爱考证的日本学者展开了新一轮的《巴黎手稿》文献学研究。山中隆次是其中的代表人物，他于1971年特地赶往

---

① 中川弘：《〈经济学哲学手稿〉与〈穆勒评注〉》，载日本《商学论集》，第37卷第2号，1968年10月。

阿姆斯特丹的国际社会史研究所（IISG）对拉宾论文进行验证。他通过对照马克思的原始手稿，发表了一篇题为《〈经济学哲学手稿〉与〈经济学笔记〉的关系——关于拉宾论文》①的论文。在这篇论文中，山中不仅肯定了拉宾论文的结论，还提出了几点补充意见，得出了马克思的确是在写完《穆勒评注》后开始写《第二手稿》和《第三手稿》的结论。2005年，山中去世以后，他的弟子和朋友们出版了他多年以来的研究成果，即重新编排的《巴黎手稿》。②这是一个有别于MEGA2的新版，就像广松涉和涩谷正等人新编的《德意志意识形态》一样，该书也代表了日本学界独立研究《巴黎手稿》的最高水平。在这个新版本中，他不仅把《穆勒评注》也编入《手稿》，而且还按照拉宾的考证顺序，把《穆勒评注》置于《第一手稿》与《第二手稿》之间。这可能是世界上第一本建立在拉宾考证基础上的版本。

总之，拉宾和山中等人的考证是严密的，他们对《手稿》与《笔记》写作关系的说明是令人信服的。经过他们的论证，所谓1844年马克思的经济学研究经历了两个阶段的推测基本上已经成为日本学界的共识，并成为他们研究《巴黎手稿》的基础。

2. 罗扬的"几个笔记之一说"

尤尔根·罗扬（Jürgen Rojahn）是国际社会史研究所的研究员，后来曾担任国际马克思恩格斯基金会（IMES）的秘书长。1983年，他在

---

① 山中隆次：《〈经济学哲学手稿〉与〈经济学笔记〉的关系——关于拉宾论文》，载《思想》杂志1971年11月号。

② 山中隆次：《巴黎手稿——经济学、哲学、社会主义》，日本御茶水书房2005年版。

奥地利召开的"马克思主义与历史学"国际会议上发表了一篇题为《所谓的〈1844年经济学哲学手稿〉问题》①的长篇论文,在这篇论文中,他正式提出了《手稿》是1844年马克思经济学研究的"几个笔记之一"的假说。

他首先回顾了《手稿》和《笔记》的出版史,对前苏联、东欧和西方马克思主义者关于《手稿》的争论作了简要的评述,并指出了他们的共同缺陷,即"迄今为止人们的所有著述虽然并非没有一点价值,但是密涅卡的猫头鹰由于受到时代环境的刺激醒了过来,起飞得太早了"②。这是一个饶有兴趣的比喻,意思是说以往的研究都是在没有对《巴黎手稿》进行"史料批判"的前提下进行的,其结果造成了很多显赫的研究都缺少文献学的支持,一些重大的结论也是无本之木。

罗扬利用其本身就是国际社会史研究所研究员的有利条件,对该研究所保存的《巴黎手稿》的原件进行了细致的考证分析,最后得出了所谓的《手稿》只不过是马克思从1843年底到1845年初撰写的一系列经济学研究笔记之一的结论。虽然《手稿》中存在着一个看似能够统领全书的"序言",但实际上"序言"是马克思在写完《第三手稿》中的"对黑格尔的辩证法和整个哲学的批判"后才写成的,其中提到的大部分计划跟《手稿》的实际内容不符,因此,《手稿》并不像"序言"所宣称的那样,是一部按照"序言"写成的书,甚至连"该书"

---

① Jürgen Rojahn, Der Fall der sog. "Ökonomisch – Philosophischen Manuskripte aus dem Jahre 1844", 该论文后来公开发表在 International Review of Social History, volume XXVIII – 1983 – part 1, Amsterdam 上,参见日本《思想》杂志1983年8月号山中隆次的译文。

② 尤尔根·罗扬:《所谓的〈1844年经济学哲学手稿〉问题》,载日本《思想》杂志1983年8月号,第106页。

的手稿都算不上，换句话说，根本就不存在《1844年经济学哲学手稿》这样一本书。如果罗扬的结论成立，无疑会引起许多重大的理论后果。因为，这一结论实际上等于对MEGA1把《手稿》作为一部独立的著作出版表示了不满，并对MEGA1以来各种关于《手稿》的版本将"序言"置于《手稿》之前的做法表示了不同意见；由于《手稿》属于一系列经济学研究笔记之一，那种把《手稿》和《笔记》完全分开的做法就是一条"错误的道路"，这实际上等于对MEGA2把《手稿》和《笔记》分别编入两个不同卷次的做法提出了批评。

除此之外，罗扬还依据《巴黎手稿》的纸型和页码标注等特征，提出了一个《第二手稿》是李嘉图与穆勒《笔记》（第四本笔记）的继续即该《笔记》结尾部分的假说。① 如果这一假说成立，不仅可以说明《第二手稿》的遗失没有那么严重，因为《穆勒评注》有33页手稿，《第二手稿》还保留着最后的4页（第40—43页），这两个部分加在一起，《第二手稿》实际上只遗失了第34至第39这6页草稿，而且还为前面提到的"两个阶段说"提供了新的佐证，即《穆勒评注》一定是写于《第二手稿》之前，因为《第二手稿》是《穆勒评注》的结尾。

3. MEGA2的排列问题

MEGA2第Ⅳ部分第2卷和第Ⅰ部分第2卷是目前国际上通行的《笔记》和《手稿》的权威版本。根据MEGA2编辑准则的要求，这两个版本都不可避免地涉及到了《笔记》和《手稿》的写作关系问题。

---

① 尤尔根·罗扬：《所谓的〈1844年经济学哲学手稿〉问题》，载日本《思想》杂志1983年8月号，第135页。

但是，这两卷 MEGA 在对《手稿》和《笔记》写作顺序的理解上不仅与国际上通行的见解不符，而且两卷之间也存在着矛盾。

先看刊有《手稿》的 MEGA2 第 I 部分第 2 卷。本卷的编者实际上是英格·陶伯特（Inger Taubert），她也是 MEGA2《德意志意识形态》试刊版和先行版的编者。在 MEGA2 第 I 部分第 2 卷正式出版以前，她曾经专门撰写了《关于卡尔·马克思〈经济学哲学手稿〉的写作日期的问题与疑问》①一文，后来又在第 I 部分第 2 卷的编者序言以及《附属材料》卷中，对《手稿》和《笔记》，特别是对李嘉图和穆勒《笔记》的写作时间，发表了独特的意见。

陶伯特的观点与拉宾以来人们已经普遍接受的观点相反，她认为马克思是在写完《第三手稿》，也就是整部《手稿》之后，才开始动手对李嘉图的《政治经济学和赋税原理》和穆勒的《政治经济学原理》的法译本进行摘录的②，由于这两册《笔记》中还包括了马克思对自己理论观点的展开论述，且有些论述又涉及到《手稿》中部分谈到或根本未谈到的问题，因此它们是"《经济学哲学手稿》的补充，同时是《经济学哲学手稿》的继续"③。显然，她是按照"《第二手稿》和《第三手稿》→李嘉图、穆勒《笔记》"的顺序来理解《巴黎手稿》的写作过程的。她的这一理解给《巴黎手稿》文献学研究的既有成果带来了冲击，因为，如果她的推论成立，那么苏联学者提出的《第二手稿》利用了《穆勒评注》的推测将不再成立，以《穆勒评注》来划分《第一

---

① Inger Taubert, Probleme und Fragen zur Datierung der "Ökonomisch-Philoso-phischen Manuskripte" von Karl Marx, In: Beiträge zur Marx-Engels-Forschung, 3, Berlin 1978，参见日本《现代与思想》杂志 1979 年 12 月号涩谷正的译文。

② Vgl. ,MEGA2,I/2,Apparat,S. 696f. MEGA2,I/2,Einleitung,S. 36.

③ MEGA2,I/2,Apparat,S. 702.

手稿》与《第二手稿》和《第三手稿》的做法也将面临着巨大困难。

  问题是陶伯特的这一推论能否成立。她虽然承认在《第一手稿》与"第四和第五本笔记以及《第二手稿》和《第三手稿》"之间马克思的经济学认识存在着飞跃，但是却以在《第二手稿》和《第三手稿》中，找不到马克思利用了李嘉图和穆勒《笔记》的痕迹（用她的话说是"没有直接地或间接地使用或利用"①），能够找到的至多是与麦克库洛赫和普雷沃《笔记》的联系为由，否定了拉宾等人的意见。但是，实事求是地讲，陶伯特的理由是不充分的。在《第二手稿》和《第三手稿》中，马克思不仅曾多次提及李嘉图和穆勒的名字，甚至还直接对他们的著作进行了引用；在《第二手稿》中，马克思还将李嘉图和穆勒等人的"现代国民经济学"观点同斯密和萨伊等人的观点进行了对照，研究了国民政治经济学内部的差别；而且麦克库洛赫和普雷沃本身都属于李嘉图学派，马克思所摘的普雷沃的文章实际上是他翻译的麦克库洛赫著作的前言"译者对李嘉图体系的思考"，等等。从这些事实来看，陶伯特做出的李嘉图和穆勒著作与《第二手稿》"没有直接的或间接的联系"的论断令人无法苟同，而据此将《巴黎手稿》的写作顺序改为"《第三手稿》→李嘉图、穆勒笔记"更是令人无所适从。即使谁也无法证明马克思在写作《第二手稿》之前做了李嘉图和穆勒《笔记》，但是他在写作《第二手稿》时直接地或间接地阅读过李嘉图和穆勒的著作这一点是无法置疑的，否则《手稿》中那些对李嘉图和穆勒的论述就变得无法理解，在这个意义上，即使马克思当时没有对这两个人物的著述做笔记，但已经了解了两个人的思想并在此基础上写出了《第二手稿》和《第三手稿》这一点并没有错。而且，从马克思的写作习惯来看，先对阅读过的著作做笔记然后再进行著书立说是正常的，既

---

① MEGA2, I/2, Apparat, S. 696.

然陶伯特依据这一原则已经推测了萨伊、斯卡尔培克和斯密的《笔记》写于《第一手稿》之前,那为什么到了李嘉图和穆勒就无法依据这一原则了呢?陶伯特对此没有做出充分的说明。而且,《巴黎手稿》的思想内容实际上以《穆勒评注》为界,曾经发生了一个重大的转变(参照本文的第三部分),换一种说法,即在《第一手稿》与"第四和第五本笔记以及《第二手稿》和《第三手稿》"之间马克思的经济学认识存在飞跃,这是陶伯特本人也承认的,既然承认了这一点,不是很容易推出马克思对李嘉图和穆勒的学习和摘录在《第二手稿》和《第三手稿》之前吗?鉴于陶伯特的推论所存在着的这些漏洞,我们可以认为她关于《穆勒评注》写于《手稿》之后的论断证据不足。

那么,收录《笔记》的 MEGA2 第 IV 部分第 2 卷的意见又如何呢?首先让我们看一下它关于第四和第五本《笔记》写作顺序的推断。第 IV 部分第 2 卷的编者认为,这两本笔记是按照"李嘉图→麦克库洛赫、普雷沃、恩格斯、特拉西→穆勒"的顺序写成的①,这显然与 MEGA1 以及拉宾的推测基本相同,只是将《穆勒评注》看作是这两本《笔记》中最后撰写的部分。问题是这两本《笔记》与《第二手稿》和《第三手稿》的先后关系,对这一问题,第 IV 部分第 2 卷的解释自相矛盾。一方面,编者们认为第四本有关李嘉图和穆勒的《笔记》写于 1844 年夏天和秋天,第五本有关穆勒、麦克库洛赫、特拉西、普雷沃和恩格斯的《笔记》写于 1844 年夏。那么,按照《手稿》大约完成于 8 月份的推论,至少第四本李嘉图和穆勒笔记中的一部分应该是在《手稿》之后写的,事实上第 IV 部分第 2 卷《附属材料》卷中也有马克思是按照"《手稿》→李嘉图、穆勒的部分《笔记》"顺序撰写的记述。②但另一

---

① Vgl., MEGA2, IV/2, Apparat, S. 717f.

② Vgl., MEGA2, IV/2, Apparat, S. 715.

方面，他们同时又认为马克思对"麦克库洛赫、特拉西、普雷沃、恩格斯"的摘录写于"评一个普鲁士人的《普鲁士国王和社会改革》一文"之前，即1844年7月31日（这是马克思本人加的写完文章的日期）以前，因为在这篇论文中，马克思曾引用或谈论过这些人物。如果按照前面有关第四和第五本《笔记》写作顺序的推断，至少李嘉图《笔记》应该比"麦克库洛赫、特拉西、普雷沃、恩格斯"《笔记》还早，不应该是在8月写成的。况且，MEGA2第Ⅳ部分第2卷的编者同时又认为《穆勒评注》与李嘉图《笔记》是同时写完的，这样一来，马克思的写作顺序又成了"李嘉图、穆勒→《第二手稿》和《第三手稿》"，这显然是自相矛盾的。这一自相矛盾是由日本学者涩谷正发现的，他提出如果MEGA2第Ⅳ部分第2卷实际上所坚持的是"李嘉图、穆勒→《第二手稿》和《第三手稿》"这后一个推断的话，那么它和MEGA2第Ⅰ部分第2卷对马克思手稿写作顺序的推论正好相反，即两卷MEGA2之间也存在着自相矛盾。① 非常遗憾的是，MEGA2编者没有对这一自相矛盾做出说明。

至此，我们考察了拉宾、山中隆次、罗扬和MEGA2第Ⅰ部分第2卷和第Ⅳ部分第2卷关于第四和第五本《笔记》与《第二手稿》和《第三手稿》写作顺序的几种推测，除这些推测之外，苏联的巴加图利亚也曾提出过一个很特别的意见，即《第一手稿》与《第二手稿》"不是两个独立的手稿，是同一部手稿的两个部分，即开头和结尾"②。但这一意见因为证据不足而没有引起人们的重视，据服部文男介绍，1978

---

① 参见涩谷正：《关于〈经济学哲学手稿〉与〈巴黎笔记〉的问题》，载日本《经济》杂志1983年8月号，第172页。

② 巴加图利亚和维克斯基：《马克思和经济学的方法》下卷，日本大月书店1978年版，第62页。

年4月27日,在柏林的马克思列宁主义研究所举办的"MEGA《经济学哲学手稿》文本刊行的学术研讨会"上,巴加图利亚的意见事实上遭到了否决,对MEGA2的编辑没有产生影响。① 为清楚起见,我们制作了"关于第四、五本《经济学笔记》与《第二手稿》和《第三手稿》写作顺序几种推测的对照表",通过这个表格,我们可以清楚地看到上述几种意见的差别。

	关于第四、五本《经济学笔记》与《第二手稿》和《第三手稿》写作顺序几种推测的对照表
拉宾论文	麦克库洛赫、普雷沃、恩格斯、李嘉图、穆勒、特拉西→《第二手稿》和《第三手稿》
山中论文	麦克库洛赫、普雷沃、恩格斯、特拉西、李嘉图、穆勒→《第二手稿》和《第三手稿》
罗扬论文	李嘉图、穆勒(第四笔记本)→《第二手稿》→麦克库洛赫、穆勒(第五笔记本)→《第三手稿》
MEGA2 第Ⅰ部分第2卷	麦克库洛赫、普雷沃、恩格斯、特拉西→《第二手稿》和《第三手稿》→李嘉图、穆勒
MEGA2 第Ⅳ部分第2卷	第一种推测:李嘉图→麦克库洛赫、普雷沃、恩格斯、特拉西→穆勒→《第二手稿》和《第三手稿》→李嘉图、穆勒的部分笔记
	第二种推测:李嘉图→麦克库洛赫、普雷沃、恩格斯、特拉西→穆勒→《第二手稿》和《第三手稿》

以上,我们围绕《笔记》和《手稿》的写作顺序问题,对《巴黎手稿》的文献学研究进行了概括。其实,《巴黎手稿》的文献学研究决

---

① 参见服部文男:《马克思主义的形成》第13章,日本青木书店1984年版。

57

不仅仅限于这一问题，它还包括对《巴黎手稿》原始手稿状况的考证和分类、恩格斯《国民经济学批判大纲》对马克思的影响、MEGA2 对《笔记》的重新划分以及《第二手稿》的遗失等问题，由于本文主旨的限制，对这些内容的介绍就不得不割爱了。最后，作为对《巴黎手稿》文献学研究的总结，笔者想提出以下四点意见：

1. 《笔记》和《手稿》的写作是交叉进行的。特别是由于第一到第五本《笔记》与《手稿》有着密不可分的联系，我们不能脱离《笔记》来单独阅读和研究《手稿》。在这个意义上，我国目前对《巴黎手稿》的研究还存在着明显的缺欠，很少有人能把二者结合起来进行研究，其中，我国至今还没有将大部分《笔记》翻译过来就是一个佐证。

2. 《巴黎手稿》的形成存在着两个阶段。几乎所有的文献学家，甚至包括陶伯特在内，都认为马克思1844年进行的经济学研究存在着两个泾渭分明的阶段，即以第一至第三本《笔记》和《第一手稿》为第一阶段，以第四至第五本《笔记》和《第二手稿》、《第三手稿》为第二阶段。尽管文献学家们在第二阶段手稿的写作顺序上理解有分歧，但都认为《手稿》的内容在这两个阶段上发生了巨大变化，第二个阶段的经济学水平高于第一个阶段。对这一结论我们要高度重视。

3. 《手稿》不是一块同质的"整钢"。所谓的《1844年经济学哲学手稿》并不是一个在内容上一贯、在形式上独立的著作。我们在研究《手稿》时要充分考虑到《手稿》成立的阶段性、片段性以及其自身存在的内在矛盾，不能不加分析就把《手稿》看作是一个"整体"。这样做的直接后果必然会使我们停留在对《手稿》所反映出来的矛盾进行无原则的"折中"上，不利于我们客观地评价《手稿》，更不利于深化对《手稿》的研究。

4. 《巴黎手稿》的写作是按照"《第一手稿》→《穆勒评注》→

《第二手稿》→《第三手稿》"的顺序进行的。除了 MEGA2 编者（主要是陶伯特）以外，大多数文献学家都认同《巴黎手稿》这一写作顺序，我们今天阅读和研究《巴黎手稿》也应该按照这一写作顺序进行。在这个意义上，旧版《马克思恩格斯全集》第 42 卷将《穆勒评注》置于《1844 年经济学哲学手稿》之前的做法以及按照此顺序来解读《巴黎手稿》的做法是值得商榷的。作为一个将来的课题，我们应该学习日本学者的做法，按照《巴黎手稿》文献学研究的结论，重新编排一个《巴黎手稿》的中译本。

三、《巴黎手稿》的文献学意义

《巴黎手稿》的文献学研究具有十分重要的意义，它不仅为我们正确地理解《手稿》的思想内容奠定了基础，而且对它的应用可能会给马克思主义研究带来一些革命性的进展。这里试举两个例子来说明《巴黎手稿》文献学研究的意义。

1. 对异化劳动和《穆勒评注》的评价问题

以前，人们把《手稿》的思想与意义都归结为《第一手稿》中的异化劳动理论，特别是有相当一部分西方马克思主义者甚至认为，马克思早期异化理论的思想水平高于《资本论》时期，并借此来否定成熟时期的马克思。但是《巴黎手稿》的文献学研究成果则使上述观点遭到质疑。因为，按照罗扬的说法，有关异化劳动的《第一手稿》只不过是马克思那一时期经济学研究的手稿之一，根本代表不了巴黎时代马克思思想的全部。更重要的是，按照拉宾的考证，异化劳动理论的提出所依据的萨伊、斯卡尔培克、斯密等人著作的摘录，是属于马克思经济学研究第一个阶段的成果。而在阅读了李嘉图和穆勒等人的著作以后，马克思对国民经济学的认识水平已经有了一个飞跃。因此，相对于《穆勒评注》以后的马克思经济学认识而言，异化劳动理论是很不成熟的。

过去由于没有充分的证据，当我们发现异化劳动理论中有不成熟或自相矛盾的表述时，往往不能给予客观的评价，相反为了维护马克思理论的完整性而替马克思"自圆其说"。其实这完全没有必要，因为任何人的思想都有一个从稚嫩到成熟的发展过程，指出异化劳动理论所存在的问题丝毫不影响马克思的伟大。上述文献学研究成果的意义之一就是可以为我们打消那些不必要的顾虑，使我们更实事求是地看待异化劳动理论。譬如说，马克思在分析异化劳动时，曾对异化劳动概念做过四个规定，但是相对于前三个规定而言，马克思几乎没对第四个规定做出什么说明。这是不是异化劳动理论本身所具有的结构性缺陷所造成的呢？我们知道，在异化劳动理论中，马克思使用的是主体与客体的关系逻辑，简单地说，就是主体变成了客体，客体与主体相对立，最后扬弃客体而回归自身。利用这一逻辑，马克思自然可以很好地说明人与物、人与劳动过程、人与类本质这前三个异化规定，因为这三个规定所揭示的都是人与自身的关系，适用于主客体逻辑。但当遇到"人同人相异化"这第四个异化规定时，这种主客体关系结构就暴露了其局限性。因为人同人相异化显然已经超出了主体与客体关系结构所能涵盖的范围，而属于复杂的主体与主体之间的关系。而要说明主体与主体之间的异化关系，恐怕只能将其置于以私有财产为前提的商品交换的世界里。但遗憾的是，马克思在异化劳动部分所设想的对象世界实际上是一个孤立的资本主义工厂，是一个抽象的资本主义直接生产过程。而商品交换的世界是在《穆勒评注》以及《第二手稿》、《第三手稿》中才出现的，在

《穆勒评注》以后，马克思才通过交往的异化理论解决了人与人的异化问题。过去对异化劳动第四个规定的质疑只能停留在猜测的范围，但是《巴黎手稿》的文献学研究成果为这一猜测提供了强有力的支持。

与对异化劳动的评价相关，我们迄今为止是不是对《巴黎手稿》的其他部分关注得不够？譬如说《穆勒评注》，由于其属于《经济学笔记》，过去人们往往仅仅把它当作《手稿》的"附录"或者干脆将其排除到《手稿》之外。但从上面的文献学研究可以看出，《穆勒评注》的意义绝不仅仅如此。1966年苏联《哲学问题》在发表俄译本《穆勒评注》时曾加过一个"序言"，在这个"序言"中，编者对《穆勒评注》的地位与意义作过这样的评价：《第二手稿》是《手稿》的主体部分，它包含了马克思对古典经济学的研究和批判，同这一部分相比，《第一手稿》只不过是为写《第二手稿》所做的准备，而《第三手稿》则是对《第二手稿》的补充。由于《穆勒评注》写于《第二手稿》之前，而且"在我们所知道的马克思的著作中没有任何一本曾引用过这些评注的内容，因此可以认为，这些内容被利用到我们还没有发现的1844年的《第二手稿》当中"①。如果俄译本"序言"的推测属实的话，《穆勒评注》实际上是《第二手稿》的基础，通过对《穆勒评注》的研究可以推测出《第二手稿》的内容。在这个意义上，《穆勒评注》是我们理解《手稿》的关键。不仅如此，实际上在笔者看来，《穆勒评注》以及《第二手稿》和《第三手稿》无论在视野上还是在思想深刻性上都远远超过《第一手稿》，关于这一问题，笔者将另撰文予以说明。

总之，我们研究《手稿》决不能仅仅停留在《第一手稿》异化劳

---

① 参见苏联马克思、恩格斯和列宁主义研究所编：《哲学问题》，1966年第2期，第113页。

动片断的水平上,更不能用异化劳动来代替《手稿》的研究,鉴于《穆勒评注》以及《第二手稿》和《第三手稿》长期以来一直受到轻视,现阶段我们应该把研究中心转到《穆勒评注》以后的《巴黎手稿》上来,以此来寻求对《巴黎手稿》研究的突破。

2. 异化劳动与《穆勒评注》的视角差异问题

同上一个问题相关的是《第一手稿》的异化劳动理论与《穆勒评注》的视角差异问题。一般说来,在异化劳动片断中占主导地位的是资本和雇佣劳动的关系,以及在这一关系下的异化劳动;而在《穆勒评注》中起决定作用的则是货币、交换、社会分工等范畴,以及交往及其异化形式。虽然在这两个片断中都出现了异化和私人所有,但它们所指的内容是不同的:异化劳动片断中的私人所有主要是指"资本家的私人所有";而《穆勒评注》中的私人所有主要是指"市民的私人所有"。异化劳动片断从生产过程的角度揭示了劳动的异化问题,而《穆勒评注》则从交换过程的角度说明了交往的异化问题。这两个几乎同时写成的片断无论在方法论上还是在理论层次上都存在着明显的差别,这是为什么呢?显然,这仍然是一个令人困惑的理论问题。

在拉宾论文出版以前,日本马克思主义经济学界曾对这一问题做过深入的研究。根据细见英的介绍,《经济学笔记》的日译者之一重田晃一曾认为这两者既是统一的又是互补的,《手稿》中所缺少的那些经济学概念,譬如交换、价值、货币等通过《穆勒评注》得到了弥补。马克思在《穆勒评注》中已经开始使用"私有财产—价值—货币"等经济学范畴来分析类生活的异化形态,而这跟《资本论》用"商品—货币—价值"来分析生产关系的物象化结构基本上一致,因此重田认为

《穆勒评注》是马克思"经济学批判的开端"①。细见英则强调两者的差别和矛盾,认为这一差别反映了马克思批判市民社会时视角和逻辑的转换,即马克思一开始是从商品交换关系(《穆勒评注》)出发来推导阶级对立关系(《第一手稿》)的,但没有成功,于是转而从三大阶级的对立出发,通过分析发现了阶级对立的原因即异化劳动。马克思的研究出现了一个从交换关系转变为生产关系、从表层分析转变为深层分析的过程。细见英因此推断马克思《巴黎手稿》的写作顺序应该是从《穆勒评注》到《第一手稿》的异化劳动片断。② 与此相反,大岛清则认为马克思在《第一手稿》异化劳动片断中无视商品交换关系,把劳动过程还原为强制性的剥夺过程;而在《穆勒评注》中,由于研究了货币、价值和商品交换概念,他的人的自我异化概念已经比异化劳动概念更为具体和充实,在对社会关系的理解上《穆勒评注》要高于异化劳动片断。还有中川弘,他认为马克思的头脑中存在着两条分析市民社会的线索:一条是商品和货币的分析线索(《论犹太人问题》→《穆勒评注》);另一条是资本关系线索(《〈黑格尔法哲学批判〉导言》→《手稿》),这两条分析线索是并存的,直到1857年的《经济学批判大纲》,马克思才把二者统一起来。

在拉宾论文发表以前,日本对这一问题一直争论不休。拉宾论文的出版为这一问题的讨论画上了句号。因为,拉宾论文的最重要结论是马克思《巴黎手稿》的写作分为两个时期,第二个时期高于第一个时期,而第二个时期恰好是从《穆勒评注》开始的,这样也就为异化劳动片

---

① 重田晃一:《关于早期马克思的一个研究——以作为经济学批判的开端的〈穆勒评注〉为中心》,载日本关西大学:《经济论集》1959年第8卷第6号。

② 细见英:《马克思与黑格尔——经济学批判与辩证法》,载日本经济学史学会编:《资本论的成立》,日本岩波书店1967年版。

断与《穆勒评注》的视角差异问题提供了最合理的说明,也就是说二者存在着差异是当然的。拉宾论文发表以后,日本马克思主义经济学界欢欣鼓舞,因为他们的研究和推测在拉宾的文献学研究中得到了印证,他们的困惑也得到了合理的解决。包括细见英在内,日本学界基本上认同了拉宾的考证,细见英本人在拉宾论文的《译者前言》中写道:"我在这里声明,我撤回以前对《穆勒评注》与《经济学哲学手稿》写作顺序的解释,转而依据拉宾的解释。"①

总之,从上面两个例子来看,《巴黎手稿》文献学成果能给《巴黎手稿》思想内容的研究带来很多重要的启发。希望我国学者能够重视这些研究成果,并能积极地将其应用到对马克思著作的解读上,争取在一个比较短的时期内,把我国《巴黎手稿》的研究提升到一个新的水平。

(韩立新,日本一桥大学社会学博士,清华大学哲学系副教授)

---

① 细见英:《译者前言》,载日本《思想》杂志,1971年3月号。

再论"马克思文本解读"研究不能无视版本研究的新成果

——从《巴黎手稿》① 的文献学研究谈起*

鲁克俭

[摘　要] 本文以大量的文献学事实表明：在没有充分文献学依据的情况下仅以所谓的"思想"或"文本学新思路"来轻率地否定国际马克思文献学共识，不是真正严肃的马克思文本解读研究者所应取的科学态度；从《巴黎笔记》到《1844年经济学哲学手稿》、从《神圣家族》到《关于费尔巴哈的提纲》、从《评李斯特》到《德意志意识形态》，《回到马克思》一书所依据的主要文献学信息都已过时，因而在此基础上作出的解读结论是可疑的和难以令人信服的。

[关键词] 马克思文献学　马克思文本解读　中国马克思学

"文革"之后，面对国外马克思文献学研究的新成果，中国学界首先从翻译入手，做了大量译介工作。在这方面，中央编译局的贡献尤为突出：《马列著作编译资料》、《马列主义研究资料》、《马克思恩格斯研

---

① 本文按照韩立新先生的说法（参见《〈巴黎手稿〉的文献学研究及其意义》，载《马克思主义与现实》2007年第1期），把马克思《巴黎笔记》和《1844年经济学哲学手稿》统称为《巴黎手稿》。

* 本文选自《马克思主义与现实》2007年第3期。

究》、《马克思恩格斯列宁斯大林研究》发表了大量国外马克思文献学研究成果的译文。在此基础上,张一兵先生在1999年出版的《回到马克思:经济学语境中的哲学话语》(以下简称《回到马克思》)① 一书中开创性地对马克思文本的文献学问题进行了系统清理,并把这些文献学研究成果与对马克思文本的解读结合起来。近年来,聂锦芳先生在《清理与超越》②、王东先生在《马克思学新奠基》③ 中又做了进一步系统的文献学清理工作。这说明"对第一手文本原始信息"的"文献学考证研究,也开始逐步引起中国学者的注意"。于是马克思文献学研究与马克思思想解读的关系问题就凸现出来。现在越来越多从事马克思文本解读研究的学者(至少就我接触较多的北京地区的学者来看)已经形成共识:马克思文本解读研究不能缺少文献学基础,否则解读研究很容易得出错误结论;文献学研究只是解读研究的基础,对马克思文本的思想解读和理论研究才是最终目的。2007年上半年北京地区部分中青年学者发起成立的"马克思学论坛",就大力倡导"以扎实文献学研究为基础的马克思文本解读研究"新理念。由于中国没有收藏马克思全部文本的影印件,中国学者要进行真正原创性的文献学研究是非常困难的,因此中国学者的马克思文本解读研究(或曰马克思学研究)首先要做的工作是补马克思文献学这一课,尽快把国际马克思文献学研究新

---

① 张一兵:《回到马克思:经济学语境中的哲学话语》,江苏人民出版社1999年版。

② 聂锦芳:《清理与超越:重读马克思文本的意旨、基础与方法》,北京大学出版社2005年版。

③ 王东:《马克思学新奠基:马克思哲学新解读的方法论导言》,北京大学出版社2006年版。

成果介绍进来。① 在这方面，中央编译局的文献专家做了大量工作，此外聂锦芳先生以《共产党宣言》为例对前苏联马克思文献学研究的成果进行的系统梳理②、张一兵先生组织翻译出版的汉译广松版《德意志意识形态》③、韩立新先生对日本学者关于《德意志意识形态》和《巴黎手稿》文献学研究的评介④都使中国学者大开眼界，是对中国马克思学研究的重大贡献。近年来，我主要结合马克思文本解读研究对西方"马克思学"⑤ 关于马克思"思想"研究的新成果进行评介⑥，并没有做系统的文献学清理和国际马克思文献学新成果的评介工作。但我密切关注国外马克思文献学研究的新进展，对国内学者利用第一手外文资料所做的国外马克思文献学评介性研究表示"欢呼"，同时也对误导性的文献学"介绍"持激烈的批评态度。

在我看来，除了要正确处理"文献学"与"思想解读"之间"手

---

① 我的这一观点已经体现在《关于〈德意志意识形态〉研究的几个问题》，收在韩立新主编的《新版〈德意志意识形态〉研究》（中国人民大学出版社即将出版）。

② 聂锦芳先生的长篇论文最初提交于2000年北京大学马克思主义文献研究中心成立时的研讨会上。

③ 〔日〕广松涉：《文献学语境中的〈德意志意识形态〉》，南京大学出版社2005年版。

④ 韩立新：《〈德意志意识形态〉的文献学研究和日本学界对广松版的评价》，载《中国社会科学》2006年第2期；《〈巴黎手稿〉的文献学研究及其意义》，载《马克思主义与现实》2007年第1期。

⑤ 关于"马克思学"的含义及"西方马克思学"、"前苏联东德马克思学"、"日本马克思学"情况的介绍，参见拙文《国外马克思学概况及对中国马克思学研究的启示》，载《马克思主义与现实》2007年第1期。

⑥ 鲁克俭：《国外马克思学研究的热点问题》，中央编译出版社2006年版。

段"与"目的"的关系之外,还要处理好"文献学"与"思想解读"之间的另一种关系。众所周知,我们搞哲学的人大都有很丰富的想象力(或美其名曰思辨力很强),善于从有限的材料出发生出许多"心得"(或曰"思想")。这应该说还处于"大胆假设"阶段。具体到马克思文本解读研究来说,严谨的学者一般不会满足于"心得",而会进一步"小心求证"。如果"心得"被新的实证材料(包括文献学研究成果)证伪了,那么科学的态度应该是调整自己的"心得",然后再接受实证材料的检验。这很类似于史学研究与考古研究的关系。对待国外马克思文献学研究成果当然不能采取迷信和盲从的态度,但同时也应避免简单否定的态度。科学的态度应该是:"在研究过程中,如果研究者的解读结论与版本研究的新成果相矛盾,研究者就应该正视这种矛盾,要么调整自己的解读结论,要么做进一步的版本考证,从而否证 MEGA2 编辑者的考证结论。不管怎样,无视已有的版本研究的新成果不利于马克思文本解读研究的深化,也很容易导致对文本的过度解读。"① 在这方面,同属东方文化圈的日本学者已经为我们树立了好的榜样。下面我首先结合《巴黎手稿》的文献学研究来说明研究者应该以何种科学的态度对待文献学研究新成果。

---

① 鲁克俭:《国外马克思学研究的热点问题》,中央编译出版社 2006 年版,导论第 8 页。

一、国内外《巴黎手稿》文献学研究[①]概况及其启示

根据韩立新先生的介绍[②],国际《巴黎手稿》文献学研究经历了三个主要阶段:第一阶段是前苏联马克思文献学专家拉宾1969年提出的"两个阶段说"[③];第二阶段是MEGA2第四部分第二卷(1981年)和第一部分第二卷(1982年)的出版(第一部分第二卷由陶伯特负责编辑);第三阶段是罗扬的"几个笔记之一说"(1983年1月)。陶伯特是在拉宾文献学研究10年之后做出自己新的考证结论,应当说研究结论已经超越拉宾。[④] 不过日本学者并不这么看。日本学者尤其不同意陶伯特对《巴黎笔记》(特别是关于李嘉图《笔记》与《穆勒摘要》)与《1844年经济学哲学手稿》(特别是第二、三手稿)写作关系的说明

[①] 这里所说的文献学研究,既包括原创性的文献学研究,也包括基于第一手外文资料对国外文献学研究成果的评介性研究,以及基于第二手资料(即已经译成中文的资料)所做的文献学清理。

[②] 参见韩立新:《〈巴黎手稿〉的文献学研究及其意义》,载《马克思主义与现实》2007年第1期。

[③] 拉宾虽然把《穆勒摘要》置于《1844年经济学哲学手稿》第一手稿和第二手稿之间,但随后的《马克思恩格斯全集》俄文第二版第42卷却把《穆勒摘要》放到《1844年经济学哲学手稿》前面。《穆勒摘要》的题注这样注释:"在这个文献中,马克思个人的议论占了相当大部分,这些议论按其内容来说与《1844年经济学哲学手稿》相衔接,而且先于这个手稿。"(参见《马克思恩格斯全集》第1版第42卷485页。)短时间内发生这么大变化,其缘由值得我们进一步去了解。

[④] 当然是在吸收拉宾成果基础(即"两个阶段说")上的超越,这一点类似于陶伯特在《德意志意识形态》文献学研究方面(1997年)对巴加图利亚(1965年)的超越。

(即《穆勒摘要》写于第二、三手稿之后),而坚持拉宾的考证结论。但日本学者并没有简单地"宣布"陶伯特"标新立异",而是在文献学研究的层面上试图驳倒陶伯特。根据韩立新先生的介绍,日本学者在得知罗扬在写《所谓的〈1844年经济学哲学手稿〉问题》的长篇论文时就密切关注,罗扬的论文一完稿,山中隆次就把它译成日文发表在《思想》1983年8月号上。不但如此,涩谷正还发现在《巴黎笔记》与《1844年经济学哲学手稿》写作关系的说明上,MEGA2第四部分第二卷存在自相矛盾的说法,而且第四部分第二卷与第一部分第二卷之间也存在矛盾。应该说这是对陶伯特观点非常有说服力的批评。

早在20世纪80年代上半期,中央编译局就把MEGA2第四部分第二卷导言中关于《巴黎笔记》的说明、MEGA2第一部分第二卷导言中关于《1844年经济学哲学手稿》的说明、MEGA2第一部分第二卷资料卷中关于《1844年经济学哲学手稿》产生及保存情况的说明译成中文[1],吴达琼女士还介绍了罗扬《所谓的〈1844年经济学哲学手稿〉问题》一文的主要观点。[2] 《1844年经济学哲学手稿》中文新版本(2000年单行本以及2002年《马克思恩格斯全集》中文第二版第三卷)都是按照MEGA2的相关说明来做题注的:马克思在中断了笔记本Ⅲ的写作后,就同恩格斯投入撰写《神圣家族,或对批判的批判所做的批判》的工作。正是在这时,他开始对大·李嘉图《政治经济学和赋税

---

[1] 卢晓萍、章丽莉译,沈渊校:《关于巴黎笔记》,载《马列主义研究资料》1983年第4期;张念东译,刘星校:《关于〈1844年经济学哲学手稿〉》,载《马列主义研究资料》1984年第2期;赖升禄、洪佩郁译,刘星校:《〈经济学哲学手稿〉的产生及保存情况》,载《马列主义研究资料》1984年第2期。

[2] 吴达琼:《罗扬论〈1844年经济学哲学手稿〉的来龙去脉》,载《马列主义研究资料》1984年第2期。

原理》、詹·穆勒《政治经济学原理》这两本著作的法译本作了摘要。这两个摘要的特点是，马克思对作者的理论观点作了更多评价、解释和批判，从而形成他自己的长篇论述。这些论述涉及《1844年经济学哲学手稿》三个笔记中只是部分地谈到或根本未谈到的问题。因此，可以把这两个摘要看作是《1844年经济学哲学手稿》的补充，是对笔记本Ⅲ的研究的直接继续。①

长期以来，上述文献学研究资料并没有引起国内学者的足够重视。张一兵先生在《回到马克思》中首次对这些资料做了清理和运用，应当说功不可没。但现在看来张一兵先生在《巴黎手稿》文献学方面存在三个错误。第一个错误是对《巴黎笔记》的文献学描述已经过时。《回到马克思》中有这样的说法："在新版的 MEGA2 中，原来的第六册和第八册被确认为《布鲁塞尔笔记》。"② 1981年出版的 MEGA2/IV/2 确实是把第六册和第八册判定为《布鲁塞尔笔记》，但17年后（1998年）出版的 MEGA2/IV/3 却又重新把第六册和第八册判定为《巴黎笔记》。尽管张一兵先生在写作《回到马克思》时还不可能看到 MEGA2/IV/3，但此后张一兵先生一直没有发现这一点，在重印《回到马克思》时也没有改正这一错误，从而使这一已经过时的说法被当作基本文献学事实"以讹传讹"。第二个错误是对《1844年经济学哲学手稿》第一手稿的文献学描述有主观想象成分："第一笔记本现存36页，与《巴黎笔记》中的《穆勒摘要》一样，每页都有马克思自己用罗马数字标注的页码（Ⅰ—ⅩⅩⅩⅥ），其中马克思写有文字的共27页（Ⅰ—ⅩⅩⅦ），第27页（只有两行字）下半页之后为9页半的空白（ⅩⅩⅦ—ⅩⅩⅩⅥ）。"③ 实际

---

① 《马克思恩格斯全集》中文第2版第3卷第665页。
② 张一兵：《回到马克思：经济学语境中的哲学话语》，第160页。
③ 张一兵：《回到马克思：经济学语境中的哲学话语》，第215—216页。

上，第一笔记本确实现存36页，但并不存在XXVIII—XXXVI。这是因为马克思并没有给其他9页用罗马数字编号，也就是说，并非"每页都有马克思自己用罗马数字标注的页码（I—XXXVI）"。也并非"马克思写有文字的共27页"，马克思除了在第10至第36页写有文字（即I—XXVII）外，还在第1页上写有"笔记本（Heft）I"，在第3页写有一个包括29篇论述经济问题的著作的目录，这是马克思后来（最早于1845年7、8月即马克思去过曼彻斯特和伦敦之后）才写到笔记本I上的。因此真正空白页只有7页，并非"9页半"。这里的关键是要区分两种页码编号：一种是马克思用罗马数字做的页编号，另一种是MEGA2的编辑者按照笔记本I的前后顺序用阿拉伯数字做的页编号。马克思用罗马数字标记的第I页记在第11页，第II页记在第26页，第III页记在第25页，第IV页记在第24页，第V页记在第23页，第VI页记在第22页，第VII页记在第21页，第VIII页记在第20页，第IX页记在第19页，第X页记在第18页，第XI页记在第17页，第XII页记在第16页，第XIII页记在第15页，第XIV页记在第14页，第XV页记在第13页，第XVI页记在第12页，第XVII页记在第10页，第XVIII页记在第27页，第XIX页记在第28页，第XX页记在第29页，第XXI页记在第30页，第XXII页记在第31页，第XXIII页记在第32页，第XXIV页记在第33页，第XXV页记在第34页，第XXVI页记在第35页，第XXVII记在第36页。[①]

之所以会出现这种奇特的现象，与马克思写作笔记本I的过程有关。马克思在写《1844年经济学哲学手稿》时，是将每张大约62厘

---

① 参见MEGA2/I/2，第707页。

米×40厘米的纸①对折后在正反面共四页上书写。根据陶伯特的说明②，马克思先拿了四张纸叠放在一起，对折。马克思在首页写下 I，然后在最后一页写下 II，再然后在 II 的背面写下 III，这样从后往前依次写下 IV—XI，这样 XV 就写在了 I 的背面。写到 XVI 时，纸已经用完了，于是马克思又拿了几张纸，继续写 XVII—XXVII，到 XXVII 笔记本 I 结束，这样还留下 9 页未用。马克思把后加的 5 张纸与前面 4 张中缝装订在一起，并在首页上写上"笔记本 I"作为封面。于是就出现了第一手稿的 I 按笔记本 I 的前后顺序排在第 11 页上的情况。我注意到，张一兵先生关于"XXVII—XXXVI"的说法也已经"以讹传讹"（关于第三手稿的文献学描述也有类似的错误）。

张一兵先生的第三个错误表现在对拉宾及陶伯特文献学研究成果的轻率态度上："还需要说明的是由前苏联学者挑起的一种争论，即认为在《1844 年经济学哲学手稿》中，马克思是在研究资产阶级政治经济学的进程中，一边读书一边写下这一手稿文本的。这也就是说，《巴黎笔记》是与《1844 年经济学哲学手稿》穿插交错进行的。他们的具体假设是，马克思先是写下萨伊和斯密的笔记，然后开始写作手稿的第一笔记本；随后，马克思又回过头去读书，再做麦克库洛赫、普雷沃和恩格斯《政治经济学批判大纲》的笔记，最后完成手稿的第二至三笔记本。甚至李嘉图和穆勒的笔记是在全部手稿完成之后才又回去读书撰写的。这种假设在文献考证、马克思的直接指认和这一文本的内在逻辑三方面均有可靠的依据。……我认为前苏联学者的这种'理论创造'实为一种不必要的标新立异。……遗憾的是，MEGA2 版的编者也无批判

---

① 马克思在写作笔记本 I 时所用纸的大小并不一致。
② 参见 MEGA2/I/2，第 703—704 页。

地同意了前苏联学者的这种假设。"①

第二个关注到《巴黎手稿》文献学问题的中国学者当属唐正东先生。他在《从斯密到马克思》一书中接受了中央编译局《1844年经济学哲学手稿》新版本题注中的说法（也就是陶伯特的说法）："到写完'第一笔记本'为止，他只读了萨伊和斯密的著作，还没有涉及李嘉图等人的经济学著作。缺乏李嘉图的线索，马克思自然不可能解读异化劳动的发展史。写完'第一笔记本'之后，马克思对麦克库洛赫的《论政治经济学的起源、发展、特殊对象和重要性》（法译本）以及该书译者普雷沃写的《译者对李嘉图体系的思考》等著作作了摘要。在这之后，马克思开始了'第二笔记本'的写作。"②

韩立新先生的《〈巴黎手稿〉的文献学研究及其意义》一文使中国学者对国际上关于《巴黎手稿》的文献学研究有了全面的了解。日本学者大石高久在《未知的马克思》③一书的注释中提到了这些文献学研究成果，但由于太简略，我几年前在读这本书时并没有加以注意。经过韩立新先生这篇文章的洗礼，我再读该书时就深刻体会到，这些文献学研究成果在日本学者那里其实已成为背景知识了。不过，如果没有韩立新先生的精辟介绍和分析，即使我们"主动遭遇"这些在日本学者那里已经是常识的文献学研究成果，大概也会熟视无睹，甚至不屑一顾吧！

需要指出的是，"《李嘉图笔记》和《穆勒评注》写于《1844年经济学哲学手稿》之后"这一观点目前已经成为 MEGA2 编辑者的共识：从1982年出版的 MEGA2/I/2，到1998年出版的 MEGA2/IV/3，编辑者

---

① 张一兵：《回到马克思：经济学语境中的哲学话语》，第212页。
② 唐正东：《从斯密到马克思》，南京大学出版社2002年版，第279—280页。
③ Takahisa Oishi, *The Unknown Marx*, Pluto Press, 2001.

都是这样认定的。尤其是 MEGA2/IV/3 编辑者巴加图利亚对这一共识的确认①,可以说标志着 MEGA2 编委会对该问题的最终态度。尽管如此,日本学者对陶伯特观点的批评是在文献学层面上进行的,是合乎学术规范的、科学的和理性的,这为中国学者在如何科学对待文献学新成果方面树立了好的榜样。

二、马克思文本解读研究者应该以什么样的科学态度来对待国际马克思文献学研究新成果?

中国学界对国际马克思文献学研究新成果的译介至少可以追溯到上世纪 70 年代末,但真正把这些文献学新成果与马克思文本解读研究结合起来的,应该说张一兵先生是中国第一人,因此功高至伟。但是,张一兵先生在对待这些新成果的态度上,难免存在拓荒者(或探宝者)身上必然会出现的历史局限性。面对如此丰富的宝藏,探宝者不可能平心静气地细心挖掘,而会先捡最耀眼的或最顺眼的宝贝拿,觉得没有什么价值的就扔在一边,甚至踏在脚下。后来者在做有组织的系统挖掘工作时,不得不把被第一个探宝者破坏了的宝贝加以细心修复。

张一兵先生把陶伯特和巴加图利亚说成是已经投向资产阶级怀抱的"转型专家",甚至暗示陶伯特连"中国任何一个认真完成了马克思主义公共课的普通大学生"②的水平都不及③,因为"恩格斯在一百一十多年前(1888 年)将《关于费尔巴哈的提纲》(以下简称《提纲》)直

---

① MEGA2/IV/3,第 614 页。
② 本文中凡是没有明确注明出处的引文,均引自《学术月刊》2007 年第 1 期。
③ 至于我这个陶伯特的"推崇"者,大概最多只有高中生政治课的水平。

接说成是'包含着新世界观萌芽的天才提纲'",而陶伯特缺乏基本学术常识,竟然指认"《提纲》只是与《神圣家族》的写作有关"。

陶伯特是前东德马列主义研究院分部主任、哲学博士,她在东德的学术地位大概类似于巴加图利亚在前苏联的情况。陶伯特关于"《提纲》与《神圣家族》的写作有关"的考证结论出现于《马克思和恩格斯的〈德意志意识形态〉第1卷的产生史》,该文发表在《卡尔·马克思故居文集》(特里尔)1990年第43期。① 这样推算起来,陶伯特的研究工作完成于前东德时期。

陶伯特对《提纲》与《神圣家族》关系的考证以巴加图利亚对《提纲》的文献学研究为基础。在《〈关于费尔巴哈的提纲〉和〈德意志意识形态〉》② 的长篇论文中,巴加图利亚开创性地依据马克思的1844—1847年笔记本,令人信服地考证出《提纲》写于恩格斯1845年4月到达布鲁塞尔之后与1845年7月马克思和恩格斯赴英国旅行之前。之所以断定《提纲》写于恩格斯1845年4月到布鲁塞尔之后,是因为在马克思的1844—1847年笔记本中,在写着《提纲》的第53—57页③之前的第44页④上是用墨水写的第三个书籍目录(全是英国书籍),而马克思的笔迹与恩格斯的笔迹两次交替出现,这说明恩格斯此时已经来到布鲁塞尔。之所以断定《提纲》写于马克思和恩格斯7月赴英国旅

---

① 参见《马克思恩格斯研究》1994年总第17期。
② 参见巴加图利亚:《〈关于费尔巴哈的提纲〉和〈德意志意识形态〉》,载《马列主义研究资料》1984年第1期。
③ 在1998年出版的 MEGA2/IV/3 中,巴加图利亚进一步改进了对马克思1844—1847年记事本的描述和页码编号。这里标注的第53—57页是新编号,对应的《〈关于费尔巴哈的提纲〉和〈德意志意识形态〉》一文中的编号是第51—55页。
④ 对应的是第42页。

行之前，是因为在《提纲》（第 53—57 页）之后的第 74—93 页①记载的是四个英国书籍目录（中间有空白页），该书目编制于曼彻斯特，也就是马克思和恩格斯赴英国旅行之后；而《提纲》与四个英国书籍目录之间的第 58—73 页②（中间有空白页）记载着有书号的书籍目录，这些书号属于布鲁塞尔图书馆，这说明《提纲》是在布鲁塞尔即马克思和恩格斯赴英国旅行之前写的。

陶伯特在巴加图利亚考证的基础上缩小了马克思写作《提纲》的时间范围，并修正了巴加图利亚对《提纲》具体写作时间的推测。③ 陶伯特指出，恩格斯并非 4 月 5 日到达布鲁塞尔的，而是 4 月中旬，因为恩格斯 4 月中旬前往比利时，打算在那里定居，17 日恩格斯申请在布鲁塞尔居住；马克思和恩格斯动身前往英国的时间是 7 月 8 日而非 7 月 12 日。④ 这样，陶伯特提出《提纲》写于 1845 年 4 月中旬至 7 月 8 日之间。陶伯特还更正了巴加图利亚的一个考证错误即巴加图利亚把第 51 页的四行笔记说成是马克思为写作《神圣家族》而准备的。⑤ 至于

---

① 对应的是第 72—91 页。

② 对应的是第 56—71 页。

③ 参见陶伯特：《马克思和恩格斯的〈德意志意识形态〉第 1 卷的产生史》，载《马克思恩格斯研究》1994 年总第 17 期。

④ 巴加图利亚在《〈关于费尔巴哈的提纲〉和〈德意志意识形态〉》一文中说马克思和恩格斯动身到英国的时间是 8 月 12 日，但在 MEGA2/IV/3，巴加图利亚将日期提前到 8 月 10 日。参见 MEGA2/IV/3，第 491 页。

⑤ 在 MEGA2/IV/3 中，巴加图利亚没有改变《提纲》与《德意志意识形态》关系的看法，但对"四行笔记"与《神圣家族》关系的看法有所改变，他承认"四行笔记"写于《神圣家族》之后，但并不赞同陶伯特关于"四行笔记"的写作与《神圣家族》出版后的反应有关的看法，而提出了"四行笔记"的写作与马克思计划批判施蒂纳《唯一者及其所有物》有关的新观点。参见 MEGA2/IV/3，第 490 页。

《提纲》的具体写作日期,巴加图利亚倾向于4月,而陶伯特倾向于7月初。陶伯特的考证更有说服力①,但陶伯特也存在一个明显的错误。陶伯特断定马克思《提纲》写于1845年7月初即马克思读了《维干德季刊》第2卷上发表的费尔巴哈的文章(《就〈唯一者及其所有物〉谈〈基督教的本质〉》)之后,这样就回避了巴加图利亚关于马克思和恩格斯赴英前不可能读过《维干德季刊》第2卷上费尔巴哈文章的推断。实际上,陶伯特说《维干德季刊》第2卷是6月25日至28日出版的,而马克思和恩格斯是7月8日动身前往英国的,根据陶伯特自己对《维干德季刊》第3卷从出版(10月16日至18日)到读到第3卷上文章(最早在10月下旬)时间间隔的说法,马克思在7月8日动身前往英国之前确实不可能读到《维干德季刊》第2卷。

据罗扬介绍②,巴加图利亚要求将《提纲》收入MEGA2/I/5,因为巴加图利亚坚持认为《提纲》是《德意志意识形态》的预备性著作。根据1995年新修订的MEGA2编辑准则③,"同一原文今后不再在不同的部分中多次印行",而巴加图利亚1998年已将《提纲》收入由他负责编辑的MEGA2/IV/3,因此MEGA2/I/5肯定不会再收入《提纲》,也就是说不会再像《马克思恩格斯全集》俄文第二版第三卷那样把《提

---

① 实际上巴加图利亚在MEGA2/IV/3中也主动修订了自己34年前的许多考证结论,其详细情况笔者将另文介绍。

② 感谢卡弗教授的博士生丹尼尔·布兰克先生(他目前正在做关于《德意志意识形态》版本史的博士论文)在2005年9月曼彻斯特会议上向我提及这一事实。参见 Juergen Rojahn, Bericht: Spezialkonferenz "Die Konstituierung der 'Deutschen Ideologie'" 24.—26. Oktober 1996. Trier, 载 MEGA–Studies, 1997/1, 第149—150页。

③ 参见周亮勋:《〈马克思恩格斯全集〉历史考证版修改后的计划》,载《马克思恩格斯列宁斯大林研究》1998年第1期。

纲》放在《德意志意识形态》前面。

通过考察巴加图利亚和陶伯特围绕《提纲》写作时间而进行的争论，我们发现他们主要是在文献学而不是"思想"层面上讨论问题。巴加图利亚和陶伯特都既是马克思研究专家，又是马克思文献学专家。但作为MEGA2的编辑者，他们是以文献学家的身份出现的，其任务就是为我们这些无法接触马克思原始手稿（包括影印件）的研究者提供最可靠的版本和文献学信息，而不是越俎代庖地把编辑者对马克思思想的解读（其实不过是对所谓"马克思思想发展内在逻辑"的宏大叙事）预先塞给读者（研究者）。他们之间的争论是文献学家之间的争论，像我们这样的马克思文本解读研究者切忌以"思想"来裁决文献学家之间的争论，更不能武断地宣称他们的考证结论是错误的，除非我们自己有能力在文献学层面上来和他们讨论问题。道理很简单：如果你要宣称爱因斯坦"相对论"错了，你必须按照物理学的学术规范来证明自己；如果你宣称一个数学定理错了，那么你必须"屈尊"拿起数学家的"笔"。"文革"时期，有人根据哲学辩证法宣称爱因斯坦"相对论"是资产阶级伪科学；今天，还有中国"科学狂人"宣称爱因斯坦"相对论"错了。凡此种种，我们难道不应引以为戒吗？

巴加图利亚和陶伯特之间的争论虽然激烈，但他们的讨论有共同的基础和共识。20世纪80年代，有中国经济学家看到国外经济学家之间的争论势不两立很奇怪，而国外经济学家却告诉中国经济学家，他们之间的分歧远比与中国经济学家之间的分歧小，因为国外经济学家是在相同的研究范式和"科学共同体"基础上来讨论问题，而中国经济学家当时还根本没有进入他们的研究范式和"科学共同体"。同样，以高高在上的姿态（即自以为是的深刻"思想"）来评判文献学家的考证结论，不是严谨的马克思文本解读者所应取的科学态度。非要这么做,既不会受到对手的重视,也不会赢得"战友"的掌声,最终只能是自说自话。

张一兵先生对陶伯特得出"《提纲》与《神圣家族》的写作有关"的考证结论极为不满,并把陶伯特打入非马克思主义的西方马克思学之列。那么按照张一兵先生的逻辑,始终坚持《提纲》是《德意志意识形态》中的《费尔巴哈》章写作提纲"草稿",并对陶伯特的《德意志意识形态》编辑方案持"坚决反对"态度的巴加图利亚岂不应该划入马克思主义文献学专家的行列?实际上,抛开陶伯特所谓"在意识形态时代终结之后能够重新对马克思进行哲学的解构"这句话不谈①,在文献学层面上陶伯特所做的考证工作一直非常扎实,非常有说服力,而且她对自己的重要文献学考证结论从来都坚持不变,陶伯特还因此被日本学者看成非常"固执"。一名真正严肃的学者,其政治信仰也许会发生改变,但决不会随意改变自己赖以安身立命的"科学研究"结论,否则就会为科学共同体所不齿。在没有任何根据的情况下轻率地指责像陶伯特和巴加图利亚这样严肃的学者的文献学研究是随政治气候而起舞,是极为不妥的。

在马克思学文献研究领域,存在的只是文献学家之间不同考证结论和学术观点的分歧,根本不存在所谓马克思主义与非马克思主义"政治立场"的对立。1967年前西德学者汉斯·马丁·扎斯在《国际社会史

---

① 其实,广松做《德意志意识形态》文献学研究的目的更是"解构":他提出在唯物史观形成过程中是恩格斯在"引导"马克思,恩格斯是《德意志意识形态》的主要作者,恩格斯才是"第一提琴手"。这种观点岂不比陶伯特把《德意志意识形态》变成马克思、恩格斯、赫斯等人的"论文集"更"恐怖"?"取其精华,去其糟粕",这是非常浅显的道理。既然张一兵先生可以对广松"取其精华,去其糟粕",为什么就不许别人这么做呢?

评论》第 12 卷发表《是费尔巴哈而不是马克思：关于〈路德是施特劳斯和费尔巴哈的仲裁人〉一文的作者》，以严密的文献学考证对 MEGA1 编辑者梁赞诺夫关于该文作者"肯定"是马克思的考证提出质疑。1975 年陶伯特和舒芬豪艾尔在《马克思恩格斯研究文集》发表《是费尔巴哈还是马克思：关于〈路德是施特劳斯和费尔巴哈的仲裁人〉一文的作者》，支持扎斯的考证结论。前苏联文献学家也最终接受了这一结论。1975 年出版的 MEGA2/I/1 就把《路德是施特劳斯和费尔巴哈的仲裁人》作为费尔巴哈的著作排除在该卷之外。从梁赞诺夫到扎斯再到陶伯特，判定《路德是施特劳斯和费尔巴哈的仲裁人》一文作者的关键性文献学证据是"卢格在 1843 年 3 月 8 日给马克思的信中谈起马克思即将收到在《轶文集》上发表的两篇文章的稿酬"。其中一篇文章是《评普鲁士最近的书报检查令》，另一篇被梁赞诺夫判定为《仲裁人》，因为在《轶文集》上未署名的三篇文章中只有这篇有可能是马克思的著作。但扎斯指出，马克思被卢格告知将收到"两印张零三页的稿酬"，但《评普鲁士最近的书报检查令》（两印张零一页）和《仲裁人》（三页）这两篇文章加起来是"两印张零四页"。梁赞诺夫似乎没有太在意这仅仅一页的误差，但扎斯重视这一点，并做出了自己的解释："在《轶文集》中只有一篇文章的页数是符合卢格所要求的两页篇幅，那就是卢格写的《〈莱茵报〉论出版自由》一文；此文在《轶文集》中紧接着评书报检查令一文，有三分之二的篇幅引自马克思就莱茵省议会关于出版自由的报道（载于《莱茵报》)"，于是卢格也给马克思"寄去了这篇短文的稿酬"。陶伯特认为"扎斯的设想比较有说服力"。实际上，扎斯判定费尔巴哈是《仲裁人》一文的作者首先是基于一些强有力的文献学证据，如费尔巴哈喜欢用"火流"的说法、费尔巴哈的路德引文特征等。① 但扎斯并不回避梁赞诺夫从"稿酬"角度所做的考证,而是对"稿酬"问题做出了更合理的解释。扎斯绝对没有像张一兵先生那样仅凭"思想"就推翻梁赞诺夫的考证结论,而是拿更具说服力的文献学证据来说话。也正因如此,学术才有积累和进步,《仲裁人》的作者身份才最终真相大白。如果换作是张一兵先生,即使他确实能够天才地"猜测"到《仲裁人》的作者是费尔巴哈而非马克思,他也一定会把"稿酬"问题看作是"纸张大小、材质、墨迹颜色、字体大小和笔法等纯'文献学'事实"而不屑一顾,而只"依靠对文本内容的精心解读才能捕捉到的'文本学'事实"来确定《仲裁人》的作者身份。当然这种猜测也决不会引起任何文献学家的重视,因为一定会有依靠对文本内容进行"精心解读"的其他学者以更高的调门站出来反驳这种论点,甚至会将其斥之为"别有用心"或"非马克思主义观念"。于是一切都会原地踏步,学术也不会有积累和进步,以后的学者还会照样把《路德是施特劳斯和费尔巴哈的仲裁人》看作是体现了马克思光辉思想的著作而"解读"出许多玄虚的结论来,就像张一兵先生把《评李斯特》解读成"真正离太阳升起最近的文本"一样(参见下文)。

尤其值得注意的是,扎斯是前西德学者,但东德和前苏联学者并没有因为他是西方马克思学专家而对其考证结论不屑一顾。如果换作是张

---

① 参见刊登在《马列著作编译资料》第 2 期上的四篇文章:扎斯:《是费尔巴哈而不是马克思:关于〈路德是施特劳斯和费尔巴哈的仲裁人〉一文的作者》;陶伯特与舒芬豪艾尔:《是费尔巴哈还是马克思:关于〈路德是施特劳斯和费尔巴哈的仲裁人〉一文的作者》;马兵译:《马克思为〈德国科学和艺术年鉴〉和〈德国现代哲学和政论界轶文集〉撰稿》;马兵译:《关于马克思在〈德国现代哲学和政论界轶文集〉上发表的文章》。

一兵先生，他一定会因为扎斯的资产阶级学者身份而宣称扎斯的"研究结果（不是成果！）"是站在非马克思主义政治立场上的实证主义。看来苏联马克思研究专家在区分"香花"与"毒草"方面比张一兵先生更有"学术眼力"。

张一兵先生在文献学研究问题上开创性地引入"党性原则"，既会使陶伯特惊异，也会让巴加图利亚错愕。不过，非马克思主义的帽子现在对陶伯特和巴加图利亚已经没有任何杀伤力，倒是可以使中国学者不寒而栗。显然，在目前中国的马克思文本解读研究中，并不存在所谓马克思主义与非马克思主义的分野，存在的只是研究的扎实与不扎实、治学的严谨与浮躁的区别。

中国的马克思文本解读研究要走向深入，必须营造尊重学术积累和学术进步的良好学风。1965年巴加图利亚新俄文版《德意志意识形态》出版后，很快就出现了陶伯特的德文新版本（1966年）。德文新版本基本上是照搬巴加图利亚新俄文版。这就是学术的继承和积累。但陶伯特并没有止步不前。她主持的MEGA2《德意志意识形态》试编本（1972年）就体现了一些新的文献学研究成果，如对{1}、{2}、{4}的张编号出自伯恩施坦之手的判定；对小束手稿各部分写作时间的重新认定等。在编辑MEGA2/I/5的过程中，陶伯特更取得了一系列新的文献学考证成果，尤其是关于《德意志意识形态》生成过程的新考证（最重要的突破是关于"费尔巴哈"章形成过程的考证，特别是大束手稿{6}—{11}与批判鲍威尔文章的关系的考证）。陶伯特的这些新成果无疑已经超越了巴加图利亚，但陶伯特的这些新成果恰恰是建立在巴加图利亚文献学研究成果基础之上的：如对《德意志意识形态》写作时间的重新认定（从1845年9月①改为1945年11月）；大束手稿的第二和第三部分被判定是从批判施蒂纳的部分抽出来的；[1]和[2]（即广松版的附录I）被判定为马克思对大束手稿标注的页编号等。显然，不尊重已有文献学研究成果，仅凭大无畏的精神，在没有任何进一步文献学研究的情况下就轻率地否定国际马克思文献学研究共识，中国的马克思文本解读研究（马克思学研究）就会永远只会在原地打转，永远只能从头开始，永远处于"前科学"的蛮荒时代。

马克思文献学专家在进行文献学考证时当然也会有自己对马克思文本思想解读的"合法先见"，有时还会借助这种思想解读帮助作出文献学考证结论。因此文献学考证与思想解读完全有可能相互促进。但有时两者会发生冲突，特别是在文献学考证不断深入的情况下，新的文献学结论必然会与已有的思想解读"定论"发生冲突。那么是思想解读"定论"应该向文献学事实"低头"呢？还是文献学事实应该向已有的思想解读"低头"？答案是明显的，大概只有深受"左"的意识形态毒害的人才会做出相反的结论。梁赞诺夫及其同事在20世纪20年代后期开始的清洗运动中相继被逮捕和流放，就是这种历史悲剧的生动写照。总之，我们应该谨记恩格斯批判杜林的那句名言："原则不是研究的出发点，而是它的最终结果。"②

正是因为缺乏对国际马克思文献学研究共识的尊重，张一兵先生虽毫不客气地批评别人"无一例外地还是在传统解释框架中用'原理'来反注文本"③，但他同样是以"反注"文本的方式来做"文本解读研

---

① 自1932年阿多拉茨基版以来，《德意志意识形态》写作的起始时间一直被判定为1845年9月。

② 《马克思恩格斯选集》中文第2版第3卷第374页。

③ 张一兵：《回到马克思：经济学语境中的哲学话语》，第431页注4。

究"的,只不过不是用"传统解释框架"(即传统哲学教科书体系)来反注,而是用他的思想解读"新成果"(即所谓"广义历史唯物主义和狭义历史唯物主义"的解读结论)来反注马克思的文本。

例证一。在《回到马克思》中,张一兵先生有一段关于《评李斯特》文采飞扬的文字:"阿尔都塞的研究,如果除去其结构主义方法的强制,实际上算是当时马克思文本研究中最精细、最具解释学意味的高点了。可是,意外还是发生了,1971年,在马克思长女燕妮·龙格的孙子长期保存的马克思的遗稿中,发现了真正离太阳升起最近的文本,即马克思在1845年3月写下的《评李斯特》一文的手稿。这使'科学的'阿尔都塞的理论解读逻辑出现了很大的缺环。"① 张一兵先生之所以认定《评李斯特》写于《提纲》之前,是因为《马克思恩格斯全集》俄文第二版判定《评李斯特》写于1845年3月。② 但是,1988年出版的MEGA2/IV/4前言中却说《评李斯特》写于1845年夏马克思和恩格斯的英国之行以后③:"马克思通过直接观察不列颠王国的两个最大的中心曼彻斯特和伦敦的资本主义现实,充实了自己对英国资产阶级政治经济学的研究,更加坚信:经济学理论的发展'是同社会的现实运动联

---

① 张一兵:《回到马克思:经济学语境中的哲学话语》,第316页。
② 参见《马克思恩格斯全集》第1版第42卷第271页。
③ 实际上,1981年出版的MEGA2/IV/2就明确提出《评李斯特》最迟写于1845年秋,参见MEGA2/IV/2第794页。克里斯蒂娜·伊科尔《关于马克思批判李斯特著作的手稿的写作日期》发表在《马克思恩格斯年鉴》第11卷(1989年)第230—241页,迪·戴希塞尔在发表于《MEGA研究》1997年第2期的文章中肯定了伊科尔的考证,明确指出《评李斯特》"这篇著作很可能是马克思从英国返回之后立即撰写的"。参见柴方国译:《对卡尔·格律恩的批判——关于〈德意志意识形态〉第二卷第四章的产生和流传过程》,载《马克思恩格斯列宁斯大林研究》2001年第4期。

系在一起的，或者仅仅是这种运动在理论上的表现'①。他从英国返回后立即在有关李斯特的《政治经济学的国民体系》的一份手稿中写下了上述这段话。""马克思尝试弄清英国资产阶级政治经济学中以亚当·斯密为突出代表的学派，这是马克思在曼彻斯特的紧张的学术活动的最重要的理论成果之一。在有关李斯特的手稿中，他就资产阶级政治经济学的这些'最初的科学代言人'的功绩表述如下：他们没有料到'无耻地泄露了财富的**秘密**并使一切关于财富的性质、倾向和运动的幻想成为泡影'②。"③ MEGA2/2/4 出版于 1988 年，《前言》的中译文发表于 1993 年，几年过去了，张一兵先生仍然在《回到马克思》一书中以过时的文献学考证结论来作马克思思想解读，这难道不是地地道道的"反注"文本吗？

例证二。张一兵先生现在对陶伯特预编本把《答布鲁诺·鲍威尔》作为"开篇之作"很不满意，其理由是："这篇东西并没有什么重要的学术价值和思想内容。从这篇文献中，我们看到马克思和恩格斯竟然还在维护《神圣家族》中在人本主义话语框架内对鲍威尔等人的批判。（我个人对这篇没有署名的文献是否为马克思、恩格斯所写深表怀疑。）"原来，《答布鲁诺·鲍威尔》这篇仅仅 4 页的短文与张一兵先生的解读结论是如此格格不入，于是他现在干脆否定该文是马克思恩格斯所写！其实，张一兵先生只要对比一下这篇短文与《马克思恩格斯全集》中文第一版第三卷第 109—111 页的内容，他就不会再"深表怀

---

① 参见《马克思恩格斯全集》第 1 版第 42 卷第 242 页。
② 参见《马克思恩格斯全集》第 1 版第 42 卷第 241 页。
③ 参见佐海娴译、王锡君校：《马克思和恩格斯的〈曼彻斯特笔记〉的科学价值——〈马克思恩格斯全集〉历史考证版第四部分第四卷前言》，载《马克思恩格斯研究》1993 年第 12 期。原文参见 MEGA2/IV/4，"前言"，第 47 页。

疑"了。

　　令我担心的是，近年来一些在读或刚毕业的博士就以和张一兵先生同样的态度来对待国际文献学研究共识，一个最新的例子是：在没有任何文献学依据的情况下轻率地否定"［1］和［2］是马克思对大束手稿标注的页编号"这一国际文献学研究共识。① 马克思和恩格斯所做的编号（无论是页编号或是张编号）确实应该得到重视。实际上，根据陶伯特在预编本中的最新考证，小束手稿的 {5} 大致可以判定为恩格斯的编号②，{3} 则可能是伯恩施坦做的编号，当然也不能完全排除是恩格斯做的编号③。这样看来，恩格斯标注 {5} 并不意味着恩格斯认可 {1}、{2}、{3}、{4}、{5} 的排序。{1}、{2}、{3}、{4} 实际上是

---

①　陶伯特指出："迄今把第1页和第2页当作马克思标注了页码的第1—72页草稿的一部分来编辑的做法是有道理的。正如西格弗里德·班内和《试编本》所述，对手稿的研究结果证实这种做法是正确的：纸张规格、纸质、所用墨水等等以及它同《圣布鲁诺》一章的联系。重现底稿第2—5张的工作也支持这种做法。"参见柴方国译：《〈德意志意识形态〉手稿和刊印稿的问题和结果》，载《马克思恩格斯列宁斯大林研究》2001年第2期。

②　恩格斯标注的是"5."。至于这一标注是恩格斯在马克思去世之后标注的，或是在写作《德意志意识形态》时标注的，以及"5."是页编号或是张编号，都还存疑（恩格斯当时正在誊抄《真正的社会主义》和《莱茵年鉴或真正的社会主义的哲学》的付印稿，并给其中的10张标注页编号："1."、"5."、"9."、"13."、"17."、"21."、"25."、"29."、"33."、"35."、"36."、"37."和"39."）。参见预编本，第301、320页。

③　标注的是"3)"，这是伯恩施坦的标注方式（伯恩施坦给 {1}、{2}、{4} 分别标注了"1)"、"2)"、"4)"。参见预编本，第301页）。

伯恩施坦的排序。①

三、几点答辩

下面我针对张一兵先生对我的批判做几点答辩。

---

① 根据陶伯特在预编本中对小束手稿和大束手稿的描述，伯恩施坦不但给小束手稿的 {1}、{2}、{4} 标注了张编号"1)"、"2)"、"4)"，还给小束手稿的 {1}、{2}、{3}、{4}、{5} 标注了页编号：{1} 有两页，被标记为"1"和"2"；{2} 有四页，分别被标记为"3"、"4"、"5"、"6"；{3} 有四页，被标记为"7"、"8"、"9"、"10"；{4} 有四页（其中 c、d 页空白），被标记为"11"、"12"、"13"、"14"。有意思的是，伯恩施坦给 {1?} 的 4 页标注"41"、"42"、"43"、"44"，而给 {5} 的 4 页标注"45"、"46"、"47"、"48"，这样就把 {1?} 与 {5} 相连，但却没有给 {2?} 标注页码，只是在其最后一页（即 d 页）写着"无法编排"。而大束手稿的 {6}—{9} 被伯恩施坦按顺序标注了"49"—"64"的页编号，{10}—{11} 和大束手稿的第二、第三部分即 {20}—{21} 和 {84}—{92} 被伯恩施坦按顺序标注了"69"—"116"的页编号（在伯恩施坦标注的页编号中，"15"—"40"是对恩格斯《福音书批判研究》手稿（这是恩格斯1841年12月底至1842年10月初做的鲍威尔《福音书批判》笔记）的页编号，而 {9} 与 {10} 之间空"65"—"68"的页编号）。由此可见，伯恩施坦的 {1}、{2}、{3}、{4} 排序不足为凭；而如果 {3} 上的"3)"不是由恩格斯标注的，或者 {5} 上的"5"只是恩格斯标注的页编号（从文献学层面上看，这两种可能性都不能完全排除），那么就不能断定恩格斯做了 {3}、{4}、{5} 的排序。（因为恩格斯做 {5}、{3}、{4} 的排序也是可能的。陶伯特实际上也提到了这种可能性。参见预编本第 320 页。根据陶伯特的考证，{2}、{1?}、{2?} 大约写于 1845 年 6 月，而 {1}、{3}、{4}、{5} 大约写于 1845 年 6 月或 7 月上半月。这就是说，{2}、{1?}、{2?} 大致写于一个稍早的时间段，而 {1}、{3}、{4}、{5} 大致写于稍晚的时间段。参见预编本第 300、308、315、319、324 页。)

首先，我对张一兵先生坚持"无罪推定"原则。张一兵先生在《代译序》中不仅把广松说成是当代日本"当之无愧的思想大师"、"日本学界公认的当代哲学大家"，而且把广松作为日本马克思主义哲学家的代表①介绍给中国读者。说广松是当代日本"当之无愧的思想大师"、"日本学界公认的当代哲学大家"，应该说没有太大问题，但张一兵先生完全没有必要把广松打扮成日本"马克思主义哲学家"的代表。实际上，广松最多只能说是"新马克思主义哲学家"，更准确的定位应该是"（西方）马克思学家"和"（东方）思想大师"。在马克思学家的身份上，广松的经历很类似于美国的胡克和莱文。

相反，大村泉、涩谷正和平子友长则不仅仅是"马克思学专家"（中性意义上的），而且是马克思主义文献学家。大村泉和平子友长都长期参与 MEGA2 第二部分的编辑工作，大村泉目前是 MEGA2 日本小组的负责人，现在涩谷正又与大村泉和平子友长一起实质性地参与 MEGA2/I/5 即《德意志意识形态》卷的编辑工作。② 平子友长是上一任"东京唯物论研究会"（这是日本的一个马克思主义学术团体，是日本唯物论研究会的分会）会长，是"信仰马克思主义的马克思学家"（这里所谓的"信仰马克思主义"，是从张一兵先生批判我的文章的语义来说的）。

---

① 《代译序》中多处有"这位日本马克思主义哲学家"，"1949 年，16 岁的广松涉正式加入日本共产党，从此开始了为社会主义战斗的一生！"的说法。现在张一兵先生仍然坚持广松是"马克思主义哲学家"，代表了"当代马克思主义哲学研究中的学术高点"。

② 参见平子友长：《日本的马克思主义研究动向——关于现阶段新 MEGA 的编辑和研究》，载复旦大学国外马克思主义研究中心：《国外马克思主义研究报告 2006》（即将出版）。

我宁愿相信张一兵先生并不清楚广松20世纪70年代以后已经是特立独行的马克思学家和思想家，不再"信仰马克思主义"①。我也宁愿相信张一兵先生并非有意向中国读者隐瞒真相。但我在《"马克思文本解读"研究不能无视版本研究的新成果》一文中并没有给张一兵先生扣什么政治帽子（如"打着马克思主义旗号贩运非马克思主义观念"），而是坚持"无罪推定"原则。

第二，我仍然坚持认为张一兵先生"无视"马克思版本研究的新成果。什么是"无视"呢？先看一个例子。张一兵先生在《回到马克思》中说"《笔记本中的札记》……被彻底忽略（国内学界）"②，现在又说《笔记本中的札记》"大约三十年前，就已经是我们读研究生时熟知的文献了"。这就很好地诠释了"无视"是什么含义："无视"是对"宝贝"视而不见。至于为什么对"宝贝"（陶伯特版本研究的新成果）视而不见，作为后辈我不敢妄断张一兵先生"没有学术眼力"，但由于"陶伯特女士关于《德意志意识形态》的两篇论文"很难读③，我推测

---

① 在平子友长看来，广松只是"后现代背景下文化产业包装出来的学术明星"（这是平子在北京一次研讨会上的说法）。我们可以不赞同平子的这一评价，但这一评价却使我们看到了日本马克思主义者是如何看待广松的，让我们看到了广松光环背后的另一面。

② 张一兵：《回到马克思：经济学语境中的哲学话语》，第349页。

③ 由于陶伯特对《德意志意识形态》生成过程的描述非常复杂，只有硬着头皮才能读完这两篇论文，而要彻底读懂，绝不是粗粗地翻一遍就可以的。实际上，如果不首先意识到这两篇论文的重要性，相信许多读者会半途而废。

张一兵先生很可能没有细读这两篇论文①。至于为何不细读这两篇论文，这里不妨妄猜一下：一是张一兵先生没有时间②来细读这两篇论

---

① 我说张一兵先生没有细读这两篇论文，是有证据的。第一个证据。张一兵先生在《代译序》中向读者介绍说："第二卷由五篇构成，主要批判了所谓的'真正的社会主义'思潮。现在的《马克思恩格斯全集》（中文第一版）第三卷只留存有马克思恩格斯完成的第一篇、第四篇和第五篇。可能没有包括赫斯等人撰写的手稿。"而事实是，《马克思恩格斯全集》（中文第一版）第三卷中《德意志意识形态》第二卷第五章《"霍尔施坦的格奥尔格·库尔曼博士"或"真正的社会主义"预言》就是赫斯所写，陶伯特的两篇论文说得非常清楚。当然张一兵先生可以辩解说这是笔误。（《代译序》中类似的"笔误"还有很多，如"第一手稿共六张大纸，计24页……马克思的页码从第8页一直到第29页"、"小束手稿则有七张大纸组成……另外两页既没有纸张号也没有页码序号"、"他把大束手稿第一部分的29页文本编为第6—11号"等说法。《代译序》作为导论包含如此多的"笔误"也是不能原谅的，而且到现在为止张一兵先生还没有意识到这些，因为汉译广松版还在重印。）第二个证据。张一兵先生在《代译序》说《费尔巴哈》（即汉译广松版的附录II）是恩格斯写的，但陶伯特在那两篇论文中已经说得很清楚，《费尔巴哈》草稿是马克思恩格斯的共同作品。第三个证据。张一兵先生现在认可这样的说法："如她所考证的，马克思和恩格斯先写了《II. 圣布鲁诺》和《III. 圣麦克斯》两篇的内容，然后再从中抽出一部分内容编入《I. 费尔巴哈》。"实际上，根据陶伯特的考证，马克思和恩格斯先写了批判鲍威尔的文章（而非《II. 圣布鲁诺》），然后开始批判施蒂纳（它是作为送交出版社的付印稿《III. 圣麦克斯》的底稿）。在我的两篇文章（见《马克思主义与现实》2006年第1期和《哲学动态》2006年第2期）已经向张一兵先生指出这一点之后，张一兵先生仍然对陶伯特的这两篇论文存在误读，这一方面说明陶伯特的这两篇论文确实难读，另一方面说明张一兵先生至今仍然没有细读这两篇论文。

② 在出版《回到马克思》后不久，张一兵先生就高调向学界宣布致力于"重读西马经典"。

文，二是张一兵先生被广松的光环所误导而不屑于细读这两篇论文①。

众所周知，收入《德意志意识形态》的《马克思恩格斯全集》中文第一版（其母版是《马克思恩格斯全集》俄文第2版）第3卷出版于1960年，所依据的是1932年的阿多拉茨基版。1965年新俄文版（发表在苏联《哲学问题》杂志1965年第10、11期）以及新版本赖以产生的巴加图利亚文献学研究新成果是划时代性的。但在这一成果传到中国的时候，不久就爆发了十年"文革"，所以这一新成果也就很难为中国学界所熟知。"文革"结束之后不久，中央编译局就把新版本译成中文（内部资料，应该是1988年《费尔巴哈》单行本的基础）。中央编译局的王福民先生撰文介绍了巴加图利亚文献学研究新成果《关于〈德意志意识形态〉第一章的手稿及其整理编排》，刊登在《马克思主义研究参考资料（1980）》第44期。此外，中山大学哲学系的研究生胡吉良、李尚德、曾德胜、李恒瑞也编译了这个新版本，并发表在《中山

---

① 这表现在张一兵先生"拔高"广松的倾向上："1960年，他开始关注《德意志意识形态》一书的文本结构问题，并直接批评苏联的梁赞诺夫版和阿多拉茨基版在编译上的非法文本重构（由此导引了后来苏联马列主义研究院1965年的巴加图利亚新版本的问世）。""青年广松涉对《德意志意识形态》第一篇手稿的研究和批评是引发这种意见的非常重要的一个原因。由此，1965年苏共中央马列主义研究院在《哲学问题》杂志第10期和第11期上重新发表了《德意志意识形态》第一篇的新编译本。"再比如，张一兵先生说"迄今国内尚没有一本马克思主义经典文献版本考据方面的文献学研究论著"，并评价汉译广松版《德意志意识形态》"是国内马克思主义哲学研究中的第一本比较文献学专著"。其实汉译广松版根本不是"专著"，广松只是"编注"了《德意志意识形态》。当然，在宽泛的意义上说，马克思文献学研究"论文"也可以算作是"论著"，如果这样理解的话，那么巴加图利亚、陶伯特以及许多其他文献学研究成果已经被翻译成中文，而且《回到马克思》正是以这些文献学成果为基础的，怎么能说汉译广松版是"第一"？

大学研究生学刊》1981年第3期（它应该是一份内部刊物）。李尚德还把巴加图利亚的《马克思和恩格斯〈德意志意识形态〉第一章手稿的结构和内容》一文翻译并发表在《马克思主义研究参考资料（1981）》第22期。后来，王福民先生和李尚德等先生的译文还被收入《马恩列斯研究资料汇编》由书目文献出版社1985年公开出版。此后，中央编译局的单志澄先生翻译了巴加图利亚的长篇论文《〈关于费尔巴哈的提纲〉和〈德意志意识形态〉》（载《马列主义研究资料》1984年第1期），随后在《马列主义研究资料》1985年第4期发表了《〈德意志意识形态〉写作、发表和出版的经过》介绍性长文。可见，20世纪80年代前半期中国学界是以极其热烈的态度欢迎巴加图利亚的文献学研究新成果的，1988年的《费尔巴哈》单行本是水到渠成的产物，尽管相较1965年的俄文新版本来说，这个中文新版本的出现已经晚了20多年。1995年《马克思恩格斯选集》中文第2版沿用了1988年的《费尔巴哈》单行本。但是，陶伯特在编辑MEGA2版《德意志意识形态》过程中形成了一系列新的研究成果。如发表在《马克思恩格斯研究文丛》1989年第26期上的《关于手稿〈费尔巴哈〉的形成过程及其编入MEGA2/I/5的情况》、发表在《卡尔·马克思故居文集》1990年第43期上的《马克思和恩格斯的〈德意志意识形态〉第一卷的产生史》、发表在《MEGA研究》1997年第2期上的两篇论文等。由于《马克思恩格斯全集》中文第二版已经启动（第1卷于1995年出版）并且《德意志意识形态》被计划编入第5卷，因此中央编译局的文献学专家非常关注陶伯特的文献学研究新成果。如陶伯特1990年那篇文章就很快被译成中文发表在《马克思恩格斯研究》1994年第17期，《MEGA研究》1997年第2期上两篇论文的中译文发表在《马克思恩格斯列宁斯大林研究》2001年第2和第3期。相较对巴加图利亚文献学研究成果的滞后反应（15年之后才有正式反应）而言，这次中国马克思文献学专家对陶伯特文献学研究新成果的反应可以说是即时的（考虑到国外刊物送达中国的时间、翻译的过程、中文刊物的出版过程等因素）。

与20世纪80年代初巴加图利亚的文献学研究成果在中国学界引起热烈反响不同，陶伯特文献学研究成果在21世纪初被引入中国后并没有引起学界的足够重视，除了聂锦芳先生等少数几位学者外，大多数学者（包括张一兵先生）并不知道或不重视陶伯特的文献学研究成果。我那篇批评张一兵先生《代译序》的文章，在客观上起到了促使中国学界重视陶伯特文献学研究成果的作用。

张一兵先生在写作《回到马克思》时已经"主动遭遇过"陶伯特1990年的那篇文章，但张一兵先生却"无视"陶伯特关于《提纲》与《神圣家族》及《德意志意识形态》关系的新考证，也无视陶伯特关于《德意志意识形态》形成过程的文献学研究新成果（特别是大束手稿第一部分是"抽出来"的，正像巴加图利亚考证出大束手稿第二和第三部分是"抽出来"的一样）。这说明张一兵先生确实没有把陶伯特的文献学研究新成果当"宝贝"，也就是说他对这一新成果"视而不见"，在《回到马克思》中仍然按照1965年俄文新版本的题注来说明《德意志意识形态》的形成过程。即使陶伯特1997年的两篇论文中译文已经在《马克思恩格斯列宁斯大林研究》2001年第2和第3期发表，以及中央编译局文献学专家关于这一"新成果"的介绍于2003年公开发表之后，张一兵先生仍然在2005年的《代译序》中"无视"这一新成果，他向读者介绍的《德意志意识形态》形成过程及其他版本信息基本上是对《回到马克思》的重复。其实，这也不难理解，此时张一兵先生眼里大概只有广松①，更不会把陶伯特的文献学研究新成果当回事儿了。因此说张一兵先生无视陶伯特的文献学研究新成果一点也没有错：他并不认为陶伯特的文献学研究新成果是什么"宝贝"，因而对它"视而不见"，不屑一顾，甚至连陶伯特的名字都不愿意提一下。

广松版《德意志意识形态》有两大特点。一是排版方式上的创新，这种排版方式具有直观性和"便于研究者使用"的优点（至少对东方文化圈的人来说是如此）。这一创新也是广松版1974年问世后得到日本学界极大赞誉的重要原因，也是包括我在内的中国学者高度评价汉译广松版的重要原因，甚至也是英国著名马克思学家卡弗教授把广松版翻译成英文的重要原因。② 但这一创新20年后已经被涩谷版所超越，而且大村、涩谷和平子正在着手做《德意志意识形态》电子版，电子版完成后，在直观性和使用方便方面将大大超越广松版。③ 二是对第一章的重新排序。现在看来广松的排序是不成功的，因为他没有尊重马克思对大束手稿的页编号，这相对于巴加图利亚来说也是一种倒退。广松版还存在其他重大缺陷。一是如大村泉等三位日本学者所指出的，在版本信息方面广松版甚至落后于MEGA2试编本（1972年），尽管广松版的出版更晚一些。广松只是利用了梁赞诺夫版和阿多拉茨基版，这两个版本所揭示的版本信息与原始手稿还有较大差距，而涩谷版在版本信息方面非常接近于原始手稿。二是广松在《德意志意识形态》的文献学考证方面朝梁赞诺夫倒退。在作为汉译广松版附录的《〈德意志意识形态〉在

---

① 根据张一兵先生在"代译序"中的介绍，他2001年就开始组织译介广松版。

② 英译本预计于今年夏天问世。

③ 参见〔日〕平子友长：《日本的马克思主义研究动向——关于现阶段新MEGA的编辑和研究》。

文献学上的诸问题》一文中,广松完全赞同已被巴加图利亚超越了的梁赞诺夫的文献学研究成果,即大束手稿第一和第二部分即{20}—{21}和{84}—{92}不是从第三章抽出来的,而是和第一部分即{6}—{11}一样是"基底稿":"大束手稿的第二、第三部分的确是原来的基底稿的一部分,但是不能完全断定是从'第三篇圣麦克斯'中剔除出来的内容。这一问题在关于第三篇手稿的文献学研究方面的资料还不充分的现状下,应该将判断加以保留才是。"①

由此可见,在巴加图利亚的文献学研究成果发表30年后,在陶伯特的许多新的文献学研究成果已经超越了巴加图利亚的情况下②,张一兵先生在《代译序》中仍然"无视"陶伯特的新成果,却以巴加图利亚的文献学研究成果为文本解读的基础。张一兵先生对待陶伯特的态度很类似于广松对待巴加图利亚的态度,只不过这时巴加图利亚的文献学研究成果已是基本的文献学共识,张一兵先生就决不肯再相信广松的说法(即梁赞诺夫的考证结论)了。这就表明,"思想"最终会向文献学"事实"低头。这样看来,张一兵先生和广松一样,在面对国际马克思文献学最新研究成果时总是太自信自己的"思想"从而对文献学研究新成果出现认知上的"时代错乱"。于是我们发现,尽管张一兵先生在《代译序》中把汉译广松版说成是"国内马克思主义哲学研究中的第一

---

① 参见〔日〕广松涉:《文献学语境中的〈德意志意识形态〉》,第347—352页。

② 我说"导论中把明显低于陶伯特研究水平或者已被陶伯特明确否定了的说法当作基本事实",所指并非张一兵先生,而是巴加图利亚。这并非是要贬低巴加图利亚,而只是强调巴加图利亚的文献学研究成果在发表30年后已被陶伯特超越这一事实,正如巴加图利亚的文献学研究成果超越了梁赞诺夫一样。这才是真正的学术积累和学术进步。

本比较文献学专著",但他所倚重的却是巴加图利亚的文献学研究成果。① 不但如此,张一兵先生在《代译序》中竟然"无视"他自己主持翻译的汉译广松版这一国内第一本"比较文献学专著",犯下了把小束手稿{1}、{2}、{4}说成是由恩格斯标注这样的错误。因此,不管张一兵先生向我及三位日本学者发泄了多大的怒火,都无法掩盖他的文献学知识已经落伍这一事实。而张一兵先生现在既已认可"如她所考证的,马克思和恩格斯先写了《Ⅱ. 圣布鲁诺》和《Ⅲ. 圣麦克斯》两篇的内容,然后再从中抽出一部分内容编入《Ⅰ. 费尔巴哈》"这样的说法,就说明他已经退了一步,变相承认了陶伯特的"新成果"(尽管理解上还不准确)。既然如此,那何必还要花费3000多字的笔墨,以中央编译局编译的《费尔巴哈》1988年单行本为挡箭牌,并拿"西方马克思学"说事儿呢?难道仅仅是"为争鸣而争鸣"吗?

---

① 张一兵先生在《代译序》中对《德意志意识形态》的文献学描述与《回到马克思》并无二致,主要是换上了汉译广松版的一些标记方法如{1?}、{6}d等。例证一。关于{1}—{5}的编号,《回到马克思》中这样说:"恩格斯将第五手稿编号为第1—5号,并与第一手稿直接连接起来,他把第一手稿的29页编为第611页"(参见《回到马克思》,第437页)。例证二。张一兵先生在《代译序》中所做的"文本解读"是以巴加图利亚关于第四、第五手稿(即广松所谓"小束手稿")各部分写作时间先后顺序的判定(即{1?}、{2?}、{1}、{2}、{3}、{4}、{5})为前提的。例证三。张一兵先生在《代译序》中之所以说"第一手稿共六张大纸,计24页……马克思的页码从第8页一直到第29页",是因为巴加图利亚版把〔1〕和〔2〕看作是大束手稿第一部分(即巴加图利亚所谓的第一手稿)的第1、2页,因而第一手稿就有24页(但不是"六张大纸"),但张一兵先生此时却忘了减去"一份手稿的片断"2页(即广松版作为附录Ⅰ的那2页),这说明在写《代译序》时张一兵先生头脑中装的仍然是巴加图利亚版而非汉译广松版,并不自觉地把两个版本混在了一起,于是就出现了"笔误"。

这里还需要进一步指出，自巴加图利亚以来关于《德意志意识形态》的文献学研究有三个方面的内容最引人关注。一是关于第一章的排序问题，二是关于第一章的排版方式，三是关于小束手稿各部分写作时间先后顺序的判定。在巴加图利亚那里，第一个问题和第三个问题是合二而一的。而在广松那里，第一个问题变成了"编辑"问题，而关于小束手稿各部分写作时间先后顺序的判定是超出了他能力（因为广松手边没有马克思的原始手稿）之外的文献学问题。现在许多热衷于排序问题的学者还在犯广松同样的错误，他们没有能力做关于小束手稿各部分写作时间顺序的文献学考证，而以"思想解读"的主观标准代替对马克思原始手稿的纯客观文献学研究。陶伯特超越巴加图利亚的地方就在于，陶伯特把排序问题与关于小束手稿各部分写作时间先后顺序的判定问题区别开来，明确提出排序问题关涉对第一章逻辑结构的理解，而关于小束手稿各部分写作时间先后顺序的判定关涉的是小束手稿的实际形成过程。因此把陶伯特在2004年预编本中对小束手稿的编辑处理看作是另外一种"排序"（即决定版的排序），是对预编本的最大误解。① 实际上，如何排序（即如何理解第一章的内在逻辑结构）不是MEGA2编辑者最要关心的问题，而是像我们这样的文本解读研究者最应关心的问题。② 正如MEGA2/I/5即《德意志意识

---

① 在这方面，包括涩谷在内的日本学者也存在误解。如平子友长《日本的马克思主义研究动向——关于现阶段新MEGA的编辑和研究》一文中关于"陶伯特等拘泥于要提供一个有关排列的决定版"的说法。

② 参见拙文《关于〈德意志意识形态〉费尔巴哈章的排序问题》，载《哲学动态》2006年第2期。

形态》的现任编辑者福布曼①所指出的那样，编辑者理应"为关于排序的学术争鸣提供确切的信息"，而这正是陶伯特预编本所倡导的《德意志意识形态》编辑新理念。新增加的作为MEGA2/I/5组成部分的"电子版则通过点击，瞬间可以将手稿以与各种学说相对应的排列顺序在视觉上再现出来。读者可以根据自己的目的，以任何一种学说进行排序，可以从读者的角度自由研究各种排列方法的优劣"。② 因此，正如陶伯特所强调的那样，关于第一章排序的无谓争论现在可以休矣。

应当说广松在《德意志意识形态》的文献学研究方面没有什么重大贡献，广松的贡献主要体现在《德意志意识形态》编辑方面。广松版的排版方式是《德意志意识形态》编辑学上的创新，正因为如此，广松版在出版后的30年里被日本学者自豪地宣称为代表世界最高水平的《德意志意识形态》版本。但电子版问世后，广松版的优势也就丧失了。即使如此，广松版排版方式上的创新对于启发涩谷等日本学者着手《德意志意识形态》电子版的历史功绩是不能抹杀的。

第三，我从未说过"中国马克思主义者的马克思文本解读研究的依据应当建立在西方马克思学的研究成果之上"，我只是说马克思文本解读研究要建立在"充分了解"国外马克思学相关研究成果的基础上③，

---

① 陶伯特因身体原因迟迟未能完成《德意志意识形态》的编辑工作（第一章和第二章已经完成，这就是2004年出版的预编本，但第三章和第二卷各章的编辑依然有大量工作要做），因此《德意志意识形态》的编辑工作已从陶伯特转到福布曼等两位德国青年文献学专家手里（在2006年11月的柏林—布兰登堡科学院会议之前）。

② 参见〔日〕平子友长：《日本的马克思主义研究动向——关于现阶段新MEGA的编辑和研究》第四部分。

③ 鲁克俭：《国外马克思学研究的热点问题》，导论第9页。

其道理正如本文的写作要建立在"充分了解"张一兵先生批判我的文章的基础之上一样。其实我在《国外马克思学研究的热点问题》一书的导论中说得很清楚:"这种跟踪研究是应对国外马克思学挑战的需要。国外马克思学者思想活跃,擅于提出新问题,做出新结论,但他们的一些新结论却是我们无法苟同的……对于中国学者来说,面对西方学者所提出的我们所不同意的新观点,不应该简单地否定了事,而应该做相应的深入研究,开展积极的学术对话,并在这个过程中构建中国学派的马克思学。"①

第四,探讨《提纲》与《神圣家族》的关系并非什么"罪过"。恩格斯在《路德维希·费尔巴哈和德国古典哲学的终结》1888年单行本序言中说《提纲》是"包含着新世界观的天才萌芽的第一个文件"②。当时的读者对恩格斯这句话会做何解读呢?由于《德意志意识形态》还没有出版,而恩格斯在《反杜林论》和《路德维希·费尔巴哈和德国古典哲学的终结》这两部拥有众多读者的著作中所阐发的马克思"新世界观"是"辩证唯物主义和历史唯物主义"(至少普列汉诺夫和列宁是这么解读的),而非仅仅是历史唯物主义,更非实践唯物主义③,因此读者自然会把《提纲》看作是马克思"辩证唯物主义和历史唯物主义"新世界观的"天才萌芽的第一个文件"。随着《德意志意识形态》的出版,一些马克思主义研究者开始强调唯物史观是马克思"新世界观"的标志,而《提纲》是唯物史观这一"新世界观"(其诞生地是《德意志意识形态》)的"天才萌芽",于是《提纲》也就变成了

---

① 鲁克俭:《国外马克思学研究的热点问题》,导论第4页。
② 《马克思恩格斯选集》中文第2版第4卷第213页。
③ 从这个意义上,很难说苏联哲学教科书歪曲了马克思的思想,除非假定马克思和恩格斯的"新世界观"不一致,而这非本文所要探讨的问题。

《德意志意识形态》的"写作提纲"。《马克思恩格斯全集》俄文第二版第3卷就把《提纲》直接置于《德意志意识形态》之前。但这样理解恩格斯那句话也有问题：既然《提纲》是"第一个文件"，那么"第二个文件"在哪里呢？看来恩格斯是把《德意志意识形态》、《哲学的贫困》看作是第二个、第三个文件了？如果真这样，那么恩格斯所指的"新世界观"就应该是"辩证唯物主义和历史唯物主义"。把恩格斯所谓的"新世界观"解读成"实践唯物主义"更是过分，《提纲》干脆就变成了"新世界观"本身，不用说"第一个文件"了，就连说《提纲》是"萌芽"大概也是对《提纲》的贬低了。① 这就说明，恩格斯那句话与"《提纲》是《德意志意识形态》的思想提纲"并不是一回事②。

实际上，1964年巴加图利亚在长篇论文《〈关于费尔巴哈的提纲〉和〈德意志意识形态〉》一开头就指出："各种各样的作者都曾多次注意到《关于费尔巴哈的提纲》和《德意志意识形态》的联系。……目前还不可能最终地解决《关于费尔巴哈的提纲》和《德意志意识形态》的关系问题。但是，现有的事实材料，使我们能够朝着这个目的大大前进一步。"而"预备笔记"或"思想提纲"的提法正是巴加图利亚在这篇长文中试图得出的结论。张一兵先生把巴加图利亚试图证明的东西当作恩格斯那句话"不证自明"的含义，那么前苏联这么多学者围绕

---

① 这里不是讨论马克思的"新世界观"是否应该称为"实践唯物主义"的问题，而是是否应该把恩格斯所说的马克思"新世界观"解读成"实践唯物主义"的问题。

② 实际上，张一兵先生在《回到马克思》中却是另外的说法："虽然《提纲》的全部要点都在《德意志意识形态》一书得到展开，但是我认为，《提纲》并不是《德意志意识形态》的撰写提纲，至多可以视为后者的思想提纲……二者存在两种逻辑视角的区别。"参见张一兵：《回到马克思》，第433页。

《提纲》和《德意志意识形态》的关系所做的研究岂不都是在做无聊的文字游戏？

20世纪90年代以来，随着文本研究的深入，越来越多的中国学者也对《提纲》与《德意志意识形态》的关系有了新的认识。1995年仰海峰先生明确提出"实践只是马克思实现哲学研究视野转换的过渡性范畴"①，1997年孙伯鍨、张一兵、陈胜云先生在《从"实践"转向"物质生产"的逻辑过渡》②一文中肯定了仰海峰先生的这一观点。张一兵先生在《回到马克思》一书中更是明确提出《提纲》与《德意志意识形态》"二者存在两种逻辑视角的区别"。如果说《提纲》与《德意志意识形态》的关系因此有所"疏离"的话，那么把《提纲》与《1844年经济学哲学手稿》及《神圣家族》联系起来，则是对《提纲》在马克思早期思想发展史中"位置"认识的进一步深化。唐正东先生在《从斯密到马克思》一书中指出："《提纲》中的有些观点，如社会关系的观点和思路的确是有创新的，但有些观点，如实践的观点、革命的观点（即哲学的关键在于改变世界的观点）等则是对以前已经具有的思想的一种总结和阐发。"③

实际上，关于《提纲》与其前后著作的关系问题早已是国际马克思学界探讨的话题。巴加图利亚在《〈关于费尔巴哈的提纲〉和〈德意志意识形态〉》中详细考证了《提纲》第十一条与《〈黑格尔法哲学批判〉导言》、《1844年经济学哲学手稿》、《神圣家族》的思想联系。陶伯特关于《提纲》与《神圣家族》关系的考证，只是这一思路的进一步深化。陶伯

---

① 参见仰海峰：《实践：一个过渡性范畴》，载《江汉论坛》1995年第12期。
② 参见孙伯鍨、张一兵、陈胜云：《从"实践"转向"物质生产"的逻辑过渡》，载《江苏社会科学》1997年第1期。
③ 唐正东：《从斯密到马克思》，第331页。

特通过与"四行文字"的文献学考证，得出《提纲》在写作时间上与"四行文字"比较接近，从而《提纲》与《神圣家族》关系比较密切的结论。陶伯特实际上并非像张一兵先生所说的那样认为"《提纲》只是与《神圣家族》的写作有关"。关于马克思写作《提纲》的具体原因，陶伯特有三点推测：一是与《神圣家族》出版后的反应有关，二与赫斯对费尔巴哈的批判有关，三与《维德干季刊》第 2 卷上发表的费尔巴哈的文章有关。这与"解构马克思的哲学"哪里扯得上关系？

为了甩掉这个"令人讨厌"的陶伯特，张一兵先生还强烈呼吁中国编译机构"不应采用这种编排方案"。看来张一兵先生不太懂编辑学。不同的版本会有不同的编辑原则。作为理论学习版的《马克思恩格斯全集》中文版当然不同于作为历史考证版的 MEGA2 的编辑原则（尽管要借鉴 MEGA2 的文献学考证"新成果"）。王东先生在《马克思学新奠基》一书中对此有精辟的论述："出版马克思、恩格斯文献，必须考虑不同读者的不同需要，采取不同的形式，如单行本和专题文集本，选集本和全集本，原文本与译文本……中文第二版的定位，既不是俄文第 2 版、中文第一版式的'大众普及版'，也不是历史考证版式的'深入研究版'，而是试图开创一种介于二者之间的新类型，或许可以叫做'一般研究版'。"[①]《马克思恩格斯全集》中文第二版并非 MEGA2 版的中国翻译版，而是中国人自己做的第一个《马克思恩格斯全集》版。该版本会借鉴已有《马克思恩格斯全集》版（如《马克思恩格斯全集》英文版、MEGA2 版），但不会像《马克思恩格斯全集》中文第一版那样照搬任何一种已有版本。《马克思恩格斯全集》中文第二版第五卷

---

① 王东：《马克思学新奠基：马克思哲学新解读的方法论导言》，第 447—448 页。

(即《德意志意识形态》这一卷)之所以迟迟没有出版,就是在等MEGA2/I/5 的出版。但这并不意味着第五卷会照搬 MEGA2/I/5 的"编排方案"。正是由于《马克思恩格斯全集》中文第二版不是"历史考证版"而是理论学习版,因而第五卷大概还会按照"逻辑结构"而非写作时间来编排第一章,更不会把大束手稿放在小束手稿前面。但这并不排除中国编译机构可能会按照预编本出一个类似1988年《费尔巴哈》那样供"深入研究"用的单行本,当然这完全是基于不同版本要求的"考量",与西方马克思学的实证主义完全扯不上关系。其实如果真要按照张一兵先生的政治敏感性,他完全不应该主持翻译广松版,因为广松版不但彻底打乱了小束手稿与大束手稿的既有排序,而且通过凸显文本的马克思和恩格斯笔迹问题而解构了马克思是第一提琴手的"神话",罪岂不大焉?

张一兵先生还讽刺我不能区分"思想提纲"与"写作提纲",暗示我的中文没有学好。实际上,张一兵先生在《代译序》中并没有给"思想提纲"下定义。既然如此,《代译序》一旦公开发表,"思想提纲"就不再属于"私人言语"而变成"公共语言",读者自然会按照"公共语言"来理解"思想提纲"的含义,而张一兵先生也就不再拥有"思想提纲"一词含义的最终解释权。而我们知道张一兵先生很熟悉巴加图利亚的长篇论文《〈关于费尔巴哈的提纲〉和〈德意志意识形态〉》[①],而巴加图利亚在这篇论文中是在相同的意义上使用"预备笔记"、"写作提纲"和"思想提纲"这三个词的:"《提纲》是因有了写

---

① 张一兵先生在《回到马克思》第323页的注2中这样写道:"在马克思《1844—1847年记事笔记本》的第20页上,写着'+8,李斯特(恩格斯)',这是指恩格斯在巴黎用8法郎郎购到此书。"显然,这一文献学信息取自巴加图利亚论文的中译文。

《德意志意识形态》的意图而产生的，而且甚至可能是为第一章（费尔巴哈）准备的提纲的草稿。……预备笔记和思想提纲，是马克思写作的方法之一。""《提纲》的产生是与《德意志意识形态》的意图联系着的；《关于费尔巴哈的提纲》是预定在《德意志意识形态》中加以发挥的思想的札记。"其实，不论是"思想提纲"或是"写作提纲"，它所对应的英语词都是"outline"，完全没有把"思想提纲"这个词弄得神神秘秘。

第五，我仍然要向张一兵先生发问：在过时的文献学考证结论基础上所做的文本解读结论"会是可靠和令人信服的吗？"现在，张一兵先生对自己关于马克思思想发展内在逻辑的宏大叙事仍然超常自信，他以排山倒海之势告诉读者："他们根本看不到马克思从1844年《巴黎笔记》就开始的经济学研究的深刻学术影响，看不到《1844年经济学哲学手稿》中马克思思想逻辑的内在矛盾运动，看不到马克思在《评弗里德里希·李斯特的著作〈政治经济学的国民体系〉》一文中的思想变化，看不到《提纲》中的思想革命以及这一革命与《神圣家族》之间的实质性逻辑差异，看不到'布鲁塞尔笔记'和'曼彻斯特笔记'对马克思、恩格斯思想的实质性影响，看不到现实工人运动对马克思、恩格斯理论思想的深刻作用。"但通过上文的考察，我们已经发现：从《巴黎笔记》到《1844年经济学哲学手稿》、从《神圣家族》到《提纲》、从《评李斯特》到《德意志意识形态》，张一兵先生《回到马克思》的文本解读是建立在一系列过时的文献学信息基础之上的。在正确的文献学信息基础上，解读者可以作出不同的解读结论，但在错误的文献学信息基础上，绝对作不出"正确的"解读结论。可以毫不夸张地说，张一兵先生《回到马克思》一书的解读结论是建立在沙丘之上的空中楼阁。曾有学者批评张一兵先生在《回到马克思》中的"思想解读"是在给马克思做"心理分析"。如果"解读"结论是建立在一系列过时的错误文献学信息基础上的,那这种解读确实已经与"心理分析"无异了。

从 MEGA2 的文献学新成果出发,我得出了与张一兵先生不同的解读结论(更少玄虚的结论):从《提纲》到《德意志意识形态》,在不到半年的时间里,马克思的思想发展发生了质的飞跃。这一飞跃实际上是马克思对此前所接触到的各种有价值思想材料的一次创造性的综合创新,其结果就是生产力与生产关系矛盾运动规律这一唯物史观核心理论的成型。① 在这一过程中,《评李斯特》是马克思从《提纲》的"实践话语"② 到"生产力话语"③ 转换的关键,而马克思在《克罗茨纳赫笔记》和《巴黎笔记》中形成的对"历史上各种所有制形式"的认识④,此时经过赫斯《金钱的本质》⑤ 关于"交往与生产力关系"思想的激发,于是在批判鲍威尔和施蒂纳的写作过程中最终形成了"生产力与交往形式矛盾运动规律"的思想。马克思《德意志意识形态》中的"交

---

① 但我们需要牢记的是,马克思不是为了什么"哲学创新"而做出了"唯物史观"这一伟大发现,而是马克思在"论证共产主义"的过程中得出了唯物史观的结论。论证共产主义既是政治斗争的需要,也是"科学"理论本身的需要。唯物史观的发现只是副产品。为了真正把共产主义建立在科学基础之上,马克思还需要创立自己的经济学科学理论,这也成为马克思毕生理论活动的主线。

② 在《提纲》之前和之后,马克思都经常使用"实践"这个词(这也是当时青年黑格尔派的"背景"词汇),但《提纲》却集中体现了马克思的"实践话语"。

③ 与"实践"一词一样,在《评李斯特》之前和之后,马克思也经常使用"生产力"这个概念(这也是国民经济学家的"背景"词汇,恩格斯和赫斯也经常使用它),但《评李斯特》标志着马克思"生产力话语"的形成。

④ 参见鲁克俭:《国外马克思学研究中的热点问题》,第一章。

⑤ 该著作出版于 1845 年夏。

往形式"序列,主要指的是"历史上各种所有制形式",也就是历史上的各种生产关系(如果不是仅仅在"排他性产权"这一法学意义上来理解"所有制",那么"所有制"就等价于"生产关系"①)。

具体到《代译序》中的思想解读来说,由于张一兵先生按照{1?}、{2?}、{1}、{2}、{3}、{4}、{5}的写作顺序得出马克思试图重写第一章的"开头"的解读结论,而我则依据陶伯特的最新文献学考证(其关键是{2}、{1?}、{2?}写于稍早一点的时间段里,而{1}、{3}、{4}、{5}写于稍晚一点的时间段里)得出了马克思试图彻底重写"第一章"的解读结论。② 我不敢保证我的解读结论一定正确,但我的结论毕竟是建立在最新的文献学考证基础之上,而张一兵先生在未能驳倒陶伯特之前,其结论至少是可疑的。

第六,我从来没有把文献学研究"思路"与文本学研究"思路"对立起来。张一兵先生批判我和聂锦芳先生只做缺乏"思想"的"伪文献学考据"。其实关于文献学与思想解读的关系,聂锦芳先生已经谈得很多,是非曲直无须赘言,读者自有公断。而我自2000年以来一直致力于跟踪西方马克思学"思想解读"的新成果,没有做过系统的文献学清理工作。不同的学者在不同的阶段会有不同的研究侧重点。张一兵先生不也是先有了《马克思历史辩证法的主体向度》(1995年),然后再在《回到马克思》中补上了文献学这一课吗?为什么别人就不能做相反的运动呢?

---

① 从马克思不久后写的《哲学的贫困》中我们可以明白马克思是如何理解所有制的:"给资产阶级所有权下定义不外是把资产阶级生产的全部社会关系描述一番。"参见《马克思恩格斯选集》中文第2版第1卷第177页。

② 参见拙文《关于〈德意志意识形态〉"费尔巴哈"章的排序问题》。

实际上，正是基于倡导"建立在扎实文献学研究基础之上的马克思文本解读新理念"的考虑，北京地区致力于马克思文本解读研究的中青年学者发起成立了"马克思学论坛"，这是对张一兵先生非难的最好回答。其实，真正制造文献学与思想解读对立的恰恰是张一兵先生本人。张一兵先生的策略很明显：对同代或上一代马克思研究者，他拿文献学说事儿；① 对新一代马克思文本解读研究者，他拿文本学说事儿。不过，既然张一兵先生已经把"文本学研究"变成了他个人的专利，那我宁愿使用中国马克思学这个说法，以与他的"文本学新思路"彻底划清界限。

第七，MEGA2 附属资料卷的文献学考证并非"与思想史科学方法相对立的实证主义方法"。"指鹿为马"并不能真正使"鹿"变成"马"。从一定意义上说，前苏联的马克思主义研究带有很强的意识形态性，与之对抗的西方马克思主义研究同样带有很强的意识形态性，而处于夹缝中的、由梁赞诺夫开创的苏联马克思学传统则试图弱化意识形态色彩，凸显"科学性"和"学术性"。正是坚持这种马克思学研究理念，使梁赞诺夫成为国际公认的马克思研究权威。实际上，从 MEGA1（至少在列宁去世之后）到 MEGA2，历史考证版的编辑原则并不为前苏联意识形态当局所待见。具体到 MEGA2 来说，从 20 世纪 50 年代苏联马列主义研究院提出续编 MEGA1 的设想并得到东德马列主义研究院的

---

① 在《代译序》中，张一兵先生说："当然，这种文献学意义上的重要研究对那些不习惯于认真阅读马克思主义哲学经典文本的人来说，可能毫无意义……然而，对对象文本严肃、认真和客观的态度是日益步上正轨的中国文科学术研究所不可或缺的，这一点已经越来越成为学界的共识，也是因此，我认定，这一文献学的研究成果必将对马克思主义哲学的基础研究产生巨大且深刻的影响。"

积极响应，到60年代末MEGA2终于启动①，其中经历了许多波折，其中的要害是前苏联意识形态当局只是希望增加《马克思恩格斯全集》俄文第二版的卷次②，而非编辑一个历史考证版③。这里有必要补充一个历史细节：20世纪70年代初，吕贝尔曾经向国际马克思学界的专家发出倡议：编一个真正的《马克思恩格斯全集》版。由于此时MEGA2已经启动，因而应者寥寥，于是吕贝尔的计划也就泡汤了。吕贝尔之所以想另起炉灶，是因为他一直批评前苏联的马克思恩格斯文献编辑者已经丧失了梁赞诺夫的"科学"传统，批评前苏联编辑者并不真正想出一个"足本"的《马克思恩格斯全集》，而是试图对马克思恩格斯的文本进行"隐瞒"、"删改"乃至"伪造"。吕贝尔的批评无疑是过分的，但这也从一个侧面说明，前苏联如果不出一个真正的"历史考证版"，那就为吕贝尔的批评提供了口实。另一方面，由于马克思恩格斯的原始手稿大部分都保存在阿姆斯特丹国际社会史研究所，因此苏联若不出"历史考证版"，吕贝尔完全可以搞出一个自己的《马克思恩格斯全集》来。④也正是由于吕贝尔的存在，MEGA2的编辑实际上处于被"监视"状态。现在张一兵先生带头批判MEGA2编辑者"一味标榜'客观性'，排斥'主观性'，只相信'眼见为实'，只相信纸张大小、材质、墨迹颜色、字体大小和笔法等纯'文献学'事实，而对必须依靠对文本内

---

① 1972年东德马列主义研究院出了一个试编本，1975年MEGA2第1卷正式出版。

② 从原计划的30卷扩充为39卷，最后又扩充到50卷。

③ 参见周亮勋：《〈马克思恩格斯全集〉历史考证版第二版的产生、特点和现状》，载《马克思恩格斯列宁斯大林研究》1998年第3期。

④ 实际上，吕贝尔也确实编辑出版了自己的《资本论》版本，以证明恩格斯在编辑马克思《资本论》第二、三卷时没有忠实于马克思的原稿。

容的精心解读才能捕捉到的'文本学'事实视而不见",单就张一兵先生个人的学术立场来说也是极大的倒退,而且这种"腔调"在21世纪的今天会给人以恍然隔世的感觉。

需要强调的是,MEGA2 的编辑实体并没有因为从国家意识形态机构转型为民间的基金组织而"沦落"到"西方马克思学"阵营。MEGA2 的编辑工作"国际化"之后,确实吸收了一些西方马克思文献学家加入,但他们并不是带着"解构马克思"的使命加入的,而是出于对梁赞诺夫所开创的历史考证版编辑原则的认同。正如中央编译局文献学专家所介绍的那样,"国际马克思恩格斯基金会"甫一成立,基金会负责人就向国际学术界宣布:"我们的唯一使命,就是肩负起继续出版 MEGA 的历史重任,直至这一宏伟工程最终完竣!"而在编辑和出版工作中,基金会将继续实施既定的总体方案,遵循现行的编辑体例,只在撰写导言、编纂人名索引等方面略作变动,同时对个别部分的具体方案加以调整。为了发挥国际学术界的积极作用,为了努力保持原文版举世公认的学术水平,并力争进一步提高各卷的学术质量,基金会认为必须在编辑和研究工作中执行"国际化"和"学术化"的方针。①

第八,陶伯特的预编本真像张一兵先生说的那么可怕吗?张一兵先生不但对陶伯特把《答布鲁诺·鲍威尔》作为开篇之作怒不可遏,而且说陶伯特"把赫斯的文本(哪怕是经过马克思修改的东西)再放进《德意志意识形态》中,这将是可怕的引起内部爆炸的逻辑炸弹"。实际上,按照陶伯特的说明,"可以证实是赫斯与马克思和恩格斯合作写成的"《"格拉齐安诺博士"的著作》和《"五、荷尔斯泰因的格奥尔格·库尔曼博士"或"真正的社会主义"的预言》将分别以 I/5—14、

---

① 参见《马克思恩格斯研究》1991 年第 6 期。

I/5—19 的顺序收入 MEGA2/I/5 正文，但以小一号字体刊印，而其他四篇由赫斯自己撰写的文本将在附属资料卷中"当作《德意志意识形态》准备阶段的著作收入《参考书目》，并加以描述和评注，部分地加以编辑"①。自 1932 年阿多拉茨基版以来，《"五、荷尔斯泰因的格奥尔格·库尔曼博士"或"真正的社会主义"的预言》一直被作为第二卷第五章收入《德意志意识形态》②，这个"逻辑炸弹"没有爆炸；张一兵先生在《代译序》中甚至说"第二卷由五篇构成，主要批判了所谓的'真正的社会主义'思潮。现在的《马克思恩格斯全集》（中文第一版）第三卷只留存有马克思恩格斯完成的第一篇、第四篇和第五篇。可能没有包括赫斯等人撰写的手稿"，也没有引起"逻辑炸弹"的爆炸；现在陶伯特在《德意志意识形态》编辑史上第一次明确把该文作为赫斯的作品来作编辑处理，这个"逻辑炸弹"却要"爆炸"了，我不禁要问张一兵先生："这是什么逻辑？"

第九，我写《"马克思文本解读"研究不能无视版本研究的新成果》一文并非是"为争鸣而争鸣"。在这篇文章中我根本不是以"我认为（I argue）"与张一兵先生的"我认为（I argue）"商榷，而是依据陶伯特的版本考证新成果向读者指出《代译序》存在的诸多硬伤。如果张一兵先生把该文仅仅作为论文发表，而不是又把它当作汉译广松版的

---

① 参见柴方国译：《〈德意志意识形态〉手稿和刊印稿的问题和结果》，载《马克思恩格斯列宁斯大林研究》2001 年第 2 期。

② 1932 年，MEGA1《德意志意识形态》阿多拉茨基版已经明确指出该文可能是"魏德迈对赫斯撰写的原稿的抄录……但是，马克思作了编辑加工，并亲自为魏德迈的誊写稿标注了页码"。后来，门克对这一说法又作了进一步的考证。参见柴方国译：《〈德意志意识形态〉手稿和刊印稿的问题和结果》。也可参见《马克思恩格斯全集》第 1 版第 3 卷第 716 页注释 154。

《代译序》，那么我根本没有兴趣与张一兵先生较真儿。但把充斥着大大小小各种错误（以及"笔误"）和过时文献学信息的文章作为《代译序》，却是不能原谅的。试想一下：读者花了49.80元人民币买了汉译广松版，却被张一兵先生这篇《代译序》直接牵到了迷宫中，等终于有一天读者看到了陶伯特两篇论文并终于弄清楚《德意志意识形态》的生成过程及相关文献学信息之后，他们（尤其是青年学子）浪费的就不仅仅是金钱，还有宝贵的时间。我既已发现《代译序》是一篇根本不够格的中译本序言，如果不向其他读者指出来，就对不起自己的学术良知。

《代译序》之所以有那么多硬伤，我以为与张一兵先生一贯喜欢"匆忙下结论"有关。从张一兵先生把汉译广松版说成是"国内马克思主义哲学研究中的第一本比较文献学专著"，到宣称广松对阿多拉茨基版的批评"导引了后来苏联马列主义研究院1965年的巴加图利亚新版本的问世"；从"对这篇没有署名的文献是否为马克思、恩格斯所写深表怀疑"，到关于"可怕的引起内部爆炸的逻辑炸弹"的说法，都是如此。为了更有力地证明这张一兵先生喜欢"匆忙下结论"，这里不妨再举两个例子。

例证一。马克思小束手稿的写作最迟于1845年夏天结束，而此前《德意志意识形态》第一卷第二章和第三章及第二卷的付印稿已送交出版社。但张一兵先生在《回到马克思》中却告诉我们说，1846年12月28日"这一时刻，正是马克思恩格斯刚刚实现哲学变革，并在共同完成了《德意志意识形态》一书的第二卷和第一卷的大部分内容后，马克思艰难地写作和修改那至关重要的第一章的时刻"①。"这年11月，

---

① 张一兵：《回到马克思：经济学语境中的哲学话语》，第495页。

正是马克思在第一章手稿修改中十分艰难的思想探索时期。"① "8月1日，马克思在致信出版商列斯凯时写道：……同时马克思告诉他，11月底以前能改好付印。"② 张一兵先生竟然从"第一卷将在11月底改好付印"③ 这句话中得出马克思11月份仍在"写作和修改""哲学部分（第一章）"的结论。实际上，马克思这里所指的"第一卷"是"此"第一卷（《政治和政治经济学批判》第一卷）而非"彼"第一卷（《德意志意识形态》第一卷）。在这封信的前一部分，马克思确实向列斯凯解释了未能按合同交付《政治和政治经济学批判》书稿的原因是他在写"一部反对德国哲学和那一时期产生的德国社会主义的论战性著作"（即《德意志意识形态》），张一兵先生于是"匆忙下结论"说：马克思告诉列斯凯，《德意志意识形态》第一卷"11月底以前能改好付印"。

例证二。自张一兵先生高调宣布"重读西马经典"后不久，就得出了"西方马克思主义终结"的结论。面对同行专家的质疑和批评，他解释说他所谓的"西方马克思主义终结"是指"狭义的"西方马克思主义，而非通常所说的"国外马克思主义"。但是，同样是在"狭义"上使用"西方马克思主义"概念的佩里·安德森却明确提出在经历了1968年"五月风暴"后的低潮后，西方马克思主义在20世纪70、80年代之后又有了新的发展，并"指认"布伦纳、杰姆逊等人是新时期西方马克思主义的代表人物。④ 杰姆逊经常被国内学者看作是后现代马克思主义者（或后马克思主义者），而西方著名马克思主义经济史学

---

① 张一兵：《回到马克思：经济学语境中的哲学话语》，第497页。
② 张一兵：《回到马克思：经济学语境中的哲学话语》，第497页。
③ 《马克思恩格斯全集》第1版第27卷第474—475页。
④ 参见鲁克俭：《国外马克思学概况及对中国马克思学研究的启示》，载《马克思主义与现实》2007年第1期。

家布伦纳当然不在张一兵先生的视野之内，于是在张一兵先生眼里，西方马克思主义就没有新的代表人物了，从而西马终结了。

结　论

"大胆假设，小心求证"应该成为我们进行马克思文本解读研究（马克思学研究）的科学方法论。没有"大胆假设"，文本解读研究就可能陷于文献学细节而忘记文本研究的最终目的；没有"小心求证"，思想解读就可能成为没有科学根据的胡说八道。中国马克思研究者从来就不缺"思想"，缺的是建立在实证材料（包括文献学考证结论）基础上的"思想"。给"思辨的翅膀"挂上"经验"的重物，是中国马克思学能够成为"科学"的必要前提。

（鲁克俭，中央编译局当代马克思主义研究所副研究员、博士）

附：

文献学与马克思主义基本理论研究的科学立场

——答鲁克俭和日本学者大村泉等人[*]

张一兵

[摘　要] 2005 年以来，广松涉《文献学语境中的〈德意志意识形态〉》一书引发了国内外学者的高度关注。其中，鲁克俭依据西方马克思学的"最新成果"批评了该书"代译序"作者所持观点的历史"陈旧性"。其实，作者并非没有注意到陶伯特等人的这些新资料，只是坚持认为，中国马克思主义的文本研究不能简单地建基于马克思学之上。对于马克思主义者来说，经典文本的理解和基本编排方式，不仅仅是文献的结构问题，还涉及马克思、恩格斯思想发展的内在逻辑问题。至于日本学者大村泉等人认为的广松涉没有理解 20 世纪 70 年代以来的最新成果，并且审订者对广松涉版《德意志意识形态》的评价过高等问题，必须指出，译介广松涉是因其在国外马克思主义学术史上具有里程碑式的意义，更是由于他是一位自觉进行东西方对话的思想大师。中外学者的这些不同意见表明：必须认真谨慎处理西方马克思学的文献学研究与

---

[*] 本文选自《学术月刊》2007 年第 1 期。附在这里是为了方便读者对不同学术观点的对照。张一兵（1956—），男，山东省谷平县人，哲学博士，南京大学副校长、马克思主义社会理论研究中心主任、哲学系教授、博士生导师，主要从事国外马克思主义哲学、马克思主义哲学史研究。

马克思主义的文本学研究之间的复杂关系,重要的是深化对马克思主义内在理论逻辑的认识,并用当代中国最重要的实践成果推进这一科学思想运动。

[关键词] 德意志意识形态　马克思主义文本学　西方马克思学　文献学

2005年初,南京大学出版社出版了我所主持编译的日本当代思想大师广松涉的《文献学语境中的〈德意志意识形态〉》中译本。此书出版后引起了关注,同时,我为其写下的"代译序"也遭到了国内外一些学者的质疑和批评,其中最激烈的当属国内的鲁克俭与日本的三位马克思学专家大村泉、涩谷正和平子友长①。鲁克俭在《"马克思文本解读"研究不能无视版本研究的新成果》一文中,对我的批评主要集中在"代译序"对《德意志意识形态》第一章手稿研究所持观点的历史"陈旧性"上;而大村泉等日本学者在《新MEGA〈德意志意识形态〉之编辑与广松涉版的根本问题》中,对我的批评则更多侧重于"代译序"对广松涉版《德意志意识形态》的评价。这些批评在相当长一段时间内敦促我对相关问题作了冷静的反思和重考,从中也得到不少重要的启示,因此,对国内外学术界的关注与批评,我内心十分感激。同时我发现,自己与当前国内外部分学者在关于马克思、恩格斯文献的整理,特别是标志着历史唯物主义科学方法形成的《德意志意识形态》一书的地位和研究方法等问题上有重要的原则性分歧,其中也包括对广

---

① 鲁克俭:《"马克思文本解读"研究不能无视版本研究的新成果》,载《马克思主义与现实》2006年第1期。大村泉、涩谷正、平子友长:《新MEGA〈德意志意识形态〉之编辑与广松涉版的根本问题》,载《经济》(日本)2006(10)。

松哲学的理论定位和译介意义的认识。如果再延伸下去看，这种分歧还直接涉及文献学与整个马克思主义基本理论研究的重要关系。我以为，上述问题对国内学术界今后的研究其实是非常紧要和关键的，所以不妨再深入谈一谈自己的看法，与各位同仁探讨。

1. 西方马克思学：中国马克思主义者文本研究的基础？

鲁克俭认为，我在2005年出版广松版《德意志意识形态》时，竟然"无视"德国西方马克思学专家陶伯特的"版本研究的新成果"。（陶伯特原为前东德的研究人员，现为德国西方马克思学的重要代表人物，主持MEGA2第一部分第五卷《德意志意识形态》的编辑工作。）借此，鲁克俭告诉我们，中国的"'马克思文本解读'研究要走向深入，就不能无视国外'马克思学'研究（包括版本）的新成果"[①]。对这种简单的带有意识形态意味的批评，坦率地说，我不能接受。（先不说鲁克俭的政治立场中的**非马克思主义观念**，因为他已经站在了西方马克思学的立场上，这一点我后面会专门讨论这个问题。）

鲁克俭把由中央编译局编译、人民出版社正式出版的《德意志意识形态》第一章新译手稿中的编译说明，说成是"错误"和"以讹传讹"。在这篇公开发表的文章中，他批评我在"代译序"中提供了对《德意志意识形态》第一卷的生成过程的错误信息。说实话，我真是感到冤枉，因为自己关于手稿第一章写作的基本信息，基本上是从1988年人民出版社正式出版的新译《德意志意识形态》第一章《费尔巴哈》

[①] 鲁克俭：《"马克思文本解读"研究不能无视版本研究的新成果》，载《马克思主义与现实》2006年第1期。

的编者说明中获得的。这包括：第一，马克思、恩格斯开始设想在第一章中同时批判费尔巴哈、鲍威尔和施蒂纳；第二，关于第一卷前三章写作的结构和时间；第三，第一章第一部分的内容是删除了关于鲍威尔和施蒂纳相关段落后的结果。被鲁克俭指责为我的错误和"以讹传讹"的这三个主要问题，均来自中央编译局写下的编者说明。① 并且，在2003年中央编译局重新编译出版的《德意志意识形态》（节选本）中，也没有提供任何新的信息。② 于是，一个更重要的问题摆在了面前：我们今后正式发表研究马克思主义的论著，其文献根据到底应该是什么？是西方马克思学的所谓"最新成果"吗？鲁克俭所持有的内在逻辑构架，即是以**西方马克思学的研究立场和结论**作为今天我们**马克思主义者**从事学术的**标准**。（他的这种立场并不是没有背景的，近期以来，国内的确有一些所谓马克思文本的研究者，自觉或不自觉地倒向西方马克思学。这是值得我们关注的理论倾向。）

再回到鲁克俭对我的批评上来。说实话，在写这篇"代译序"的时候，我已经注意到了陶伯特女士关于《德意志意识形态》的两篇论文以及国内学者介绍性的文章，但是，对于是否按照西方马克思学的学术观点来改变关于《德意志意识形态》的相关信息，我是犹豫再三的。因为我已经意识到，我们与西方马克思学在如何处理马克思主义经典文献的问题上，有着**根本性的原则差别**。众所周知，西方马克思学（Marxologie, Marxdogy）是不同于西方马克思**主义**的一种学术思潮。这一术

---

① 马克思、恩格斯：《费尔巴哈》，中共中央编译局编译，编者说明，第1—2页，北京：人民出版社1988年版。

② 马克思、恩格斯：《德意志意识形态》（节选本），中共中央编译局编译，北京：人民出版社2003年版。

语是由法国著名学者马克西米里安·吕贝尔（Marximiliem Rubel）首创。在1959年，他用这个术语为自己倡议创办并出任主编的刊物命名，这就是后来在西方享有盛誉的《马克思学研究》。这一术语，旨在倡导一种研究立场，强调把马克思的学说与马克思主义区分开来，以所谓**中性的**"科学"的态度来对待马克思的著作。因此，它被理解为在马克思研究中的一种"超党派"或"超意识形态"的学术态度。西方的"马克思学"，是随着20世纪中叶因马克思早期著作的出版而兴起的对马克思重新解释的热潮而诞生的，它甚至与西方马克思主义在起源、政治立场、学术立场、理论旨趣等基本方面有着重大差异。其中最根本的异质性，就是西方马克思学的学者**并不信仰马克思主义**。特别是在前苏东社会主义阵营全面崩溃之后，西方马克思学的阵营中又接纳了一大批新成员，其中，前东德的陶伯特、前苏联的巴加图利亚等人都是著名的转型专家。（这里所讲的转型，即是从信仰马克思主义的共产党人，转变为一个"客观"研究马克思文本的学者。）

鲁克俭看不到的东西正在于此。我们研究马克思，主要不是将马克思主义的经典论著作为已经死去的文本，只需客观地"不加外来主观意愿"的对待，以得到历史的"真实"。相反，我们精研马克思的初衷首先因为我们是坚定的马克思主义者，我们认真面对马克思、恩格斯、列宁和毛泽东，恰恰是因为我们意图通过对他们的科学理解来真正地**信仰马克思主义**，进而以之为武器，解决我们时代所面临的问题与困惑。以上，是我们与西方马克思学学者的第一个区别。故而，对马克思所创立的历史唯物主义以及其他科学理论的深入研究，对我们来说并不是意味着简单地用所谓历史证据来对经典文本进行僵化和冰冷的客观处理，而是应当通过正确的解读使之成为一种具有重要质性内容的科学方法和思想理论系统，指导我们的理论和实践。因此，对真正的马克思主义者而言，1845年以后马克思的经典文本及其中所体现的科学思想应当被视为**走向人类解放的科学思想武器**。此为我们与西方马克思学者第二个根本立场上的区别。其实，非马克思主义者的西方马克思学与**自指马克思主义者**的西方马克思主义之间的分水岭也正是在对马克思主义信仰与否这个问题上。我注意到，鲁克俭在新近出版的《国外马克思学研究的热点问题》中，就公开提出要将原本具有明确价值取向的"马克思学"变成一个彻底的"中性词"，甚至将前苏东马克思主义学者和一部分重要的西方马克思主义思想家（如卢卡奇和阿尔都塞）混同于西方马克思学学者。① 他在该书中得出的最后结论与他文章的论调是一致的：中国马克思主义者的马克思文本解读研究的依据应当建立在西方马克思学的研究成果之上。可见，鲁克俭正努力试图在中国的马克思主义研究中为西方马克思学争取某种不恰当的更加重要的学术地位。

到底是谁错了呢？我以为，正确的说法无疑是，中国马克思主义者的任何研究，都只能在马克思主义科学方法的指导下，建立在自己独立的思考和研究基础之上，对国外的任何研究性文献，都只有在进行了认真的理论鉴别之后，才可能作为我们研究的一种参考文献。更不要说是西方马克思学的非马克思主义的研究**结果**（不是成果！）。我们当然要关注西方马克思学的研究进展，但也要警惕他们简单随意地处理文献的做法。因为，对马克思主义重要经典文本的理解和基本编排方式，对于西方马克思学者来说，可能只是文献的结构问题，可对于我们马克思主义者来说，结果就完全不同了。在刚刚出版的《马克思恩格斯年鉴·2003》中，我们看到了陶伯特关于《德意志意识形态》编辑的"新成

---

① 鲁克俭：《国外马克思学研究的热点问题》，北京：中央编译出版社2006年版，导论第2—3页。

果"。然而人们发现,她的理论目的却是要"在意识形态时代终结之后能够**重新对马克思进行哲学的解构**"①。这难道就是我们中国马克思主义研究的新基础吗?!

2. 什么是西方马克思学视域中看不见的东西?

站在西方马克思学立场上的鲁克俭批评我的另一个重要问题,是我仍然坚持了《关于费尔巴哈的提纲》(以下简称《提纲》)与《德意志意识形态》的内在理论关联。具体地说,他将我主张的"《提纲》是《德意志意识形态》的思想提纲,是马克思主义哲学新的入口"的观点,说成是无视西方马克思学最新成果后不"可靠和令人信服"的解读②。我甚至觉得,可能中国任何一个认真完成了马克思主义公共课的普通大学生都会知道,这个观点并非我的发明,而首先是恩格斯生前公开确认的既有事实。恩格斯在一百一十多年前(1888年)将《提纲》直接说成是"包含着新世界观萌芽的天才提纲",而马克思、恩格斯都明确指认《德意志意识形态》是这个新世界观的真正诞生地。《提纲》是《德意志意识形态》的**思想提纲(不是写作提纲!)**③,这在马克思、恩格斯那里是顺理成章的结论。

那么,鲁克俭的批评源头究竟来自何方呢?窃以为,在这个问题

---

① 《马克思恩格斯年鉴·2003》,柏林学术出版社(Akademieverlag)2004年版,引文中的黑体为引者所加。——本文作者注

② 鲁克俭:《"马克思文本解读"研究不能无视版本研究的新成果》,载《马克思主义与现实》2006年第1期。

③ 鲁克俭可能太粗心了,连中文里的"写作提纲"与作为有理论逻辑关联的"思想提纲"的差别都区分不了。

上,他的观点与我、或者说与恩格斯直接指认的结论之间之所以有如此根本的分歧,根源还是在于他心里的西方马克思学情结。陶伯特等人的确曾经指认,《提纲》**只是与《神圣家族》的写作有关**,然而问题是,西方马克思学学者所下的结论就一定是不折不扣的真理、人人都必须遵循吗?

陶伯特为什么这样说呢? 鲁克俭告诉我们,陶伯特等人的依据是:"在写有《提纲》的笔记本中,在《提纲》第一条前面有四行文字。"① 这真是什么新发现吗? 这不叫"四行文字",在1979年出版的《马克思恩格斯全集》中文第1版第42卷第273页上,这一文献叫《笔记本中的札记》。它也不是什么新发现或新发表的文献,它最早刊登在1932年出版的 MEGA1 第一部分第五卷上。大约三十年前,就已经是我们读研究生时熟知的文献了。鲁克俭还告诉我们,陶伯特等人对这"四行文字"有了新的解读,证明它的内容主要与《神圣家族》几节相关。由此确认马克思的《提纲》"**只是《神圣家族》中唯物主义思想的延续**"。(这一句话的黑体是我加上的,因为这句话至关重要,我后面会专门讨论。)鲁克俭觉得:"陶伯特等人的研究成果发表于1997年,对该成果的中文介绍发表于2003年。几年过去了,但张一兵仍然无视这一研究成果,仍然说'《提纲》是《德意志意识形态》的思想提纲',并在此基础上作出自己的文本解读结论,这样的解读会是可靠和令人信服的吗?"

首先,必须说明,我并没有像鲁克俭所说的那般,完全无视陶伯特等人的高见,同时故意回避2003年相关的中文介绍,狭隘地得出自己

---

① 鲁克俭:《"马克思文本解读"研究不能无视版本研究的新成果》,载《马克思主义与现实》2006年第1期。

的结论。在出版于1999年的《回到马克思》第348—353页上，我就已经讨论过鲁文告诉我们的所谓"新事实"，即马克思写在《1843—1847年笔记本》第51页上的《笔记本中的札记》（"四行文字"）。当时我已明确表示，并不同意将这一文本"简单地指认为其他思想运演的重复"。在书中，为了使说明更具针对性，我还专门用一个括号标注出巴加图利亚和这个鲁克俭倍加推崇的陶伯特。① 鲁克俭说，陶伯特的研究成果发表于1997年，中文介绍则出现在2003年，而在我的记忆中，自己写下这段文字并专门标注出陶伯特的时间是在1998年。可见，我不仅不是无视陶伯特，甚至可以说在相当早就主动遭遇了她，问题只是我不主张完全被动而不假思考地接受这些所谓的"研究成果"，相反，当我拿到新东西，我更愿意选择在独立考量之后形成自己的态度与立场，在此基础上再加以运用，让别人的研究成果以更科学的姿态介入我自己的研究。因此，我十分希望与鲁克俭商榷的是，我认为在具体批评我的观点之前，似应当认真读一读我的相关文献，至少是看过相关的最重要的文献，对我的观点形成一个大体准确的了解，而后才具备讨论的基础。对学者而言，争鸣固然相当可贵、也极其有益，但无疑只有在真知对象观点的情况下所作出的批评才能实现与对方在同一个层面上的实质而有真正意义的争鸣与碰撞，从而促进学术发展，否则，只能是一种断章取义的欲加之罪，不是我们应当提倡之风。

其实，我在《回到马克思》一书中关于《笔记本中的札记》的解读正是拒绝和批评陶伯特一类西方马克思学学者的观点的。在这一分析中，我不是像陶伯特等人那样仅仅从文献的一般历史文献线索出发，而

---

① 参见张一兵：《回到马克思——经济学语境中的哲学话语》，南京：江苏人民出版社1999年版，第349、351页。

是**从马克思思想发展的内在逻辑**出发,我的研究成果与陶伯特等人的观点显然是不一致的。所以,不像陶伯特只能看到文字中与《神圣家族》相近的东西,我会看到西方马克思学学者在此文本中看不到的新的思想内容,即**历史性、现实性和具体性**的全新思考点。① 而这一新的思想质点,将是《提纲》中思想革命的爆发之点。奇怪的是,站在自己独立思考的立场上,中国马克思主义者自己的研究成果竟然不是最新成果,用鲁克俭的话说,叫"明显低于陶伯特研究水平或者已被陶伯特明确否定了的说法当作基本事实"②,而西方马克思学学者陶伯特在此之前发表的观点就叫"最新成果"。不同质于他们的东西,就叫做"无视"新成果和只能是不可靠和不能令人信服的解读,这是什么逻辑?

其次,在陶伯特等人的最新成果中,《提纲》的写作时间被推延至1845年7月以后,并被判定是"《神圣家族》唯物主义思想的延续"。我们知道,《神圣家族》中的唯物主义思想可以精确地分为两个部分:一是出现在具体讨论中的关于欧洲唯物主义的历史性研究;二是马克思、恩格斯此时仍然运用的费尔巴哈式的哲学唯物主义立场和隐性逻辑架构。说《提纲》仅仅是《神圣家族》中唯物主义思想的延续,实际上也就否定了马克思在《提纲》中开始的马克思主义**思想革命**,这直接抹煞了《提纲》在整个马克思主义思想史上原有的不可替代的重要地位。这不要说是什么新成果了,更是我绝不可能接受的错误观点!我想,这恐怕不是鲁克俭的真正用意吧。

---

① 参见张一兵:《回到马克思——经济学语境中的哲学话语》,南京:江苏人民出版社1999年版,第349、351页。

② 鲁克俭:《"马克思文本解读"研究不能无视版本研究的新成果》,载《马克思主义与现实》2006年第1期。

在西方马克思学的理论视域中,他们看不见马克思主义科学方法论形成的特殊历史意义,看不见马克思的历史唯物主义作为无产阶级革命思想武器的批判意义,看不见马克思主义者对马克思共产主义解放理论和科学思想的信仰和热爱。他们不能理解,马克思的《提纲》和马克思、恩格斯合作完成的《德意志意识形态》,绝不是可以一般"中性"处理的历史文献,而是我们马克思主义者从事科学研究最重要的方法论依据。所以,我再次向鲁克俭说明,他的让马克思主义者的研究基于西方马克思学"成果"的观点才是真正错误的,这是一种极其危险的错误理论倾向。我坚信,这也一定会是大多数中国新一代马克思主义者不可能赞同的东西。

当然,鲁克俭的文章也不是完全没有正确的东西。比如他所指出的陶伯特等人关于《德意志意识形态》第一章手稿的编号问题,这应该是我注意的细节。也是在此文的最后,鲁克俭还提到了我有"拔高广松涉的倾向",这正好与最近刚刚收到的三位日本学者的批评文章中的意见一致。现在,让我们一起来看日本学者的批评。

3. 对广松涉版《德意志意识形态》的评价高了吗?

2006年9月,我收到朋友转来的日本学者大村泉、涩谷正、平子友长的一篇长文,标题为《新MEGA〈德意志意识形态〉之编辑与广松涉版的根本问题》,此文也是日本文部科学省科学研究基础研究A以及同基础研究B的研究成果的一部分(大约相当于中国的国家社会规划基金项目)。在这一论文中,日本学者对我的批评集中在关于广松涉版《德意志意识形态》的评价上。当然,批判的矛头主要是指向广松涉版和小林昌人版的《德意志意识形态》编辑方式的。概括一下,大约有以下几点：

第一，1974年出版的广松涉版《德意志意识形态》（即已经由南京大学出版社翻译出版的中文译本），"完全没有理解"20世纪70年代相关研究的水平，即1972年出版的新MEGA2试编本（Probe – band）的标注，从而使《德意志意识形态》第一章手稿的研究水平"倒退了四十年"。请注意，这里所说的"倒退了四十年"，不是从现在倒退至20世纪70年代，而是指从20世纪70年代倒退到30年代。具体地说，是前苏联学者阿多拉茨基版的水平。① 这一点，既否定了广松涉版《德意志意识形态》的学术价值，又批评了没有学术眼力的我。

第二，广松涉的编辑方式"其实很简单，并不需要特别的专业知识。在只有手动式打字机的当时姑且不谈，在个人电脑得以普及的现在，只要会一点点德语，谁都能进行编辑"。为什么呢？因为，广松涉的工作只是将阿多拉茨基版中"异文一览"中的草稿修改过程信息原封不动地移入文本正文，只是将马克思的修改用粗体标出，仅此而已。所以，广松涉"没有将阿多拉茨基之后四十年对草稿的解读，特别是关于改稿过程的研究成果的核心部分吸收到河出书房版之中"。这样，广松涉版的《德意志意识形态》一书，"在出版的时候就已经完成了它的学术生命"。这是死罪之宣判。言下之意，我们是在中国出版了一本已经死亡的书。

第三，代表今天研究《德意志意识形态》第一章手稿最高水平的版本，是日本学者涩谷正（此文三位作者之一）于1998年在新日本出

---

① 关于《德意志意识形态》阿多拉茨基版和其他版次的文献情况，可参见我为广松涉版《文献学语境中的〈德意志意识形态〉》一书的"代译序"，南京：南京大学出版社2005年版。

版社出版的新书《草稿完全复原版〈德意志意识形态〉》。据此篇论文的作者自己说,这一版本在《德意志意识形态》编辑史上具有"划时代的意义"。它与广松涉版等日本出版的《德意志意识形态》各种版本的决定性不同在于:"涩谷版是涩谷正自身在对草稿进行调查、在对记载状态进行确认的基础上编辑而成的。"从字面来看,似乎是否具有"划时代"的意义,区别就在于广松涉没有看到真迹,而涩谷正则在**现场**(阿姆斯特丹)看到了文本的真面目。

第四,是对广松涉的学生小林昌人在 2000 年由岩波文库出版的《新编辑版〈德意志意识形态〉》一书的批评,认为小林没有改正广松涉版的错误,反而"留下了很多遗漏和错误"。为此,此文作者们甚至还直接指责出版此书的岩波书店是"可耻"的,并且在广松涉版的中译问题上,小林的正确做法是"应该奉劝南京大学以及中央编译局的相关人员放弃该计划"。在他们看来,"试想一下,在 21 世纪的今天,在文本本身的核心部分即改稿过程的标注上照抄斯大林时代研究成果的广松河出书房版,有翻译的必要吗?"

第五,批评我在涩谷正那本划时代的"伟大著作"出版之后,竟然还向中国学术界推荐广松涉的学术水平倒退到 20 世纪 30 年代的、没有了生命的版本,并认为我对广松涉版进行了"无条件的赞扬",评价"过高"。所以,他们"有必要向中国的相关机构以及研究者尽早告知问题的本质"。这很像是在举报伪劣产品的正义行为。

以上五点,即为三位日本学者图文并茂的万言书中实质性的东西。

事实上,译介广松涉这部文献版《德意志意识形态》在我的研究计划当中并不是一个孤立事件,它是我向中国学术界系统推荐广松涉学术思想的组成部分。至于推荐和研究广松涉思想的原因和意义,我曾经多次阐述,在此不再赘言。但是我想,经过二十多年的开放求索,中国学者应当已经**有能力自主地辨别什么是值得我们介绍和研究的东西**。我非常主张与国外学术界的交流与探讨，包括与日本学者的知会，但这应当是一种客观、平等、互相尊重的对话。

广松涉的思想，至少是目前我看到的当代日本哲学发展史中真正值得认真对待的东西之一。从他一生留给后世的大量论著和极有深度的学术观念上看，从他创立的一个极富东方精神个性、又能与现代西方文化对话的思想体系来看，广松涉无愧于当代东方思想大师的称号。当然，我喜欢广松涉，还因为他与我一样是一位马克思主义者，或者始终将马克思的精神遗产作为自己学术理念的重要方法论基础。早在十年前，我就指出过广松涉思想方式的重要性："他开始是一个熟知自然科学的学者，后来在关心日本左派反对当代资本主义的实践中成为一个马克思主义哲学家，他在70年代对马克思主义哲学文献学式的解读仍然是当代马克思主义哲学研究中的学术高点。后来，他以日本民族文化为基底，以马克思为逻辑中轴，广收当代自然科学和西方哲学的成果，创立了一个很具东方（大和）特色的广松哲学。"① 我认为，这是非常值得中国学者学习和借鉴的治学道路。也是在这个大背景下，在我主编的旨在向中国学术界介绍有价值的世界学术思想的"当代学术棱镜译丛"中的广松哲学系列里，作为广松涉的第四本经典之作，我选择了广松涉出版于1974年的文献版的《德意志意识形态》第一章手稿。

应该指出，与上述三位日本学者不同，我不是一位文献学专家，而是中国的一名普通的马克思主义理论研究者。其实，在自己的手中已经有了《德意志意识形态》第一章手稿阿多拉茨基版、巴加图利亚版之后，看到广松版是最能让我激动了。这一版本的特点，我已在"代译

---

① 参见《哲学动态》1995年第9期。

序"中非常清楚地说明:"一是首次采用双联页排印的方式(**手稿正文印在左页,相关文本印在右页**),将手稿中新旧文本(原稿与誊写稿以及部分重要的增写内容)以左右两页并排的形式展示给读者;二是用**不同字体**将恩格斯与马克思所写的内容区别开来(中译本中马克思的文字用楷体字,恩格斯的文字用宋体字),这使读者能更直观地了解原手稿在文本写作上的真实情况;三是将被删除的内容用**小号字体**排出,并直接存留在原删除的文本位置上,并且标注了马克思、恩格斯用横线与竖线删除的差异;四是用**不同标记**明确注明马克思恩格斯增写与改写的文字;五是关于**不同版本的各种信息**,被如实反映在手稿的排印中(我们的中译本又增加了日本学者小林先生和涩谷先生的两个最新版本的信息);六是广松涉在自己的日文版后,以独立成书的形式排印了按照他自己的理解结构的**德文原稿**,这就提供了文本研究上一个直接来自于母语文本的比较参照系。"① 其中,除去第三点与梁赞诺夫版的编排方式相似外(在删除记号上还是有一定差别),其余五点均是**对马克思主义思想史内在逻辑有着深刻理解**的广松涉之独创,与所有其他版本相比,这是《德意志意识形态》编辑出版史上至今不可替代的**结构性变革**。我今天还认为,这个版本在基本逻辑思路上要优于2004年由陶伯特等人所编排出版的MEGA2关于《德意志意识形态》第一卷第一、二篇的"先行本"②。

在这里,我对上述特点再作进一步的说明。第一,广松涉采用双联

---

① 广松涉:《文献学语境中的〈德意志意识形态〉》,南京:南京大学出版社2005年版,第11页。

② 2004年,《马克思恩格斯年鉴·2003》出版了由陶伯特等人编辑的MEGA2第一部分第5卷《德意志意识形态》第一卷第一、二篇的"先行本"。

页排印的方式，是想直观地映现手稿的原始状况。当然，这个所谓的"原始"中已经含有广松涉对手稿逻辑结构的主观猜测。（本来，他希望按手稿相同页码的全部内容排印，因为印刷排版问题而放弃。在中译本排印时，我也曾经提出实现广松涉的设想，后来还是失败了。）第二，区分《德意志意识形态》第一章手稿中马克思与恩格斯的不同文字，以及马克思、恩格斯不同的删除和改写的信息，意味着科学世界观最初形成过程的**历史性构境**之可能，特别是中国学者可以从中了解到两位思想家在其中的不同作用，这一点，对于中国学术界尤其重要。（在这一方面，涩谷版基本上沿用了广松涉的这些做法，不过更加准确和细致了。）第三，广松版汇集了在他之前主要版次的相关文献信息，并且第一次完整地在手稿排印中直观地呈现出来，这也让中国学者第一次直接了解到了《德意志意识形态》第一章手稿版本研究的历史线索。

令人费解的是，为什么大村泉等人要执意贬低广松涉版的《德意志意识形态》呢？他们所说的"倒退四十年"到底是说什么呢？

4. 是谁的编辑水平"倒退四十年"？

现在来看一下大村泉等人"四十年倒退说"的基本内容。

第一，大村泉等人认为，广松版（包括小林版）的编辑过程并不复杂，在有电脑的情况下，懂一点点德文，谁都能做，因为广松涉只是将四十年前的阿多拉茨基版的"异文一览"中草稿修改过程的信息"原封不动地用小号字置于〈〉内，将马克思的插入用粗体表示"[①]。此

[①] 大村泉、涩谷正、平子友长：《MEGA2〈德意志意识形态〉之编辑与广松涉版的根本问题》，载《学术月刊》2007年第1期。

言真是离奇得过分。首先，谁都知道，1932年的阿多拉茨基版最重要的排版方式，是将马克思、恩格斯的补入部分直接排印到正文中，更重要的是，阿多拉茨基以自己的主观理解重新分割和拼合了手稿的文本，完全破坏了原稿的理论逻辑。广松涉对阿多拉茨基版是基本否定的，每个看过两个版本的人都不可能得出大村泉等人的这种误识。其次，广松版上的版本信息从头到尾都清楚地标注着梁赞诺夫版、阿多拉茨基版、新德文版和MEGA2试编本四个版本的文献信息，大村泉等人为什么看不见呢？再次，"懂一点德文"就能做广松涉的工作，这是一句不负责任的空话，我可以负责任地说，至少在今天的中国学术界，就不可能有人（即使懂不少德文）能够做好广松涉已经完成的事情。

第二，大村泉等人认为，广松涉在编辑过程中根本没有理解MEGA2先行本中"异文一览"的核心部分，即改稿过程中的异文标注。虽然中译本也附排了这个"异文一览"的样稿，但我和译者都因没有对此发表评论而受到了责问。大村泉等人告诉我们，这个"异文一览"是"对《德意志意识形态》文本进行极为简单的编辑整理的方法"。这是所谓第二次世界大战后"编纂学的成果"，也是MEGA2编辑体制转换的结果。广松涉没有按照这一新的方式来做，也就使《德意志意识形态》的文献学研究"倒退四十年"。很有意思，我怎么看都觉得这段话与前面中国的鲁克俭的腔调相似。怎么MEGA2编辑人员制定的编辑要点就成了硬性标准了呢？我承认，在过去MEGA2编辑工作仍然由前苏东当局控制的时候，它的编辑工作就理所当然地成为"儿子党"、"兄弟党"马列主义文献编译工作的天然准则，可是这种老子党的"王法"不是已经成为历史遗迹了吗？如果MEGA版的编辑工作及其编辑标准就是阻止所有其他马克思主义研究者的独立性，我以为它真的可以休矣。事实上，我知道这绝不是MEGA编辑专家们的意志，而是少数根本不理解 MEGA 事业真谛的人在拉着大旗做虎皮。据我了解，目前 MEGA 编辑机构的专家们与各国马克思主义研究者都保持有良好的相互尊重的建设性关系，他们十分注意听取各国学者的不同意见，之所以不断地出版"试编本"、"先行本"，就是因为他们知道为什么要编辑 MEGA！更何况，任何一个看到过 1972 年出版的 MEGA2《德意志意识形态》第一篇试编本的研究者，都不会觉得这个所谓的"异文一览"是**科学的**文献编排方式和**便于研究者使用**的做法。

第三，大村泉等人认为，涩谷版的《德意志意识形态》（完全复原版），是作为消除和校正了学术水平倒退四十年的广松涉版以及所有"至今为止的日译本的共通的致命缺陷的版本出现的"，可是，张一兵在涩谷版出版之后，却无视这一划时代的成果，反倒跑去出版早就过时的广松版，误导中国学术界。这样，中国学者"在依据有缺陷的版本进行研究的时候，成果中会出现各种各样的问题"。客观地说，涩谷版的确是在广松涉版基础上取得一定进展的成果。也基于这样的认识，在出版广松版中译本的翻译和研讨工作刚刚开始时，我们就专程从日本购买了涩谷正的"完全复原版"。在多次的译文研讨会中，我们已经觉察到涩谷正的研究在文献学的意义上已经取得了不少细节上的新认识，特别是在德文原文的考据和第一手的信息上，都使《德意志意识形态》第一篇手稿的研究登上了一个新的学术水平。也因此，我们在第一时间就专门邀请了涩谷正前来南京参加会议。（后来只是因国际旅费问题，涩谷正赴会之事未果。）同时，我们在中译本中加注了涩谷版的近四十条信息，以表示对涩谷版的必要尊重。（当然，我们也加注了小林版提供了一百余条新的文献信息。）这恐怕不能叫"无视"涩谷版的成果吧？

首先，我们是在编译广松涉哲学系列中出版这本书，并非是打算出版日本在《德意志意识形态》文献研究领域中的最新研究成果，所以，我们不会因为有了日本的涩谷版、小林版、服部版和德国陶伯特2004年的试行新版，就放弃出版广松版。其次，广松版所依据的主要文本信息并非如大村泉等人所说是倒退四十年的过时的东西，而是自20世纪20年代以来，列宁亲自建立的前苏联马克思主义文献研究机构中一大批马克思主义文献专家近半个世纪精心研究的成果，这里包括梁赞诺夫、阿多拉茨基领导下的文献辨识专家（如保尔·韦勒尔、弗兰茨、尼娜·伊尔伊尼奇娜·涅波姆尼亚夏亚）默默无闻的工作，以及后来前苏联巴加图利亚、东德一批文献专家的努力结果。我认为，这些原文辨识专家和研究者才提供了马克思大量手稿中复杂手写体原文基本信息。这些厚重的、经得起时间检验的基本文献成果，绝不是在阿姆斯特丹待上一年"对草稿进行调查，在对记载状态进行确认"就可以动摇和改写的。再次，广松版的《德意志意识形态》时至今日也有它极为重要的文献学价值。在我看来，广松版的价值是一种重要的文献结构的变革，而不仅仅是文本细节的精确性。还应指出的是，涩谷版的基本编排逻辑就是广松涉版的进一步完善。

令我感到不快的一点是三位大学教授对小林昌人这样一位工人出身的自学者的傲慢态度。在译介广松涉的著作之前，我并不认识小林昌人。但在此后的三次接触中（两次在南京，一次在东京），通过交谈，我能感觉得到这位非专业的学者对学术的敬业精神和对自己老师的敬重之情。这即使在我们的身边，也是不多见的令人顿生敬意的学者。然而三位研究马克思思想和文献的专家对小林昌人和他所编著的"文库版"《德意志意识形态》的批判和贬斥却不够厚道和尊重——我始终觉得，学问之道，应当是一种敦实宽厚的为人之道，而后才能有治学宽阔的眼界和胸怀。

5. 文献学研究与马克思主义的文本学理论研究

说到这里，我觉得有一些问题不得不认真严肃地讨论一下，即如何正确看待文献研究的方法以及文献研究与马克思主义基本理论研究，特别是文献学与文本学研究的关系问题。近年来，中国国内的马克思主义基本理论研究，已经越来越背离了假、大、空的叙事模式，重读马克思经典文本的研究成为中国年轻一代马克思主义理论工作者的共同学术旨趣。于是，对第一手文本原始信息和原初逻辑结构的文献学考证研究，也开始逐步引起中国学者的注意。但是，由于特殊的历史原因，我们马列主义编译机构没有拥有足够多的**第一手的经典文献原稿**，也没有培养出专业的**文献辨识**专家，在相当长一个历史时段中，我们的马列主义文献编译和出版工作主要依据了前苏东学术界的现成成果，这使我们在经典文献的整理和编译工作上始终不可能有太大的自主性和独立性。特别是在苏东剧变之后，国际马列主义文献整理的主体已经从**国家意识形态机构转型为民间的基金组织，从马克思主义者的专家队伍转向西方马克思学的专家群体**。（我个人觉得，至少目前我们也没有能找到与这种新情况、新状态具体结合的路向，这的确是值得我们有关部门认真思考的重要问题。）

上述问题的出现，使得中国学术界的马列主义文献整理和考据水平与当下的国际水平有一定的差距。更重要的是，这种情况也使我们的一部分青年学者在遭遇西方马克思学的文献学研究时容易迷失行进的方向，出现随波逐流的现象（前述鲁克俭的思考方式就是一个当下的典型）。然而，是不是在这种时候，我们中国的马克思主义研究者就只能跟在西方马克思学的后面人云亦云呢？对此，我不以为然。

我认为，一方面，我们应该像十月革命刚刚胜利时的列宁那样[①]，高度重视马列主义基本文献的专业研究队伍的建设，立即着手建设马列主义文献原文（拷贝）的基本数据库，积极培养自己的原文辨识专家，哪怕是从零开始，也要独立自主地开展真正意义上的文献学研究，而不是在二手文献上做所谓的**伪文献考据**。（说到底，这种不是基于原文辨识和原始信息的文献考据和版本研究是一种变形的抄袭和非法挪用。）另一方面，应积极关注西方学者、俄罗斯以及日本等国学者在马克思、恩格斯、列宁文献学上的重要研究进展，谨慎小心地辨识其中的积极内容，特别是在客观考据中的新发现，但必须要批判性地思考他们处理文献中的基本结论和所谓"新观念"。这只有一个目的，即真正使这种研究结果有益于中国的马克思主义的理论建设和当代发展，而绝不是破坏和损害这种学术事业的进程。

我认为，要正确处理好**文献学**研究与当前马克思主义**文本学**理论研究的关系。文献学研究，特别是基于经典文献原稿的历史考证研究，的确是我们开展学术研究的一般基础。但是，在基本文献信息准确的情况下，在如何理解文本与马克思主义科学理论的学术关系问题上，我们还是有很大的能动性空间，这个空间就是文本学理论研究的领域。这里所讲的文本学，是对文本思想内容的学术理解和深层逻辑结构的认识，这是**基于文献学又超越文献学**的一种科学努力。文本学不同于文献学的本质性差异，就在于文本学的基础是从主要文献事实出发的**创造性的独立**

[①] 早在20世纪前期，十月革命刚刚胜利，列宁就立即指示阿多拉茨基和梁赞诺夫等人调用一切可能的资金和人力全面收集和整理马克思、恩格斯的全部第一手的文献，着手建立马克思主义文献档案馆和编译机构。这奠定了后来整个苏联东欧社会主义国家中的马克思列宁主义著作的编译事业的重要基础。

思考。当然，在这一点上，马克思主义的文本学有其自身很强的意识形态性和科学性。也因此，我们的基本立场、研究方法和学术思想的本质都会根本异质于西方马克思学。我们可以来看一个具体的例子。

根据德国学者陶伯特的文献学研究，新编 MEGA2 第一部分第五卷中，《德意志意识形态》不再是一本马克思、恩格斯**独立撰写**的论著，而变成了一部由多人参加撰写的**论文集**，这部文集由马克思、恩格斯、赫斯等人共同撰写，编排方式也按合作文集的结构独立为十九篇文献的集合，并以《德意志意识形态。手稿和刊印稿（1845 年 11 月至 1846 年 6 月）》为名出版。据说，陶伯特等人认为，自梁赞诺夫 1926 年第一次发表《德意志意识形态》的文献以来，所有关于这一手稿的编排方式都是将其作为"一部著作加以编辑、评述"，而他们则在上述新的编排方式中，"将力图避免将自己的诠释抬高为绝对真理，并因此排除其他有道理的观点"。① 因为如果要将此手稿"编成一部著作《德意志意识形态》，那就意味着要去完成马克思、恩格斯所没有完成的工作。由于缺少足够的线索和根据，这样做的结果将是一种随意编成的结构"②。听起来，陶伯特等人的方案似乎是一种**排除了任何主观猜测的纯客观**的文献处理方式，就像鲁克俭所欢呼的那样，是一项文献学的最新成果。果真如此吗？

据我所知，这一方案一出台，就遭到了部分韩国学者、日本学者以

---

① 参见赫尔穆特·埃斯纳特：《特里尔马克思故居研究所〈德意志意识形态〉的编纂工作》，见《马克思主义与全球化》，北京：北京大学出版社 2003 年版，第 7 页。

② 陶伯特：《〈德意志意识形态〉手稿和刊印稿的问题和结果》，载《马克思恩格斯列宁斯大林研究》2001 年第 2 期。

及俄国学者特别是巴加图利亚的坚决反对。为什么？我们仔细看陶伯特的编辑方案所依从的新的客观依据，无非有三：一是以当时马克思、恩格斯本人或相关当事人在其他论著、信件和回忆文献中的直接指认；二是文本当时所处社会中的出版物、出版日期以及相关信件提供的评论信息；三是手稿留下的各种文献信息，特别是马克思、恩格斯及他人的页码编号、题名、调序、修改、删除、笔迹、纸张、墨迹重新辨识等等。这些信息对于文本结构的重新认证的确都有着重要的意义，依据这些信息，当然也可以对过去八十多年**马克思主义**文献专家们的基本认识提出一定的修订，但是这些修订必须是在**不破坏马克思主义思想史的内在逻辑**的前提下才是可行的。因为不难发现，陶伯特等人的文字在最新文本信息收集的工作上几乎是无可指责的，可是，唯独我们看不到他们对**文本思想内容即历史唯物主义生成过程的理解线索**！因为他们不再是马克思主义者，所以他们不会觉得《德意志意识形态》（前述的《关于费尔巴哈的提纲》）是马克思主义形成中的关键性文本，这些文本结构和基本逻辑的变化直接可能影响到我们对马克思主义产生、形成和发展等重大理论问题的理解。这是我们与他们研究立场上的根本区别。

在陶伯特等人的《德意志意识形态》新处理方案中，《德意志意识形态》不再是马克思、恩格斯的一部独立的著作，基本理论逻辑结构也不再是他们最后确定的用新世界观全面批判"德意志意识形态"的科学著作，而是一部马克思、恩格斯、赫斯三人仅仅为了反击在报刊上攻击了他们的鲍威尔、施蒂纳的争吵之作的论文集。他们完全根据《维干德季刊》第三卷的出版日期来确认《德意志意识形态》的写作时间，以鲍威尔、施蒂纳的论文内容来确认马克思、恩格斯的写作意图，他们根本看不到马克思从1844年"巴黎笔记"就开始的经济学研究的深刻学术影响，看不到《1844年经济学哲学手稿》中马克思思想逻辑的内在矛盾运动,看不到马克思在《评弗里德里希·李斯特的著作〈政治经济学的国民体系〉》一文中的思想变化,看不到《提纲》中的思想革命以及这一革命与《神圣家族》之间的质性逻辑差异,看不到"布鲁塞尔笔记"和"曼彻斯特笔记"对马克思、恩格斯思想的实质性影响,看不到现实工人运动对马克思、恩格斯理论思想的深刻作用。也因此,《提纲》和《德意志意识形态》才成了可以随意处置的历史文献,马克思、恩格斯与赫斯等人成了同等地位的独立论文的作者。

更致命的问题还在于:第一,据说马克思、恩格斯写下的《答布鲁诺·鲍威尔》[①]成了开篇之作,显然,这篇东西并没有什么重要的学术价值和思想内容。从这篇文献中,我们看到马克思和恩格斯竟然还在维护《神圣家族》中在人本主义话语框架内对鲍威尔等人的批判。(我个人对这篇没有署名的文献是否为马克思、恩格斯所写深表怀疑。)如果这一编排方案得到普遍确认,那历史唯物主义形成的**逻辑起点**将被改写,因为《德意志意识形态》的起点竟然是以肯定《神圣家族》的理论逻辑为前提的。(这一点,倒是与我们已经看到的陶伯特等人贬低马克思《关于费尔巴哈的提纲》的想法一致,如果连《德意志意识形态》都与《神圣家族》同质,那么何况《提纲》呢?)第二,把马克思、恩格斯最终确定为批判对象的赫斯放到《德意志意识形态》的作者之中,这就等于承认了马克思、恩格斯理论逻辑的混乱。因为,马克思、恩格斯创立的历史唯物主义,特别是这种新世界观对整个德意志意识形态和所谓"真正的社会主义"的批判,尤其是对费尔巴哈式人本主义话语的批判当然包括了对赫斯哲学的直接否定。这种根本性的思想决裂从马克思与赫斯的最终分手已经可以清楚地看到。当把赫斯的文本(哪怕是

---

① 参见《马克思恩格斯全集》第1版第42卷第364—367页。

经过马克思修改的东西）再放进《德意志意识形态》中，这将是可怕的**引起内部爆炸的逻辑炸弹**。这些问题，都是作为西方马克思学学者的陶伯特等人看不到或者在他们看来根本无足轻重的东西。我以为，在西方马克思学的文献专家那里，这只是文献处理的一种方式，可是，这对马克思主义者来说，是一件大事。作为一个马克思主义的研究者，我对此方案是坚决反对的；并且，我认为中国编译机构也不应采用这种编排方案。①

所以，文献学研究，特别是西方马克思学的文献学研究与我们马克思主义的文本学研究有着十分复杂的关系，是我们必须认真谨慎处理的问题。这个关系，既是学术关系也是重要的政治立场关系。西方马克思学的文献专家们不了解的是，他们所关心的文字辨识、版本细节、字母后缀和版本差别，固然是十分重要的东西，但对马克思主义研究者解读文本来说并不是至关重要的内容。我们关心的是影响到马克思主义思想史发展和整个马克思主义科学理论本质的思想内容。在当代要发展马克思主义基本理论，除去新的文献信息，更重要的是深化对马克思主义内在理论逻辑的认识，以及用当代中国改革的新现实、自然科学实践的新进展以及社会实践新发展中最重要的实践成果推进这一科学思想运动。这一事业任重道远。

---

① 令我担心的是，目前肯定性介绍和评介陶伯特这些"新成果"的国内学者大多为编译系统专家学者。

关于重新研究"巴黎手稿"的一个路线图[*]

聂锦芳

[摘　要] 过去由于过于功利的"现实"考量，再加上原始文献资料的欠缺，影响了对马克思旅居"巴黎时期"复杂思想的全面性、客观性的理解；现在需要重新根据写作方式、思想表述的差异，重新划分马克思当时的著述、厘清其复杂的关系并进行内容释读，这将有助于我们更加客观地把握当时刚刚由对"副本"的批判转向对"正本"的批判的马克思的原始思想状况、进展和走向。与单纯摘录和抄写同时代人以及前人著作的"巴黎笔记"相区别，本文将大量正面阐述和论证其思想的著述称为"巴黎手稿"，它包括通常被称为《1844年经济学哲学手稿》的"三个笔记本"和《詹姆斯·穆勒〈政治经济学原理〉一书摘要》，并提出将其作为一个文本个案进行深度研究，从文献疏证、内容释读、专题探究、历史定位等方面给予悉心研读和分析，再现其手稿原貌、深邃意蕴和思想史价值。论文勾勒了一幅由上述环节组成的重新研究"巴黎手稿"的"路线图"。

[关键词] "巴黎手稿"　疏证　释读　探究　定位

---

[*] 本文选自《马克思主义与现实》2013年第3期。聂锦芳，北京大学哲学系教授、中国特色社会主义理论体系研究中心教授、博士生导师。

马克思的政治经济学研究和《资本论》手稿写作的时间长达40余年，而其旅居"巴黎时期"（从1843年10月到1845年1月）的著述是在这一漫长的思想之旅中竖立的第一块界碑。根据写作方式的不同、思想表述的差异，可以将这些著述分为两类：一类是马克思对同时代人以及前人政治经济学著作的摘录和抄写，其中没有他个人观点的详尽阐发，只有寥寥数语评论或批注，我们称之为"巴黎笔记"；另一类是大量的正面阐述和思想论证，或者即便由他人的议题引发，但马克思个人的议论却占了相当大的篇幅，我们称之为"巴黎手稿"。根据上述划分，"巴黎手稿"应该包括通常被称为《1844年经济学哲学手稿》的"三个笔记本"和《詹姆斯·穆勒〈政治经济学原理〉一书摘要》（简称《穆勒评注》）。这与多年来学界流行的或者把《1844年经济学哲学手稿》等同于"巴黎手稿"，或者把《穆勒评注》归入"巴黎笔记"的做法是有差别的。我认为，厘清上述关系，将有助于我们更加客观地把握当时刚刚由对"副本"的批判转向对"正本"的批判的马克思的原始思想状况、进展和走向。

当然，上述说法并不意味着我们可以无视过去研究所取得的成就；然而，同样应该指出的是，1932年由于《1844年经济学哲学手稿》首次发表所引发的把马克思思想单纯做"人本主义化"的解释进而形成的"西方马克思主义"思潮、1983年马克思诞辰100周年之际在中国出现的"异化和人道主义"论争等重大理论事件，现在看来是具有双重的效应的：一方面，它们确实吸引了更多的论者关注这一文本，从而扩大了它的社会影响；但另一方面，由于过于功利的"现实"考量，再加上原始文献资料的欠缺，使当时对马克思复杂思想的理解在全面性、客观性等方面又不同程度地打了折扣，很多地方有待完善和提高，从"文本学"角度考虑甚至仍有一些工作尚未展开。因此，重新把"巴黎手稿"作为一个文本个案进行深度研究,仍是非常必要的;这里只对这项工作做一个简单的勾勒。

一、文献疏证

要全面而客观地解读"巴黎手稿",一个前提条件就是弄清楚马克思当时理论活动的实际情形和这一文本写作的原始状况,这至少包括如下几个方面。

1. "巴黎时期"马克思的著述和活动情况

"到巴黎去,到这座古老的哲学大学去吧……到新世界的新首府去吧!"[①] 这是1843年9月马克思在给朋友的信中所发出的呼吁,其实也是他自己的期盼和计划。果然,一个月之后他就到了巴黎。与原属同一阵营的青年黑格尔派的成员试图在观念领域寻求社会变革的思辨方式不同,马克思已经转向了对"市民社会"的现实观照。但由于近代以来资本世界的复杂性,他这时实际上并不知道从何着手来理解社会、寻找出路;与恩格斯那样进入工厂、实际了解"英国工人阶级状况"的途径也不同,他是从研读政治经济学著述开始的。从1843年10月起,马克思先后仔细阅读了布阿吉尔贝尔的《德国详情,它的财富减少的原因和补救办法之无效。论财富、金钱和租税的性质。论自然、文化、商业和谷物之利益》、麦克库洛赫的《论政治经济学的产生、成就、个别问题和意义》、詹姆斯·穆勒的《政治经济学原理》、让·巴蒂斯特·萨伊

---

① 《马克思恩格斯文集》第10卷第6页。

的《政治经济学概论》、舒耳茨的《生产的运动》、恩格斯的《政治经济学大纲》、大卫·李嘉图的《政治经济学及赋税原理》、弗雷德里克·斯卡尔培克的《社会财富的理论》、亚当·斯密的《国民财富的性质和原因的研究》等15位作者的19部经济学著作，写下了他关于政治经济学的第一批笔记。

当然，这期间马克思阅读和思考的范围并不仅仅局限于政治经济学，实际上更为宽泛。当时除德文以外他已经掌握了法文，于是他阅读了孔西得朗、列鲁、蒲鲁东、卡贝、德萨米、邦纳罗蒂、傅立叶、劳蒂埃尔、维尔加尔德尔和其他作者的法文著作。此外，他还通过德译本或法译本来利用英国社会主义者的著作①，例如，对于欧文的作品，他就是通过法译本和论述欧文观点的法国作家的著作来了解的。对这些社会主义文献的研读，再加上有零星机会接触现实的工人运动，促使马克思产生了一个"编纂一套社会主义史的资料汇编，或者毋宁说是一部用史料编成的社会主义史"②的计划。这是他在巴黎时期第二方面的工作。

在观察现实和研读他人著述的基础上，马克思逐步产生了表述自己独立观点的想法。这特别体现在原来大段摘录他人著述的笔记本上，评论性的意见渐趋增多，到后来甚至发展为其个人思想的长篇阐释、系统论证和发挥。这样，马克思就形成了写作2卷本《政治和政治经济学批判》的计划。《1844年经济学哲学手稿》就是马克思曾经打算撰写的这部书的草稿，当然这一计划后来没有完成。

上述梳理告诉我们，研究巴黎时期马克思的思想必须考虑到当时的各种情况及马克思著述的总体情形，如果只把《1844年经济学哲学手

---

① 在19世纪40年代前半期，马克思还没有掌握英文。
② 《马克思恩格斯全集》第1版第27卷第29页。

稿》从众多材料中单独撷取出来，进而对其内容进行抽象的解读和发挥，是不可能完整地把握马克思当时的理论视域和思想变迁的，由此所进行概括和评论也必然是有片面性的。

2."巴黎笔记"与"巴黎手稿"的关系

"巴黎笔记"与"巴黎手稿"是穿插写作的。当时马克思思考的议题很多来自他阅读的书籍和文献，只有把这些书籍和文献中所涉及到的思想作通盘的考察，才能厘清马克思当时思想的实际状况，从而避免"解释缺失"或"过度诠释"。通常以《1844年经济学哲学手稿》称谓其中的"三个笔记本"，其实这是在1932年编入MEGA1第1部分第3卷时编者为了命名方便而加上的。所谓"经济学"、"哲学"的提法实际上割裂了马克思当时理论活动的整体状况。在马克思的研究活动中事实上是没有我们后来习惯了的、作为现代学科分类的诸如"经济学"或"哲学"等的分野的。第一个笔记本中所论述的"工资"、"资本的利润"和"地租"，是经济学议题吗？其实马克思把它们看作是当时的工人、资本家和土地所有者三个阶层不同的收入形式，由此映现出他们悬殊的社会境遇，并以此来透视当时森严的等级结构、相互关系及其未来命运，这分明是哲学和社会学研究的题中应有之义。尤其是固守于马克思巴黎时期研究的所谓"经济学"领域，而把它们与他当时正在为甄别和了断与青年黑格尔派思想渊源关系而写作的《神圣家族》和随后的《关于费尔巴哈的提纲》和《德意志意识形态》分开，这根本不能完整地勾勒出当时马克思思想的全貌。

当然，从另一方面说，"巴黎手稿"与"巴黎笔记"又是可以相对区别的。这种区别就在于，虽然同时代或以前的思想家提供了关于现代社会的种种言说，罗列了众多的现象，提出了多样的分析思路和构架，但广泛的阅读、认真的对照和深入的思考，逐渐使马克思在诸多问题上产生了自己独立的判断和选择，坚定了他超越先贤的意向和构架。在传承、批判和重构中，他正在实现着思想的嬗变。这就是同样属于巴黎时期的著述，"巴黎手稿"较之"巴黎笔记"阐发自己正面观点的篇幅逐步增大的原由。

3. "三个笔记本"与《穆勒评注》的次序

在马克思巴黎时期的著述中，《穆勒评注》是最为特殊的：其中有对穆勒原书的摘录，这或许符合本文开始设定的有关"巴黎笔记"的标准，但问题在于，其中马克思个人的议论又占了相当大的篇幅——整部《穆勒评注》翻译成中文约3.1万余字，而马克思本人的论述近1.3万字，这在"巴黎笔记"的其他部分是绝对没有的，这是我把它归入"巴黎手稿"的主要依据。

而如果把《1844年经济学哲学手稿》中的"三个笔记本"与《穆勒评注》所阐发和论证的观点贯通起来考虑，马克思"异化"思想的连续性、渐进性和层次性就显得更为突出了。这昭示我们，研究这一时期的思想无论如何不能撇开《穆勒评注》而只关注那"三个笔记本"中的内容，从而看不到"社会关系异化论"对"劳动异化论"的拓展和深化。

更进一步的文献甄别和思想推断，有助于厘清《穆勒评注》与"三个笔记本"之间写作顺序，这就形成了"陶伯特说"与"罗扬说"两派观点。前者通过实证材料表明，《穆勒评注》写作于"三个笔记本"全部完成之后，但留存下来的手稿页码的不连续和笔迹无法明显地区分出时间的前后，使极端强调文献材料的完全"靠实"的陶伯特在这里只能做到"弱实证"。而基于思想进程的把握和逻辑推理，使罗扬等人设想，"三个笔记本"不可能是连续写作的，而《穆勒评注》应该是在第一个笔记本撰写之后进行的，时间在第二个笔记本写作之前；当然他的这一推断因缺乏实证材料的支撑而不被"权威"的 MEGA 编辑所采纳。

或许仅凭留存下来的手稿，我们最终也不可能弄清楚二者的真实关系；但无论怎样，我们对上述讨论仍持高度肯定的态度，因为这不是在搞"烦琐哲学"，不是在"掉书袋"，而是不同思路的沟通和交锋，这有助于我们对马克思思想复杂性、深刻性的体悟和对多元的阐释和评论思路的理解、尊重。

4. "三个笔记本"的"逻辑编排版"和"原始顺序版"

迄今为止，纵观国内外学术界对《1844 年经济学哲学手稿》的解读，无一例外，所依据的版本都是根据德文或俄文的"逻辑编排版"翻译而成的（英文本亦是如此）。但实际上，1982 年出版的 MEGA2 第 1 部分第 2 卷刊出了两个版本，除关于重新研究"巴黎手稿"的一个路线图"逻辑编排版"外，还有一个"原始顺序版"。后者是根据"三个笔记本"的原始手稿排版的，可以说是马克思当时写作的真实面貌的直接呈现，但可惜的是，国外只有极个别的研究者在其论著中对此稍加提及，而详尽的研究基本上没有进行过；在国内也没有对"原始顺序版"进行过全面系统的介绍，更不用说翻译和编排了，这无疑对我们客观地理解文本的思想带来了一定的影响。

二、内容释读

文献疏证诚然是必要的，但对于文本研究来说，这还只是基础性、前提性的工作，下一步更重要的任务是对文本内容的释读。

"巴黎手稿"内容释读的困难在于，由于它尚处于草稿状态，无论是在思想观点的明确性、论述思路的层次性和论证逻辑的一致性等诸多方面都与那些成形和定稿的文本有很大差别，这逼迫我们不得不在别人提出的议题与属于马克思的卓见之间、在思想的深刻与表达的欠缺之间、在重要观点的语焉不详与同义反复之间、在阐释思路的中断与逻辑上尚属自洽之间做出甄别、离析、接续和抽象。可以说，在马克思众多的文本中，"巴黎手稿"的思想是最难复述和概括的，这也可能是它引起人们反复讨论的原因之一。我认为，内容释读不仅要阐明其思想和观点，更要把握马克思论证这些思想和观点的前后思路和一贯逻辑。仅就"三个笔记本"来说，以下几个层次的理解是很重要的。

1. 异化问题的引入

对于当时复杂的社会结构，马克思是从人们的"收入形式"入手进行讨论的。这种思路来自古典政治经济学，但又不同于古典政治经济学。马克思借此展开的论证和得出的结论却实现了对古典政治经济学的突破和超越。

在资本主宰的社会，人数最多的群体是工人，但工人不是人，而是商品。他们首要的属性就是其商品属性，他们作为商品的存在"被归结为其他任何商品的存在条件"。工人存在的理由只能是被资本家购买去从事其他商品的生产。生存着的工人的收入形式是工资,"最低的和唯一必要的工资额就是工人在劳动期间的生活费用,再加上使工人能够养家糊口并使工人种族不致死绝的费用"。"**工资**决定于资本家和工人之间的敌对的斗争",而"胜利必定属于资本家"。① 工人来到这个世界上,就不是以人的属性而是以物的属性出现的,他们生存的唯一状态就是为了资本的需要而付出自己的劳动,通过劳动从资本家那里得到工资,沦为资本的奴隶,永远挣扎在贫困线上。

工人的上述状况是由追求"资本的利润"的资本家造成的。马克思把"资本"看作是"对劳动及其产品的**支配权力**"②,认为资本家利用资本来行使这种权力的过程,同时也是资本家本身生存状况的展现过程。我们通常把资本与资金等同看待,但二者实际上是有差别的,只有当资本家手中的资金能够给他带来收入或利润的时候,才能称之为资本。资本家的"生命就是资本","而产品则是一切"③,国家与社会的利益在他们的眼里是微不足道的,从而他们自己作为人,也是微不足道的。

如果说工人是通过出卖自己及其劳动来获得工资,资本家通过对工人劳动及其产品的支配来获得利润,那么"土地所有者是这样一个阶级,他们的收入既不花劳力也不用劳心,可以说是自然而然地落到他们手中的,而且用不着任何洞察力和计划"④。从根本上讲,"**土地所有者**

---

① 《马克思恩格斯文集》第1卷第115页。
② 《马克思恩格斯文集》第1卷第130页。
③ 《马克思恩格斯文集》第1卷第139页。
④ 〔英〕亚当·斯密:《国民财富的性质和原因的研究》,商务印书馆1972年版,第139页。

的权利来源于掠夺"①。土地所有者在拥有了土地之后，就想方设法更多地获取地租。这是现代化初期的情形，随着城市向乡村的扩张和吞并，大的土地所有者渐趋向资本家转换。

2. 异化的表现

上述分析使马克思产生了"劳动异化"的思想，并且具体分析了它的四种表现形式。

首先是劳动产品同劳动者的异化。即工人劳动所生产的产品，"作为一种**异己的存在物**，作为**不依赖于**生产者的**力量**，同劳动相对立"②，以至于他生产的产品越多，他自身的东西就越少；他创造的价值越多，他就越低贱；他的产品越完美，他自己越畸形；他把自己的生命投入对象，但这个生命已不再属于他而属于对象了。其次是劳动活动同劳动者的异化。产品是劳动、生产的总结，劳动产品的异化导致"劳动对工人来说是外在的东西"，"他在自己的劳动中不是肯定自己，而是否定自己，不是感到幸福，而是感到不幸，不是自由地发挥自己的体力和智力，而是使自己的肉体受折磨、精神遭摧残"。③这种劳动是"被迫的强制劳动"，不是目的，只是手段。再次是人的类本质同人的异化。劳动产品同劳动者的异化、劳动活动同劳动者异化导致了人的自我异化，即人的类本质同人的异化。类本质是对不同个体之间共同性的抽象，而人的类特性应当是自由的自觉的活动。而异化劳动把类生活变成维持个人生活的手段，从而"使人自己的身体同人相异化，同样也使在人之外的

---

① 《马克思恩格斯文集》第 1 卷第 142 页。
② 《马克思恩格斯文集》第 1 卷第 156 页。
③ 《马克思恩格斯文集》第 1 卷第 159 页。

自然界同人相异化，使他的精神本质、他的人的本质同人相异化"①。最后是人同人相异化。"人同自己的劳动产品、自己的生命活动、自己的类本质相异化的直接结果就是人同人相异化。当人同自身相对立的时候，他也同**他**人相对立。凡是适用于人对自己的劳动、对自己的劳动产品和对自身的关系的东西，也都适用于人对他人、对他人的劳动和劳动对象的关系。"②

3. 异化的根源

不仅如此，马克思在上述描述和分析的基础上，还更进一步探讨了异化的根源问题。他指出，在具体的现实的社会中，劳动异化的根源起初在于私有制，后来它们又发展为互为因果、交互作用和强化的关系。通过异化劳动，人生产出与他对立的、异己的生产产品，生产出他同生产行为本身的敌对关系，同时也生产出人同自己的类本质的相悖关系以及人同他人的关系。在这个意义上，上述四种异化形式又是同一的。如果工人不是他的劳动产品的主人，就一定有另一个异己的、敌对的、强有力的、不依赖于他的人是这一对象的主人；如果人自身的活动是一种不自由的活动，那么，这种活动就必须看作是替他人服务的、受他人支配的、处于他人的强迫和压制之下的活动；如果人的生命活动被迫成为他维持生存的手段，而不是他自主意识选择的产物，那么，必然有另外的人的意识迫使他作出了这种选择。

因此，在异化的劳动过程中，工人不仅丧失掉自己的产品并使它变

---

① 《马克思恩格斯文集》第1卷第163页。
② 《马克思恩格斯文集》第1卷第163—164页。

成与他对立的存在，同时他也生产出不生产的人对产品的支配；他使自己的活动同自身相异化，同时也使与他相异的人占有非自身的活动。换言之，透过异化劳动过程我们得以窥见一个对劳动生疏的、站在劳动之外的人对这个劳动的关系——资本家对这个劳动的关系。而私有财产不仅是这种关系的产物、结果和必然后果，而且在私有制发展的最高阶段它又成为这种关系得以实现的手段、途径和根本原因。

正是私有财产和异化劳动之间的这种因果关系致使资本主义社会的各种矛盾得以被阐释清楚了。

4. 异化的扬弃

私有制和异化劳动的关系，共同促成了资本主义社会各种矛盾的尖锐对立。要解决社会矛盾，让工人脱离异化的困境，使社会跳出普遍奴役的藩篱，就必须扬弃私有财产。这样，马克思在阐明了异化和私有财产之间的关系之后，又为私有制社会寻找到一条现实的变革之路。他认为，"**共产主义**是对**私有财产即人的自我异化的积极的扬弃**"①。

马克思从历史的视角出发，分析了不同类型的共产主义，指出过去的共产主义"没有理解私有财产的积极的本质"，也就不可能达到真正扬弃异化的现代共产主义的水准。那么，如何才能找到真正扬弃异化的合理而又现实的途径呢？马克思认为，我们应该从建立在私有制上的社会的客观矛盾的发展中得出共产主义必然性的结论。即在私有财产的运动中，在经济中，为自己既找到经验的基础，也找到理论的基础。只有这样才能提供"历史之谜的解答"。因为，"历史的全部运动，既是这

---

① 《马克思恩格斯文集》第 1 卷第 185 页。

种共产主义的**现实的**产生活动，即它的经验存在的诞生活动，同时，对它的思维着的意识来说，又是它的**被理解**和**被认识到的生成**运动"①。在这样的基础上，马克思表达了对共产主义的期许：它是"通过人并且为了人而对**人**的本质的真正**占有**；因此，它是人向自身、也就是向**社会的**即合乎人性的人的复归，这种复归是完全的复归，是自觉实现并在以往发展的全部财富的范围内实现的复归"②。共产主义是人的一切感觉和特性的彻底解放，是每个人的需要的极大丰富和最大限度的满足，是人的社会存在的复归。

5. 异化观的变革

应该说，上述四个部分的逻辑是紧密衔接和非常顺达的，但文本出现的一个特殊的部分，即在第三个笔记本中插入的、被编者标为《对黑格尔的辩证法和整个哲学的批判》的一节，使问题复杂化了。现存《1844年经济学哲学手稿》译成中文约10万余字，而这部分就有2万字。对于这一部分，我们不能等闲视之。但从逻辑上说，至少在表面上这部分与其他部分确实是不关联的，插在中间是有点突兀；鉴于此，曾经有论者主张将其独立出来视为马克思另外独立的著述，且将其命名为《关于黑格尔哲学的提纲》，以与此后不久写在由马克思标明"1844—1847"年笔记中、被恩格斯单独撷取出来命名为《关于费尔巴哈的提纲》相衔接和呼应。然而，我认为，"独立"云云不过是研究者的主观设想，对于撰写者没有明确表示而且有先后页码连接的文本，最好还是

---

① 《马克思恩格斯文集》第1卷第186页。
② 《马克思恩格斯文集》第1卷第185页。

不要分割开,那样会对本来完整的思想形成割裂。如果这一部分不是独立的,需要解释清楚的一个最重要的问题是:谈异化劳动为什么一定要牵扯到黑格尔哲学及其体系呢?

表面上看来,马克思是受到费尔巴哈"宗教异化观"的强烈影响而提出"劳动异化论"的;而究其实,在其思考和阐释中插入对黑格尔哲学的分析,却真正体现出其根本用心。就是说,他的观点与费尔巴哈之间的不同,绝不仅仅只是将"宗教"易为"劳动"。相反,同样使用了"异化"一词,他和费尔巴哈之间已经有了很大差别。其中,黑格尔哲学体系的构成及其各要素之间的过渡和转换给了马克思很大的启发。因此,他才说:"在这一部分,为了便于理解和论证,对黑格尔的整个辩证法,特别是《现象学》和《逻辑学》中有关辩证法的叙述,以及最后对现代批判运动同黑格尔的关系略作说明,也许是适当的。"①

马克思认为,包括费尔巴哈哲学在内的现代德国的批判着意研究旧世界的内容,而且批判的发展完全拘泥于所批判的材料,以致对批判的方法采取完全非批判的态度,同时,对于如何对待黑格尔辩证法这一表面上看来是形式的问题,而实际上是本质的问题,则完全缺乏认识。一方面,费尔巴哈是唯一对黑格尔辩证法采取严肃的、批判的态度的人;只有他在这个领域内作出了真正的发现,总之,他真正克服了旧哲学。另一方面,费尔巴哈把否定的否定仅仅看作哲学同自身的矛盾,看作在否定神学(超验性等等)之后又肯定神学的哲学,即同自身相对立而肯定神学的哲学;他还把否定的否定、具体概念看作在思维中超越自身的和作为思维而想直接成为直观、自然界、现实的思维。马克思则"既要说明这一运动在黑格尔那里所采取的抽象形式,也要说明这一运动在

---

① 《马克思恩格斯文集》第 1 卷第 197 页。

黑格尔那里同现代的批判即同费尔巴哈的《基督教的本质》一书所描述的同一过程的区别；或者更正确些说，要说明这一在黑格尔那里还是非批判的运动所具有的批判形式"。这样，对异化问题的深入讨论就必须"看一看黑格尔的体系"，而这一观照又"必须从黑格尔的**《现象学》**即从黑格尔哲学的真正诞生地和秘密开始"①。此外，马克思还考察了"在异化这个规定之内""黑格尔辩证法的**积极的**环节"。②如此说来，这一部分不仅不是"节外生枝"或者"画蛇添足"，而是阐发马克思独特的异化思想必不可少的一个环节。

三、专题探究

在内容释读和思路梳理后，还需从总体上对文本所关涉的重要问题进行提炼、概括和讨论，这就是专题研究。在"巴黎手稿"中以下问题值得特别关注。

1. 外化、对象性与异化

对手稿内容的辨析表明，《1844年经济学哲学手稿》实际上是深悟黑格尔思想精髓的。黑格尔把任何对象化、对象化的任何形式都当作是一种异化，把自然界和人类社会的一切现象都看成是"绝对理念"的异化形式，从而使异化具有了普遍性和绝对性。而马克思则在资本肆虐的时代，赋予异化以更深刻的现实内容和社会历史意义，从而将其从抽象的哲学范畴、范畴之间在思辨领域内的运动拉回到现实世界和人们生

---

① 《马克思恩格斯文集》第1卷第201页。
② 《马克思恩格斯文集》第1卷第216页。

活的真实状态中、拉回到社会的发展、变迁和人的命运嬗变中，这就彻底厘清了异化与对象化的关系。

马克思的劳动异化理论是从工人同其劳动产品相异化的事实出发建构起来的。在他看来，所谓异化，指的是劳动产品作为一种异己的对象同劳动者相对立："劳动所生产的对象，即劳动的产品，作为一种异己的存在物，作为不依赖于生产者的力量，同劳动相对立"；而所谓对象化，则是指的劳动的实现、劳动物化在对象之中："劳动的产品是固定在某个对象中的、物化的劳动，这就是劳动的**对象化**。"① 这说明，只有在特定的社会历史条件下，对象化才会成为异化，而并非一切对象化都是异化。还必须看到，马克思对劳动产品的分析，既揭示出物的异化，也论述了工人的自我异化，并指出客观异化是主观异化的基础，即"异化不仅表现在结果上，而且表现在**生产行为**中，表现在**生产活动**本身中"②。这也是他的异化观与黑格尔的重要差别。

2. 自在自然和人化自然

在"巴黎手稿"中，马克思通过"对象性活动"的分析，阐明与人的实践活动相关联、由人的本质力量所创造并为社会的人所占有的对象世界即"人化自然"的思想，以此来与"自在自然"相对照。

马克思认为，实践活动首先造成了自然界的分化，使自然界一分为二，一部分成为"人造物"，即"人化自然物"，一部分仍然是自然存在物，即"自在自然"。人造物、人化自然物、人化自然界属于人类世界的组成部分，这是由实践活动直接创造的。同时也表明，实践活动还

---

① 《马克思恩格斯文集》第 1 卷第 156—157 页。
② 《马克思恩格斯文集》第 1 卷第 159 页。

是"人化自然"和"自在自然"相统一的基础,即通过实践活动,"自在自然"不断地转化为"人化自然"。劳动是人的类本质,其中包含有人与自然的关系。人把自然界作为劳动对象,劳动的根本内容是对象化,即劳动者把自己的本质力量凝聚和体现在作为劳动产品的自然对象身上,使自然界打上人的活动的印记,使人的有效的能力变为自然对象的属性。在这种关系中,劳动的对象化必然以自然界为前提。因为没有自然界,没有感性的外部世界,工人就什么也不能创造。但是,异化劳动从人那里夺去了他们所创造的对象,从而使人同自己的类本质异化。只有扬弃异化才能有真正的人化的自然界,人才成为实现了自己类本质的人。

我们看到,马克思克服了黑格尔把人的自我产生说成是精神的创造的唯心主义,又克服了费尔巴哈唯物主义的直接性,用社会的、实践的、发展的观点分析了人与自然的关系,从历史、现实和理想的角度看人化自然的生成过程,表述了一种姑且可以称之为"实践—人道主义"的思想。

3. 人的存在:类、社会与个体

很多论者鉴于文本中的明确表述——诸如"人与人的类本质的异化"、共产主义是"通过人并且为了人而对人的本质的真正占有"等等——认为"巴黎手稿"中的思想受到了费尔巴哈"人本学"的强烈影响,异化劳动学说打上了抽象人本主义深刻的烙印。然而,如果进一步检视作出这种判断的依据,就会发现,论者基本上都是从文本中寻章摘句、断章取义地抽象出一些命题而立论的。如果从总体上把握,就会发现,异化劳动学说不仅蕴涵着而且实现了对抽象"人本学"的超越。"巴黎手稿"中所讨论的人,不是超历史、超社会的人,而是现代社会中的"工人"、"资本家"和"土地所有者";"异化劳动学说"中的"异化"不是抽象的哲学范畴,指的是现实生活中的四种具体的表现形式及其逻辑关系;劳动的异化不是超历史的普遍现象,其根源在于现实的私有制社会;扬弃异化劳动的出路和途径不是理论的演绎和推导,而在于作为"私有财产积极的扬弃"的共产主义,在于无产阶级的革命实践。

这样,马克思关于人的存在方式,就至少可以分为三种形式:类存在、群体存在和个体存在。作为类的存在物,人具有区别于其他动物的"类特性",即人的类存在或一般存在,这就是劳动、实践。作为群体的存在物,人与人之间必然结成一定的社会关系,处于不同社会关系中的人具有不同的规定性,这就是人的群体特性,即社会关系。作为个体的存在物,人与人之间是千差万别的,有着各自内在的、特殊的规定性,这就是人的个体特质,它是由人的社会物质条件所决定的人的个性。人是类、群体和个体存在的有机结合。简言之,人是在一定的社会关系中进行自由自觉的劳动的、具有各自独特个性的社会存在物。

4. "现实的人":本质与现实

很多论者还认为,从"人的本质"的角度来思考问题,是马克思巴黎时期思想"不成熟"的表现,后来他放弃了这种思路,即完全从现实生活中理解人的存在;换言之,"成熟时期"的马克思认为,人并没有什么本质。但我认为,这里问题的关键,不在于是相信、坚持还是放弃"人的本质"论,而在于对"什么是人的本质"的理解。从这个意义上讲,无论是巴黎时期还是之后,马克思都没有否认"人的本质"的存在,但他与抽象"人本学"和"人道主义"不同的地方在于,认为人的本质在于其社会性,即"人的本质不是单个人所固有的抽象物,在其现实性上,它是一切社会关系的总和"①。

　　人的本质在于其社会性,意味着:其一,把人和动物区别开来的主要依据只能是人的社会生活,同时人类自身的区别——如古代人与现代人、资本家与工人的区别——也只能是人的社会生活,而不是人的自然的生理的特质。其实早在1843年马克思就已经有了这样的看法,在《黑格尔法哲学批判》中他指出:"'特殊的人格'的本质不是它的胡子、它的血液、它的抽象的肉体,而是它的**社会特质**。"② 其二,人的本质是全部社会关系的总和,而不是社会关系的某一方面。社会关系的总和是在人的生产实践活动中形成的,适应于生产实践的需要,人们不仅结成了生产关系,而且形成了政治关系、思想关系和其他社会关系。要揭示人的本质,必须抓住人们在生产实践中所发生的必然联系,同时在这个基础上,把人放到各种社会关系中做综合的考察,才能真正把握人的本质。其三,人的本质具有具体性、历史性的特征。"社会关系的总和"这一规定,不仅表示它的客观性,而且表示着它的变动性、历史性,就是说它不是凝固不变的,而是发展变化的,社会是具体的、历史的,因此必须对人的社会关系做具体的历史考察。既然社会关系是变动的,那么作为社会关系的总和的人的本质也就不是抽象的固定不变的。总之,人的本质不能到现实生活之外去寻找,人的本质就存在于现实的、可感知的、发展变化着的社会关系之中;离开了人的实践活动,离开了社会关系的变化和发展,就抓不住人的本质,也就不能理解现实的人。

　　上述思想可以说是马克思哲学最重要的方面,也是马克思一生思考

---

　　① 《马克思恩格斯文集》第1卷第501页。当然,马克思对"社会性"内涵的理解越到后来越具体、越深刻。

　　② 《马克思恩格斯全集》第2版第3卷第29页。

的主题，在以后漫长的思想创造过程中，对这些问题具体内涵的理解和阐释可能有反思、变化甚至修正；但这些主题被"巴黎手稿"提出、阐发或揭示出来了，这是其不朽的贡献，昭示着它所达到的思想史高度。

四、历史定位

马克思的著述绝大多数都带有论战色彩，为了显现自己思想的独特性，他常常就相同议题与不同的论者进行辩驳。就"巴黎手稿"而言，至少以下维度是确立其思想历史地位必要的参照。

1. "巴黎时期"马克思与其思想先驱、同道的关系

我们在上面的分析中涉及了马克思与费尔巴哈、与黑格尔的关系。篇幅所限，这里不再赘述，这里只想扼要地指出：费尔巴哈在马克思思想探索过程中起过重要作用，毕竟他为马克思的哲学思考展示了唯物主义的方向，而且"巴黎手稿"中也确实带有费尔巴哈思想的痕迹；但我们更应清醒地看到，这时二者之间已经有了相当大的差别，异化劳动学说不仅蕴涵着、而且实现了对抽象"人本学"的超越。至于黑格尔哲学，尽管在求学期间，马克思就声称不喜欢其"离奇古怪的调子"，但还是把它看作思想的"大海"，渴望钻进去。黑格尔哲学不仅对马克思思想的起源产生了极其深刻的影响，而且随着他进入对古典政治经济学的批判和更为复杂的社会状况的研究，黑格尔那种把握世界的方式和思维展开的路径还是使他相当受益的，尽管是在批判、改造乃至颠倒的意义上进行的。这种思想纠葛可以说伴随了他一生思想的建构。

马克思思想与古典政治经济学的关系也是需要考虑的。"巴黎手稿"的议题从斯密和李嘉图的体系中而来，表明这时马克思在资本主义

这个复杂的社会有机体系统中还没有找到属于自己分析思路的"普照之光"和"特殊的以太",还需要进一步厘清这一复杂系统中的要素及其各不相同的作用。然而即便如此,那些习见的社会现象和共同的议题仍然引发出马克思不同于古典政治经济学的思考和论证,显现了其非凡的见识。马克思从"当前的经济事实出发",透视了古典政治经济学的视野和思路,借助深邃的哲学思维和共产主义的价值取向一定程度上初步实现了对其的超越。当然,这一时期的著述还不可能涉及古典经济学的完整体系和发展脉络,因而也就不可能对其各派思想进行条分缕析的梳理和剖析,这些是随着劳动二重性学说、剩余价值理论和资本再生产理论的建构而逐步深化和最终完成的,特别体现在《1861—1863年经济学手稿》中。

此外,费尔巴哈之外的其他青年黑格尔派成员与马克思的思想关系也到了关键性分界点。仔细区分起来,与亲身聆听过黑格尔教诲的施特劳斯、布鲁诺·鲍威尔等人相比,马克思应当说属于青年黑格尔派的"晚生代"。这些先贤对他们早期的思想都产生过各不相同的具体的影响①,然而,马克思的思想没有沿着他们的"主体性"、"思辨性"的思考方向走至极端,对现实问题的观察和体悟,使马克思看到,物质利益是如何左右人民的实际生活的,而抽象地阐发的"自由"不过是一种

---

① 诸如,施特劳斯《耶稣传》对基督教教义的全新解读、布鲁诺·鲍威尔一系列著作中所体现的"自我批判的批判主义精神"、作为出版家的卢格身上所充溢着的"进步人类精神"等对于青年马克思、恩格斯的思想来说,都具有启蒙的价值和意义;而被麦克莱伦称作"可能最有资格说是他把共产主义思想带进德国"(〔英〕麦克莱伦:《卡尔·马克思传》,中国人民大学出版社2005年版,第36页)的莫泽斯·赫斯所撰写的《人类的神圣历史》、《欧洲三头政治》以及发表在《莱茵报》和论文集《来自瑞士的二十一印张》上的论文更构成马克思和恩格斯共产主义思想的来源。

虚幻。这使得马克思对青年黑格尔派的致思路向产生了怀疑，他由口头警示、书信泄愤发展到最后文字论战，"巴黎手稿"之前有通过《论犹太人问题》，此后又通过《神圣家族》、《关于费尔巴哈的提纲》和《德意志意识形态》，他与青年黑格尔派的思想因缘得以终结，而在这过程中，这部手稿正好处于中间环节。

2. "巴黎手稿"与《资本论》的关系

随着一系列文献材料的刊布，我们现在知道，《资本论》并不是一部业已完成了的著作，实际上仍然处于一种日益发展的进程中，处于一种没有完成的、开放的，并且是具有疑惑和困境的发展过程中。马克思准备、写作、修改和整理这一著述的曲折过程包括：1843—1856年主要"撰写笔记"，主要成果是"巴黎笔记"和"巴黎手稿"（1843年10月—1845年1月）、"布鲁塞尔笔记"（1845—1847）、"曼彻斯特笔记"（1845）和"伦敦笔记"（1850—1853）；1857—1867年"起草初稿"，主要成就是篇幅浩繁的三部手稿，著名的"1857—1858年手稿"、"1861—1863年手稿"和"1863—1865年手稿"；1867—1883年整理、修改《资本论》和进一步深化研究，1867年第1卷付印稿，之后对该卷的其他语言的版本进行修订，对第2、3卷的手稿进行了不同程度的加工和整理。遗憾的是，马克思生前未能看到《资本论》全部出版，于1883年3月离开了人世。

从以上的梳理可以看出，"巴黎手稿"可以说是马克思创作《资本论》最早的基础性工作。这样一部旨在再现和剖析资本主义社会复杂的经济结构的巨著，必然要求系统地研究、批判地继承前人和同时代思想家的优秀成果，并在分析中逐步形成自己对关涉到的那些重大问题的独立见解；而包括这一文本在内的一大批笔记和著述就成为马克思日后正式创作《资本论》必不可少的理论准备。

3. "巴黎手稿"与20世纪的资本批判

"巴黎手稿"中所阐发的马克思的异化观对其思想的后继者影响甚巨。这一手稿中的"三个笔记本"于1932年发表以来引发了声势浩大的"西方马克思主义"思潮，受到20世纪学者们普遍的关注，不论是赞同者还是质疑者都很重视这一文本。卢卡奇率先突出强调了异化在马克思思想体系中的地位，并作了自己独特的发挥。他先是把异化等同于物化，进而又把异化等同于对象化；后来又矫正了先前的看法，认为"对象化是一种中性现象"①。而他的异化观也渐次影响了存在主义者把异化现象"本体论化"的倾向。马尔库塞的看法最为典型，他认为，"异化劳动的可能性在人的本质中有根子"，因为"在关于人的本质的定义中，对象化总是带来一种物化的趋向，劳动总是带来一种异化的趋向"，"人的表现首先趋向于异化，他的对象化趋向于物化，他只有通过'否定之否定'，即通过对他的异化的废除和从他的外化的返回，才能达到一个普遍的和自由的实在"。②很显然，他所描绘的是一种超越阶级界限的异化现象，而"忽略"了异化对于不同阶级来说意味完全不同，因而他们对于异化也就会采取完全不同的态度。弗洛姆则致力于把马克思的异化理论"心理学化"，从自我异化中抽掉了异化劳动对工人在肉体上的折磨和精神上的摧残这个物质前提，使自我异化变成抽象

---

① 〔匈〕卢卡奇:《历史与阶级意识》,商务印书馆1999年版,第20页。
② 〔美〕马尔库塞:《单向度的人》,重庆出版社1988年版,第168、51页。

的人的自我感觉和主观体验。

上述看法或许已经超出了马克思当年的思想意指，但也不妨视为从另外的视角和方向显现出"巴黎手稿"的深远影响。

经典是需要悉心研读的。"巴黎手稿"——谜一样的文本，意蕴潜沉，言说不尽。

私有财产关系的起源、表现及其社会后果

——马克思"巴黎时期"思想再探讨*

刘秀萍

[摘 要] 对于马克思来说，对私有财产的理解是其进行资本批判的基础与前提。在长达40余年的理论探索中，他对此倾注了大量心血，才渐次达至深邃；而这又与其在政治经济学研究起始阶段的"巴黎时期"所展开的思考和奠定的基础是密切相关的。刚刚由对现代社会的"副本"批判转入"原本"批判的马克思，对包括工资、资本的利润、地租以及劳动、需要、货币、分工、竞争、交换等问题的讨论，乃至对异化以及作为异化扬弃的共产主义的思考，都是基于私有财产这个宏大的历史背景和复杂的社会形式来展开的。本文详尽地梳理了这一时期马克思对私有财产关系的缜密思考，甄别了私有财产关系的起源、本质、表现形式及其社会后果等问题，进而分析了这些理解对于马克思当时思想建构的意义，同时也借此矫正了长期以来《1844年经济学哲学手稿》研究中的某些偏差。

---

* 本文选自《马克思主义与现实》2013年第3期。

原题注：本文系教育部人文社会科学研究一般项目"马克思与青年黑格尔派关系再考察"［项目编号：11YJA720016］和北京市哲学社会科学规划项目"马克思与黑格尔、费尔巴哈关系再研究"［项目编号：11ZXB003］的阶段性成果。刘秀萍，北京交通大学人文学院教授、博士生导师。

[关键词] 私有财产 起源 表现 后果

对于马克思思想的发展来说，从1843年10月到1845年1月的"巴黎时期"是非常关键和重要的。刚刚由对现代社会的"副本"批判转入"原本"批判的马克思，与恩格斯等深入到实际中去了解"英国工人阶级状况"不同，他是从对古典政治经济学的研究出发开始自己新的思想征程的。现代社会错综复杂，现象与本质难辨，历史与现实纠结，促使马克思对各经济要素的分析不得不展开宏观背景的考察、结构化的剖析和大跨度的思考，这在作为这一时期最重要的思想产物和建构的《1844年经济学哲学手稿》中可见一斑。我们看到，马克思在这部著作中所涉及到的问题，包括工资、资本的利润、地租、劳动、需要、货币、分工、竞争、交换等等，乃至对异化的思考、对共产主义的论证，都是在以私有财产为特征的资本主义生产方式这个大背景下进行的；而在对这些问题的思考和讨论中，也展示了马克思对私有财产关系的充分理解。然而，这一点在过去的研究中被明显地忽略了。

一、私有财产的起源及普遍本质

"巴黎时期"马克思对私有财产的理解的独特性，首先就反映在他对私有财产起源问题的探讨上。马克思不认同国民经济学家的观点，即把私有财产看作一个无需说明的必然性的事实，并以此来作为整个经济学的基础；他也不赞成从私有财产的事实出发，把私有财产在现实中所经历的物质过程放进一般的、抽象的经济学公式里，并把这些当作规律。如在《让·巴蒂斯特·萨伊〈论政治经济学〉一书摘要》中，他就写了如下的评注："私有财产是一个事实，国民经济学对此没有说明理由，但是，这个事实是国民经济学的基础"；"没有私有财产的财富是不存在的，国民经济学按其本质来说是发财致富的科学。因此，没有私有财产的政治经济学是不存在的。这样，整个国民经济学便建立在一个没有必然性的事实的基础上。"①

显然，在马克思看来，私有财产并不是一个可以当作前提的事实，而是应当加以阐明的东西，也就是说我们不能再从国民经济学的各个前提出发，而必须从现实社会生活出发，去探讨私有财产关系是如何发生的、它具有什么样的本质、它的发展又有着怎样的规律等问题，否则我们的经济学研究就像神学家用原罪来说明恶的起源一样，把应当加以说明的东西假定为一种具有历史形式的事实。

当然，马克思并没有对国民经济学理论持绝对的全盘否定的态度。他对资本主义经济、社会各个方面问题的剖析，都是在对与他同时代的其他经济学家的理论进行了充分解读和严密论证的基础上进行的。他在《手稿》序言中就曾说过："我的结论是通过完全经验的、以对国民经济学进行认真的批判研究为基础的分析得出的。"② 在对私有财产起源的探讨上也是如此，他研读了让·巴·萨伊的《论政治经济学》、亚当·斯密的《国民财富的性质和原因的研究》和詹姆斯·穆勒的《政治经济学原理》等著作并作了摘要。在这些著作里，他看到资产阶级政治经济学自觉或不自觉地着眼于资本家的福利，把劳动和资本的统一、工人和资本家的统一视为经济学的前提和基础，只认识到劳动是价值的源泉，却不考察处在劳动过程中的人——工人同劳动的直接关系，因而掩盖了异化劳动的事实。于是他从现实的经济事实出发，用长篇论述详

---

① Marx-Engels Gesamtausgabe 2, IV \ 2, Dietz verlag, 1981, S. 316, 319.

② 〔德〕马克思：《1844年经济学哲学手稿》，人民出版社2000年版，第3页。

细分析了资本主义社会条件下的异化劳动。在这之后,他又进一步分析得出,异化的劳动过程不仅使工人自己的活动同自身相异化,同时也使与他相异的人占有非自身的活动。换言之,工人的异化劳动不仅生产出他对作为异己的、敌对的力量的生产对象和生产行为的关系,而且还生产出一个对劳动生疏的、站在劳动之外的他人对他的生产和他的产品的关系,以及他对这个他人的关系。也就是说,透过异化劳动得以看到两种关系:"工人对劳动、对自己的劳动产品和对非工人的关系,以及非工人对工人和工人的劳动产品的关系。"① 这就是私有财产关系。

因此,仅仅作为维持人本身生存的手段、而不再是作为自己的生命活动、自己的本质的人的、被非自身的人占有的劳动——异化劳动是私有财产关系产生的直接原因,私有财产是"工人对自然界和对自身的外在关系的产物、结果和必然后果"②。它作为异化劳动的物质的、概括的表现,是异化劳动、异化的生命、异化的人这些概念的自然推论。在现实实践中,它们是资本主义社会一切经济行为的基础;在理论上,它们又共同构成国民经济学一切范畴(买卖、竞争、资本、货币等)与规律的理论前提。

显然,私有财产的秘密就存在于人的身上,存在于人的异化劳动之中,存在于异化劳动与人的关系之中。因此,异化劳动将给人和社会带来怎样的财产,这样的财产与真正人的财产和社会的财产有着怎样的关系,或者说,处于异化劳动状态中的人与真正的人有着怎样的关系,这个关系就将构成私有财产的本质。

---

① 〔德〕马克思:《1844年经济学哲学手稿》,人民出版社2000年版,第64页。

② 〔德〕马克思:《1844年经济学哲学手稿》,人民出版社2000年版,第61页。

人是对象性存在物，他只有凭借现实的、感性的对象才能表现自己的生命。因此，劳动——对自然界的现实的、感性的占有，就是他表现和确证自己的本质力量的基本途径，劳动的过程即是外化的过程。在劳动中，人将自己的本质力量外化于劳动对象，在对象中创造出他的作品、表现着他的生命现实。一方面，这个外化的过程，是人占有自然界、占有劳动对象、占有劳动产品从而凸显人的感性存在、自然存在、对象性存在、现实存在的过程，同时由于这些作品被别人占有而获得了别人的本质力量的认同，这个过程又是人凸显自己的类存在与社会性的过程。另一方面，"人越是通过自己的劳动使自然界受自己支配"，"人就越是会为了讨好这些力量而放弃生产的乐趣和对产品的享受"①。为了提高社会的劳动生产力、增进社会的财富、促使社会日益精致，劳动者之间形成了分工。这意味着劳动对象越来越局限于某一个小的范围、劳动方式越来越单一、劳动者的劳动能力也越来越弱直至变为依附于资本家的机器，因此劳动者的劳动就不再是将自身的本质力量外化于自然物的过程，它的目的仅仅在于增加财富，因而是"有害的、造孽的"，此时的劳动产品也就不再是他的本质力量的对象化而必然作为一种异己的力量同他相对立。同时人对自身的这种异化的关系又必然对象化、现实化为他对他人的关系：他的劳动给别人带来享受和生活乐趣，他的产品属于别人。这时，"占有表现为异化，自主活动表现为替他人活动和表现为他人的活动，生命的活跃表现为生命的牺牲，对象的生产表现为对象的丧失，转归异己力量、异己的人所有"②。总之，外化转化为异化。

---

① 〔德〕马克思：《1844年经济学哲学手稿》，人民出版社2000年版，第60页。

② 〔德〕马克思：《1844年经济学哲学手稿》，人民出版社2000年版，第64页。

在这里我们看到，作为人的对象化、外化活动的劳动可以分解为两个相互制约的组成部分：外化和异化。而且，实际上"它们只是同一种关系的不同表现，占有表现为异化、外化，而外化表现为占有，异化表现为真正得到公民权"①。作为对象性存在物，人需要通过劳动将自己的本质外化，通过占有自己的劳动产品来实现自己的本质；而随着本质力量的不断强大，劳动产品的不断增多，特别是当劳动的社会性质显现出来而分工和交换成为必须的时候，这样的外化过程又必然演变为异化的过程。这个异化的过程即是一个人不断把自己的劳动、自己的产品从自己本身让渡于社会的过程，他失去的是自己作为人的本质，得到的则是公民权。在这个意义上讲，私有财产是人类发展进程中的必然产物，它并不是游离于人之外的东西，它就是人与人的关系。

这样的关系所导致的首先是人的活动的异化、人自己的劳动产品同自己的异化、人的本质的丧失；同时，在这种异化关系对象化、现实化于人与他人的关系中的时候，人同他人在本质意义上的相互联系也随之消失殆尽；而对于他人来讲，虽然拥有了别人的劳动、产品以及由这些产品带来的享受和乐趣，但在异化过程中，每个事物本身都成了不同于它本身的另一个东西，活动也成为另一个东西，因此，它所带来的就不仅仅是工人的包括生命、能力、热情在内的人的财产的丧失，而且对于非工人来讲，他的人的、社会的财产也同时丧失掉了，总之，异化的结果是"一种非人的力量统治一切"。

因此，作为异化劳动的必然产物和结果的私有财产，它的普遍本质也就在异化劳动带来的财产与真正人的财产和社会的财产的关系中、在

---

① 〔德〕马克思：《1844年经济学哲学手稿》，人民出版社2000年版，第63页。

处于异化劳动状态中的人与真正的人的关系中显示出来了，那便是：颠覆产品与人的关系、颠覆人与人的关系，从而颠覆属于人的真正意义。

二、私有财产关系的三种表现形式

马克思认为，"私有财产的关系是劳动、资本以及二者的关系"[①]，即它"潜在地包含着作为劳动的私有财产的关系和作为资本的私有财产的关系，以及这两种表现的相互关系"[②]。具体来讲，私有财产关系可以分解为工人与他的财产——劳动的关系、资本家与他的财产——资本的关系以及工人与自己的劳动、与产品、与资本家之间的关系、资本家与工人、工人的劳动、工人的产品的关系。

私有财产关系的表现形式之一是工人与他的劳动的关系。马克思指出："私有财产的主体本质，作为自为地存在着的活动、作为主体、作为个人的私有财产，就是劳动。"[③]

在经济思想发展史上，对财富、财产的主体本质的认识经历了一个漫长的过程。货币主义和重商主义仅仅把获得货币和积累货币当作目的本身，因此他们不去关注生产，而是不惜任何代价去追逐货币，由货币的积累构成的财产是在人之外的一种状态，只具有对人来说的对象性的本质；重农主义又把全部财产归结为土地和耕作，把耕种这种农业劳动

[①] 〔德〕马克思：《1844年经济学哲学手稿》，人民出版社2000年版，第72页。

[②] 〔德〕马克思：《1844年经济学哲学手稿》，人民出版社2000年版，第67页。

[③] 〔德〕马克思：《1844年经济学哲学手稿》，人民出版社2000年版，第73页。

当作是唯一的生产劳动，只有通过耕种，土地才作为财产对人而存在，所以现实的财富来源于劳动，在这里实际上可以隐见到财富的主体本质。但一来重农主义对劳动的狭隘认识否定了工业，二来它把土地看作不依赖于人的自然存在，把农业这种特殊的劳动看作全部财富的来源，这里的劳动就并不是一般意义的财富的主体本质，而只是地产的主体本质，因此对财富的主体本质的认识是不彻底的；现代工业的发展使得包含着地产的工业资本成为了完成了的私有财产的客观形式，劳动和财富随之都具有了一般的含义，以亚当·斯密为代表的"启蒙国民经济学"把生产的发展视作社会财富的基础，把劳动视作人自己的主要原则，财富的主体本质才被真正地揭示出来。马克思恩格斯都认为，亚当·斯密扬弃了财富的外在的、无思想的对象性，把人本身设定为私有财产的规定，从而揭示了私有财产的主体本质。

然而，马克思同时也指出，以劳动为原则的国民经济学虽然表面上承认人、承认人的独立性、人的自主活动等，事实上不过是彻底实现了对人的否定而已。因为，如果说货币主义和重商主义使得人同私有财产的外在本质处于紧张关系之中的话，那么这种关系还仅限于人与自身之外的存在的东西之间，也即这种关系是人与他的外化了的对象的关系；而经过重农主义到国民经济学，则把人与私有财产的紧张关系移入了人本身，这样的一种关系就成为了人的本质，换句话讲，人本身成为了这种关系的本质。这样做的结果是，当他们把劳动和财富等同、混同起来，十分片面地、也更加明确和彻底地发挥了关于劳动是财富的唯一本质的论点的时候，将无法解释这个论点与现实经济现象之间的矛盾，比如，地租——一种个别的、自然的、不依赖于劳动的私有财产和财富的存在形式的存在。不仅如此，工业的发展也将证明，让私有财产代替人本身作为主体，从而"既使人成为本质，又同时使作为某种非存在物的人成为本质"①。其后果必然是对人的本质的误读，人的需要、人的特性都会因此而被模糊与消解。共产主义就是要扬弃私有财产，也就是要扬弃作为某种非存在物的人，从而达到对人的本质的真正占有，向合乎人性的人复归。

在私有制条件下，工人不是作为人，而只是作为单纯的劳动人的抽象存在。他拥有的唯一的资本就是劳动，工资是他的劳动作为资本的利息。不幸的是，工人是一种"活的、因而是贫困的资本"，其特点在于：只要他哪怕是一瞬间不劳动，他便会失去自己的利息，失去自己的生存条件，这便是劳动作为资本的条件。因此，工人的劳动，作为对自身、对人和自然界因而也是对意识和生命表现来说的人的活动的生产，成了完全异己的活动。对作为工人的人来说，他的人的特性只有在这些特性对异己的资本来说是存在的时候才存在，也就是说，工人只有在向资本家提供劳动的时候，即他的存在、他的生命成为商品的时候，他作为人才存在。概言之，人只是劳动人。"这种劳动人每天都可能由他的充实的无沦为绝对的无，沦为他的社会的从而也是现实的非存在。"②

私有财产关系的另一个表现是资本家与他的资本的关系。资本是私有财产的客体属性。"工人只有当他对自己作为资本存在的时候，才作为工人存在；而他只有当某种资本对他存在的时候，才作为资本存在。"③ 当工人完全失去自身、劳动成为他唯一的资本的时候，同时也

---

① 〔德〕马克思：《1844年经济学哲学手稿》，人民出版社2000年版，第75页。

② 〔德〕马克思：《1844年经济学哲学手稿》，人民出版社2000年版，第67页。

③ 〔德〕马克思：《1844年经济学哲学手稿》，人民出版社2000年版，第66页。

意味着资本家用自己的资本把他的劳动据为己有，工人的劳动成了资本家活的、能动的、自由的资本。

如果仅就给私有财产的所有者带来利益而言，土地所有者所拥有的土地连带资本家所拥有的不动产也可以称为资本。但如果这样，工业和农业、资本和土地、利润和地租、这二者和工资、私有的不动产和动产之间的差别，就不是基于事物本质的差别，而只是历史的差别。地产是私有财产的第一个形式，工业在历史上最初仅仅作为财产的一个特殊种类与地产相对立。这时，无论是农业劳动，还是工业劳动，都还具有表面上的社会意义以及现实的共同体的意义，劳动的意义更多地体现在劳动的内容方面，因此还没有抽象为一般劳动；更多地存在于各自的生产方式当中，而没有达到完全自为的存在的地步，没有成为获得自由的资本。所以，资本和劳动之间的对立还没有真正形成，资本的本质在这里也就不能真正体现出来。随着租地农场主的出现，过去那种把主要工作交给土地和耕种这块土地的奴隶去做的农业被它们之间通过竞争以产业形式牟利的"一种真正工业的农业"所取代，耕作土地的奴隶转化为雇佣工人，土地所有者经由租地农场主实际上转化为工厂主、资本家，只有这时，他的经济上的存在，他的作为私有者的存在，才具有了实质性的意义。同时，这个过程也必然促成"获得自由的、本身自为地构成的工业和获得自由的资本"。"一切财富都成了工业的财富，成了劳动的财富，而工业是完成了的劳动，正像工厂制度是工业的即劳动的发达的本质，而工业资本是私有财产的完成了的客观形式一样。——我们看到，只有这时私有财产才能完成它对人的统治，并以最普遍的形式成为世界历史性的力量。"[①]

[①] 〔德〕马克思：《1844年经济学哲学手稿》，人民出版社2000年版，第77页。

我们看到，马克思在科学地理解私有财产的主体本质、理解劳动的同时，也着意去揭示资本——具有客体属性的私有财产的主体意蕴。他认为，财富的本质就在于财富的主体存在，它的客观内容仅具有形式上的意义。"没有资本，地产是死的、无价值的物质"，尽管"土地所有者炫耀他的财产的贵族渊源、封建往昔的纪念（怀旧）、他的回忆的诗意、他的耽于幻想的气质、他的政治上的重要性等等"，而且颇为自豪地说："只有农业才是生产的。"然而在历史的进程中他终于发现，最初从农业中被释放出来的奴隶——工业及其运动所孕育的自由资本，已经站在自己的对立面，并且变成了目空一切的、获得自由的、发了财的胜利者，而正是这个胜利者才"发现并促进人的劳动代替死的物而成为财富的源泉"。可见，资本的以往形式——土地和不动产，只见物不见人，无法显现资本的贪婪、老于世故、孜孜不息与精明机敏的魅力，只有动产——人的劳动与物的有机结合，才是符合资本本性的"现代的合法的嫡子"，才是资本家获得的自由的、完成了的资本。[①]

在这里，资本作为私有财产的客观物质形态，它的真正有意义的内容只是工人的劳动。作为劳动者的工人是失去自身特性的抽象的劳动人，劳动对象也失去了一切自然属性和社会特征，劳动本身也被抽象为一般劳动。所以，作为资本的人的活动的对象的生产，就完全失去了它的现实内容，同一个资本在各种极不相同的自然的和社会的存在中达到了同一。这样的私有财产就丧失了自己的自然的和社会的特质，因而也丧失了一切政治的和社会的幻象，就连即使是表面上的与人的关系也消失殆尽了。

私有财产关系的第三种表现为劳动和资本二者的关系。

无论是作为工人私有财产的失去自身的人之劳动，还是作为资本家

[①] 〔德〕马克思：《1844年经济学哲学手稿》，人民出版社2000年版，第69—71页。

私有财产的一般劳动之资本,都是马克思对私有财产的表现所作的理论分析,它们分别从人的活动的生产和人的活动对象的生产两个方面显示出私有财产关系的主体特征和客体属性及其在本质上的主体统一性。而在现实实践中,劳动和资本二者的关系又总是不可分割的。工人与自己的劳动、与产品、与资本家之间的关系和资本家与工人、工人的劳动、工人的产品的关系是二者关系的具体而丰富的展现。从历时时态来看,这种关系又经历了统一、对立,又到二者各自同自身相对立的过程。

起初,资本和劳动是统一的。劳动作为人的外化活动,也是他作为人的能动的资本,劳动产品是他的人的特性的对象化。随着产品的增多、分工的出现,人的劳动不再完全是他自身的外化活动,他的劳动产品也不再完全是其特性的对象化,而是作为以自然物形式存在的资本归其所有,用来交换以满足其另外的需要。在这样的情况下,人的劳动呈现出异化的状态,劳动产品作为资本和劳动分离开来,但增多的产品给人所带来的更多的资本会增进劳动者的劳动能力、改善劳动条件、扩大劳动对象的范围,从而促进和推动人的劳动的发展;同样,人的劳动的发展又将带来更多更好的劳动产品,促进资本的增加。

二者的对立归因于资本主义生产关系的发展。工人的劳动是被资本家随意支配的,只有当资本家必然或者任意地想到把他的劳动作为资本的时候,资本对于他才存在,"资本的存在是他的存在、他的生活",并且"资本的存在以一种对他来说无所谓的方式规定他的生活的内容"①,即使在劳动过程中,他的"占有表现为异化,自主活动表现为替他人活动和表现为他人的活动,生命的活跃表现为生命的牺牲,对象

---

① 〔德〕马克思:《1844年经济学哲学手稿》,人民出版社2000年版,第66页。

的生产表现为对象的丧失,转归异己力量、异己的人所有"①。而对于资本家来讲,工人的劳动作为资本的意义仅在于带来利息,资本进行生产的真正目的不是一笔资本养活多少工人,而是它带来多少利息,鉴于工人的工资是资本和资本家的必要费用之一,而且工资和资本利息之间成反比例关系,因此,资本家通常只有通过降低工人的工资才能增加收益,以至于付给工人的工资与其他任何生产工具的保养和维修,比如为了保持车轮运转而加的润滑油具有完全相同的意义。显然,在工人那里表现为外化、异化的活动的东西,在资本家那里也都表现为外化、异化的状态。不仅工人把资本家看作自己的非存在,资本家也把工人当作自己的非存在,每一方都力图剥夺另一方的存在。资本来购买工人的劳动,工人的劳动成为资本家的财富的活的源泉,成为完成了的资本。

当资本主义生产关系发展到它的顶点和最高阶段的时候,劳动和资本的对立关系也就达到了极端。劳动与资本二者不仅完全敌对起来,而且各自又走向了同自身的对立。资本家的资本,拥有着对劳动及其产品的支配权力,这个权力除了要保证资本自身的完全收回以外,还要保证它的付出获得一定的利息,这其中便包括货币的利息和与利息成比例的利润,追逐最大利润率是资本的使命。由于资本的利润同资本的量成正比,因此,竞争并且将分散的资本积聚在少数资本家手中就成为获得更大的利润率的唯一途径。在这个过程中,较小资本的资本家完全成为了牺牲品,甚至会沦为工人阶级。另外,作为资本的要素的劳动,是利润的源泉,资本家必须为此支付费用,而即便是最低限度的支付也会使资本的总收入减少,所以,工资也被资本家看作是资本的牺牲。因此,资本作为私有财产的客观物质形态,其真正有意义的内容——劳动,却被看作是对资本本身的损害,资本由此走向了与自身的对立。

---

① 〔德〕马克思:《1844年经济学哲学手稿》,人民出版社2000年版,第64页。

工人的劳动，连同工人完全被资本所支配，工人本身成为资本，他的存在完全依赖于劳动，依赖于资本的运用和富人的兴致。在劳动过程中，工人又生产出了和工人、资本家都相互异化的产品，还生产出精神上和肉体上非人化的存在物——不道德的、退化的、愚钝的工人和资本家。劳动这种生命活动、这种生产生活本身对工人说来不再是作为人的需要，而只不过是用来换取工资以维持肉体生存的手段。因此，作为私有财产的主体本质的劳动，在现实生活中失去了它对于真正人的意义而只是与工资相对应，在这个意义上，工人又是商品——能生产其他商品的商品，作为商品的人与真正人的对立同时意味着劳动与自身的对立。

三、私有财产关系发展的社会后果

从马克思关于私有财产关系的三种表现形式的分析可以看出，私有财产关系是资本主义生产方式的必然产物，是异化劳动发展的结果。并且，随着资本主义生产关系的充分发展，私有财产与异化劳动的关系又变成了相互作用的关系："私有财产一方面是外化劳动的产物，另一方面又是劳动借以外化的手段，是这一外化的实现。"[①] 正如作为人类理智迷失的结果的神在后来转而成为人类理智迷失的原因一样。特别是当私有财产发展到"最后的、最高的阶段"的时候，这种相互作用的关系更是充分地暴露出来，并导致以下几个方面的结果。

其一是人的对象异化为非人的对象。人是对象性的存在物，因而也是肉体的、有自然力的、有生命的、现实的、感性的、社会的存在物。他的全部的本质力量要通过现实的、感性的对象表现出来。这就等于说，人有作为自己的本质即自己的生命表现的对象；确切地说，人只有

---

① 〔德〕马克思：《1844年经济学哲学手稿》，人民出版社2000年版，第61页。

凭借人之外的对象、自然界、感觉等现实的、感性的对象才能表现自己的生命。而为了追求自己的对象的本质力量，人又要以自己的激情、热情，通过自己的对象性关系，即通过自己同对象的关系——视觉、听觉、嗅觉、味觉、触觉、思维、直观、感觉、愿望、活动、爱——来占有对象，从而占有自己的全面的本质。

私有财产关系的发展首先使得工人被剥夺了最必要的对象——不仅是生活的必要对象，而且是劳动的必要对象。自然界、感性的外部世界是工人的劳动得以实现、工人的劳动在其中活动、工人的劳动从中生产出和借以生产出自己的产品的材料。在狭义上，则提供维持工人本身的肉体生存的生活资料。但工人越是通过自己的劳动占有外部世界、感性自然界，这个世界就越不成为他的劳动的对象，也越不给他提供直接意义的生活资料。因此，他首先作为工人，其次作为肉体的主体，才能够生存。工人成了自己对象的奴隶。工人在劳动对象中耗费的力量越多，他亲手创造出来反对自身的、异己的对象世界的力量就越强大，他本身、他的内部世界就越贫乏，归他所有的东西就越少；凡是成为他的劳动产品的东西，就不再是他本身的东西。在这个过程中，他自己越来越成为自然界的奴隶。

与工人不同的是，资本家是依靠对资本权力的运用来表现自己的生命的。毋庸置疑，基于对资本利润的无限贪婪，资本家会无视国家和社会的普遍利益，欺骗和压迫公众。这样，他所创造的利润越高，即他的对象的力量越大，他的非人化的特性——不道德、退化和愚钝越是增长；另外，资本以竞争的方式积聚在大资本家手里，中小资本家会由食利者变为企业家或者陷于破产。小资本家很可能破产而成为工人阶级中的一员，从而开始和工人一样的奴隶生活，也开始和工人一样地失去自己作为人的对象；而在竞争中由于掌握大量的资本占尽积累优势的大资本家，则成了"消费和生产的机器"，他的生命就是资本，"产品则是一切"，资本越是壮大，他自己作为人的本质力量，越是微不足道。

其二是人的劳动转化成异化劳动。私有财产和异化的结果不仅表现在人的对象上，还表现在人的劳动上，劳动的目的与指向、过程与意义以及结果与价值都发生了极大的转化，颠覆了人的劳动的意义。鉴于这个方面的问题以前都有过表述，在这里我们只用下图（见下两页）进行简单的说明与比较：

其三是人的需要幻化出多重矛盾。在私有制条件下，由于劳动的异化、人的对象的异化，使得人的需要也发生异化，呈现出诸多虚幻的矛盾。

（1）别人的需要与自己的需要的矛盾。作为对象性存在物，人的本质力量要通过人的对象化活动及其产品展现出来，这是他作为人本身的需要。因此，新的活动方式、新的产品就必然是他的由本质力量产生的新的需要。在私有制下，工人的劳动过程成为最抽象的机械运动，同时被剥夺了必要的生活对象和劳动对象，因此，除了维持最必要、最悲惨的肉体生活以外，工人无论在活动方面还是在享受方面就再也没有别的需要了。资本家也不例外，在他把工人的需要归结为维持最必需的、最可怜的肉体生活的时候，他同时也用禁欲主义圈牢了自己，自我克制成为他的基本教条："你越少吃，少喝，少买书，少去剧院，少赴舞会，少上餐馆，越少想，少爱，少谈理论，少唱，少画，少击剑，等等，你积攒的就越多，你的既不会被虫蛀也不会被贼偷的财宝，即你的资本，也就会越大。"① 显然，资本家的一切激情和一切活动都湮没在发财欲之中了，对资本利润的无限追逐是资本家仅有的全部的需要。

然而，极力限制工人的需要和克制自己的需要的资本家，却不断地扩大产品的数量，不断地把新的产品当作欺骗人和掠夺人的新的潜在力量，并且指望着别人产生越来越多的需要，期盼着别人由于新的需要、

---

① 〔德〕马克思：《1844年经济学哲学手稿》，人民出版社2000年版，第123页。

追求一种新的享受而处于一种新的依赖地位，作出新的牺牲，甚至是陷于新的经济破产。这样他才能不断地满足自己对资本利润的无止境的需要。

可比较的方面 \ 劳动的两种类型	人的劳动	异化劳动
目的与指向	劳动是人的内在的、必然的需要，因此，劳动是本能的劳动；是"个人的自我享受"、"天然禀赋和精神目的的实现"，即个人存在的积极实现，而不仅仅是"是劳动者的直接的生活来源"；作为主体的人是劳动的出发点。	劳动是外在的、偶然的需要，因此，劳动是直接谋生的劳动；是为了得到生活资料、为了生存；人之外的物支配人的劳动目的。
过程与意义	劳动的过程就是生命的过程，劳动属于自己，因此劳动是自愿的，是真正的、活动的财产；劳动又是自由的生命表现，在劳动中的人通过劳动肯定自己的个性和特点，因此充分发挥自己的体力和智力；这样，劳动对人来讲是生活的乐趣，他在劳动中感到幸福、自在、舒畅，是作为社会的、现实的人而存在；如此的劳动是人的能动的类生活，人在劳动中运用人的机能，活动是能动。	劳动对工人来说是外在的东西，不属于他的本质；因此是被强制的，劳动属于别人；人在劳动中不能表现自己的个性和特点，因此在劳动中否定自己，丧失自我，限制和压抑自己的体力和智力；这样，劳动对人来讲是一种痛苦，他在劳动中感到不幸、不自在、不舒畅，劳动是活动的假象，人在劳动中是单纯的劳动人的抽象存在；如此的劳动使得类生活对人来说成了手段，人在劳动中运用动物的机能，活动是受动，劳动是抽象的、简单的机械运动。

（续表）

可比较的方面 \ 劳动的两种类型	人的劳动	异化劳动
结果与价值	劳动产品体现自己的存在同时也体现自己为别人的存在，同时也就是这个别人的存在，而且也是这个别人为自己的存在。因此，人的劳动生产人——他自己和别人，是人的社会性的真正实现。这时，产品是劳动者的本质的对象化，它由于双重地肯定了劳动者自己和另一个人，也就肯定人的类本质；人的一切肉体的和精神的感觉通过劳动产品获得对象性实现；劳动产品是人的价值和人的权力的体现。	产品同劳动者自身分离，产品越多，人能够消费得越少，创造价值越多，人自己越没有价值、越低贱，产品越完美，人越畸形，所创造的对象越文明，自己越野蛮。因此，人由劳动人的"充实的无沦为绝对的无，沦为他的社会的从而也是现实的非存在"。这时，产品与作为人的劳动者自身相对立，也同作为人的他人相对立，是对人的类本质的否定；当作商品生产出来的还有既在精神上又在肉体上非人化的存在物——劳动人，人变成了没有感觉和没有需要的存在物；所以，劳动的结果意味着人的价值的丧失和人的无权。

（2）需要的精致化与粗陋化的矛盾。在生产者为了"去爱的邻人的口袋里诱取黄金鸟"，总是机敏地幻想着怎样去刺激别人的享受能力、甚至是病态的欲望，一再地促使人的需要增长的同时，他们还需要使得满足需要的资料精致化，例如奢侈的酒店、考究的生活，以利于他们对利益的最大需求。但与这种精致化形成对照的则是：工人作为人的需要，比如新鲜的空气、明亮的居室、甚至动物的最简单的爱清洁习性等，就不再成其为需要了，他的任何一种感觉不仅不再以人的方式存在，而且

181

不再以非人的方式因而甚至不再以动物的方式存在。人又退回到洞穴中，只吃马铃薯，而且只是破烂马铃薯，最坏的马铃薯，以最粗陋的方式（和工具）去劳动等，这无疑是"需要的牲畜般的野蛮化和最彻底的、粗糙的、抽象的简单化"。一切超出最抽象的需要的东西——无论是被动的享受或能动的表现，都被认为是奢侈的。

具有讽刺意味的是，相对于富人的考究的需要来说，工人的粗陋的需要却是一个大得多的收入来源，"伦敦的地下室住所给房产主带来的收入比宫殿带来的更多，就是说，这种住所对房产主来说是更大的财富，因此，用国民经济学的语言来说，是更大的社会财富"[①]。

（3）对货币的需要与对产品的需要的矛盾。产品作为人所生产的对象，它所包含的是生产产品的人的本质力量，同时，由于它满足了另外一个人的需要而又是这个人本质力量的印证。因此，它是人与人关系的纽带、是人的社会性的载体。但在私有制社会，每个人所创造的产品都是对他自己利己需要的满足，与自己的本质力量相分离，从而对于他人来讲也只是异己的力量，产品的世界就是奴役人的异己的王国，新的产品只是这个王国里新的潜在力量、对人来讲的新的奴役。每一种产品都是人们想用来诱骗他人的本质即他的货币的"诱饵"，人对产品的需要只是相互欺骗和相互掠夺的需要，而不是对产品满足自身某一特性的需要。对于这样的需要的满足，货币较之产品更加方便与实用。因此，"对货币的需要是国民经济学所产生的真正需要，并且是它所产生的唯一需要"[②]。

---

① 〔德〕马克思：《1844年经济学哲学手稿》，人民出版社2000年版，第126页。

② 〔德〕马克思：《1844年经济学哲学手稿》，人民出版社2000年版，第120页。

对于货币来讲，它是量的存在物，量是它"唯一强有力的属性"。而人的需求程度会随着货币的量的增加而日益增长，所以无度和无节制是货币的真正尺度，也是私有制社会中人的需要的真正尺度。

四、简短的结论

我们知道，马克思的政治经济学研究和《资本论》手稿写作的时间长达40余年，而其旅居"巴黎时期"的著述只是在这一漫长的思想之旅中竖立的第一块界碑。就对私有财产的研究和思考来说，马克思阐发这一问题的文本不自《1844年经济学哲学手稿》始，更不至此终。早在《莱茵报》时期的政治评论（1842—1843年）、《1843年通信》、《黑格尔法哲学批判》（1843年）、《论犹太人问题》（1843年）所思考的国家与市民社会的关系就触及到这一问题；从《神圣家族》（1844年）、《关于费尔巴哈的提纲》（1845年）开始包括《德意志意识形态》（1845—1846年）在内的对唯物史观体系的建构，在新的哲学高度上更深入地阐述过这一问题；而《共产党宣言》（1847年）、"伦敦笔记"（1850—1853年）和他中年时期撰写的一大批时事评论都论及私有财产的发展和变迁，尤其是《资本论》及其手稿［包括其中的《1857—1858年经济学手稿》、《政治经济学批判（第一分册）》、《1861—1863年经济学手稿》、《1863—1867年经济学手稿》、《资本论》第1卷（1867年）、《资本论》第1卷法文版（1872—1875年）、《资本论》第2卷（1885年）、《资本论》第3卷（1894年）、《剩余价值学说史》（1905—1910年）］等等对资本过程和逻辑的批判，以及晚年通过俄国社会发展道路问题的文献（1877、1881、1882年）、"历史学笔记"（70

年代末—80年代初)、"人类学笔记"(1879—1882年)等对东方和古代发展道路的思考,从中可以看出,对私有财产的关注贯穿着马克思一生的思考和理论创作的始终。

据此,我们可以认为,对于马克思来说,对私有财产的理解是其进行资本批判的基础与前提;他探索私有财产的轨迹,也就构成他思想不断获得进展、补充、修正和发展的过程;而这又与其在"巴黎时期"所展开的思考和奠定的基础密切相关。而反省一下会发现,过去我们在《1844年经济学哲学手稿》的研究中,只把注意力集中在有关异化、异化对人的本质的否定以及如何扬弃异化这些问题上面,而对其中有关私有财产关系的考察鲜有足够细致的辨析,这显然是有失偏颇、不到位的。

马克思共产主义思想的起源

——重新思考"巴黎手稿"对共产主义的七条论证[*]

李彬彬

[摘　要] 在马克思的思想构成中，共产主义无疑是非常重要的一个部分。然而，过去研究马克思的共产主义思想的一个重要的路径，是通过后来的共产主义实践运动来理解马克思的共产主义思想，或者说把以马克思主义为旗号的共产主义运动看作马克思共产主义思想的原始文本。这种做法一定程度上误解了马克思共产主义思想的"原生形态"。在马克思建立共产主义理论的过程中，"巴黎手稿"构成了非常重要的一环。在其中的第三笔记本中，马克思对共产主义作了七个方面的说明和论证，内容丰富、思想发散，涵盖了"粗陋的"、"政治的"和"积极的"共产主义类型，提出了共产主义是历史之谜的解答、感性的解放和真正的无神论，并且说明了理解共产主义需要辩证法，共产主义运动是一个漫长的历史过程。这些论证展示了马克思形成共产主义思想所经历的艰辛探索，以及这一思想内容的复杂性、深刻性。

[关键词] 第三笔记本　共产主义　私有财产　积极　扬弃

---

[*] 本文选自《马克思主义与现实》2013年第3期。李彬彬，北京大学哲学系博士研究生、德国洪堡大学博士研究生。

在马克思的思想构成中，共产主义无疑是非常重要的一个部分。离开对马克思的共产主义思想的思考，对马克思思想的理解很难说得上全面、深刻。这一点无疑是学界一致同意的。然而，过去研究马克思的共产主义思想的一个重要的路径，是通过后来的共产主义实践运动来理解马克思的共产主义思想，或者说把以马克思主义为旗号的共产主义运动看作马克思共产主义思想的原始文本，从中寻找马克思共产主义思想的蛛丝马迹。这样做无疑是重要的，而且有其合理性。因为只有透过马克思主义的共产主义运动，我们才能真切地看到马克思的思想对世界历史的深远影响。然而，这种做法也错失了马克思共产主义思想的"原生形态"。在马克思建立共产主义理论的过程中，"巴黎手稿"构成了非常重要的一环。其重要性就在于，马克思在手稿中详细、全面地探讨了共产主义运动的种种形式及其实践效果。这些论证集中地体现于第三笔记本中，马克思把这些论证从（1）到（7）作了标记。

一、论证的语境

马克思在"巴黎手稿"第三笔记本中，对共产主义作了细致入微的论证，这一系列论证展开的语境正是私有财产关系。论证是由对第二笔记本"第 XXXIX 页"的补充引发的。结合第三笔记本的补充，我们可以合理地推断第二笔记本主要是在处理"私有财产"的起源及其历史形式。手稿到第 XXXIX 页时，马克思谈到了私有财产关系的现代形式，即"有产和无产的对立"发展到了"劳动和资本的对立"。马克思指出，只有在这个时候，有产和无产的对立才是"从能动关系上"、"从内在关系上理解的对立"，才是"作为矛盾来理解的对立"。

不难发现，马克思在这段处理私有财产历史形态的文字中深受黑格尔的影响。后者在《逻辑学》中明确地区分了"对立"和"矛盾"这两个概念。"对立"表达的是具有独立性的两个环节之间的关系；而"矛盾"的双方则是相互关联的，它们在自身中包含着另一方的规定。马克思指出，有产和无产的对立在其古罗马、土耳其的形式中并不表现为矛盾。因为在当时的所有制中，每一个人都是所有者，辛勤的劳动者丰衣足食，好吃懒做者一无所有。有产和无产描述的只是人的对立的生存境况，它们并不构成矛盾。这种情况在"劳动"和"资本"的对立中发生了根本性的变化。在这种对立中，劳动者没有财产，必须靠出卖劳动力来挣取生活资料；资本家不必从事劳动，就可以从工人那里剥夺大量的产品；它们每一方的地位都是由对方造成的。基于此，马克思提出，有产和无产的对立在"劳动"和"资本"的对立中发展到了矛盾关系。在这种矛盾关系中，"劳动"和"资本"是私有财产的矛盾着的两个环节。

在私有财产的关系中，资本是私有财产的客体化的存在形式，它的主体本质是劳动。资本只是劳动的一种"存在形式"。马克思在第一笔记本中已经指出，私有制之下的资本是剥削奴役人的力量。所以马克思说资本这种私有财产的存在形式是"'本身'应被消灭的"。私有制下人的劳动是"划一的、分散的因而是不自由的劳动"，它是"私有财产的有害性和它同人相异化的存在的根源"。它同样需要被扬弃。私有财产的两个环节——劳动这个主体环节和资本这个客体环节——都是需要被扬弃的。而且，正是随着人在私有财产的关系中异化为劳动者和资本家，扬弃私有财产才找到了行动的力量。马克思由此提出了"自我异化的扬弃同自我异化走的是同一条道路"。而这种扬弃私有的运动就是共产主义。在"巴黎手稿"中，马克思详细分析了这种运动的内容，对它作了七条论证。

（一）粗陋的共产主义

"**共产主义**是扬弃了的私有财产的**积极**表现；起先它是作为**普遍的**私有财产出现的。"① 共产主义的最初形式是私有财产关系的"普遍化和完成"。这种共产主义主张消灭"不能被所有人作为私有财产占有的一切"。它把占有物质财富看作生活和存在的唯一目的。它主张一切人都应当为了占有私有财产而奔波劳碌，它把一切人都变成了工人。尽管每一个人都占有私有财产，在社会共同体中并不存在工人和资本家的矛盾关系。但是，共同体和物质财富之间的私有财产关系并没有被消灭，因为它主张每一个人都变成私有财产的所有者。这种把私有财产关系普遍化的共产主义只不过是私有财产的彻底表现。所以马克思把这种共产主义界定为粗陋的共产主义。

粗陋的共产主义在历史上源远流长。当时社会上流行的共产主义学说，如法国的巴贝夫、卡贝、德萨米，英国的欧文和德国的魏特林等人的空想社会主义思想，就带有原始共产主义的平均主义痕迹。这批空想社会主义思想家基于"完全平等"的理念提出废除私有财产，建立"国民公社"统一管理财富。马克思认为这群社会主义思想家的"救世理想"只不过是想把一切人都变为私有财产的所有者，变为财富的奴隶。它们是粗陋的平均主义的现代变体。

---

① 《马克思恩格斯全集》第 2 版第 3 卷第 295 页。

（二）政治共产主义

共产主义的第二种形式是政治领域的共产主义，也就是在政治生活中扬弃私有财产。马克思指出，在政治生活中扬弃私有财产可以是在保持国家存在的前提下进行的，民主国家可以做到这一点，专制国家也可以做到这一点；当然，它还有一种极端的形式，即直接要求废除国家。如果说前者是为了维护某一种政治统治而做的改良，还在为国家存在的合理性辩护，后者追求的则是把人从国家生活中解放出来。

我们知道，政治生活中对私有财产的扬弃就是使政治权利摆脱私有财产的限制。它主张私有财产不应当成为人在政治生活中享有某种权利的条件，人的政治生活应当和私有财产撇清关系。在政治生活中否定私有财产毫无疑问构成了一种解放。然而正如马克思所指出的："政治解放一方面把人归结为市民社会的成员，归结为**利己的、独立的**个体，另一方面把人归结为**公民**，归结为法人。"[①] 政治国家宣布"法律面前人人平等"，但这并没有让市民社会中的人的生活摆脱私有财产的限制。实现了政治解放的人并没有真正实现人的解放，毋宁说它造成了人的个体性和社会性之间巨大的割裂。

马克思指出，这种共产主义尽管有其缺陷，但是它依然认识到了人的异化的生存境况，并且把扬弃这种异化作为自己的任务。但是由于它还不理解私有财产的积极本质，只是把私有财产视为一切罪孽的渊薮，所以它对私有财产只是采取消极排斥的态度。这导致它最终没能成为扬弃私有财产、扬弃异化的真正出路。

[①]《马克思恩格斯全集》第 2 版第 3 卷第 189 页。

(三) 共产主义与历史之谜的解答

马克思指出，私有财产在本质上不过是客体化的劳动，即积累起来的工人劳动。它是工人的对象化劳动的积极成果，只是在资本主义生产条件下被资本家剥夺去了而已。理解了这一点，就明白了扬弃私有财产并不是要消灭它的存在，而是要充分利用私有财产，为人性的充实与提高创造条件；改变私有财产的存在方式，使之成为工人劳动现实化的积极确证。正是基于私有财产是客体化的劳动这种理解，马克思才提出扬弃私有财产的共产主义运动是"通过人并且为了人而对人的本质的真正占有"。同时，私有财产的运动是"迄今为止全部生产的运动的感性展现"，宗教、家庭、国家、法、道德、科学、艺术等等都不过是"生产的一些特殊方式"。因此，对私有财产的积极扬弃不仅要扬弃生产领域的异化，而且要扬弃宗教、国家、法等领域的异化；不仅要扬弃经济生活的异化，而且要扬弃精神生活的异化；不仅要扬弃外部世界的异化，而且要扬弃内心情感的异化。在不同的民族中，共产主义运动首先从哪个领域开始，要看这个民族的生活更多的是现实的生活还是观念的生活。

这里提到的共产主义是以过去积累起来的全部物质财富和精神财富为基础的，它并没有消极地理解私有财产。它深知私有财产的运动不仅为未来社会提供了所需的物质财富，而且孕育了适合于未来社会发展的理论蓝图；既为扬弃私有制的革命活动提供了经验基础，也为它提供了理论基础。马克思是这样规定这种共产主义的："这种共产主义，作为完成了的自然主义＝人道主义，而作为完成了的人道主义＝自然主义，它是人和自然界之间、人和人之间的矛盾的**真正解决**，是存在和本质、对象化和自我确证、自由和必然、个体和类之间的斗争的真正解决。它是历史之谜的解答，而且知道自己就是这种解答。"①

马克思在这里首先提出，这种共产主义是完成了的自然主义和完成了的人道主义。自然主义和人道主义是两种相对的思维方式：前者突出自然界的优先性，认为自然界有其独立的价值，强调人是自然界的产物和一部分，人要服从自然法则；后者突出人的优先性，认为自然界只有相对于人而言才谈得上价值和意义，强调人是一切价值的源泉和根据。充分发展的自然主义和充分发展的人道主义超越了这种各执一端的片面性。正是基于此，马克思提出了"完成的自然主义＝人道主义"、"完成的人道主义＝自然主义"这个命题。积极扬弃私有财产的共产主义在私有财产的客体化的存在形式中认识到了它的主体性本质。它并没有割裂私有财产的客体形式和主体本质，而是把这两者联系在一起看待。

其次，这种共产主义是人和自然之间、人和人之间的矛盾的真正解决。马克思在上面已经提到，人对人的关系直接就是人对自然的关系，人对自然的关系直接就是人对人的关系。共产主义并不是割裂地看待自然和人，它看到了人的自然属性以及自然的属人性。这是因为私有财产的积极扬弃首先意味着人不再只是单纯地出于"贪财欲"，无限度地从自然界掠夺财富，而是在自然界的承载范围内从事生产。其次意味着人与人之间不再存在工人和资本家的区别，人与人之间生产上的剥削不复存在。同时由于人摆脱了"贪财欲"，"货币拜物教"从人的意识中根除了，人与人之间的交往不再受"货币拜物教"的统治，而是以理性的对话为基础。所以这种共产主义是人和人、人和自然之间的矛盾的真正解决。

---

① 《马克思恩格斯全集》第 2 版第 3 卷第 297 页。

第三，这种共产主义是存在和本质、对象化和自我确证、自由和必然、个体和类之间的斗争的真正解决。扬弃了私有财产，人的劳动产品就不会被别人压榨、强夺，而是为自己所有。人在劳动中对象化自身的劳动力，这种对象化的活动并不是人的存在的丧失，而是人的存在的自我确证。人在劳动中服从自然规律的必然性，但是这种服从却不是人的个性的压抑。由于人能够自由支配自己的劳动和劳动产品，他在劳动中感到的是自由与创造。人的类本质是自由自觉的活动，现在这种活动就是每一个人存在的方式。

在这几组矛盾中，马克思着重探讨了个体和类，即个人和社会之间的关系。随着私有财产的产生和发展，每一个人越来越局限于自己的个人利益，而忽视甚至践踏共同利益，人的个体性和社会性之间的分裂越来越明显。马克思提醒道，人的个体生活和类生活尽管出现了分裂，但却还不是"各不相同"、漠不相关的。它们是普遍和特殊的关系，"应当避免重新把'社会'当作抽象的东西同个体对立起来"①。它们之间的联系有以下表现：首先，社会依然是人与自然的关系的一个现实的中介。离开了社会，人与自然界发生关系的方式就会沦为完全动物式的。人只有在社会生活中才可能把自然界改造成"属人"的存在。其次，每一个人都是特殊的个体，这种特殊性不仅体现在身体上，而且体现在观念中。同时不论就身体而言，还是就观念、意识而言，人都具有普遍性。不仅人的身体构造有着鲜明的类特性，而且人在观念中还能把自己思考为一个社会存在物，"确证自己的现实的社会生活"。

最后，这种共产主义还是"历史之谜"的解答。这种共产主义作为对私有财产的积极扬弃，是奠基于私有财产运动所创造的一切物质财

---

① 《马克思恩格斯全集》第 2 版第 3 卷第 302 页。

富和精神财富之上的，是私有制条件下一切矛盾与对立的最终解决。正如上文已经说到的，在这种共产主义中，人和自然、人和人以及人与自身的一切矛盾都得到了解决，它提供了解决私有制矛盾的根本出路。正是在这个意义上，它才被称为"历史之谜"的解答。

（四）共产主义和感性的解放

人对世界的任何一种感觉，都是通过某种器官同对象的关系而对对象的占有。只有通过和世界的对象性关系，人的感官才能获得感觉。我们知道，私有财产是劳动的客体化的、对象性的存在形式。人通过劳动把自身的本质力量凝结在私有财产中，人在私有财产中"变成对自己来说是对象性的"。在私有制的条件下，人面对对象世界时，只有拥有一个对象，把这个对象作为自己的东西占有，才觉得踏实，才能从中体会到快感。共产主义作为对私有财产的积极的扬弃，它是为了人并且通过人而"对对象性的人和人的作品的感性的占有"。这种占有不应该被理解为"直接的、片面的享受"，因为人面对对象不再单纯地思考其"有用性"。这种占有是人以一种全面的方式占有自己的对象。人全面地占有自己的对象，这也就意味着人不是以一种感觉，而是以全面的感觉面对对象。这是"人的一切感觉和特性的彻底解放"。

马克思在这里对人的感觉作了深入探讨。首先，人的感官是社会的产物，它和野性的感官不同。人不仅有视、听、触、味、嗅五种直接的感官，同时由于人是社会的动物，在社会生活中还形成了"社会器官"。人通过这些社会器官可以分享别人的感觉与情感。

其次，人的感觉受制于对象，人的感官的本质力量只有在对象世界中才能现实化。人的每一种感官所能把握的对象都是不同的，它们的现实化受制于对象的性质。对象世界为人的感官的本质力量对象化提供了前提。当然，对象只是人的感觉形成的一个条件，而并非感觉的全部内容。人的感觉是对象的性质和感官的本质力量的性质共同引起的。但是，人的每一种感觉之所以能够发挥作用，从不同的方面把握对象，最终还是由对象世界的性质、由它所给予的刺激引起的。

第三，人的感觉塑造了对象，人的感官的本质力量规定了对象所具有的意义。正如马克思指出的，"对于没有音乐感的耳朵来说，最美的音乐毫无意义"。对象之所以成为我的对象，是由于我的感官具备把握它的本质力量。同时，对象的丰富内容和意义也是由我的感官所具有的本质力量的高低决定的。随着人的本质力量的丰富和发展，人的感觉"一部分发展起来，一部分产生出来"。人所面对的对象世界随着人性的丰富也越来越丰富，当然对象世界的丰富发展也表明了人性的丰富发展。

第四，人的感觉是世界历史的产物，工业是人的感性心理学。私有财产的运动为新社会的生成创造了它所必需的材料，它不仅孕育着新社会，而且孕育着新社会中的人。这种社会中的人具有人的本质的全部丰富性，他"具有丰富的、全面而深刻的感觉"。马克思指出，人的丰富的感觉是在私有财产的运动所创造的全部财富之上形成的，它是世界历史的产物。私有财产的运动极大地推动了工业的发展和科学的繁荣。工业在自然界的基础上创造了丰富的对象，它集中体现了人的本质力量的对象化，是人的本质力量的"公开的展示"。在工业的蓬勃发展中我们能够直观到人的力量。所以，马克思说工业是人的感性心理学。

（五）共产主义和无神论

在这一部分，马克思首先分析了"创世说"、"创造"观念的现实根源。他指出："如果我的生活不是我自己的创造，那么我的生活就必定在自身之外有这样一个根源。因此，创造是一个很难从人民意识中排除的观念。"① 他以亚里士多德《形而上学》中父母与子女的例子作出了说明。人类的生殖繁衍行为可以从两个不同的角度来观察。从循环运动上看，这是两个人之间的类行为生产出另一个人的过程，所有的生殖繁衍都符合这个规定；从无限运动的角度来看，就会遇到谁生出了我的父亲、祖父、太祖的问题，这个问题无限追问下去就会变成"谁生出了第一个人和整个自然界？""创世说"恰恰根源于后一种思维方式。

马克思在这里通过与发问者对话的方式对这种观念进行了初步的反驳。马克思首先指出这种问题是理性思维根本不会考虑的。因为理性思维是不会基于这种恶的无限性发问的，理性的问题只能是前一种。其次，马克思指出发问者在提出人和自然是由谁创造的时候，预设了人和自然界在被创造出来以前是不存在的，这个问题是在预设了它们不存在的情况下坚持证明它们存在。如果发问人把自己的前提贯彻到底，就应该坚持自然界和人都是不存在的，发问者本人也应该是不存在的。马克思说发问者或许会改变发问策略，说自己并不想设定自然界不存在，而只是在追问自然界的形成过程。对于这个形成过程，马克思回答道："对社会主义的人来说，**整个所谓世界历史**不外是人通过人的劳动而诞生的过程，是自然界对人来说的生成过程，所以关于他通过自身而**诞**

---

① 《马克思恩格斯全集》第 2 版第 3 卷第 309 页。

生、关于他的**形成过程**,他有直观的、无可辩驳的证明。……关于某种**异己的**存在物、关于凌驾于自然界和人之上的存在物的问题,即包含着对自然界的和人的非实在性的承认的问题,实际上已经成为不可能的了。"①

马克思的这个命题中包含着丰富的内容。首先,人在劳动中,改造无机界,创造对象世界,生产出自身的生活资料,从而把自己再生产出来。人是在劳动中创造自己的,他的生活过程并不是其他存在物的恩典。其次,在人生产自己的过程中,自然界从其"自在存在"转变为"为我存在",成为人生活的一部分。人自己生产自己的过程,也是自然界向人的生成过程。自然在这种生产中进入人生活的过程,历史清楚地展示了这一点。

共产主义运动通过扬弃私有财产,使人以一种全面的方式占有自己的本质。经历过共产主义运动并完成这一过程的人的生活是本质与存在的统一,这是一种"现实的生活"。这种生活为人获得积极的自我意识创造着条件。具有积极的自我意识的人认识到自身是通过劳动把自己生产出来的,他们不再在自身之外寻找自己生活的创造者。马克思认为这种无神论只有到社会主义阶段才能达到,共产主义运动是实现它的必要准备和必然环节。

(六) 共产主义和黑格尔的辩证法

马克思在第三笔记本第 XI 页谈到了共产主义和无神论,从文本中可以很明显地看到他对这个问题的讨论并没有完成,而是以一个短横线

---

① 《马克思恩格斯全集》第 2 版第 3 卷第 310—311 页。

中断了自己的讨论。马克思仓促结束对共产主义的第（5）条论证，紧接着就写下了下面这段文字："（6）在这一部分，为了便于理解和论证，对黑格尔的整个辩证法，特别是《现象学》和《逻辑学》中有关辩证法的叙述，以及最后对现代批判运动同黑格尔的关系略作说明，也许是适当的。"[①] 在原始文本中，第 XI 页并没有"对黑格尔的辩证法和整个哲学的批判"这个标题，它是编者按照前言的提示加上去的。也就是说，对共产主义的第（5）条和（6）条论证在原始手稿中并没有被截然划分开。区分它们的仅有的标识是第（5）条论证结尾的"短横线"和"（6）"这个编码。这一原始文本信息是我们理解第（5）条和（6）条论证不可忽视的细节。

结合上下文语境，我们不难发现马克思写作第（6）部分的动因与目的是很明确的。首先，马克思在第（5）部分只是提出了人是通过自己的劳动而再生产自己的这个论断。对于这个论断，他并没有更多的解释与说明，而对这个论断丰富内容的阐释离开黑格尔的辩证法是根本做不到的。其次，马克思在第（5）部分提到"共产主义是作为否定的否定的肯定"，是人的解放的一个现实的环节。对于下一个历史发展来说，它是必然的环节。如何理解扬弃私有财产之后的肯定结局？如何理解作为否定的否定的肯定？扬弃私有财产是不是意味着平均主义，甚至退回到贫穷、匮乏的原始状态？这些问题都有赖于从黑格尔的辩证法中寻找答案。

回到马克思手稿的原始顺序，我们不难发现在第 XI 页到 XIII 页的讨论中，马克思只是探讨了以鲍威尔、费尔巴哈为代表的"现代批判"同黑格尔哲学的关系以及《现象学》的文本结构。在他刚要着

[①] 《马克思恩格斯全集》第 2 版第 3 卷第 312 页。

手讨论黑格尔的"双重错误"的地方，文本中插入了对共产主义的第(7)条讨论。直到第 XVII 页，马克思才再次回过头来讨论黑格尔的哲学。他对黑格尔哲学的讨论得出了一个重要的结论，即："黑格尔的**《现象学》**……的伟大之处首先在于，黑格尔把人的自我产生看作一个过程，把对象化看作非对象化，看作外化和这种外化的扬弃；可见，他抓住了**劳动**的本质，把对象性的人、现实的因而是真正的人理解为他**自己的劳动**的结果。"①

这段文字是马克思转入讨论黑格尔辩证法所要说明的一项重要内容。马克思在这里借助于黑格尔的辩证法证明了人是通过劳动创造自己的，他是自己劳动的结果。劳动表达的是人和自然界之间的对象性关系。人在劳动中对象化自己，创造一个外在的对象。这个对象是人的本质力量外化的结果。通过扬弃这种外化，这个对象作为人的生活资料被人消耗成为人自身的一部分。随着这个过程的完成，人还会产生出新的需要。人要不断在劳动中创造生活资料，从而维持自身的生命与生活。就这样，人在劳动过程中实现了自身生命的保存和延续。所以说，人是自己劳动的结果，而不是别人的恩典。通过黑格尔的《现象学》，马克思彻底拒绝了"创世说"，拒绝了"有神论"。借助于黑格尔的哲学，主要是它的辩证法，马克思才真正完成了对共产主义的第（5）条论证中"无神论"的合理说明。

在对共产主义的第（1）条论证中，马克思曾经提出扬弃私有制不是"贪财欲"的平均主义，也不是退回到原始的匮乏状态，这些都是违反人性的。马克思在第（5）条论证中又提到共产主义"作为否定的否定的肯定"，是"人的解放和复原"的一个环节。如何理解这里的

---

① 《马克思恩格斯全集》第 2 版第 3 卷第 319—320 页。

"复原"？它和退回原始状态有什么不同呢？对这些内容的解释同样是借助于黑格尔哲学，具体说来是"黑格尔辩证法的积极环节"完成的。

在黑格尔的辩证法中，"**扬弃**是把外化**收回到**自身的、对象性的运动"。对象是主体的外化的、对象性的存在。它是主体创造的，与主体并不是漠然无关的。主体只有在对象化自身的活动中创造出一个异化的对象，才能进一步扬弃这个对象。异化和扬弃异化走着同一条道路。主体扬弃异化的对象的活动并不是从根本上消灭对象，而是把对象中所蕴含的主体性内容收回到自身之内。正是在黑格尔辩证法的基础上，马克思提出："无神论、共产主义决不是人所创造的对象世界的消逝、舍弃和丧失……决不是返回到非自然的、不发达的简单状态去的贫困。恰恰相反，它们倒是人的本质的或作为某种现实东西的人的本质的现实的生成，是对人来说的真正的实现。"[①]

（七）共产主义是一个漫长的运动

在私有财产的运动中，社会上的财富积累起来，人的需要变得丰富了，本质力量也有了提高。通过共产主义扬弃私有财产的运动，新社会继承了私有制创造的一切物质财富和精神财富，这为人的需要和本质力量进一步发展创造了条件。在"巴黎手稿"中，马克思把共产主义运动所创造的那个社会形态叫做社会主义。这种社会是人的本质力量在新的基础上的充实与提高。

与这种社会形态相对照，马克思批判了私有制之下人的实践和理论的异化。在实践领域，人和人的关系出现了非常明显的异化。私有制培

---

① 《马克思恩格斯全集》第 2 版第 3 卷第 331 页。

养了人的"贪财欲",人们为了积累财富,总是千方百计地"在别人身上唤起某种新的需要","诱使他追求新的享受方式",从而使他产生依赖性。私有制虽然创造了丰富的产品,丰富了人的需要,但是这种发展却是以勾引出"非人的"、"非自然的"以及"幻想出来的"欲望为代价的。尽管需要和满足需要的产品越来越精致,但是生产这种精致产品的工人"不仅没有了人的需要,他甚至连动物的需要也不再有了"。

在私有制中,人和物的关系上的异化也十分突出。在这里,衡量人的权力和力量的唯一标准就是他占有的财富的数量。人的生活被物质财富控制着,"随着对象的数量的增长,奴役人的异己存在物也在扩展,而每一个新产品都是产生相互欺骗和相互掠夺的新的潜在力量"。同时,由于货币是通行的流通工具,它成了人间新的上帝,所有人对它顶礼膜拜。"货币的**量**越来越成为货币的唯一**强有力**的属性;正像货币把任何存在物都归结为它的抽象一样,货币也在它自己的运动中把自身归结为**量**的存在物。**无度**和**无节制**成了货币的真正尺度。"①

国民经济学所面临的对立集中反映了理论领域的异化。这门学科首先面临着节约与奢侈的对立。财富的创造毫无疑问需要激发人的欲望,需要奢侈的生活方式做支撑;然而财富积累却又不得不克制欲望,让人过一种节约的生活。因此国民经济学中出现了两个对立的派别:"一方推崇奢侈而咒骂节约,另一方则推崇节约而咒骂奢侈。"马克思指出国民经济学的对立只是一种表面现象,因为国民经济学家是在为一少部分人积累财富出谋划策,他们的策略必然会导致另一部分人的堕落。积累财富的人需要节约、克制,普通民众则要放纵、奢侈,在他们看来这才是最有利于财富积累的。

---

① 《马克思恩格斯全集》第 2 版第 3 卷第 339 页。

在编排中，编者在第三笔记本的第 XVIII 页加上了《增补》这个标题，并把它和第 XVII 页对国民经济学的探讨分离开来。事实上，第 XVII 页和 XVIII 页的内容有着密切的联系。就文字的表面信息而言，它们都是在谈论国民经济学；就深层的逻辑结构而言，第 XVIII 页是接着第 XVII 页讨论国民经济学家解决自身理论中的矛盾的尝试。在这个问题上，手稿的原始顺序比逻辑顺序能更清晰地展示这种连贯性。

马克思在第 XVIII 页列举了国民经济学在设定劳动和资本的统一时所采取的各种伎俩。他们之所以挖空心思地证明劳动和资本是统一的，原因在于这种统一能掩盖自己的伪善和对立。如果劳动和资本相统一，进而劳动者和资本家相统一，那么财富的积累对于工人和对于资本家就有相同的意义。他们就能堂而皇之地说自己是在为整个社会积累财富出谋划策。他们试图以这样的方式掩盖自己的伪善与对立。与这种遮遮掩掩的做法针锋相对，马克思提出"理论之谜的解答"是"实践的任务并以实践为中介"。国民经济学的矛盾根源于私有制的矛盾，这种矛盾只能在扬弃私有财产的共产主义运动中得到解决。马克思最后提醒我们："要扬弃私有财产的**思想**，有**思想上的**共产主义就完全够了。而要扬弃现实的私有财产，则必须有**现实**的共产主义行动。历史将会带来这种共产主义行动，而我们**在思想中**已经认识到的那正在进行自我扬弃的运动，在现实中将经历一个极其艰难而漫长的过程。"[①] 马克思清醒地认识到在理论层次上论证共产主义和在现实生活中推行共产主义是有相当大的距离的。理论层次上在很短时间内就能够论证清楚的问题，在现实生活中却需要一个艰难而漫长的过程。

---

① 《马克思恩格斯全集》第 2 版第 3 卷第 347 页。

二、简短的结语

"巴黎手稿"对共产主义的七条论证涵盖了它的原始形式、它在政治生活中的表现以及它的积极内容。不难发现在对共产主义内容的讨论中，粗陋的共产主义和政治的共产主义是马克思极力反对的，因为它们都没能理解私有财产的积极意义，最终也没能摆脱被它奴役的命运。需要引起我们注意的是，"巴黎手稿"中的"共产主义"并不是指代一种理想的社会制度，而是达到那种制度所要经历的运动，即扬弃私有财产的积极运动。马克思明确指出，在这种运动中，人和自然、人和人的矛盾不断得到解决，历史的秘密逐渐被揭开；这个过程是人的感性不断获得解放，自我意识不断得到确证从而确立起"无神论"的信念的过程。他还指出要想理解扬弃私有财产的共产主义运动是人性在更高基础上的充实与发展就只能借助于黑格尔的辩证法；然而黑格尔辩证法在理论上描绘的康庄大道在现实的历史过程中却要经历一个漫长的过程。"共产主义"的整个论证清楚地展示了马克思思考问题的特点：他总是就一个问题反复琢磨，有时甚至颠来倒去，直至把该论题所包含的丰富内容最大程度地展示出来。这种做法对于他自己理解清楚某一个论题是非常有帮助的，对于读者认清问题的复杂性也不无助益。

当然，我们不能不看到"共产主义"这个概念在马克思思想发展的不同阶段有着不同的含义。例如：在1842年的《共产主义和奥格斯堡总汇报》中，马克思对思想界趋之若鹜的共产主义态度冷淡，而对社会主义却情有独钟。在"巴黎手稿"中，马克思则把社会主义作为理想的社会制度，而把共产主义看作实现它的运动。在《共产党宣言》中，马克思又反过来把未来社会叫做"共产主义社会"。在1875年的

《哥达纲领批判》中,他最终把共产主义社会分为两个阶段。这一思想最终为列宁继承下来,他在《国家与革命》中把社会主义作为未来社会的低级阶段,而把共产主义作为高级阶段。现在常识意义下的"共产主义"多是列宁赋予它的意义。需要指出的是,马克思使用"共产主义"这个概念是和他当时所处的思想语境密切联系的。恩格斯在1890年《共产党宣言》序言中明确指出了这一点,"当《宣言》出版的时候,我们不能把它叫作**社会主义**宣言。在1847年,所谓社会主义者是指两种人。一方面是指各种空想主义体系的信徒……另一方面是指形形色色的社会庸医……至于当时确信单纯政治变革还不够而要求根本改造社会的那一部分工人,则把自己叫作**共产主义者**"①。不难判断,马克思在写作"巴黎手稿"时把共产主义作为一种运动,把社会主义作为一种社会形态也和当时巴黎街头流行的理论有关。

---

① 《马克思恩格斯选集》第 2 版第 1 卷第 264 页。

《曼彻斯特笔记》研究

马克思和恩格斯的《曼彻斯特笔记》的科学价值

——《马克思恩格斯全集》历史考证版第 4 部分第 4 卷前言*

本卷收入了马克思的 9 本曼彻斯特笔记中的前 5 本和恩格斯的 3 本流传下来的曼彻斯特笔记。它们是马克思和恩格斯于 1845 年 7—8 月一起在英国旅行期间在曼彻斯特的图书馆里完成的。① 马克思的其他几本曼彻斯特笔记将在下一卷(第 5 卷)中发表。

马克思和恩格斯在英国逗留将近一个半月,这个短短的时间属于马克思主义形成过程的一个重要时期。这一时期从马克思 1845 年 2 月和稍后恩格斯移居布鲁塞尔开始,直至 1848 年 2 月欧洲革命爆发为止。这个时期的特点是继续制定新的无产阶级世界观的科学基础,为团结无产阶级进步分子和建立一支无产阶级的革命政党而进行紧张的革命实践活动。在这 3 年的时间内,马克思和恩格斯在逗留英国期间所从事的理论和实践工作占有非常重要的地位。在这里,马克思和恩格斯进一步加深了他们于 1844 年在巴黎开始的创造性的合作。

1845 年春天有两部著作发表:马克思和恩格斯合著的《神圣家族》和恩格斯的《英国工人阶级状况》②。在这两部著作中,他们总结了自己早期的研究成果;尤其是表述了正在形成的唯物主义历史观的一系列

---

* 本文选自《马克思恩格斯研究》1993 年总第 12 期。
① 《马克思恩格斯全集》历史考证版第 4 部分第 4 卷第 557—570 页。
② 《马克思恩格斯全集》第 1 版第 2 卷。

始基论点，进一步制定了关于即将到来的社会主义革命的主力无产阶级的世界历史作用的理论。恩格斯在回忆这段时间时写道："我们两人已经深入到政治运动中；我们已经在知识分子中间，特别在德国西部的知识分子中间获得一些人的拥护，并且同有组织的无产阶级建立了广泛联系。我们有义务科学地论证我们的观点，但是，对我们来说同样重要的是：使欧洲无产阶级，首先是使德国无产阶级相信我们的信念是正确的。"①

从恩格斯后来谈的情况中可以看出，当马克思和恩格斯1845年4月在布鲁塞尔会面时，马克思已经"大致"阐述了他的唯物主义历史观，并且两人决定共同"在各个极为不同的方面"②制定新的世界观。首先他们着手实现他们已经计划好的研究设想。马克思进一步为两卷本的经济学著作《政治和国民经济学批判》搜集资料，他于1845年2月1日在巴黎与德国出版商列斯凯签订了这部著作的出版合同。③ 1845年春天，马克思在布鲁塞尔的皇家图书馆里继续研究经济学著作，④他越来越确信，不研究英国的材料就不能完成全面地、批判性地分析资产阶级政治经济学的任务。恩格斯想重新开始写一部关于英国社会史的书，而写这部书所需要的最重要的材料也只有在该国才能找到。此外，马克思和恩格斯为实现宣传社会主义和共产主义思想的计划，去一趟英国也是必要的，当时他们计划出版"国外最出色的社会主义著作家的书"，其中应"收进新近发表的法国和英国有关社会主义和共产主义的著

---

① 《马克思恩格斯全集》第1版第21卷第248页。
② 《马克思恩格斯全集》第1版第21卷第247页。
③ 参看《马克思恩格斯全集》历史考证版第4部分第5卷。
④ 参看《马克思恩格斯全集》历史考证版第4部分第3卷。

作"①。

马克思和恩格斯打算进行的学术研究要求他们对当时资产阶级社会的社会现象作具体的、历史的研究，从社会经济的角度对它们作出解释，同时这些研究将有利于他们完成主要的任务——创立一种新的革命的世界观。他们研究所取得的成果反映在《德意志意识形态》这一手稿中。这两位朋友从英国返回后立即开始了这一手稿的写作。

马克思在英国逗留时期除了进行学术研究外，他还想借助恩格斯的帮助直接了解这个资本主义的典型国家里工人大众的劳动和生活条件以及英国的工人运动，而在40年代中期，曼彻斯特是工人运动的最重要的中心。马克思和恩格斯的目的是想从他们已经形成的哲学和政治观念出发更详细地了解宪章运动，了解无产阶级和民主主义组织的活动，尤其是正义者同盟的活动，从它们的经验中引出一般性的结论并用来进一步论证关于工人阶级的世界历史作用的论点，弄清无产阶级斗争的形式和劳动人民摆脱资本枷锁的道路。

本卷中发表的马克思的5本曼彻斯特笔记包括了20位作者的25部著作的摘录以及摘自匿名小册子《女王陛下的礼节和对英国海上的统治》和《论贸易联合》的摘录。其中大部分著作是马克思直接根据原著摘录的。弗·摩·伊登的《贫民的状况》和小册子《论贸易联合》的摘录则是在恩格斯过去所作的摘录的基础上完成的。另外两批摘录，即托·图克的《价格史》和詹·威·吉尔巴特的《银行业的历史和原理》的摘录，有些是在通读原著时完成的，有些是以恩格斯的有关摘录为依据的。

马克思在曼彻斯特研究和摘录的大多是英国经济学家的著作。这些

---

① 参看《马克思恩格斯全集》历史考证版第3部分第1卷第465页。

著作可以大致分为两大类：一类是17世纪的经济学家，即英国古典政治经济学家亚当·斯密和大卫·李嘉图的先驱，他们是爱德华·米塞尔登、威廉·配第、查理·戴韦南特以及匿名出版的小册子《女王陛下的礼节和对英国海上的统治》的作者罗伯特·克拉威尔。另一类大多是李嘉图之后的英国资产阶级经济思想的代表，是斯密和李嘉图理论的解释者、追随者和反对者，其中有约翰·斯图亚特·穆勒、纳索·威廉·西尼耳、托马斯·库伯、威廉·阿特金森、约翰·拉姆赛·麦克库洛赫等等。马克思后来按他们的本质把其中大多数人称作古典学派的庸俗化者。

麦克库洛赫的著作《政治经济学文献》在曼彻斯特所摘录的书籍中占有特殊的位置。这部著作载有一份政治经济学出版物的书目，这些书是17世纪初到19世纪40年代中期用英文、法文、意大利文和西班牙文出版的。马克思从《政治经济学文献》中所作的摘录是对他的1844—1847年笔记中图书目录[①]的一种补充，它反映了马克思在学术方面的兴趣和计划，反映了他为实现这些计划对所需原著的寻觅。

在曼彻斯特，马克思除了研究一般理论著作和经济学专著外还注意阅读英国政治家和政论家探讨现实社会经济问题的一些著作，例如激进的政论家威廉·科贝特的小册子《纸币对黄金》和医生托马斯·雅罗尔特的《关于人的论述。答马尔萨斯先生》。

英国空想社会主义者和罗伯特·欧文的信徒的著作构成特殊的一类，其中有威廉·汤普逊的《财富分配原理的研究》和托马斯·娄·艾德门兹的《实践的、精神的和政治的经济学》，他们从李嘉图的理论中得出了社会主义的结论。

---

① 参看《马克思恩格斯全集》历史考证版第4部分第3卷。

另外，马克思的曼彻斯特笔记还包括从英国历史学家和经济学家托马斯·卡莱尔、约翰·威德和弗雷德里克·摩尔顿·伊登的书中摘录的内容，他们论述的是英国社会经济和历史发展方面，尤其是英国无产阶级形成方面的各种问题。属于这一类的还有匿名发表的小册子《论贸易联合》。

大致浏览一下马克思在曼彻斯特研究过的这些著作，可以看出马克思的极其广泛、多样和紧张的学术研究的主要方向。在这里马克思第一次有可能研究英国资产阶级经济学家的原著，其中有些著作（包括斯密、李嘉图、麦克库洛赫和西尼耳的著作）在此之前他只读过法译本。①

1843年底至1844年初，政治经济学越来越成为马克思学术活动的主攻方向。这时他给自己提出的任务是，揭示以私有制为基础的资产阶级社会的内在发展规律，探求消灭生产资料私有制的道路。在曼彻斯特的研究还服务于这样的目的：考察资产阶级社会的经济关系的总体，因为这种关系既是资产阶级的存在和他们的阶级统治的基础，又是雇佣工人被奴役的基础。

马克思还继续研究资产阶级的政治经济学。他研究政治经济学的对象和方法，它的基本概念和最重要的范畴。在这里和过去在巴黎与布鲁塞尔时一样，他认为关键是要研究资产阶级社会的最重要的阶级关系——劳动和资本之间的关系，研究价值、货币以及货币制度和信用制度问题，这些问题对于理解资产阶级生产方式的特征极为重要。在曼彻斯特，马克思在研究机器生产对工人状况的影响方面取得了重

---

① 参看《马克思恩格斯全集》历史考证版第4部分第2卷第332—386、392—427和473—479页以及第3卷。

要进展。他大大丰富了自己在政治经济学史和社会主义思想史,尤其是在英国空想社会主义思想史方面的知识。除研究这些问题以外马克思还详细研究了人口理论问题、生产过剩危机问题和资本主义的银行体系问题。

马克思在曼彻斯特时期所进行的经济学研究的上述主要方向,使我们了解到哪些问题在某种程度上应成为马克思计划写的《政治和国民经济学批判》的研究对象,并且马克思要从什么角度去论述它们。它们证实了这部著作所要涉及的基本问题,而能提供这种证明的东西本来流传下来的是极少的。恩格斯在《新道德世界》上的一篇文章中写道:"马克思博士在短期内将出版一部新著,内容是对政治经济学原理和整个政治的批判。"① 可见,马克思的计划显然包括:批判地分析资产阶级政治经济学的最重要的体系和资产阶级的政治,同时正面阐述他自己关于经济学理论和国家作用的基本问题的观点。同时,马克思还打算从历史观的角度去研究这些问题,他后来在1846年8月1日给出版商列斯凯的信中就曾强调指出这一点。②

曼彻斯特笔记中马克思的第一大类摘录涉及对英国资产阶级政治经济学的早期发展阶段,即亚当·斯密之前的那个时期的研究。其中包括第1笔记本中摘自配第、戴韦南特、米塞尔登著作的内容和摘自匿名小册子《女王陛下的礼节和对英国海上的统治》的内容。除配第外,这批摘录的所有原作者都是重商主义者,甚至连配第的著作也带有重商主义观点的标志,尤其是在货币观点方面。这些作者的著作的特点来自于那个时期的资本主义的发展水平,其特征是自然经济衰落,工场手工业

---

① 《马克思恩格斯全集》第1版第2卷第594页。
② 参看《马克思恩格斯全集》第1版第27卷第473页。

兴起，国内市场开始形成，对外贸易扩大，社会中的有产者因此发了横财。

社会财富及其源泉问题是英国重商主义者在他们的著作中论述的中心问题。正如马克思在研读这些作者的书的过程中着重指出的，他们主要集中精力研究货币，尤其是研究贵金属这一"**普遍财富**"[①] 和研究对外贸易，而对外贸易的顺差能保证金银流入国内，从而积累财富。马克思弄清楚了，重商主义者是怎样给社会财富这一概念的本质和内容下定义的，他们把什么看作财富的源泉，随着生产的发展经济学家们的有关观点逐渐发生了哪些变化。在米塞尔登的著作《自由贸易或贸易繁荣之道》中，早期重商主义所特有的观点，即把货币看作财富的唯一形式，看作统治人类的万能力量的观点表达得最为清楚。随着资本主义生产的发展、工业的成长和货币顺差政策被贸易差额政策所代替，重商主义者逐渐克服了对货币的这种评价。马克思在戴韦南特的《论公共收入和英国贸易》中找到了这方面的论据："金和银实际上是贸易的尺度，而各国人民贸易的源泉和原初物品，却是国内的自然产物或人工产物，即该国的土地或人民的劳动和工业所生产的东西……所以，一国真正的和实际的财富是本国的产物。"[②] 马克思从配第的《政治算术》中也同样注意到，配第试图弄清社会财富的真正源泉和商品价值决定的某种普遍的、统一的基础。马克思概括道："配第通过把人和土地的收入折算成现金来估算人和土地的价值。"[③]

配第在《论人类的增殖》中预测了英国的人口增长。通过分析配

---

① 《马克思恩格斯全集》历史考证版第 4 部分第 4 卷第 20 页。
② 《马克思恩格斯全集》历史考证版第 4 部分第 4 卷第 51 页。
③ 《马克思恩格斯全集》历史考证版第 4 部分第 4 卷第 22 页。

第的这一著作马克思得出结论,这一著作"尝试创立统计学"①。同时,戴韦南特的两卷本《论公共收入和英国贸易》(他是配第制定统计学方法方面的继承人,又是配第的某些结论的批判者)使马克思确信,配第生前确实缺少进行统计分析所必需的可靠材料。由于统计学的方法还没有制定出来,这自始就注定了配第的某些计算必然是错误的、不客观的,按马克思的评价来说,是"辩护论的"②;然而,配第在制定统计学方面的功绩和他第一个运用的前人未曾使用过的研究方法③的意义绝不可因此而被贬低,这种研究方法是政治经济学中的抽象法的典范。马克思从所提到的戴韦南特的著作中摘录了他感兴趣的关于配第的特点的评价,在那里后者被说成是"政治算术的创始人"④。政治算术是一门科学,戴韦南特强调指出,它"单独便能指出一桩买卖与另一桩买卖联系时的环节和我们所有买卖都具有的一桩买卖依赖于另一桩买卖的相依性"⑤。在这一定义中其实隐藏着一种观点,即认定政治经济学是研究整个国家经济的内在的相互关系的科学。因此,马克思对配第著作的最初了解就已经为他后来在《资本论》第1卷中所表述的评价奠定了前提条件,在那里他把配第看作"政治经济学之父,在某种程度上也可以说是统计学的创始人"⑥。

马克思在曼彻斯特对资产阶级生产方式的某些早期理论家的著作进行了研究,这使他有可能对英国经济思想的这一发展时期形成自己的看

---

① 《马克思恩格斯全集》历史考证版第4部分第4卷第46页。
② 《马克思恩格斯全集》历史考证版第4部分第4卷第13页。
③ 《马克思恩格斯全集》历史考证版第4部分第4卷第46页。
④ 《马克思恩格斯全集》历史考证版第4部分第4卷第48页。
⑤ 《马克思恩格斯全集》第1版第23卷第302页。
⑥ 《马克思恩格斯全集》第1版第23卷第302页。

法，这些思想在晚些时期的资产阶级经济学家的著作中通常只是得到否定的评价。17世纪的著作家的思考有时是幼稚的，但是马克思在这些幼稚的思考背后看到了他们为理解现象的内在联系和资产阶级生产的发展规律所作出的真诚努力，他从他们那里发现了许多有关经济学范畴的解释，这些解释是后来的资产阶级政治经济学的种种体系的基础。

分析19世纪20—40年代资产阶级政治经济学的发展是曼彻斯特笔记中的一个中心内容。许多年之后，马克思依据他的大量的经济学摘录，也包括曼彻斯特时期的摘录在内，在《政治经济学批判（1861—1863年手稿）》中称这一发展时期是英国资产阶级政治经济学历史中的一个极其独特的和极其重要的时期。

在曼彻斯特笔记中，马克思搜集的材料涉及的方面有：这个时期的资产阶级经济学家怎样为政治经济学的对象下定义，他们把什么理解为政治经济学的范畴——例如价值，价格，生产费用，资本，工资，利润，货币，信贷和地租，他们如何评价资产阶级的一些现象，如向机器生产的过渡（包括这个过程对工人阶级产生的后果）以及生产过剩的经济危机等等。马克思搜集了一些能够证实或表明这种或那种思想的具体事实和恰当的例证来补充理论内容的摘录。

随着资本主义的发展和资本主义阶级矛盾的加剧，在资产阶级政治经济学中发生了某种演变——坚决背弃了曾对经济过程作出客观的和毫无成见的分析的古典学家的理论。按照马克思后来的说法，这个时期"进行了一场拥护和反对李嘉图理论的理论斗争"[①]。李嘉图的追随者和批评者都试图在自己的著作中寻求答案来回答李嘉图没有解决或他们认为解决得不能令人满意的问题。马克思写道："它们事实上都只是围绕

[①] 《马克思恩格斯全集》第1版第26卷（Ⅲ）第116页。

价值概念的确定和价值对资本的关系进行论战的。"①

马克思研究这个时期的经济学文献是从研读李嘉图的批评者的著作开始的,其中有库伯、阿特金森和西尼耳的著作。他们从不同角度出发抨击李嘉图的劳动价值论,因为这一理论必然导致这样的结论:对工人的剥削是资本家和土地所有者的收入的源泉。资产阶级经济学家从维护其阶级利益出发对李嘉图提出异议,认为劳动价值论与商品价格没有联系。他们没有能力洞察待研究的经济现象的本质,而提出了他们自己的关于价值决定的观点,即认为价值是由供求关系(库伯、阿特金森)或效用(西尼耳)决定的。马克思在摘录中记下了资产阶级经济学家对价值所下的定义,从而有可能拿这些定义同英国社会主义者对价值问题所作的研究进行比较,特别同汤普逊的观点进行比较。汤普逊认为,劳动价值论是社会财富分配的合理体系的基础。"对于财富观念来说,**交换价值**是不必要的……劳动是财富的唯一父亲。"②(黑体是马克思加的)。

总的说来,马克思就价值问题所作的这些摘录同巴黎笔记相比具有完全不同的特点。这里没有1844年的笔记所特有的对李嘉图价值理论所作的批判性的评论,③这一点大概可以这样来解释:这时马克思同李嘉图的价值理论非常一致,虽然他还没有充分认识价值与生产费用之间的区别。

在第5笔记本中,马克思转而研究李嘉图学派中最有名的代表人物的著作:麦克库洛赫的《政治经济学原理》和穆勒的《略论政治经济

---

① 《马克思恩格斯全集》第1版第26卷(Ⅲ)第116页。
② 《马克思恩格斯全集》历史考证版第4部分第4卷第237页。
③ 《马克思恩格斯全集》历史考证版第4部分第2卷第447页。

学的某些有待解决的问题》。这对于马克思弄清"**李嘉图学派**"①的历史地位特别重要。马克思考察了李嘉图学派把解决价值源泉问题同价格波动问题联系在一起的尝试。他记录了李嘉图的追随者试图依据李嘉图的价值理论解释利润和利润率的本质的各种论点。马克思注意到,麦克库洛赫把"**实在价值**"同"**相对价值或交换价值**"的概念区分开来,后者把交换价值确定为"**一定量劳动的购买力或者其他商品的购买力**"。② 马克思把这个价值定义同麦克库洛赫本人对利润的解释直接联系起来,他由此得出结论:交换价值总是超过价值。③

马克思在研究穆勒的《略论政治经济学的某些有待解决的问题》时进一步熟悉了作者企图以李嘉图关于利润和工资之间的对立的观点为基础解决利润率问题的尝试。不过穆勒不同于李嘉图,他不是从同工资的关系上研究利润,而是"**从劳动、机器等等的价格与其产品之间的关系**"④上研究利润。他试图从付给工人工资的数额中推导出商品价值,用这种办法来论证劳动与工资之间的等价交换。马克思详细摘录了麦克库洛赫和穆勒关于利润、利润率、利润率趋向下降问题的观点。从摘录的特点来看,他当时还没有充分认识这些企图进一步发展李嘉图理论的尝试的意义,这些尝试最终导致了李嘉图学派的庸俗化和解体。但是他已开始为后来对这一过程作出批判性的评论搜集资料。

同时,马克思注意到——和以前摘录笔记中的情况一样——资产阶级经济学家的明显的阶级立场,他们把经济学理论直接用于维护私有制的利益。马克思摘录了麦克库洛赫的典型论断:"**保护财产**是生产财富

---

① 《马克思恩格斯全集》历史考证版第4部分第2卷第258页。
② 《马克思恩格斯全集》历史考证版第4部分第4卷第276页。
③ 《马克思恩格斯全集》历史考证版第4部分第4卷第276页。
④ 《马克思恩格斯全集》历史考证版第4部分第4卷第347页。

的首要条件。"① 他在库伯的著作中也能见到同样的观点，库伯担心，"如果普选权占优势，这个国家的政权早晚将最终落入那些代表工人和无财产者的人手中，而将拥有财产的人排斥在外"。② 马克思同时强调，问题一涉及到利润和资本，"经济学家的那种神学的、辩护士的论证方式和阐述方式"③ 总是变得更加露骨。阿特金森在其著作《政治经济学原理》中对马尔萨斯、斯密和麦克库洛赫的一系列表述所作的对比是马克思得出上述结论的依据。在他们看来，"利润，而且……只有利润——从成为一种目的到为此在实践中所作的一切努力——才是可能被选择用来作为指南或灯塔的这一主题的要点或特征"。

在曼彻斯特笔记中，对资本主义的货币制度和信用制度的分析占有很大篇幅。马克思在摘录吉尔巴特、库伯、布朗宁、科贝特和麦克库洛赫的书时研究了这个问题。马克思尽量记下货币的定义以及金属货币、纸币和信用货币之间的区别，同时还了解了完善货币制度的各种方案。

马克思对英格兰银行的历史和活动方面的内容作了非常广泛的摘录。这方面的材料，他主要摘自吉尔巴特的《银行业的历史和原理》、科贝特的小册子《纸币对黄金》和麦克库洛赫的《政治经济学文献》一书中的《货币、银行、交换》一章。马克思对这一主题所以感兴趣，无疑是因为英格兰银行在资本主义的形成和发展中起了重要作用，因为它在英国的经济和政治生活中具有重要意义。英国经济学文献中围绕罗伯特·皮尔1844—1845年颁布的银行法而展开的激烈论战也刺激了这种兴趣，因为这一立法体现了英国金融资产阶级的实际利益。他们指望通过严格调节纸币的发行来控制货币的数量和购买力。马克思深入地研

---

① 《马克思恩格斯全集》历史考证版第4部分第4卷第269页。
② 《马克思恩格斯全集》历史考证版第4部分第4卷第97页。
③ 《马克思恩格斯全集》历史考证版第4部分第4卷第258页。

究了皮尔法通过的经过。

显然,马克思在研究麦克库洛赫的《政治经济学文献》时首先只是一般地了解19世纪30年代末和40年代初英国经济学文献中"通货原理"的代表和"银行理论"的代表之间展开的争论,当时他记下了两派著作家的著作的名称。在50年代初,对这场争论的彻底研究在马克思的研究中占有重要的地位,这些研究的成果包含在《1850—1853年伦敦笔记》中。①

科贝特的著作《纸币对黄金》表达了"彻底破坏纸币"②的思想,马克思在这部著作中发现了有关英格兰银行活动的揭露性材料,表明银行的资产积累与国债齐头并进。科贝特所列举的有关上层官员,尤其是财政部官员大发横财的事实增加了马克思的兴趣,对这些官员来说,他们的职位成了真正的闲职。③马克思还摘记了这位著作家的结论:不消除大量的国债要对流通的货币量实行控制是不可能的。④他摘引了科贝特书中的一些表格,它们令人信服地证明,国债的增加同英国政府的军备开支有极大的关系。⑤

同样,马克思对1797年中止纸币兑换黄金的法令(银行限制法)的历史颇感兴趣,该法令通过时正值国家的货币储备因长期同革命的法国交战而被耗尽。摘录的材料证明,银行和政府想阻止纸币进一步贬值的企图没有成功。在这个问题上,我们可以看到,19世纪40年代中期

---

① 《马克思恩格斯全集》历史考证版第4部分第7卷和第8卷。
② 《马克思恩格斯全集》历史考证版第4部分第4卷第232页。
③ 参看《马克思恩格斯全集》历史考证版第4部分第4卷第231页。
④ 参看《马克思恩格斯全集》历史考证版第4部分第4卷第213页。
⑤ 参看《马克思恩格斯全集》历史考证版第4部分第4卷第215—216、217和219页。

在英国的货币市场上也出现了类似的情况,而且是在皮尔法通过之前发生的。

马克思在乔治·布朗宁的著作《大不列颠的内部状况和财政状况》中也注意了资产阶级经济学家在探讨来自于一定的社会背景的纸币贬值问题时所表现出的明显的偏见。他在摘录中强调了一个事实,即英国资产阶级中的部分人,尤其是英格兰银行的领导层从1797年的法令中直接获益。①

在曼彻斯特,生产过剩危机问题实际上第一次成为马克思专门分析的对象。他把这个问题同研究资本主义的货币制度和信用制度紧密地联系在一起,因为在这种制度中危机现象暴露得最为清楚。图克的两卷本《价格和流通状况的历史》研究的是1792—1837年这个时期的情况,它是马克思研究危机问题的最重要的资料。促使马克思研究这位著作家的是恩格斯。经济危机问题对恩格斯来说已不是什么新的东西,他这时不仅已经读过图克的著作而且还作了摘录。马克思在他自己的写作过程中既利用了恩格斯的摘录,也利用了这部书本身。他根据恩格斯的摘录(没有流传下来)所作的那部分笔记无疑反映了恩格斯对所阐述的问题的立场,马克思同他的立场完全一致。

图克虽然是李嘉图学派的追随者,却不赞成所谓的"通货原理"的代表们所持的立场,后者依据李嘉图的货币理论把经济生活中出现的危机现象归因于流通中的货币过剩,归因于货币制度和信用制度的紊乱。图克搜集并详细说明了关于最重要的消费品的价格变动,尤其是粮食的价格变动的丰富资料,这些跨越较长一个时期的资料无可辩驳地证明,货币流通状况和价格并没有直接的联系,价格是反映市场行情变化

---

① 参看《马克思恩格斯全集》历史考证版第4部分第4卷第67页。

的最确切的尺度。图克在每次危机中都找到了引起价格下跌和给每次危机打上特有印记的具体原因。

图克对历次危机前夕的市场状况、危机的过程以及由萧条向新的繁荣的过渡进行了描述，也就是说在一定意义上对工业周期的各个阶段进行了描述，马克思通过对这些描述的研究获得了新的事实材料，它们证实，周期性的发展是资本主义的重要的规律性之一。马克思通过对图克的著作的研究，产生一个想法，即不应从货币流通的紊乱中去寻找危机的原因，供求平衡的破坏或政治因素的影响，如 1792—1815 年大不列颠对法国的战争，大陆封锁令或 1812—1814 年的英美战争，都不是产生危机的原因。同马克思所研究的资产阶级著作家不同，马克思接近这样一种认识，即危机是同资产阶级生产的内在规律的作用联系在一起的。他强调指出，人们在繁荣阶段就已经为下一次的危机创造了前提条件。①

马克思在威德的《中等阶级和工人阶级的历史》一书中发现了关于生产过剩危机的有趣资料。在《就业的不稳定》一章中谈到了危机的"周期的规律性"②，同时还提到了一系列促使危机加深的附加因素。威德把经济危机比喻成"一度使地球变为废墟的瘟疫"③。马克思概括这一章的材料时把这一章称为"威德的最具创见的思想"④。马克思认为，威德关于危机的观点的独到之处就在于，他试图用下面的事实来解释劳动的供给大于需求这一反映危机时期特征的重要现象，即在这一时

---

① 参看《马克思恩格斯全集》历史考证版第 4 部分第 4 卷第 121—122 页。
② 参看《马克思恩格斯全集》历史考证版第 4 部分第 4 卷第 295 页。
③ 参看《马克思恩格斯全集》历史考证版第 4 部分第 4 卷第 295 页。
④ 参看《马克思恩格斯全集》历史考证版第 4 部分第 4 卷第 298 页。

刻，工人力图"通过延长工作时间和加倍干活"①来从表面上弥补他们的状况的恶化。因此，威德所援引的一位曼彻斯特工厂主说得好，"最糟糕的年代几乎总是伴随有最好的工作质量"②。马克思在解释这个乍一看来似乎悖理的事实时写道："危机爆发前不久，在最繁荣的时期，新建了许多工厂，这些工厂恰恰在危机期间才真正开始运作。"③马克思的这段评论包含着科学的危机观的一个最重要的论断的萌芽，即每一次新的危机都是在资产阶级社会生产力发展的一个新的阶段上发生的。与此同时，马克思批判地评论了资产阶级经济学家（库伯、阿特金森、麦克库洛赫、穆勒）的观点，他们企图否定普遍生产过剩危机的可能性，把危机归因于供求的失衡，即按比例规律的破坏。

曼彻斯特笔记中研究了大量的具体问题，其中最突出的是地租问题。早在1844年的《经济学哲学手稿》中，马克思就以巴黎笔记为依据研究了地租问题。④马克思关于资本主义条件下的地租的结论是同确定土地所有者阶级的历史发展前途联系在一起的。马克思主要是从安德森、库伯、麦克库洛赫的著作中摘录了关于地租和决定地租的各种因素的特征的说明，补充了他的巴黎摘录笔记中有关斯密和李嘉图的地租理论的内容。

马克思当时把土地所有权的存在看成是资产阶级社会中地租的根源，并且把地租的废除同土地所有权最终转变为资本这一点联系起来，曼彻斯特笔记中马克思本人对此所作的一系列表述使我们得出结论，他

---

① 参看《马克思恩格斯全集》历史考证版第4部分第4卷第298页。
② 参看《马克思恩格斯全集》历史考证版第4部分第4卷第298页。
③ 参看《马克思恩格斯全集》历史考证版第4部分第4卷第298页。
④ 参看《马克思恩格斯全集》历史考证版第4部分第2卷第189—202、207—213页。

赞成李嘉图的地租理论，按照这一理论，最差的生产条件决定产品的价值。《关于地租的计算》① 是一份流传下来的没有完成的手稿，它反映了马克思当时在这个问题上的认识发展水平。在这一手稿中，他试图用图表说明，对整个社会来说，地租的存在究竟在多大程度上抬高了农产品的价格。另外，马克思显然还要说明，在废除私有制的条件下，即在共产主义条件下，农产品的"总价格"② 将是多少。

在这个片断之后紧接着是马克思对麦克库洛赫和其他资产阶级经济学家的评注。这些经济学家企图从土地的自然生产率中引出地租或者把地租说成是投入土地的资本的利息，而完全不考虑土地所有权的作用。马克思在称这种观点是"纯粹的诡辩论"时强调说："按照李嘉图的学说，私有权导致这样的结果：如果人口的状况使第 7 等级的土地的耕种成为必要，那就必须按最差土地的生产费用来支付最好地段，支付其他 6 个等级的土地，以致就粮食价格来看好像这个国家**只拥有**最差的土地。"③ 马克思认为，废除私有权将导致这样的结果：耕种最差的土地只对最差地段的所有者来说才会使生产费用提高，而不会给所考察的例子中的其他 6 个地段的生产费用带来什么影响。马克思最后写道："不会存在两种不同价格的规律，总的说来是以**交换价值**、私有权、竞争为前提的。④

曼彻斯特笔记中有一组摘录全部是分析马尔萨斯的人口论的，马克思摘引了阿特金森、萨德勒、安德森、麦克库洛赫、卡莱尔、威德和其他一些人的著作中关于这个论题的材料。而迈克尔·托马斯·萨德勒的

---

① 参看《马克思恩格斯全集》历史考证版第 4 部分第 4 卷第 175—179 页。
② 参看《马克思恩格斯全集》历史考证版第 4 部分第 4 卷第 175 页。
③ 参看《马克思恩格斯全集》历史考证版第 4 部分第 4 卷第 279 页。
④ 参看《马克思恩格斯全集》历史考证版第 4 部分第 4 卷第 279 页。

两卷本《人口规律》是马克思批判马尔萨斯人口论的最重要的资料来源。通过研究资产阶级政治经济学的代表人物的观点,马克思看到,在英国经济思想发展的各个阶段上他们对这个问题的看法发生了怎样的变化:斯密之前的经济思想的代表,像配第和戴维南特,作为资本主义前进的发展阶段的反映者通常把人口的增长看作增加社会财富的必不可少的前提,① 这一点没有逃脱马克思的目光,马克思从威德、萨德勒和麦克库洛赫的著作中②认识了持有相同观点的其他一些经济学家。研究资产阶级生产方式的第一批理论家的这种考察方式同18世纪末和19世纪上半叶广泛流行的马尔萨斯的理论形成鲜明的对照。马尔萨斯的理论认为,人口的增加是造成资产阶级社会中贫困的直接原因。

萨德勒对北美和中国的生活条件和人口数量变化的分析对于驳斥马尔萨斯的人口论具有重要价值,这一分析是研究托马斯·罗伯特·马尔萨斯理论构想的一个模型。萨德勒的分析依据的是大量不同的文献资料(仅马克思的摘录中就援引和提到了40多部著作)。萨德勒和其他作者指出,马尔萨斯的构想是从错误的数据资料出发的,因此得出了错误的结论。马克思按照萨德勒的方法分析了马尔萨斯的提法的比例关系,从而得出结论:这一切"纯属凭空捏造"③。他从萨德勒的分析中还发现了有说服力的证据,证明北美人口的迅速增加(马尔萨斯的计算就是以此为依据的)主要同移民的大量流入和实际上完全不存在移民的流出有关。

---

① 参看《马克思恩格斯全集》历史考证版第4部分第4卷第11、13—16、28页。

② 参看《马克思恩格斯全集》历史考证版第4部分第4卷第101—105、111、117页。

③ 参看《马克思恩格斯全集》历史考证版第4部分第4卷第103页。

马克思借助萨德勒的书详细研究了马尔萨斯的论据。马尔萨斯声称，食品产量同人口增长之间的鸿沟越来越大，马克思把他的这一论断同有关两个量的实际对比的具体数据（包括历史数据）作了对照比较。马克思相信，以马尔萨斯命名的人口论的基本论点早在他之前就已经由约瑟夫·唐森、罗伯特·华莱士和约翰·布吕克纳提出来了。能证实这一点的是马克思以赞同的态度摘录的萨德勒的如下结论：在这个问题上，马尔萨斯与其说是一位"有创见的著作家"，不如说是一位"模仿者"。①

在曼彻斯特笔记中，很大篇幅是考察劳动与资本的关系的。在曼彻斯特，马克思大大充实了他在巴黎笔记和布鲁塞尔笔记中就这一主题所搜集的材料。马克思在研究政治经济学的主要问题（价值、资本、利润、工资、地租等）时，一再集中精力考察这些范畴所体现的资本主义生产方式内在规律对工人阶级的经济状况的影响。马克思在有关资本问题的摘录中强调指出，资本是同工人的利益相对立的，同时他首先注意到那些把利润看作工资对立物的经济学家的表述。

马克思特别注意分析资本这一阶级统治关系的本质。在对穆勒的《略论政治经济学的某些有待解决的问题》一书进行摘录时，马克思突出了资产阶级政治经济学中流行的把资本当作"生产力"的定义，并引用了作者得出的结论：其实，"'资本的生产力'无非是'资本家借助于他的资本而加以驾驭的实在生产力的量'"。②

马克思在考察机器的应用对工人阶级的状况的影响时从库伯、萨德勒、阿特金森、卡莱尔、威德和其他著作家那里发现了大量证据，它们

---

① 参看《马克思恩格斯全集》历史考证版第4部分第4卷第103页。
② 参看《马克思恩格斯全集》历史考证版第4部分第4卷第346页。

证实了一个无情地发生作用的规律性：机器生产的发展在资本主义条件下必然导致手工劳动者的贫困化，导致劳动市场上竞争的加剧，导致全体工人阶级状况的恶化。他对库伯的结论特别感兴趣。库伯认为，"机器体系的改良定会引起生产过剩和更大的苦难"①，一个有家的工人不能没有工作，并且会像任何其他商品一样等待良机，"如果他得不到他所要求的东西，他得到的就必然更少"②，因为力量和种种优势总是在资本家一边。马克思将库伯的这些正确认识同资本主义的公开辩护士的看法进行比较，后者企图把机器的应用和资本积累说成是为工人造福的善事。麦克库洛赫也持这样的观点，用马克思的话来说，此人闭眼不见机器生产的不幸后果。马克思把麦克库洛赫的这一立场讥讽为"对工人享有的优越性的一种赞歌"③。马克思把麦克库洛赫的论断同斯密的结论进行对比，斯密认为，大手工工场的形成使工人变得"**愚昧无知，像创造人是可能的一样**"④。对这两种论点的对比清楚地表明，随着资本主义的发展，资产阶级政治经济学已没有能力客观地考察现实的经济现象，尤其是资本与劳动之间的关系。

马克思重录了恩格斯对伊登的著作《贫困的状况》和匿名小册子《论贸易联合体》⑤的摘录，他还摘录了威德和卡莱尔的著作，这些都补充了从经济学的角度分析资产阶级社会中工人阶级状况问题的摘录。这组摘录说明了英国资产阶级社会的两个主要阶级即资产阶级和无产阶级的历史形成过程的各个方面。马克思的摘录描绘了封建社会没落的画

---

① 参看《马克思恩格斯全集》历史考证版第4部分第4卷第93页。
② 参看《马克思恩格斯全集》历史考证版第4部分第4卷第78页。
③ 参看《马克思恩格斯全集》历史考证版第4部分第4卷第270页。
④ 参看《马克思恩格斯全集》历史考证版第4部分第4卷第270页。
⑤ 参看《马克思恩格斯全集》历史考证版第4部分第4卷第302—328页。

面，再现了直接生产者同生产资料强制分离，即资本主义关系形成过程的各个主要阶段。马克思特别注意对国家和国家立法在这一发展过程中所起的作用的分析。

后来，为了揭示资本原始积累过程的真正本质，马克思广泛地利用了这里收集的大量事实材料和恩格斯的3个笔记本。马克思根据曼彻斯特时期的摘录，在《大纲》中就已经指出："在资本初期，为了把丧失财产的人按照对资本有利的条件转变成工人，发生过国家强制。"① 这同资产经济学家所描绘的资产阶级社会早期历史的田园诗般的画面形成鲜明的对照。这一重要论断在《政治经济学批判（1861—1863年手稿）》和《资本论》第1卷中得到了进一步的发挥。在《资本论》第1卷中，马克思在概括他对这个问题的考察时表述了这样一个结论："……从头到脚，每个毛孔都滴着血和肮脏的东西。"②

从英国空想社会主义者的著作中摘录的内容构成曼彻斯特笔记的一个特殊部分。在本卷中，这个内容丰富的部分是从摘自汤普逊和艾德门兹的摘录开始的。马克思认为，研究英国社会主义者的观点不仅具有重大的理论意义，而且具有实际意义。从汤普逊和艾德门兹的书中，马克思摘引的段落主要涉及英国社会主义者所制定的社会变革计划的理论根据和实质。他集中力量研究了汤普逊的观点。汤普逊认为，劳动是社会财富的唯一源泉，他用这一观点来从理论上论证他所提出的分配原则——保证每个生产者获得自己的劳动的全部等价物。他说："在任何地方，在所有人当中，劳动都是一件价值物品。在任何地方，支付给劳动的价格都是为了延续生存和购买食物。它是唯一的万能商品……劳动

---

① 《马克思恩格斯全集》第1版第46卷（下）第254页。
② 《马克思恩格斯全集》第1版第23卷第829页。

增添了对物质的渴求,唯有劳动才构成他们的物质财富。"① "……劳动必须得到它的全部等价物。"②

汤普逊从李嘉图的价值理论中获得了关于资产阶级社会的剥削本质的认识,这个社会的财富完全归功于劳动者的劳动。马克思记录了汤普逊的下述重要思想:"材料、建筑物、机器、工资不能给自身价值增加任何东西。追加的价值只来自于劳动本身……在通常情况下,生产工人的劳动至少有一半被资本家夺走了。"③汤普逊认为,私有制的统治是现存的社会弊端的主要根源。他依据劳动价值论,在《最能促进人类幸福的财富分配原理的研究》一书中论证说:"只要事物的这种势力支撑的组织继续存在,因而只有一伙人**支配着这类生产力**"④,社会的不公正就不会消除,分配的平等就不会实现。同时,马克思还发现了汤普逊观点中的不一致之处和折中主义,因为他认为,只有"共和代议制"⑤才能解决不平等的问题。所以马克思得出结论说,汤普逊的伦理道德原则和法的原则无非是"葛德文、欧文和边沁的一个充满矛盾的结合体"⑥。

马克思通过分析汤普逊和艾德门兹的著作得出结论认为,英国社会主义者提出的改造资产阶级社会的纲领具有局限性。马克思必须强调以革命方式改变现存的关系,他在下面的评论中表达了他对这些社会改革方案的批判性立场:"汤普逊认为,一切都要符合'同等的保证'、'自

---

① 《马克思恩格斯全集》历史考证版第4部分第4卷第238页。
② 《马克思恩格斯全集》历史考证版第4部分第4卷第239页。
③ 《马克思恩格斯全集》历史考证版第4部分第4卷第240页。
④ 《马克思恩格斯全集》历史考证版第4部分第4卷第240页。
⑤ 《马克思恩格斯全集》历史考证版第4部分第4卷第245页。
⑥ 《马克思恩格斯全集》历史考证版第4部分第4卷第245页。

由交换'等等这类空话。"① 马克思把空想社会主义者的经济观点同资产阶级经济学家的立场进行对照，这无疑有助于他更深入地理解李嘉图劳动价值理论的意义。

在写作曼彻斯特笔记的过程中，马克思利用经济学原著进行研究的方法更加深化和完善，同时他自己的经济学研究的方法论得到进一步的探讨。在这方面，我们看到，巴黎笔记、布鲁塞尔笔记和眼前的笔记之间有着某种直接的连续性。在马克思主义政治经济学的形成时期，当马克思自己关于政治经济学的各种问题、范畴和历史的观点刚刚开始形成之际，经济学家们的论战性著作对马克思来说具有特殊的价值。在这些著作中，经济学家们对他们自己的观点相互作出批判性的评论，并且批判地评述了前人的各种结论。例如，戴韦南特在《论公共收入》中评价了配第在发展政治经济学的方法方面所起的作用和占有的地位，库伯的《论政治经济学的要素》和阿特金森的《政治经济学原理》对不同流派的许多经济学家（斯密、李嘉图、马尔萨斯、萨伊、麦克库洛赫等等）有关政治经济学最重要问题的各种观点作了对照，摘录了他们的著作，从报刊和各种文件中记录了见证材料，所以，这些著作对马克思来说颇具启发意义。马克思对它们作了特别详细的摘录，从中得出了某种相当全面的概念，认识到资产阶级政治经济学中的这一或那一问题总的来说占有怎样的地位。在这一基础上形成了一种独特的方法，并被马克思经常用于他以后的写作当中，这就是：在阐述他自己的论断和结论时同各种文献资料和观点进行对照。

马克思的另一个特点是，他总想弄清某一思想及其倡导者的本来面目以及这一思想进一步发展的情况。在这个方面，特别典型的是马克思

---

① 《马克思恩格斯全集》历史考证版第4部分第4卷第241页。

摘自萨德勒有关马尔萨斯人口论的来源的著作的摘录。① 马克思把他所摘录的作者的评论同他自己的认识进行对照，这使他能够就资产阶级经济学家的著作的局限性、就他们的立场上的错误得出有根据的结论。

曼彻斯特笔记反映了马克思经济学研究的方法论在这一时期形成的一个重要特点：从抽象上升到具体，从现象的表面深入到内在本质的运动。马克思借助于他所研究的原始资料中的具体材料，掌握了分析经济过程的方法，说明了这种过程的特征，密切注视它们的发展情况，并且认为，影响经济过程的全部因素都应引起注意。马克思在摘录中加的评论、批注和概括虽然非常简短，而且有时也不连贯，但是它们在马克思的经济理论，乃至整个马克思主义理论的形成和进一步发展中无疑构成一个重要的起始阶段和中间阶段。

*　　　*　　　*

本卷的第二部分发表了恩格斯的摘录笔记，从而第一次将恩格斯的这部分文字遗产公布于众。它们可以使人们清楚地了解他计划写但没有按原样写成的"一本内容比较广泛的关于英国社会史的著作"② 的内容。

写作这样一部著作的计划显然产生于恩格斯写作《政治经济学批判大纲》期间。1844年1月，恩格斯在《政治经济学批判大纲》的结尾处写道："由于考察机器生产的影响，结果我就全转到另一个比较远的题目，即工厂制度上去；但是现在我既不想，也没有时间来讨论这个题目。不过，我希望不久能够有机会来详细分析这个制度的极端的不道德性，并且无情地揭露经济学家们在这里表现得很充分的那种伪善。"③

---

① 《马克思恩格斯全集》历史考证版第4部分第4卷第102—103页。
② 《马克思恩格斯全集》第1版第2卷第278页。
③ 《马克思恩格斯全集》第1版第1卷第625页。

这时，他显然已经开始收集所需的事实材料。

《英国状况。I. 评托马斯·卡莱尔的〈过去和现在〉》、《英国状况。II．十八世纪》、《英国状况。III. 英国宪法》是恩格斯1844年3月完成的一组文章。不难设想，这组文章反映了恩格斯关于他要在书中阐述的各种观点的思考和他当时在所收集的资料的基础上得出的结论。恩格斯在第1篇文章中说明他为什么把拥有发达的工业资产阶级和数量可观的无产阶级的英国这一典型的资本主义国家当作自己研究的对象。他写道："英国状况对历史和其他所有国家都有很大的意义，因为在社会关系方面，英国无疑地远远超过了其他所有的国家。"① 恩格斯直接从英国的现实和所接触的大量有关资料中了解事实，这使他能够确定英国的社会经济发展和政治发展的主要趋势，而这些趋势同时又具有普遍意义。

随着时间的推移，恩格斯改变了本来打算写一本"内容比较广泛的"著作的计划。他决定撰写一组文章论述英国工人阶级的状况并将它们单独发表，并且最初只是"作为……一章来论述"②。不过，恩格斯在《英国工人阶级状况》一书中一再提到他打算进一步详细研究这些问题，这一事实表明，恩格斯想要对英国社会史作出总的论述的计划仍然没有放弃。在《英国工人阶级状况》这一著作的结尾部分，恩格斯说明了他进一步写作的主要目的："如果这些结论（关于英国爆发社会革命的不可避免性的结论——编者注）在这里还显得根据不够充分，那么我希望在别的地方有机会来证明，这些结论是从英国历史发展中必然得出的。"③

---

① 《马克思恩格斯全集》第1版第1卷第655页。
② 《马克思恩格斯全集》第1版第2卷第278页。
③ 《马克思恩格斯全集》第1版第2卷第587页。

恩格斯和马克思一起于1845年夏天去曼彻斯特旅行，这使他有机会大大扩充论述这一广泛的论题所需的资料。本卷发表了恩格斯的3个摘录笔记本，它们是流传下来的唯一证据，表明恩格斯为实现最初的计划做了哪些准备。

在3本曼彻斯特笔记中，恩格斯大体上完整地摘录了8本书，另外，他还从米塞尔登、库伯和萨德勒三位作者的著作中各摘录了一部分内容。在这些笔记本所摘录的著作中有4部著作（伊登、艾金、巴特沃思和葛德文）是历史著作，另一本未署名的小册子《论贸易联合体》也应属这一类著作。恩格斯研究过的其余6本书都出自经济学家的手笔，他们分属于资产阶级政治经济学的不同流派。其中5名作者是马克思在本卷所发表的摘录笔记中作过摘录的作者，他们是图克、吉尔巴特、库伯、萨德勒和米塞尔登；只有乔治·理查逊·波特尔不在此列。恩格斯通过细心研究为数不多的这几部书收集了可观的事实材料，它们反映了英国的社会经济和政治结构中所发生的过程，涉及的时间是从1066年诺曼人征服英国直至19世纪40年代中叶英国成为重要的工业和殖民强国为止。英国历史上两个极为重要的事件——宗教改革和17世纪的英国资产阶级革命——把这段时间按内容和意义分为三个不同的时期。

英国历史学家和经济学家伊登的《贫民的状况》一书的开头一章和未署名的小册子《论贸易联合体》中的部分内容是恩格斯阐明前两个时期的特征，即英国封建主义占统治时期和封建主义衰亡、资本主义关系形成的时期的特点的最重要的资料来源。第三个时期从17世纪的资产阶级革命开始，在此期间英国的资产阶级制度和资本主义生产方式的统治地位得到巩固。恩格斯的3本曼彻斯特笔记中所摘录的全部文献（包括上面提到的两部著作）都涉及到这一历史发展的各个方面。这就证明，恩格斯注意的中心是英国在这一时期的社会经济发展情况和政治发展情况。

恩格斯所收集的有关前两个时期的事实材料主要说明了当时英国社会的社会经济结构和阶级结构以及对这种结构的变化产生影响的各种事件和过程。恩格斯依据伊登所利用过的基本资料，如《世界末日篇》、大量的编年史材料和《自由大宪章》的不同文本，研究了11—12世纪英国农村人口结构（他们由奴隶、农奴和自由农民组成），详细记述了农奴的所有类型和他们交纳赋税的各种形式。他赞成伊登的下述结论："农奴制度就其细节来看虽然有所不同，但原则上到处都一样：农奴，无论生来就是农奴还是后来变成了农奴，都不能获得对任何一种财产的绝对权利。"[1] 恩格斯借助于伊登的书考察了英国社会的进一步的发展。他弄清了近12世纪末奴隶制消失的情况，商品货币关系的逐步形成过程和15世纪初农奴制度的实际废除。英国自由佃农阶层的形成便是这个过程的结果，用恩格斯的话说，他们被一张令人窒息的封建赋税的网紧紧缠住。[2] 恩格斯发现，随着商品货币关系在英国农村的发展，大多数农民的状况变得极为恶劣。他还弄清了人民群众的贫困不断加剧的其他一些原因：战争、传染病、歉收。他感兴趣的还有英国城市的发展，它们逐渐转变为商业和工业中心的过程。[3]

恩格斯在摘录伊登的书时非常重视在英国发生的一种典型过程，这种过程导致直接生产者同生产资料的分离，其结果是广大的生产者被强制地同他们的生存资料脱离开来，"自由的"无产者被抛向劳动市场。通过原始积累，英国社会的社会结构发生了重大变化，形成了资本主义

---

[1] 参看《马克思恩格斯全集》历史考证版第4部分第4卷第365页。
[2] 参看《马克思恩格斯全集》历史考证版第4部分第4卷第367页。
[3] 参看《马克思恩格斯全集》历史考证版第4部分第4卷第368—369页。

的生产方式和阶级结构。恩格斯的注意力首先放在13世纪开始的占有农民公有地的问题上，也就是所谓的圈地问题上，这一过程一直持续到18世纪末。起初地主占据大片公有地是依据他们的封建权利，而在17世纪英国革命后，特别是在18世纪，强占土地和把农民从土地上赶走的行为则已经得到国家的帮助，是依据议会的专门法令进行的。可见，资产阶级和土地贵族是利用国家政权来达到他们的目的。伊登和其他资产阶级著作家一样，鼓吹一种胡说资本主义生产方式曾经历田园诗般的形成过程的传说，恩格斯在评论伊登的观点时写道："可见，这就是维护圈地的全部历史，而且还要血腥得多；说什么土地贵族的财产是毋庸置疑的，这说得多好听啊。**但是他要想利用自己的财产毕竟需要有一项法令！**问题是要把封建的法变为现代的法，要变一场戏法，不过这与伊登先生无关。"①

除圈地以外，恩格斯认为，继变耕地为牧羊场之后发生的驱赶农民离开土地的行为是强迫直接生产者同生产资料分离的历史中的另一重要步骤。这一过程在15—16世纪尤为加剧，这是因为在英国毛纺织业迅速扩展，国内外市场上对羊毛的需求上升。同时，恩格斯还注意到了同时发生的农场扩大的过程。所以他强调指出工场手工业的发展同向它们提供原料的农业之间的紧密联系以及农业中资本主义关系的形成。恩格斯看到，在16世纪，随着宗教改革，教会财产遭到大规模的掠夺，落入国王、廷臣、新的低级贵族和资产阶级的手中，结果对人民大众的暴力剥夺变本加厉。亨利三世的政策的目的在于使寺院地产移作俗用，恩格斯在评论这一政策时不无讽刺地写道："虽然也叫作购买，却是一种

---

① 参看《马克思恩格斯全集》历史考证版第4部分第4卷第363页。

无耻的掠夺。"① 圈地、用暴力将农民从土地上赶走；清理公有地产和农民的少量财产，剥夺小农场主，这一切引起的后果就是相当多的农民变成短工、乞丐和流浪者，他们对于正在兴起的英国资本主义工业来说成为自由的劳动人手。

恩格斯从暴力剥夺英国人民大众的过程中得出下列结论："从农民获得自由之日起贫困本身也开始了，农民在封建的桎梏下被束缚于土地……这使得立法机关直到目前为止曾不必为流浪者、贫困者等等操心。"② 他赞成伊登的结论："制造业和商业是我们民族贫困的真正根源。"③ 马克思和恩格斯后来在《德意志意识形态》中主要依据在曼彻斯特收集的事实材料作出评论说，"真正的私有财产到处都是因篡夺而产生的"④。恩格斯从伊登的书中摘录了许多事实，他关于原始积累时期所特有的各种过程的思想，都被马克思用于《资本论》第 1 卷，它们使马克思有可能准确地评论这些事件："掠夺教会地产，欺骗性地出让国有土地，盗窃公有地，用剥夺方法，用残暴的恐怖手段把封建财产和克兰财产变为现代私有财产——这就是原始积累的各种田园诗式的方法。"⑤

恩格斯除了注意原始积累的这些国内来源以外，还十分注意这个问题的外部条件，也就是注意这样的问题：殖民地掠夺在为英国工业革命准备有利条件方面起过什么作用。他在摘录历史学家和经济学家的许多书籍时收集了大量有关 17 世纪末以来英国进行的多次战争的资料，这

---

① 参看《马克思恩格斯全集》历史考证版第 4 部分第 4 卷第 380 页。
② 参看《马克思恩格斯全集》历史考证版第 4 部分第 4 卷第 376 页。
③ 参看《马克思恩格斯全集》历史考证版第 4 部分第 4 卷第 376 页。
④ 参看《马克思恩格斯全集》第 1 版第 3 卷第 422 页。
⑤ 参看《马克思恩格斯全集》第 1 版第 23 卷第 801 页。

些战争的目的是满足英国资产阶级的贸易和殖民利益,把最重要的竞争对手西班牙、荷兰和法国从他们所占领的国外领地上赶走,使英国成为最大的殖民强国。他在自己的书目索引中还提到几本主要是研究东印度公司历史的书籍。恩格斯从波特所著的《国家的进步》一书中摘引了有关大不列颠从17世纪到19世纪推行的殖民政策问题的很有价值的材料。他考察了大不列颠是如何向世界各个地区推进的——从欧洲的直布罗陀和伊奥尼亚群岛直至澳大利亚。他研究了使亚洲各国殖民化的东印度公司的作用。这些国家由此而成为殖民政策掠夺的对象,成为推动英国工业革命的资本来源。

恩格斯在早期著作中[①]已经多多少少谈到了英国工业革命的历史及其对后来英国社会经济发展的重要意义。他在曼彻斯特逗留期间又重新对单个题目进行了研究。他在弗雷德里克·摩尔顿·伊登、约翰·艾金和詹姆斯·布特沃思的书中,发现了有关这个题目的新的事实材料。他的注意力主要放在两个问题上:技术变革是许多重要发明的结果;工业的迅速发展,工场手工业生产向机器大生产的转变。

为此,他收集了一些传记材料,这些材料不仅涉及英国著名的发明家(理查·阿克莱、詹姆斯·哈格里沃斯、詹姆斯·瓦特),而且还涉及那些不大出名但同样对国家的技术进步作出贡献的人[②](詹姆斯·布林德利、约翰·凯、托马斯·海伊斯等等)。他详细记录了一位有天赋的自学者——詹姆斯·布林德利的艰难生活道路,此人因在修建运河、供水道、隧道等等时采用了当时不同寻常的方法而引起轰动。

18世纪中叶以来,"**机器劳动**在英国工业的各主要部门中**战胜了手**

---

① 参看《马克思恩格斯全集》第1版第1卷第624、656、667—677页。
② 参看《马克思恩格斯全集》历史考证版第4部分第4卷第441—444、457和459页。

工劳动"①，鉴于英国工业的这种迅速发展，恩格斯把注意力主要放在了曼彻斯特工业区以及与之毗邻的各郡，这是英国西北部最发达的地区。恩格斯以这个地区为例，考察了当时对整个国家都具有典型意义的社会经济过程和现象，因为正是在这里，这些过程和现象表现得最为明显。通过摘录伊登和艾金的书，恩格斯搜集了有关大不列颠50多个城市的丰富的事实材料。② 他从中摘录了各方面的资料，涉及的内容有：城市人口的迅速增长，从前的小村庄转变为工业中心，英国各种各样的工业部门（包括传统的和新兴的），运河的加速开凿，工厂中机器的广泛应用，到处可见的使用女工和童工的现象，赤贫现象的进一步加剧。③ 这些都证实了恩格斯在《英国工人阶级状况》中所得出的结论：英国工业的"全部历史所叙述的，只是手工劳动如何把自己的阵地一个跟一个地让给了机器。结果，一方面是一切纺织品迅速跌价，商业和工业日益繁荣，差不多夺得了一切没有实行保护关税的国外市场，资本和国民财富迅速增长，而另一方面是无产阶级的人数更加迅速地增长，工人阶级失去一切财产，失去获得工作的任何信心，道德败坏，政治骚动"④。

恩格斯还注意到英国工业革命后的发展的一个方面：银行体系形成过程的历史，尤其是英格兰银行的历史。为此，恩格斯摘录了英国银行家和经济学家吉尔巴特的书《银行业的历史和原理》。同时，他颇注意

---

① 《马克思恩格斯全集》第1版第2卷第286页。

② 参看《马克思恩格斯全集》历史考证版第4部分第4卷第431—436和439—452页。在《英国工人阶级状况》中他仅仅提到15个城市。

③ 参看《马克思恩格斯全集》历史考证版第4部分第4卷第431、433—435页。

④ 《马克思恩格斯全集》第1版第2卷第286—287页。

英国银行制度的前史,特别是高利贷的发展情况,直至1694年英格兰银行的成立。与恩格斯不同,马克思在他的有关摘录中①只是粗略地提了一下英国银行制度的前史。此外,恩格斯还记录了英国政府颁布的旨在扩大英格兰银行的特权并支持它的金融业务的诸多法令。这些法令使恩格斯得出结论:英格兰银行"在政府面前成为一种力量"并且总是"和政府一起进行共同的肮脏交易"。②另外,恩格斯收集了有关在国内建立地方银行的广泛网络以及建立股票公司、保险公司和其他公司的广泛网络的各种事实材料,这些公司加在一起就形成一个强有力的多分支的银行体系,使得资本能实现有效的流通,获得巨额利润并加速资本的集中。③

在恩格斯的曼彻斯特笔记中,有关英国经济的周期性发展的资料占有重要的位置。这个问题他已经在《政治经济学批判大纲》和《英国工人阶级状况》中研究过。恩格斯在三位作者(库伯、图克和波特)那里找到了他研究这个问题所需要的资料。依据图克所引用的事实材料,恩格斯区分了局部危机和全局危机,前者相对说来具有地方性质,其中他列举了1816年的危机和1819年的危机,恩格斯把它们称作"游动危机"④。他特别注意1825年的危机,因为它是资本主义历史上第一次普遍性的生产过剩危机,从此开始了资本主义经济的周期性的发展。他也特别注意到1837年的危机,因为这次危机证实了资本主义的上述普遍规律性。此外,恩格斯还注意到每一次危机的特殊性并弄清它们各

---

① 参看《马克思恩格斯全集》历史考证版第4部分第4卷第164—174页。
② 参看《马克思恩格斯全集》历史考证版第4部分第4卷第465页。
③ 参看《马克思恩格斯全集》历史考证版第4部分第4卷第465、468—469页。
④ 参看《马克思恩格斯全集》历史考证版第4部分第4卷第515页。

自的特征。在这里，有趣的是他对1825年的危机（按有些著作家的说法，这场危机于1824年底就已经开始了）和1837年的危机所作对比："总的说来，人们认为1837年的危机并不像1824年的危机那样糟糕，——因为它不是那么粗野，而主要是发生在那些已经开化的、不受天然产品制约的部门，即发生在货币投机业、股票投机业和工业生产中，——因为它仅仅波及到受危机冲击的那一群**资产阶级**。"①

同时，恩格斯还集中精力了解危机期间工人阶级的状况急剧恶化的情况，因为危机同时也造成失业人数的迅速增加、工资的下降和人民大众的贫困随之而加剧。恩格斯概括地写道："工业危机又被称作周期性的饥荒。"② 图克宣称，"工人们在危机期间处境很好"，恩格斯认为他的论断是"非常靠不住的"③。

《英国状况。III. 英国宪法》一文主要是"对英国法治状态的批判"，恩格斯在这里提出的任务是要单独研究统治阶级的"恶劣到极点的**直接的**社会立法"④ 问题。恩格斯期望能在他的论述英国社会史的巨著中实现这一设想，所以在曼彻斯特笔记中记下了近300项法令，它们体现了英国济贫法和劳动立法的主要内容，这些法令的诞生同英国的原始积累和资本主义关系的进一步发展息息相关，

通过对济贫法的分析，恩格斯首先注意到，立法者的主要目的是要强迫流浪者和赤贫者以任何代价去干活。他在研究了一项又一项的法令后发现，对流浪和拒绝劳动行为的惩罚，尤其是对有劳动能力的乞丐和流浪汉的这种行为的惩罚越来越残酷。有劳动能力的流浪汉公开遭鞭

---

① 参看《马克思恩格斯全集》历史考证版第4部分第4卷第528页。
② 参看《马克思恩格斯全集》历史考证版第4部分第4卷第482页。
③ 参看《马克思恩格斯全集》历史考证版第4部分第4卷第513页。
④ 参看《马克思恩格斯全集》第1版第1卷第703页。

打,被戴上镣铐,用烧红的烙铁打上烙印,被割掉半只耳朵,被监禁,终生成为奴隶,被当作叛国者判处死刑。鉴于这些法令的残酷性,恩格斯写道,有劳动能力的乞丐不得不"总是像牲畜一样受折磨"。"相反,强壮的人却被认真地……加以追捕。"① 马克思在《资本论》第1卷中详细利用了恩格斯在其笔记中所收集的有关这些法令的丰富资料。马克思就这些"惩治流浪者的血腥法律"②概括性地写道:"这样,被暴力剥夺了土地、被驱逐出来而变成了流浪者的农村居民,由于这些古怪的恐怖的法律,通过鞭打、烙印、酷刑,被迫习惯于雇佣劳动制度所必需的纪律。"③

  恩格斯记下了济贫法中最重要的条款并概括了它们的主要内容。同时他还使人们注意到,在这些法令中明显区分了两种人,一种人因健康和年龄的原因被允许乞讨和得到社会的帮助;另一种人有能力劳动,因而有义务维持自身和家庭的生活。在这方面,恩格斯还强调了英国济贫法立法中的两个颇有教益的情况:从1576年起,各郡均建立习艺所(最初叫作"教养所"④),从1601年起实行一种济贫税。他对习艺所的历史和工人在那里的劳动及生活条件表现出特殊的兴趣。在《英国工人阶级状况》这一著作中,他就已经指出,工人自己把这种习艺所叫作"穷人的巴士底狱"⑤。在摘录中,恩格斯特别重视1782年的法律,它是由政治活动家和济贫法改革者托马斯·吉伯特提交给议会的,目的是改善习艺所的组织和管理原则。按照这项法律的起草人的说法(恩格斯

---

① 《马克思恩格斯全集》历史考证版第4部分第4卷第380页。
② 《马克思恩格斯全集》第1版第23卷第803页。
③ 《马克思恩格斯全集》第1版第23卷第805页。
④ 《马克思恩格斯全集》历史考证版第4部分第4卷第389页。
⑤ 《马克思恩格斯全集》第1版第2卷第576页。

对此表现出很大的兴趣),习艺所因主管人和看守者的专横跋扈,对穷人来说逐渐变成了"恐怖所"①。恩格斯借助伊登的书了解了习艺所的许多规章制度,把它们说成是"卑鄙无耻的"②,同时他着重注意到习艺所中的无法无天和其中的可怜的生活条件。在这方面,他特别注意到伊登向习艺所主管人推荐的朗福德伯爵本杰明·汤普逊的小册子《政治、经济、哲学论文集》。恩格斯以他特有的尖刻的讽刺口吻称该作品是"一本教人以各种可能的方法制作最廉价食品的出色食谱,可据以向工人提供取代目前昂贵的日常食品的代用品"③。马克思在《资本论》第1卷中完全引用了恩格斯对朗福德那本书的评价以及恩格斯在其笔记本中记下的供工人食用的最廉价食品的配方。④

济贫法的具体内容在恩格斯面前暴露了该法的阶级本质并证实了恩格斯早年得出的结论:"而且这种对富人的庇护也明显地表现在法律中。"⑤ 正如恩格斯强调指出的,这些法律一涉及到赞助贫民和乞丐方面的组织工作,上述特点就表现得格外明显。在这里,1553年的法律使他特别受启发,该法规定要把贫民和乞丐终身变为奴隶,所以恩格斯称之为奴隶法,尤其是该法为征集救济金者提出了严格的规定,即对募捐者要"有礼貌",也就是"礼貌地问一问每个男女。他们每周为救济贫民将作出什么令他们满意的施舍"⑥。在这里,恩格斯两次强调了"礼貌"这个词,并且得出结论说:"就是说对资产阶级要温柔和蔼,

---

① 《马克思恩格斯全集》历史考证版第4部分第4卷第420页。
② 《马克思恩格斯全集》历史考证版第4部分第4卷第435页。
③ 《马克思恩格斯全集》历史考证版第4部分第4卷第427页。
④ 《马克思恩格斯全集》第1版第23卷第659页。
⑤ 《马克思恩格斯全集》第1版第1卷第702页。
⑥ 《马克思恩格斯全集》历史考证版第4部分第4卷第382页。

这与上面提到的奴隶条款形成更加鲜明的对照。"①

恩格斯认为，在英国各届国王统治下一再颁布的济贫法，通常只是停留在纸上。然而他认为，这些法律的通过本身就表明一种迹象，说明英国当局慑于没有工作、没有住房和没有面包者人数日益增多，不得不通过立法措施来寻找遏制这种社会现象的办法。同时他发现，英国政府在这个问题上表现出一种特别不妥协的立场。恩格斯注意到，"他们极其憎恨流浪汉"②，因为人们把济贫法本身看作是对神圣的私有财产的进攻。在《德意志意识形态》中，马克思和恩格斯对这种建立习艺所和实行济贫税的立法作了如下的评论：这种济贫税是"被占统治地位的资产阶级用来直接地公开地进攻无产阶级的经费。这些钱被用来办贫民习艺所，大家知道，这种贫民习艺所是对付赤贫的马尔萨斯式的威吓手段"③。

恩格斯在研究济贫法的同时还研究了英国的劳动立法，爱德华三世于1349年制定的劳工法是劳动立法的基础。在该法中第一次规定了许多类别工人的工资数额，对违反规定者规定给以严厉的惩罚。在另一些法律中，除对工资作了规定以外，还规定了工作日的长短以及工人的服装和伙食的费用。恩格斯一针见血地称这些法规为"吃饭法和工资法"④。恩格斯在评论这些法律时写道，在所有这些法律中都"规定了工资的最高额，却没有规定工资的最低额"⑤。这样，资产阶级就可以避免支付高额的工资，同时却保留了无限降低工资的权利。同时，正如

---

① 《马克思恩格斯全集》历史考证版第4部分第4卷第416页。
② 《马克思恩格斯全集》历史考证版第4部分第4卷第394页。
③ 《马克思恩格斯全集》第1版第3卷第424页。
④ 《马克思恩格斯全集》历史考证版第4部分第4卷第372页。
⑤ 《马克思恩格斯全集》历史考证版第4部分第4卷第373页。

恩格斯所强调的，在所有这些法律中，支付高于法定工资额的行为被认为是最严重的违法行为，应处以40天以内的监禁，但是"支付低工资者"①则不受惩罚。

在劳动立法的各种法令中，恩格斯对严禁工人结社的法令特别感兴趣。恩格斯早在《英国状况。III. 英国宪法》中就已经强调指出，按照英国的宪法，"充分的结社权利也仍然是富人的特权"②。他的这一结论在匿名小册子《论贸易联合体》中得到了证实。小册子汇集了丰富的材料，反映了工人为争取享有结社权而进行斗争的历史。该小册子的作者考察了工人组织的历史，从中世纪的"互助会"起直到英国无产阶级第一个独立的工会组织——工联的成立为止。在这里恩格斯立即注意到，英国议会年复一年通过的禁止各行业工人成立组织的法律毫无成效。③就连小册子的作者也不得不承认，自18世纪中叶以来，尽管有禁令，每年"联合会的数目还是不断增加"，它们尽管"不合法"④。却领导着工厂工人的斗争并给厂主的如意的算盘以沉重的打击，工人慢慢地在"道义上"不再"惧怕"那些把工人组织的成员看作是罪犯的法律。恩格斯把这些看作是广大工人群众觉悟提高的开端。终于，在1824年通过了一项法律，"它废除了以前禁止工人为保护自己的利益而联合起来的一切法令"。⑤恩格斯断定，该法律的通过是在英国居于统治地位的社会上层——土地贵族和金融寡头向工人作出的让步，其目的在于转移工人参加选举改革斗争的视线。

---

① 《马克思恩格斯全集》历史考证版第4部分第4卷第374页。
② 《马克思恩格斯全集》第1版第1卷第696页。
③ 参看《马克思恩格斯全集》历史考证版第4部分第4卷第536页。
④ 参看《马克思恩格斯全集》历史考证版第4部分第4卷第535页。
⑤ 《马克思恩格斯全集》第1版第2卷第502页。

在伊登的书中，恩格斯感兴趣的不仅有英国议会颁布的济贫法，而且还有大量旨在消除赤贫现象的法案，有产阶级的某些代表就是因这些法案而闻名的。尤其在17世纪资产阶级革命以后，有关穷人的文献像潮水一样涌来。人们拟订了要使英国社会免除赤贫脓疮的种种可能的法案，这些法案的作者主要是各级神职人员、颇为有名的作家，如丹尼尔·笛福、贝尔纳德·孟德维尔和亨利·菲尔丁，还有哲学家和经济学家，各派国务活动家和政治家，贵族和资产阶级。

促使恩格斯对这些作者的书、小册子、文章和法案发生兴趣的原因之一，是他们对社会贫困的原因所作的解释。多数作者认为，人性的堕落、懒惰的习气、厌恶劳动，缺少教育等等是使赤贫现象日益加剧的主要原因。① 另一方面，恩格斯很注意统治阶级的各种代表人物提出的使英国摆脱赤贫现象的各种办法。多数作者认为，首先应取消对赤贫者的各种援助，例如恩格斯摘录了理查·邓宁的一段典型的表述："谁一旦获得教会的救济，就会变得懒惰并把这种帮助看成是应得的**权利**。"② 作家亨利·菲尔丁也同样激烈地反对济贫税，恩格斯对他的观点作了如下复述："救济乞丐是一种用心善良但是却会诱人堕落的弱点。"③ 多数作者认为，为了消除赤贫现象，最重要的手段是采取一些法律的和强制的措施，以迫使乞丐和贫民参加习艺所的劳动，并吸收他们参加公共劳动。波特认为教育对消灭下层阶级的贫困有重要意义，恩格斯对波特的这一观点评论如下："现在，波特就正规教育的优越性发表了一通废话，认为这种教育会使劳动阶级掌握上升为资产阶级的手段，并且使他们懂

---

① 参看《马克思恩格斯全集》历史考证版第4部分第4卷第397—400、501页。

② 参看《马克思恩格斯全集》历史考证版第4部分第4卷第398—399页。

③ 参看《马克思恩格斯全集》历史考证版第4部分第4卷第418页。

得,糟糕的岁月是一种难以避免的不幸,是来自于许多必然的、无法驾驭的原因,而不是来自于某种有利于富裕的统治者阶级的经济制度。教育会阻止他们去参加暴乱,抵御蛊惑人心的宣传,并向他们证明,他们最好还是一切任其自流,如果不愿劳动就无声无息地饿死。"①

通过分析大量的法律和法案,恩格斯还确信:这些文件都忽略了形成赤贫现象的真正原因,因为这种现象是英国社会从封建主义向资本主义发展的客观过程所引起的;它们或多或少都维护了有产阶级的利益;它们的目的是要借助各种缓和措施来消除世界上最富裕国家中的这种社会贫困的最令人不快的一些问题。恩格斯在其摘录中写道:"伊登先生看不到,从一方面来说,促进工业和赤贫的加剧是一回事。"② 围绕赤贫现象和为消除这种现象提出的种种办法而搜集的大量事实材料完全证实了恩格斯在《英国工人阶级状况》中所阐述的下述观点:"贫穷是现代社会制度的必然结果,离开这一点,只能找到贫穷的某种表现形式的原因,但是找不到贫穷本身的原因。"③

恩格斯在曼彻斯笔记本中继续收集有关英国工人阶级各个类别的状况的资料。伊登和艾金的书为他提供了具体的材料,表明英国工人阶级形成初期雇佣工人所处的贫穷的和无权的状况。不过,恩格斯更感兴趣的是近代英国工人阶级的状况,这时"资产阶级文明"④ 的成果已经开始充分显示出来,他发现,城乡工人的不同类别的工资普遍明显下降。⑤ 全国最主要食品的价格大大上涨,这就使得人们的处境更加困

---

① 参看《马克思恩格斯全集》历史考证版第4部分第4卷第501页。
② 参看《马克思恩格斯全集》历史考证版第4部分第4卷第360页。
③ 《马克思恩格斯全集》第1版第2卷第561页。
④ 《马克思恩格斯全集》历史考证版第4部分第4卷第375页。
⑤ 参看《马克思恩格斯全集》历史考证版第4部分第4卷第432页。

难。恩格斯在波特的著作《从 19 世纪初起国家在各个社会和经济领域中的进步》的第 3 卷中发现了有关所有这些问题的丰富的事实材料。恩格斯强调指出，英国工人中大部分人陷入饥饿状态的现象，到处都伴随有这样的情况：工人堕落，犯罪行为增加，卖淫，酗酒，吸毒。波特引用的事实材料表明，英国政府为消除这些现象而采取的措施是无效的。恩格斯就此写道："另外，这种强制的镇压办法在犯罪方面自然会引起反作用：那些目前在酒馆中喝得烂醉的人时时防范同警察等等发生争吵，而偷偷酗酒则导致大量堕落现象的发生。"①

从波特的书中，恩格斯摘录了关于国内犯罪率上升的令人震惊的材料："从本世纪初开始，在英格兰和威尔士犯罪行为每年增加 5 倍，在爱尔兰从 1805 年至 1839 年每年增加 7 倍，在苏格兰从 1815 年至 1839 年每年增加 6 倍。"② 同时，他还摘记了妇女和未成年人犯罪人数迅速增加的情况。③ 恩格斯在自己的笔记本中列举了波特曾提到的并在英国广为人知的大部分犯罪事件。其中多数是盗窃和损坏各种财物的犯罪行为。这使他赞成作者的下述观点：大多数犯罪行为是针对私有财产的。④ 恩格斯把这种犯罪行为看成是"工人对资产阶级的反抗"的"最早、最原始和最没有效果的形式"⑤。

波特的书中除了这些反映英国工人阶级所处的令人难以置信的困境的有说服力的事实材料外，还有许多有关英国有产阶级的生活方式的材料，也使恩格斯颇感兴趣，这两类材料形成了鲜明的对比并使鸿沟更加

---

① 参看《马克思恩格斯全集》历史考证版第 4 部分第 4 卷第 499 页。
② 参看《马克思恩格斯全集》历史考证版第 4 部分第 4 卷第 492 页。
③ 参看《马克思恩格斯全集》历史考证版第 4 部分第 4 卷第 497 页。
④ 参看《马克思恩格斯全集》历史考证版第 4 部分第 4 卷第 493—494 页。
⑤ 《马克思恩格斯全集》第 1 版第 2 卷第 501 页。

明显地显露出来,这鸿沟的一方是被判处要受穷、堕落和干重活的无产阶级,另一方是占有工人创造的全部价值的、过着奢侈生活的资产阶级。

恩格斯在摘录各种书籍时还总是记下那些证明英国劳动大众反对压迫者的斗争的事实材料。14世纪末瓦特·泰勒领导的农民起义是恩格斯在研究伊登的书时发现的这类斗争的一桩最早的事件。① 恩格斯在匿名作者的小册子《论贸易联合体》中接触到1518年城市下层居民举行的起义,这次起义以"五月黑道日"的名称载入英国史册并被恩格斯称为"工人的闹剧"②。

恩格斯特别注意研究工业革命开始后英国无产阶级立即展开的斗争的各个阶段和形式。在艾金和布特沃思的书中,恩格斯也没有忽略极其少量的涉及18世纪下半叶工人主要为反对使用机器而往往采取的行动的资料。③ 早在这之前他就读到过工人的阶级斗争的这一初期阶段的意义。他写道,"工人**阶级**第一次反抗资产阶级是在……工人用暴力来反对使用机器的时候"④。

在《论贸易联合体》的小册子中,恩格斯发现了有关英国工人运动的一个新阶段,即广泛掀起罢工运动阶段的重要事实材料,这一运动于19世纪20年代和30年代遍及全国,其主要目的是反对降低工资。⑤ 恩格斯批判了该小册子的作者,因为此人要算给工人看,"为增加工资

---

① 参看《马克思恩格斯全集》历史考证版第4部分第4卷第375页。
② 《马克思恩格斯全集》历史考证版第4部分第4卷第532页。
③ 参看《马克思恩格斯全集》历史考证版第4部分第4卷第443和457页。
④ 《马克思恩格斯全集》第1版第2卷第502页。
⑤ 《马克思恩格斯全集》历史考证版第4部分第4卷第538—540页。

而罢工给他们带来多少损失"。① 为了对此作出回答,恩格斯写道:"这个蠢驴为什么没有看到,这正好说明,其实问题并不是为了每个星期得到十分可怜的3个便士,而是完全为了另外的东西。"② 为此,他十分强调罢工斗争的政治意义。他早在《英国工人阶级状况》中就肯定罢工斗争作为动员和团结工人阶级的手段而具有这样的意义。他说:"罢工是工人的军事学校,他们就在这里受到训练,准备投入已经不可避免的伟大的斗争中去。"③ 当时,恩格斯还没有完全把握罢工对于工人阶级的经济意义。但是他注意到小册子中确定的一个事实,即通常以罢工斗争的发动者身份出现的工人联合会期望"维护高工资"④。这表明他已开始接近于理解工人罢工斗争的经济意义,而后来在60年代,共产主义的两位创始人则对此作出了全面的论述。

恩格斯在研究小册子《论贸易联合体》时注意记下了1825年英国政府通过的关于保护工贼及其操纵者工厂主的法律,这一法律显然是针对罢工工人的。⑤ 但是这个法律根本没能削弱罢工运动。恩格斯十分满意地记下了小册子作者的自白:"**在1829年末和1830年全年,见到的只是连绵不断的和大范围的罢工。**"⑥

恩格斯的曼彻斯特笔记所收集的材料是极为丰富和多样的。笔记中的内容表明,恩格斯打算在他计划写作的著作中多么深入、多方面而详细地阐明英国的社会经济和政治发展情况。在曼彻斯特所作的种种研究

---

① 《马克思恩格斯全集》历史考证版第4部分第4卷第538页。
② 《马克思恩格斯全集》历史考证版第4部分第4卷第538页。
③ 《马克思恩格斯全集》第1版第2卷第512页。
④ 《马克思恩格斯全集》历史考证版第4部分第4卷第538页。
⑤ 参看《马克思恩格斯全集》历史考证版第4部分第4卷第538页。
⑥ 《马克思恩格斯全集》历史考证版第4部分第4卷第540页。

证实了恩格斯在他的早期著作中和《英国工人阶级状况》一书中所表述的关于资产阶级社会发展的趋势和前景以及关于英国爆发社会革命的不可避免性的最重要的结论,并为这些结论提供了丰富的具体历史内容。同时,在曼彻斯特的研究为恩格斯提供了一个重要的基础,有助于他重新着手解决他在进一步制定自己的理论观点体系的过程中遇到的各种问题。

* * *

马克思和恩格斯的曼彻斯特笔记本是研究马克思主义的形成和发展过程的一个重要的资料来源。在《马克思恩格斯全集》原文版第4部分的大量摘录和笔记中,曼彻斯特笔记占有特殊的地位。它们是唯一流传下来的、体现两位革命学者在具体的研究工作中进行合作的实例。这些摘录笔记连同收入本卷的书目索引和马克思的1844—1847年的摘录笔记本[①](它们的图书目录大部分也是在曼彻斯特完成的)都证明,马克思和恩格斯在1845年7月和8月所做的研究工作甚至对他们来说也是异常紧张的。同时也不应忽视他们在英国逗留期间所进行的革命实践活动。他们同宪章运动的领导人和正义者同盟伦敦支部建立了固定的联系。曼彻斯特笔记是马克思和恩格斯40年代所做的笔记的重要组成部分,是他们后来在整个科学活动中不断加以利用的可靠的资料基础。

马克思通过直接观察不列颠王国的两个最大的中心曼彻斯特和伦敦的资本主义现实,充实了自己对英国资产阶级政治经济学的研究,更加坚信:经济学理论的发展"是同社会的现实运动联系在一起的,或者仅仅是这种运动在理论上的表现"。他从英国返回后立即在有关李斯特的《政治经济学的国民体系》的一份手稿中写下了上述这段话。

---

① 参看《马克思恩格斯全集》历史考证版第4部分第3卷。

马克思尝试弄清英国资产阶级政治经济学中以亚当·斯密为突出代表的学派,这是马克思在曼彻斯特的紧张的学术活动的最重要的理论成果之一。在有关李斯特的手稿中,他就资产阶级政治经济学的这些"最初的科学代言人"的功绩表述如下:他们没有料到"无耻地泄露了'财富'的**秘密**并使一切财富的性质、倾向和运动的幻想成为泡影"。

马克思在其著作《哲学的贫困》中进一步阐述了这一结论,曼彻斯特笔记是撰写这一著作的最重要的资料来源之一。在这里,他在确定英国资产阶级政治经济学发展史中科学分期方面又前进了一步。他准确地确定了李嘉图的学说在英国资产阶级政治经济学中的地位:"李嘉图是复辟时期以来在英国占统治地位的那个学派的领袖。李嘉图的学说严峻地总括了作为现代资产阶级典型的整个英国资产阶级的观点。"①

马克思和恩格斯在曼彻斯特收集的丰富的资料,涉及到英国的经济和社会史、该国资本主义的发展、贸易、手工工场和工厂工业的发展、世界市场的形成、资本主义各个发展阶段竞争的形式和方法的形成以及国家政权在加速这一过程方面所起的作用。这些资料使马克思和恩格斯有可能加深对资产阶级社会中经济和政治结构之间不可分割的联系的认识。同时,这种认识又有丰富的具体内容,这有助于更深刻地论证唯物主义的历史观,马克思和恩格斯的曼彻斯特笔记还包含有关于资本主义发展阶段分期的原始资料,马克思和恩格斯第一次在《德意志意识形态》中作出了这种分期。

在曼彻斯特进行的研究使科学共产主义创始人能够更深刻地认识以剥削雇佣工人为基础的资产阶级社会的生产关系的本质。当时收集的有关无产阶级形成史和无产阶级争取生存斗争的历史方面的出色资料,为

---

① 《马克思恩格斯全集》第1版第4卷第89页。

马克思和恩格斯的有关工人阶级的世界历史作用的结论提供了现实基础。

曼彻斯特笔记对于马克思的经济学观点的发展，对于酝酿政治经济学中的一场革命的变革具有特别重要的意义。这一变革是在《资本论》中完成的。值得注意的是，马克思在若干年后写作《资本论》第1卷时特别利用了恩格斯的曼彻斯特笔记。

共产主义创始人原来设想的下一步计划，即马克思写作《政治和国民经济学批判》，恩格斯撰写《英国社会史》的计划，终究未能实现。然而，在曼彻斯特收集到的和经过研究的资料，连同已有的巴黎笔记和布鲁塞尔笔记，曾被广泛地加以利用。马克思和恩格斯所进行的这种知识积累，他们在革命世界观形成阶段对所面临的各种理论和实际问题作出的这种探索，作为一种持续不断的过程后来卓有成效地继续进行下去。

（原载《马克思恩格斯全集》历史考证版第4部分第4卷）

（佐海娴 译　王锡君 校）

《伦敦笔记》研究

关于《伦敦笔记》第I—VI本的内容

——《马克思恩格斯全集》国际版新版第4部分第7卷的序言*

本卷包括马克思和恩格斯遗留下来的1849年至1851年3月的摘录和笔记。

马克思和恩格斯当时刚刚被迫流亡英国,他们就将主要注意力放在把1848年至1849年革命中工人革命运动的经验从理论上加以概括的工作上,并从中为共产主义者同盟的战略和策略作出必要的结论。马克思和恩格斯在为他们1850年1月至11月出版的《新莱茵报。政治经济评论》所写的文章中,作为当前时期的目的,这样写道:"目前这个表面平静的时期,正应当利用来剖析前一革命时期,说明正在进行斗争的各政党的性质,以及决定这些政党生存和斗争的社会关系。"① 他们阐明这个杂志的主要理论设想:"杂志可以详细地科学地研究作为整个政治运动的基础的**经济**关系。"② 对此,马克思可以依据的是他从1843年至1847年在巴黎、布鲁塞尔和曼彻斯特进行的内容丰富的经济研究。英国《经济学家》杂志就立刻成了给马克思提供经济政治情报以及政治经济学讨论和问题的极有价值的源泉。自1849年以来,马克思按期阅读《经济学家》,收集统计资料,记录他认为重要的事实,并摘录理论

---

* 本文选自《马列主义研究资料》1984年第5辑。
① 《马克思恩格斯全集》第1版第7卷第3页。
② 《马克思恩格斯全集》第1版第7卷第3页。

文章。本卷从对1849年度《经济学家》杂志所作的笔记开始，它们是马克思大约在1849年底至1850年初记在一本独立的笔记本上的。马克思也阅读了以前几个年度的《经济学家》，并作了详细的摘录。充分利用每一期杂志，使马克思从多种渠道促进了对自己经济理论的发展。在1852年9月4日发表在《纽约每日论坛报》上的文章《大不列颠普选》中，马克思把伦敦《经济学家》杂志说成是"工业资产阶级的最稳健、最理智、最温和的刊物"。①

大多由《经济学家》的编辑詹姆斯·威尔逊亲自撰写的该杂志的社论，表达了英国自由的大工业资产阶级的最有影响的阶层对重大的现实政治和经济政策事件的观点。不断发表的关于批发商的物价指数、国际收获量、原料市场、生产发展等等的资料，对马克思特别重要。当时还没有建立起像今天这样有系统的统计资料来源。因此，马克思密切注视着《经济学家》，看经济的发展如何在这些事实的基础中得到反映，并且在他的笔记本中建立了一个——包括其他材料在内的——内容丰富的统计知识宝库。同时，他对危机周期的过程特别感兴趣。

马克思和恩格斯移居伦敦时，革命运动尚未完全平息，他们当时和所有革命者一样，认为革命不久将重新高涨。马克思和恩格斯在《新莱茵报。政治经济评论》第5—6期的《1850年5月至10月评论》中对1850年的过去几个月里行情周期过程作了透彻分析，结果从中得出一个必须重新确定工人革命运动的战略和策略的方向的基本结论："在资产阶级关系内一般来说可能达到的这个资产阶级社会生产力如此蓬勃发展的普遍繁荣时期，谈不上真正的革命。只有当**现代生产力和资产阶级的生产形式**这两个因素互相陷入矛盾冲突的时期，这样的革命才是可能

---

① 《马克思恩格斯全集》第1版第8卷第399页。

的。……一场新的革命只可能是新的危机的后果。但它也像新的危机一样是必然会发生的。"① 马克思看到了危机和革命之间的直接的联系,这表明他制定的经济理论还没有完成。在他的经济理论进一步成熟之后,他考察这个联系就大大不同了。尽管如此,马克思从经济繁荣时期为工人革命运动得出的这个结论仍然是正确的。经济繁荣使大陆上的封建反动派有可能重新巩固他们的统治,并剥夺工人革命运动的几乎每一个合法活动的可能性。在革命处于低潮的情况下,马克思和恩格斯认为他们的主要任务是集聚力量,使工人阶级对未来较大的阶级战斗有所准备。他们必须同时与共产主义者同盟中闹宗派的和冒险的维利希—沙佩尔集团决裂,因为维利希—沙佩尔集团想在革命的客观条件还不具备的情况下通过暴动和起义人为地引起战斗。马克思和恩格斯认识到,在这种情况下,他们的主要注意力必须重新转向阐述革命的理论。

他们在1848年以前就已经科学地制定了辩证唯物主义和历史唯物主义的基础,并且全面地证明,整个社会的发展归根到底是由经济运动规律决定的。1844年在巴黎开始的政治经济学研究对马克思的这第一个伟大发现,即唯物史观的发现起了决定性作用。他当时已经开始把政治经济学提高到一个在科学质量上较高的水平。第一批较大的经济学著作《经济学哲学手稿》(1844)、《哲学的贫困》(1847)和《雇佣劳动和资本》,开创了政治经济学的革命。但是,马克思后来在政治经济学领域内作出的伟大发现,暂时还没有实现。1848至1849年革命使经济研究中断了。政治斗争的理论和实践吸引了马克思的全部注意力。对革命的经验进行概括使马克思和恩格斯认识到,有绝对必要使他们的经济知识进一步深化。因此,在革命处于低潮以后,他们理论研究的重点又

---

① 《马克思恩格斯全集》国际版新版第1部分第10卷第466—467页。

自然而然地转到进一步研究政治经济学方面。正如马克思1859年在《政治经济学批判》这部著作的序言中写的那样,他决定"再从头开始"研究政治经济学,并且"用批判的精神来透彻地研究新的材料"①。伦敦是马克思有可能经过长期的研究完成他的经济学著作的最方便的地方。他生活在世界上最发达的资本主义国家的首都,生活在世界贸易和大殖民帝国的中心。与当时最发达的资本主义中心的实践发生直接接触,对于马克思的研究工作无疑是重要的推动。同时,他在1759年开放的英国博物馆的图书馆里找到了这方面的卓越的前提条件。1850年这个图书馆的藏书达四十三万五千卷,包括一切知识领域,其中关于政治经济学、经济政策和技术书籍的收藏是世界上最丰富的。1850年6月,马克思得到允许,可以凭读书证在图书馆阅览室里写作,即得到了当时需要介绍和特别的批准手续才能得到的那种特权。从1850年9月起,马克思成了整年最充分地使用这种权利的使用者之一。特别是1850年9月至1853年6月期间,他坐在书架前以一种绝无仅有的紧张程度进行工作和作摘录,写笔记。对此,他自己在1851年6月27日给约瑟夫·魏德迈的信中说:"从早晨九点到晚上七点,我通常是在英国博物馆里。"接着,他又在家里继续工作,经常是直到深夜。

这项研究对马克思来说极其困难。他到达伦敦时几乎是身无分文。出版《新莱茵报》不仅使他耗费了财力,而且为此欠下的债务使他成年地心情沉重。《新莱茵报。政治经济评论》没有获得预期的好销路,杂志在1850年11月由于与出版商在财政上有亏空而停刊了。此后几年里,马克思的家庭陷入了极度贫困之中,不幸的遭遇接踵而至。有些日子马克思不能去图书馆,因为他的衣物被拿去典押了。但是,即使在最

---

① 《马克思恩格斯全集》第1版第13卷第10页。

不利的逆境中马克思也没有气馁，因为他非常明白，正如他后来在1859年2月1日致约瑟夫·魏德迈的信中写的，要在这种情况下"为我们的党取得科学上的胜利"。恩格斯从同马克思一样的立场出发，认识到研究政治经济学是工人运动发展的最重要要求，他主要出于从物质上支持马克思的经济研究的愿望，开始在曼彻斯特的欧门—恩格斯公司里干他打心眼里厌恶的工作，即"鬼商业"①。马克思如果没有自己这位朋友的无私帮助，根本不可能全心致力于经济研究。尽管如此，他的物质状况仍然异常窘迫。

马克思写过，他决定再从头开始研究政治经济学，这意味着他已经明了自己在经济理论方面的缺陷和不足，并正在把自己理论研究的重点转向研究政治经济学。这开始了一个向马克思的第二个伟大发现，即纯粹形态的剩余价值理论过渡的质的崭新阶段，这一阶段的成果表现在《政治经济学批判大纲》中。同时，马克思能够以他在巴黎、布鲁塞尔和曼彻斯特作的许多笔记本中的研究材料为基础。他从仔细选择和整理这些笔记入手，重新研究政治经济学。有一份写有被摘录文献的目录以及也许在伦敦重新开始的研究以前就存在的四张封皮，证明了这一点。

新阶段的经济研究表现在马克思作的二十四个笔记本中，我们称它们为《1850—1853年伦敦笔记》。马克思自己为这二十四个笔记本编了I—XXIV的号码，并以此表明，他把它们看作是内容上互相联系的。这些笔记总共有1250多页，布满了密密麻麻的异常小的、有时是很难辨认的马克思的笔迹。这些笔记本大部分被保留下来，现收藏在阿姆斯特丹国际社会史研究所。第一次全部地、忠实于原文地发表的这些笔记本，是《全集》国际版新版第4部分第7至10卷的主要内容，第1至

---

① 《马克思恩格斯全集》第1版第31卷第297页。

第 6 笔记本则是本卷的主要内容。

二十四本笔记本的主要对象是研究政治经济学,其目的是写作一部政治经济学著作。此外还有关于分支极广的关于主题的摘录和笔记,它们表明,马克思不是从狭隘的意义上理解他的研究对象的。1850 至 1853 年这个时期的研究特点在于,充分地占有材料和探寻它们的内在联系的研究方法及其观点占统治地位。马克思自我批判地克服了这样一些认识:1847 年,他的这些认识还在例如有关货币数量论和级差地租理论中的土地肥力递减的假设方面,跟随李嘉图。新的认识的一些要素已逐步出现,这些要素后来在 1857—1858 年的《大纲》中导致一些重要发现:如劳动二重性,价值形式和特别是作为"马克思经济理论的基石"①的纯粹形态的剩余价值。如果说,马克思那时仅在短短几个月内就能取得政治经济学的质的突变,那么,其所以如此,是因为他能够利用 1850 至 1853 年紧张的研究过程中所积累的资料。同时,同研究过程联系起来考察研究的结果,可以更深入地理解这种结果。

作为充分地占有材料和探寻内在联系的资料收集,《1850—1853 年伦敦笔记》没有严格地划分阶段和章节。但是从中可以看出一定的计划性和目的明确的内在条理。

第 1 至第 6 笔记本,以及第 7 笔记本的一部分,主要是关于危机的理论、历史和实践,关于货币和信用事业的摘录,以及收集的相应的事实材料。此外,有个别的关于农业中资本主义的发展和地租的笔记应予特别注意。第 7 笔记本中有为自己弄清问题而作的非常重要的短篇手稿《反思》②,第 8 笔记本中有对李嘉图的主要著作《政治经济学和赋税原

---

① 《列宁全集》第 1 版第 19 卷第 6 页。
② 参看《马克思恩格斯全集》第 1 版第 44 卷第 154—163 页。

理》所作的附有内容丰富的评注的摘录,这两个笔记本加深了对资产阶级政治经济学体系的研究。大约在这个时候,马克思在他于1851年4月2日致恩格斯的信中写道,他再在图书馆研究五个星期,就可以开始在家里研究经济学了。不仅因为他没有找到出版商出版他计划之中的、但还没有着手写的经济学著作,而且主要还因为马克思很快就意识到,最后加工分支广泛的材料的时机还没有成熟,所以他决定继续进行紧张的研究。接着他们就集中精力专门研究地租理论和人口理论,农业化学、自然科学及其通过技术而进入生产的发展,工人阶级状况的发展以及资本主义殖民政策的历史和实践。在最后几本笔记本中,从第17笔记本开始,主要是对城市制度史、金融史、文化史、文学史和伦理史等的历史研究。

《1850—1853年伦敦笔记》的许多方面在理论上是非常令人感兴趣的。它们记录了马克思主义政治经济学发展史上的一个重要时期。

分析伦敦笔记可以推断出马克思较早阶段的研究方法。研究方法和叙述方法是作为政治经济学方法的统一的唯物辩证法的要素。它们同时又具有必须加以注意的本质差别。马克思在《资本论》第一卷第二版跋中写道:"当然,在形式上,叙述方法必须与研究方法不同。研究必须充分地占有材料,分析它的各种发展形式,探寻这些形式的内在联系。只有这项工作完成以后,现实的运动才能适当地叙述出来。"①

科学发展的进步,要求较高度地掌握研究中使用的方式和方法。通过对研究资料的概括,这一时期的研究资料使我们能够深入了解马克思的哲学观点在政治经济学研究中的实现和所使用的研究方法的特点。马克思通过唯物辩证法在经济研究中的使用,同时也进一步发展了他的唯

---

① 《马克思恩格斯全集》第1版第23卷第23页。

物辩证的方法。更深入地探究马克思的研究方法，使资本主义政治经济学和社会主义政治经济学获得多方面的推动力去改善科学手段，来进一步研究新的复杂的经济过程。同时，马克思从经济研究的特殊性中发展了一些对科学研究普遍适用的原理。

第一次全部发表马克思遗留下来的研究资料，使大部分所谓"马克思学家"以歪曲马克思的研究方法的抽象推论来丑化他的成熟的理论的企图落了空。其中的基本趋势是，方法的个别要素被从总联系中分裂出来并被绝对化了。他们试图把马克思的研究方法归结为没有一点辩证法的纯粹经验主义，相反，把叙述方法孤立于研究方法之外，同黑格尔的唯心主义辩证法混为一谈。然而，实际上马克思的研究方法和叙述方法都是与研究的对象相一致的。政治经济学的研究对象，即与生产力的一定的发展水平相适应的物质生产关系，独立于认识主体的意志和意识而存在，但它通过这种主体的意志和意识在原则上是可以认识的。研究的对象客观上是按辩证法的规律发展的。如果我们把研究过程看作整体，那么，唯物辩证法的一切特有要素都是在它们的统一中和联系中被使用的。例如：量的分析和质的分析的统一；对立面的统一和对立；分析和综合的统一；抽象和具体的统一；一般、特殊和个别的统一；逻辑和历史的统一等等。但并不排除在研究过程的某些特定阶段，个别的要素可能占主导地位。

从1850年到1853年进行的研究过程经历了好几个阶段。第一个阶段表现在本卷发表的第1至第6笔记本中，但也有一部分表现在第7笔记本以及后来的笔记本中，主要是关于货币、信用及危机的关系问题。马克思从在巴黎、布鲁塞尔和曼彻斯特做的笔记本开始，把他关于货币理论和信用理论的摘录，在第二个加工阶段的手稿《金银条块。完整的货币体系》中加以系统化。他当时认为新的危机的爆发预示着革命高潮的到来，所以首先把自己的注意力集中到与此有关的问题上。资产阶级经济学家中的大多数人把1847年危机的爆发归咎于错误的货币政策和信用政策。他们在流通中寻找危机的原因，并且想用货币措施制止危机。一些小资产阶级的观点，如比·约·蒲鲁东等人的观点，也进入了工人运动，它们使人幻想借助货币改革可以克服资本主义社会的种种矛盾。马克思在1850年已经清楚地认识到，危机并不首先产生于流通领域，而是资本主义生产方式中明显的矛盾的结果。流通领域矛盾的根源在生产之中。但是货币现象以一定的方式在表面上反映出危机周期。马克思把货币运动和信用运动的某些特征看作是工业周期过程的指示器。认识并正确说明这个指示器，对于工人运动具有重大的现实意义。

马克思重新开始研究货币理论对于从总体上阐述经济理论也是重要的。价值和简单流通是阐明纯粹形态的剩余价值的前提，只有在阐明剩余价值的基础上，才能重新完全科学地理解利润、平均利润、生产价格、利息、地租等等具体的经济学范畴。

如果说，马克思1844年在巴黎还否认价值由社会必要劳动决定，那么，1847年他已经在《哲学的贫困》中承认李嘉图的劳动价值理论是对资产阶级社会恰当的表达方式。"劳动时间确定价值……是对现代经济生活的科学解释。"[1] 尤其是因为，马克思当时还没有分析劳动的二重性——他在《资本论》第一卷中把劳动二重性称之为"理解政治经济学的枢纽"[2]——所以他的货币理论在1847年还有理论上的严重不足之处。当时，马克思和李嘉图一样，还没有明确地以物化在货币中的社会必要劳动确定货币的价值，而是承认货币的数量是构成货币价值

---

[1] 《马克思恩格斯全集》第1版第4卷第93页。
[2] 《马克思恩格斯全集》第1版第23卷第55页。

的要素。另一方面，这又产生了否定一贯的劳动价值理论本身的后果。克服李嘉图的货币数量论就成了马克思阐述自己的经济理论的重要起点。

货币理论领域中的研究，在某种意义上完全是马克思的研究方法所特有的。马克思有意识地以那些在他以前的历史上集体的思想即积累的科学所产生的问题为起点。在马克思进一步进行对政治经济学的一般研究和对货币理论的特殊研究中，列宁的下述评价得到了证实："马克思的全部天才正在于他回答了人类先进思想已经提出的种种问题。他的学说的产生正是哲学、政治经济学和社会主义的最伟大代表的学说的直接继续。"[①] 资产阶级政治经济学已经有三百多年的历史。马克思在研究过程的一切阶段中都是从批判地吸收资产阶级政治经济学的成果开始的。这种研究对于他来说主要是"对政治经济学的批判"，而且，他是从双重意义上理解这种批判的：一方面是对资产阶级理论范畴的批判，另一方面是对反映在这些范畴中的资本主义生产关系的批判。马克思一再强调批判的结构特点，并首先为他的主要经济学著作定下"政治经济学批判"的标题，他后来在《资本论》中把这作为副标题保留下来。在研究过程的第一个阶段主要是从原著逐字逐句地或者按大意进行摘录。虽然马克思首先尽可能不表示自己的意见，但是摘录笔记还是表明了他特有的知识兴趣，即特别使他感兴趣的问题，值得注意的论断、论据，这些他都打算在以后批判地深入研究，或者使之有可能促进更深入的思考。摘录还不是评价。完成的结果只有与它的发生联系起来才能完全被理解，单个摘录也只有同与此结果有关的认识进一步联系起来才能评价。

---

① 《列宁全集》第1版第19卷第1页。

马克思首先对资产阶级的货币和信用理论（它们对英国银行立法和信用立法有很大影响）的两种互相矛盾的理论特别感兴趣。皮尔的1844年银行法以"通货原理"为依据。这个银行法在1847年的危机中证明是使危机加剧的一个因素。银行法由于经济实践而告失败，并不得不停止执行。"通货原理"在理论上以货币数量论为基础，这个货币数量论的奠基者是大卫·休谟（1711—1776），它在李嘉图手里得到了系统的、明确的表述。首先，李嘉图确定货币的价值如同确定其他一切商品的价值一样，是以劳动价值理论为基础，由物化在货币中的社会必要劳动决定的。由于李嘉图论述劳动价值理论不彻底，首先只问价值的量，而不问价值的质，即价值实体，就被引入了歧途，被与劳动价值理论相矛盾的表面现象所迷惑。他从一国流通中的货币量与相应的商品量的比例，说明汇率和国际支付往来，从而基本上也是由货币的量决定货币的价值。李嘉图货币理论的另一个缺点在于，他没有一贯地把作为价值尺度、作为流通手段、作为支付手段、作为贮藏货币的货币职能同作为世界货币的货币职能加以区别。因此，他也没有把作为信用货币——它是由作为支付手段的货币的职能发展出来的——的可兑现的银行券的流通所特有的形式同作为纯价值符号、具有强制汇率的国家纸币的流通加以区别。如果从这个错误的理论观点出发，那么，商品价格的普遍下降（伴随着经济危机而来的现象）就是流通中的货币量太少的表现。"通货原理"是资产阶级经济学对1825年的危机开始以来、必然定期反复的危机周期的一种反应。它试图从货币政策方面克服危机。马克思在他1859年的著作《政治经济学批判。第一分册》中对"通货原理"概括地评价如下："这个经济气象学派所依据的真正的理论前提，实际上不过是以为李嘉图已经发现了纯粹金属流通规律这一信条。留给他们去做的，是使信用券或银行券流通也从属于这个规律。"① 如果金被输出，那么，"通货原理"的代表们就会认为——不考察货币的其他职能——这是流通过剩的表现。所以，他们要求银行券的发行必须与英国银行中金的贮藏量的变动相适应。可是从内容上看，在金的贮藏量和银行券流通之间没有直接的联系。后者取决于商品流通的信用需要。这个在理论上错误的构想，在实践中会导致同它的制定者所抱期望正好相反的结果。当1847年危机中对银行信用的需求最大的时候，银行券的流通却受到了人为的限制，这在当时被证实是使危机加剧的因素。

　　马克思在1850年已经与"通货原理"的代表者们保持着批判的距离而同他们相对立了。他在直接与他们争论之前，就已经通过对他们的主要对手，即对"银行理论"的代表们的研究，作出了全面的评价。他在研究《经济学家》时，就密切注意"通货原理"和"银行理论"之间的争论。詹姆斯·威尔逊作为"银行理论"的支持者把《经济学家》杂志变成了这一派别的喉舌。该杂志主要强调这个争论的经济实践方面。在第一笔记本中，马克思摘录的第二个经济学家就是约翰·富拉顿，因为富拉顿概括了"银行理论"的观点，并加以系统化。在那里马克思扼要地摘录了富拉顿的著作："充足的通货和兑换的有利情况并不存在因果关系。"② 这表明，马克思已经有了新的认识。在对富拉顿著作的摘录中有马克思根据富拉顿的论述所加的评语："诺曼，劳埃德，帕格，J. B. 斯密斯，莱塔姆，威廉·克莱等通货理论的主要代表都按货币的数量确定价格。"③ 马克思很快认识到，这里存在着一个理论上非常引人注意的问题，这个问题在某种意义上也涉及他自己以前的观

---

① 《马克思恩格斯全集》第1版第13卷第172页。
② 《马克思恩格斯全集》国际版新版第4部分第7卷第48页。
③ 《马克思恩格斯全集》国际版新版第4部分第7卷第43页。

点，所以，他首先使自己全面地熟悉"银行理论"，同时详细摘录有关著作，这是可以理解的。马克思同样认真地研究了"通货原理"的代表如威廉·克莱，赛米尔·琼斯·劳埃德，莫里逊，诺曼（第5笔记本中）和罗伯特·托伦斯（第2、7、9和11笔记本中）等的著作。

从摘录中可以看出，马克思已经清楚地认识到他们的理论在原则上是错误的，例如，他嘲讽地评论道："一方面，伟大的劳埃德说……"①或"克莱先生的全部真理……在**通货**方面概括为以下特点：纸币的糟糕情况是它的发行过度"。②

如果说马克思对"通货原理"的批判研究没有促使他去进一步阐明自己的理论（撇开从批判这个原理而来的促进不谈，因为把李嘉图的错误原理反过来，反而使他的原理本身更加清楚），那么，对"银行理论"的批判研究在一系列问题上却证明收获很大。托马斯·图克在他的早期著作中甚至是李嘉图货币数量论的拥护者，但他在其1848年出版的著作《1839—1847年的价格和流通状况的历史》（马克思把这部著作视为极其精巧的研究③）中，在货币量和价格运动之间进行广泛的历史的比较的基础上得出了如下结论：李嘉图的货币数量论是错误的。马克思对这部著作的摘录曾多次中断，摘录占了第1和第2笔记本的大部分。马克思在广泛的事实的上下文中记下了图克的决定性的结论："……货币的量取决于价格的提高，价格的提高不取决于货币的量。"④

马克思在区别货币的各种职能时从"银行理论"中得到了一个重要的思想启发。他在《哲学的贫困》中还跟着李嘉图，只认为区别作

---

① 《马克思恩格斯全集》国际版新版第4部分第7卷第412页。
② 《马克思恩格斯全集》国际版新版第4部分第7卷第421页。
③ 参看《马克思恩格斯全集》第1版第27卷第246页。
④ 《马克思恩格斯全集》国际版新版第4部分第7卷第72页。

为价值尺度的货币和作为交换或流通手段的货币是重要的。在图克那里，马克思所注意的是作为流通手段的货币和作为支付手段的货币的本质上的差别："货币的两种职能，（1）充当交换的工具和（2）是将来付款契约的对象。固定一个标准作为最后的标准是最本质的事。"① 这种区分是图克把作为价值符号即作为流通手段的纯粹纸币同作为信用货币（它是从作为支付手段的货币的职能发展出来的）的银行券加以区别的基础。与作为价值符号的国家纸币不同，信用货币的运动一般反映在现实的赊售之中："图克的主要差别在于，政府发行的有价证券'付出'后，就'不可能再回到它的发行者手中'，而'银行券仅仅是借出，所以可以再回到它的发行者手中'……银行券发行的任何过剩成了不可能的事情……回流是调节国内通货的重大原则。"② "银行理论"的代表们得出的结论是，银行无权发行超出流通的信用需要的银行券，因为，每一张多余的银行券都会自动流回到发行的银行。

在研究关于"银行理论"的著作的过程中，马克思弄清了在调节货币流通时作为贮藏货币的货币的职能。在对富拉顿的摘录中，关于货币贮藏和货币流通的关系的研究占重要地位。马克思记下了形成概念的思想："贮藏货币构成所有的其重要性至今……仍不怎么受人赏识的国家的通货经济学的一部分……当矿产品生产过剩时，贮藏货币吸收它的剩余部分，当需要使用时，贮藏货币又把这一部分吐出来；供给的波动完全不会影响流通中的那部分硬币，只有这一部分影响价格，但是被贮藏的只有这一部分。"③ 马克思从"银行理论"的代表那里得到了许多关于流通中的货币和贮藏着的货币（马克思原则上赞成货币贮藏）之

---

① 《马克思恩格斯全集》国际版新版第 4 部分第 7 卷第 70 页。
② 《马克思恩格斯全集》国际版新版第 4 部分第 7 卷第 44 页。
③ 《马克思恩格斯全集》国际版新版第 4 部分第 7 卷第 44 页。

间的相互关系的启发。

对货币充当世界货币的职能的广泛研究也起着不小的作用。李嘉图的错误的货币数量理论的根源是，它把世界货币限制在充当国际交换手段的职能上。同样，在作为购买手段的货币的国内流通和国际流通之间最初并不存在直接的联系。马克思在对富拉顿的摘录中记下："用硬币流通的各共同体之间的国际支付的全部经济学，取决于贵金属贮藏的活动，而按照通货原理的假设，收藏的货币不可能对价格发生任何作用。"[①] 贵金属在国际交往中的运动绝不能像李嘉图和"通货原理"所认为的那样，归结为各国相互之间货币流通的关系。马克思很快就从原则上接受了"银行理论"的观点，即货币在国际交往中实质上执行支付手段的职能。金输出的原因主要是平衡国际支付差额。

马克思非常仔细地研究并摘录了关于汇率的运动。并根据"银行理论"，把它看作是货币金属在世界市场上运动的晴雨表。他在富拉顿那里就已经着手研究名义汇率和实际汇率之间的差别，并作了摘录："汇率根据市场上提供的汇票高于或低于需求而高于或低于票面价值，可是它低于票面价值常常受输出金属的费用的限制，受硬币汇款代替汇票汇款所花的费用的限制。这是实际的汇票……但**兑换的变动也仅仅是名义上的**。"[②] 通过对富拉顿的研究，马克思把注意力放在威廉·布莱克关于汇率的研究上，他在第 2 笔记本中对此作了摘录。布莱克的功绩在于，通过说明汇率形成的技术过程和分析有关事实和实践问题的广泛的资料，证明国际货币运动是派生的现象，它的主要原因应该到国际商品交换中去寻找。对此，马克思摘录如下："**名义汇率不会产生一般产品

---

① 《马克思恩格斯全集》国际版新版第 4 部分第 7 卷第 48 页。
② 《马克思恩格斯全集》国际版新版第 4 部分第 7 卷第 46 页。

的输入或输出的变化,同样原因,国际货币运动也不会影响金银条块的输出或输入。"① 区别名义的和实际的汇率是马克思批判李嘉图的货币数量论的出发点。② 对汇率作细致的研究使马克思认识到,李嘉图把无论是国内还是国际上的货币都看作是纯粹交换手段的这种片面性,必然导致政治经济学的重大方向性错误。汇率就像一个凹面镜一样,集中反映着货币在国内的一切职能和在世界市场上的一切职能之间的相互关系:货币在国内的职能是作为价值尺度,作为流通手段,作为支付手段,作为贮藏手段;而作为世界货币,它的职能却又作为国际的价值尺度和国际的购买手段,作为国际支付手段和作为财富的化身。

虽然"银行理论"本身的代表可以利用这个功绩在讨论中重新更着重强调货币职能的差别,但是,他们的观点并没有使货币理论在理论上得到持续的发展。由于他们的资产阶级立场,他们对货币职能的区别只停留在形式上,并且陷入了新的幻想,幻想有可能通过货币和信用的措施克服资本主义社会的对抗性矛盾。"银行理论"的首要代表图克从对价格运动和货币量之间的关系进行了广泛的历史的研究中,得出了倾向正确的、与货币数量论对立的结论。尽管有大量的历史事实资料,图克的分析在理论方面仍然是不符历史的。他没有对生产关系及其作为货币关系基础的矛盾作质上的分析,就把作为一种社会历史范畴的货币假定为历史上不变的范畴。在他那里,只有数量关系才是在历史上变化的。图克的论述是一个典范,足以说明一种不顾质的基础的量的分析,是如何始终同表面现象密切相连的,因而坠入了五里云雾中。虽然图克得出了同货币数量论的代表相对立的结论,但他运用的方法原则上同他

---

① 《马克思恩格斯全集》国际版新版第 4 部分第 7 卷第 125 页。
② 参看《马克思恩格斯全集》第 1 版第 27 卷第 192—198 页。

的对手的方法一样。双方都把量的分析绝对化而没有坚定不移地过问他们的研究工作的质的基础。大卫·休谟研究了一辈子的价格上涨，他把价格上涨归结为来自美国金矿的黄金供应的增加。但是，这只是黄金生产中劳动生产率提高的一种表现，因为劳动生产率的提高会导致金价值的下降。另一方面，李嘉图反映了十九世纪最初二十年中黄金流通中一定的量的变化，但没有认识到这个变化的基本原因。1797年，由于战争费用不断增长，黄金的贮藏面临枯竭的危险，因此英国银行废除了它的银行券可以兑换黄金的义务。因此，英国的银行券事实上成了强制流通的国家纸币。战争、歉收和拿破仑的封锁的结果是，大多数商品的价格明显提高，而英镑的汇率则大大下降，"李嘉图没有看到，这里的问题绝不是违背了他的正确的劳动价值原理，而是价值符号的发行与流通的实际需要相矛盾，因为不论它发行多少，它的价值总是只能代表流通中的黄金的必要的量"。

在马克思那里，承认货币职能之间的差别是同对这些差别的质的基础进行原则性的批判分析结合在一起的，只有这样，承认这些差别才可能获得理论上的成果。只有透过表面的物的表现形式去认识货币的社会本质，才能真正克服货币数量论。"银行理论"只是在物质上看待货币职能之间的差别，而不是把它们看成是作为社会历史范畴的货币内在联系的形式差别。作为流通手段的货币和作为货币的货币之间的差别，在"银行理论"中成了货币和资本的严重混淆，资本被"银行理论"的代表们简单地看作是生息的货币，而不是看作资本主义社会基本的生产关系。马克思越来越清楚地认识到，必须把作为货币的货币应有的职能和作为资本的货币的具体形式加以区别。《1850—1853年伦敦笔记》中的广泛的历史的研究证实了马克思的这一认识，即货币比资本的历史长。尽管如此，他也不是在货币职能的前资本主义形态上，而是在它们的资本主义社会中发展的形态上考察简单的货币职能的。他在对威廉·杰科布的摘录中写道:"只有劳动可以自由交换货币,也就是说,只有同雇佣劳动制度联系在一起,货币制度本身才是纯粹的。"① 简单的货币职能属于简单流通,即资本主义生产关系总体的一个抽象领域,就是说,首先要把除商品交换之外的一切具体关系抽象掉。只有在弄清简单流通的基础上才能转入具体关系的分析。马克思在制定他的货币理论的同时,还按照把资本主义生产关系的总体再现为精神上的具体时所使用的从抽象上升到具体的科学方法,进一步发展了一些重要的思想。虽然马克思非常清楚地知道,在资本主义社会,纯金属流通是一种抽象,但他仍认为从假设纯金属流通出发是理论上的需要。"假定实行纯金属货币流通"②,马克思在他1851年2月3日致恩格斯的信中就是这样开始他关于货币理论的讨论的。只有从这个假定出发,才能阐明纸币流通和信用货币的具体现象。

"银行理论"在理论上的错误,表现在它在经济政策的结论这一根本问题上,没有超过它的对手即"通货原理"的代表。按照"银行理论"的论述,在危机中并不缺乏通货,而是缺乏资本。马克思这时已经完全弄清楚,危机在流通中的表现形式不过是资本主义生产的矛盾的外部表现。资本主义生产关系的内在矛盾,在简单流通领域内表面上表现为商品对货币的可交换性的矛盾。马克思在第7笔记本上的《反思》中着重指出了已经包含在简单流通中的危机的抽象可能性:"**在货币制度的存在中**不仅包含着[商品与货币]分离的可能性,而且已经存在着这种分离的现实性,并且这种情况证明,正是由于资本同货币相一

---

① 《马克思恩格斯全集》国际版新版第4部分第7卷第252页。
② 《马克思恩格斯全集》第1版第27卷第192页。

致，资本不能实现其价值这一状况已经随着资本的存在，因而随着整个生产组织的存在而存在了。"①

当马克思对货币数量论的经济政策的结果有了一个全面的概念时，就合乎逻辑地着手研究李嘉图那里的这个结果概念是怎样形成的。在第4笔记本的末尾，马克思重新摘录了李嘉图的《政治经济学和赋税原理》，这次是以英文摘录的。第4笔记本与第3笔记本不同，在第3笔记本中，马克思批判地深入研究了李嘉图的全部体系，而在第4笔记本中他首先只限于"货币学说"，可是李嘉图没有用专门的一章阐明货币学说，而是在他的著作中不同的地方与其他的研究对象联系起来阐述的。与《1850—1853年伦敦笔记》中前面所作的摘录不同，马克思在这里更强调指出了李嘉图在逻辑上的矛盾，并对此进行了评论。在"通货原理"那里，对劳动价值论的否定中包含着货币数量论，而在李嘉图那里，货币数量论却是与他的基本原理，即他的劳动价值理论相矛盾的。马克思首先强调指出，李嘉图把货币说成是价值的尺度，其出发点是正确的。李嘉图的混乱开始于对国际货币交往的阐述。马克思明确指出李嘉图的出发点是："**每个国家按其贸易水平把金银占为己有。**"② 所以，金的价值在一切国家都相等，并且同金的生产费用相一致。这句话也可以反过来说：如果货币的量同货币的价值相一致，货币的量就是正常的。在支付交往中不需要输出黄金，支付通过汇兑相抵而得到平衡。汇率与票面价值相等。于是李嘉图就编造了同复杂的实际关系不符的国内流通和国外流通之间的简化了的关系。如果一国的流通充斥，国家货币单位的价值就会贬值，同时发生黄金输出。如果黄金输出受阻，这种

---

① 《马克思恩格斯全集》第1版第44卷第159页。
② 《马克思恩格斯全集》第1版第44卷第74页。

贬值就会持续下去，这个国家的汇率就表现为估价过低。在这一方面，李嘉图甚至忽视了像平衡支付账目和偿还债务那样显而易见的决定汇率的原因。马克思在评注中揭露这一基本的错误时说："但是，如果说李嘉图总是从汇率不利的国家的通货过剩中得出不利的汇率的，那么，（1）他把实际的汇率与名义上的汇率混为一谈了；（2）对只有金属流通，并且不采取强制措施来反对贵金属输出的国家来说，决不会有不利的汇率；（3）因此，所说的其实不过是：汇率表明，货币所以要从一个国家输出到另一个国家，并不是因为它的流通手段量超过了［正常的］水平，而是因为它是另一国的债务人。"①

在被马克思说成是"非常混乱的一章"②的《黄金税》这一章中，李嘉图试图表明生产黄金的劳动生产率的改变如何影响货币的价值，并且认为，只有通过货币量的改变，劳动生产率的改变才会影响货币的价值。

彻底地研究资产阶级政治经济学，揭露它的矛盾和不合逻辑的地方，揭露它在方法论上的缺点和错误，这些仅仅是研究过程的一个方面。对于马克思来说，判断一种理论的正确与否的标准，不是它在逻辑上的证明或能否自圆其说，而是它在实践中的检验。后来，马克思在1868年10月10日致恩格斯的信中写道："只有抛开互相矛盾的教条，而去观察构成这些教条的隐蔽背景的各种互相矛盾的事实和实际的对抗，才能把政治经济学变成一种实证科学。"③

《1850—1853年伦敦笔记》使我们有可能深入探究马克思的理论研究和经验研究的关系。例如，马克思的货币理论并不是无前提条件地以

---

① 《马克思恩格斯全集》第 1 版第 44 卷第 80 页。
② 《马克思恩格斯全集》第 1 版第 44 卷第 81 页。
③ 《马克思恩格斯全集》第 1 版第 32 卷上册第 170 页。

纯粹归纳的方式，对大量个别事实进行概括而产生的。如果马克思没有理论上的前提，只是个人面对着实际历史的汪洋大海，他恐怕不能超越"一个混沌的关于整体的表象"。马克思把经济理论已经达到的水平同实践相比较，并检验理论原理是否正确地反映了事实，他从这样做开始，达到了他的理论研究和经验研究的统一。理论知识必须具有经验的基础，并不断受这个基础的检验。"银行理论"的结论，也是依靠对货币量和价格运动的关系的广泛经验事实材料进行概括而得出来的。马克思把图克在一定的抽象水平上加以概括了的事实，作为可靠的知识吸收在自己的经验知识宝库中。但是马克思在收集经验事实方面远远超过了图克。《1850—1853年伦敦笔记》对于货币理论中经济史的研究来说，是关于所收集的事实的巨大提纲。马克思使自己熟悉威廉·布莱克（第2笔记本），查理·博赞克特，约翰·盖利布兰·哈伯德（第7笔记本），詹姆斯·威廉·吉尔巴特（第2、3和7笔记本），罗杰斯·鲁丁（第3笔记本），乔·贝尔（第6笔记本）等人那里的银行事业和信用事业、汇率、货币使命等等职能的和技术的过程和组织。

为了有效地批判货币数量论，马克思提出堆积如勃朗峰的大量事实，如关于贵金属的生产方法，关于历史上货币进入流通，进入奢侈品消费或者进入贮藏货币这一巨流来与之相对照。他的历史研究范围不只限于一个特定的时期，而是从货币产生直至当前的世界历史为止。一些资产阶级经济史家如威廉·杰科布（第3、4、5笔记本），奥古斯特·伯克（第4笔记本），约翰·格奥尔格·毕希（第4、5笔记本），热尔门·加尔涅，约翰·弗里德里希·赖特迈尔（第3笔记本）等人在理论上的不足之处，并没有妨碍马克思对他们的历史事实的研究作出高度评价，并把他们的研究作为可靠的来源加以吸收。马克思非常重视议会研究委员会的报告，因为在一些作者那里都引用了这些报告，并且对它们作了仔细的摘录。他系统地充分利用日报，尤其是经济日报。

说马克思的劳动价值理论是马克思理论的一个"形而上学的"或"神秘的"要素，没有任何经验基础，这是"马克思学者"的标准论据。在马克思那里，价值属于理论范围，所以在经验范围内不可能有直接的相似物。但价值是本质，是价格的表现形式的隐蔽基础，尽管价格仅仅是在它的量的方面与经验的研究有关。劳动价值论是资产阶级古典政治经济学一个半世纪以来的研究成果，它使资产阶级古典政治经济学在商品交换的外部表现形式（价格运动）的背后发现了作为隐蔽本质的价值。无论是在资产阶级古典经济学那里，还是在马克思那里，价值都不是一个没有经验基础的"理论结构"。经验的基础就是亿万次实际的商品交换，资产阶级社会中的一切经济关系都是通过商品交换而得以实现的。虽然资产阶级古典经济学不能理解，价值是在私人商品交换的情况下，使社会劳动在各单个生产部门的分配这个一般规律得以实现的历史形式，但是，它在它的资产阶级认识范围内，还是完全正确地认识到商品交换是按照某种隐藏在表面下的价值规律进行的。

《1850—1853年伦敦笔记》中包含的知识宝库证明，马克思可以在给人深刻印象的经验的基础上进行他对货币理论并由此而及于劳动价值理论的研究。仅就事实本身而言，这些事实不能证明劳动价值论的正确性。事实使人看到的只是经验表面的现象，必须从经验的表面出发，以辩证的加工的方式，特别是以抽象和概括的方式才能发现隐蔽的背景，即必然的内在联系。通过科学的抽象，知识不是背离了现实，而是深入了现实的本质之中。如果说研究的总方向——尽管有弯路——归根到底由从抽象上升到具体来决定，那么，其中也包含着形成各个范畴或各个概念的必要要素，即以抽象的方式再从具体过渡到抽象。表现形式比本质更具体。当然，马克思的价值理论通过它的地位，通过在工人阶级的阶级斗争中的考验，最终将被证明是整个理论大厦不可或缺的出发点和基石。

在马克思那里，经验研究和理论研究之间存在着辩证的联系。克服经验和理论之间的矛盾是一个在很大程度上与政治经济学史一致的过程。经验和理论之间的矛盾总是得到局部的解决，并且通过实践的发展或通过不彻底的解决又会产生新的矛盾，这不是政治经济学的思维形式的缺陷，而是必要的发展条件。经济科学是作为对纯粹经验的、需要加以证实的无概念的现实存在形式所进行的批判而得到发展的。理论必须从理论上把握经验的事实，但决不能失去与这些经验事实的接触，并且必须在更深刻的意义上符合经验的事实。《1850—1853年伦敦笔记》表明，马克思的经验研究和理论研究的统一既表现在他把他的先驱者们的经济理论（这里指货币理论）同经济事实加以比较，并确证经济事实在多大程度上得到了彻底的阐明，又表现在他揭示了传统的理论在逻辑上的矛盾。在此基础上，他紧密联系已经达到的认识水平，以概括经验的事实为基础，检验并创造性地进一步发展这个认识水平。

如果说在第4笔记本中马克思把自己的观点间接地写进了对李嘉图货币理论的评论中，那么，他在1851年2月3日致恩格斯的信中就是总结了他的研究过程的最初成果。他又选择"通货原理"的错误为出发点，但是使它成为问题的理论核心。马克思写道："我在这里要谈的是有关这个问题的基本原理。我断定，除了在实践中永远不会出现但在理论上完全可以设想的极其特殊的情况之外，**即使在实行纯金属流通的情况下，金属货币的数量和它的增减，也同贵金属的流进或流出，同贸易的顺差和逆差，同汇率的有利或不利，没有任何关系**。图克提出了同样的论断，但是我在他1843—1847年出版的《价格史》一书中没有发现任何的论述。

"你知道,这个问题是重要的。第一,这样一来,从根本上推翻了整个的流通理论。第二,这证明,**信用制度**固然是危机的条件之一,但是危机的过程所以和**货币流通**有关系,那只是因为国家政权疯狂地干预调节货币流通的工作,从而更加加深了当前的危机,就像1847年的情况那样。"①

马克思在这里揭示了货币数量论的根本缺点。从此,他的货币理论明确地以劳动价值论为基础,并为进一步奠定货币理论的科学基础扫清了主要障碍。虽然马克思当时还没有认识到货币数量论在李嘉图那里在多大程度上根源于劳动价值论本身的理论根据的缺陷,但是,在坚持不懈的联系起来的进一步思考下,必定迟早会迈出这决定性的一步。这一步与马克思本人从质上创造性地进一步发展价值理论密切相关。

马克思关于货币理论的研究不仅对马克思理论的产生史来说是令人感兴趣的,而且它还具有现实的意义。资本主义在它的帝国主义阶段,特别是在与长期货币危机和通货膨胀结合在一起的总危机的第三个阶段,在货币和信用制度中产生了许多新的现象。国家垄断资本主义的理论家们也试图引起一种幻想,似乎通过在货币和信用领域中采取措施,就能克服资本主义社会的各种矛盾。就现代资产阶级的货币理论来说,一般在马克思曾与之辩论的资产阶级经济学家那里已经有了一般的思想萌芽。马克思列宁主义的货币理论并没有停留在马克思所发展的思想上,它密切注视着新的表现并对此加以概括。

现代资本主义的货币和信用体系有不少问题还需要作深入的研究。马克思在研究过程中发展的方法,以及创造性地运用他的基本思想,在这种研究中都是很有价值的支柱。

---

① 《马克思恩格斯全集》第1版第27卷第193页。

在第4笔记本中,马克思在从威廉·杰科布那里所作的关于农业经济问题的摘录中,注意的是另一个基本理论问题,即地租理论,而在《哲学的贫困》中,马克思在这个问题上还不加批判地跟随着李嘉图。马克思在那里不仅阐明了正确的认识,即地租是"资产阶级形态的土地所有权,也就是从属于资产阶级生产条件的封建所有权"①。他还根据李嘉图的观点写道:"其次,由于人口逐渐增加,人们就开始经营劣等地,或者在原有土地上进行新的投资,这新的投资的收益比原始投资的收益就相应地减少。"②

李嘉图在他的地租理论中对1770—1815年的几种发展趋势进行了概括。工业革命是随着主要集中在工业密集地区的人口的增长而发生的。人口的增长提高了对生活资料的需求,谷物价格和地租也相应地提高。同时,土地所有者利用他们的政治地位,通过保护关税阻止外国便宜的粮食进口。作为真正的科学家,这些现象使李嘉图感到有必要深入研究它们的内在联系。使他烦恼的是,地租的提高使利润率下降,受到了限制的积累阻碍了生产力的增长。作为处于上升时期的新兴工业资产阶级的理论上的代言人,李嘉图反对一切妨害生产的障碍,他首先把谷物税看作障碍之一。他不顾一切地要求自由地发展生产,这从历史上科学上看都是对的。地租的存在在怎样的程度上与科学的基本原理即劳动价值理论相一致,这个问题同生产的发展不可分割地联系在一起。李嘉图对科学地阐明级差地租理论作出了巨大贡献。农产品的价值由为了满足需求所必需的最劣等土地来决定。较好等级的土地可以生产出成本较低的产品。由此产生的额外利润转化为土地所有者的级差地租。这个认

---

① 《马克思恩格斯全集》第1版第4卷第183页。
② 《马克思恩格斯全集》第1版第4卷第183页。

识的正确性，完全不像李嘉图同时所断言的那样，以追加投资时转向经营较劣等土地为转移，或者说，以收益的递减为转移。在这方面，李嘉图的不足在于缺乏科学性，这就导致了他的整个理论中的错误结果。他在《政治经济学和赋税原理》的序言中明确指出，他把地租理论看作是他的理论的最重要的环节之一，"不认识这一理论就不能理解财富增进对利润与工资的影响"[①]。

由于李嘉图一方面用劳动决定价值，另一方面又谈论劳动的价值，他就在自己的劳动价值理论中制造了第一个理论上的重大矛盾，他的劳动价值论后来就毁于这个矛盾。他把人口增长和收益递减之间的关系看作是使劳动的市场价格不能长期超过"劳动的自然价格"的调节器。虽然工资始终被限制在工人阶级生存的最低限度，但由于生活资料价格的不断提高，名义工资还是提高了，利润率相应降低，因此，资本的积累力削弱了。

如果说李嘉图的地租理论在科学上是诚实的，他的毫无顾忌在历史上是合理的，那么，托马斯·罗伯特·马尔萨斯却是捡起了这个理论在科学上的不足之处和理论上的错误，并加以改头换面。地租理论在马尔萨斯那里变成了与工人阶级对立的，有意识地为大土地所有者的统治及其寄生仆从，以及为资本主义生产方式所进行的辩护。马尔萨斯把转向越来越坏的土地等级归结为"土地收益递减规律"，并把这一规律作为他的反动的人口理论的理论基础，他用自然规律的残酷解释社会矛盾，解释工人阶级所受的灾难和贫困。在这种辩护理论下，社会关系的变革显得毫无意义，因为据说这种变革丝毫也不会改变生活资料生产的自然规律。

---

① 大卫·李嘉图：《政治经济学和赋税原理》，商务印书馆1976年版，第3页。

批判李嘉图地租理论中的错误要素,是马克思进一步阐明自己理论的需要。在第 4 笔记本中,马克思还从威廉·杰科布那里摘录了关于农业中生产力发展的思想。李嘉图认为,农业生产在其发展进程中会遇到越来越大的困难,而杰科布则与此相反地指出,科学技术的进步如何会使较发达的生产方法成为普遍的准则,使农业生产的强度减轻。此外,马克思还作了这样的笔记:"深耕、清理、施肥、石灰处理和排水。"① 他在研究 1850 年 12 月 14 日的《经济学家》杂志时受到一个极其重要的思想启发,在第 5 笔记本中对此作了摘录。李嘉图分析了谷物价格和地租都提高的 1770—1815 年这一时期。在《经济学家》发表的有关 1815 年以后的统计资料中,谷物价格趋向下降,但地租却继续提高,因而马克思提出了一个重要的问题:"不推翻李嘉图的规律"怎么会"谷物价格下降而同时地租提高"②。

马克思认为有必要重新深入思考李嘉图的地租理论,从而也有必要重新思考一下自己在此以前的概念。他在 1851 年 1 月 7 日的信中把思考的结果告诉了恩格斯:"现在从头说起,你知道,根据李嘉图的地租理论,地租不过是生产费用和土地产品的价格之间的差额。"③ 在这一点上他同意李嘉图的观点,但是他同时明确指出,土地变得越来越坏并不是产生地租的必然条件。马克思进一步指出,科学和技术的发展在农业中往往也导致收益的不断提高:"毫无疑问,随着文明的进步,人们不得不耕种越来越坏的土地。但是,同样毫无疑问,由于科学和工业的进步,这种较坏的土地和从前的好的土地比起来,是相对地好的。"④

---

① 《马克思恩格斯全集》国际版新版第 4 部分第 7 卷第 305 页。
② 《马克思恩格斯全集》国际版新版第 4 部分第 7 卷第 358 页。
③ 《马克思恩格斯全集》第 1 版第 27 卷第 175 页。
④ 《马克思恩格斯全集》第 1 版第 27 卷第 176 页。

马克思由此得出结论：

"1. 虽然土地的产品的价格下跌，地租却能提高，**而李嘉图的规律仍然是正确的**。

2. 李嘉图用一个最简单的命题提出来的地租规律（撇开从它引申出来的结论不谈），不是以土壤肥力的递减为前提，而仅仅是以（**尽管随着社会的发展土壤肥力普遍地日益提高**）土壤肥力**各不相同或连续使用于同一土地上的资本所产生的结果各不相同**为前提。

3. 土地的改良进行得愈普遍，被改良的土地的种类就愈多，虽然谷物的价格普遍下跌，全国的地租总额能够增加。"①

要达到完善地科学地制定地租理论，特别是达到阐明绝对地租理论——李嘉图根本否认有绝对地租存在——，马克思还要走很远的路程，还得首先弄清楚一系列理论前提。然而，克服了"土地收益递减规律"已经是一个重大进步。似乎可以说成功地解决了一个错综复杂的难题，这个难题对于解决另一些重要的理论问题，如积累理论，人口理论，利润率下降趋势的规律以及对于实际的阶级斗争，例如对于工会为争取改善工人阶级的经济状况而进行的斗争的可能性，都具有重大的意义。

在1850—1853年的研究过程的第一阶段——我们确定这一阶段至1851年2月止（至第6笔记本）——马克思在阐述自己的经济理论时能够取得的重要成果可概括为两项：

1. 他克服了货币数量论，并坚持在劳动价值理论的基础上科学地论证货币方面迈进了重要的一步。他较清楚地区分了货币的各种职能。这是第一步，此后在作进一步思考时还必须再一次对劳动价值理论本身的实质进行深入的思考。

---

① 《马克思恩格斯全集》第1版第27卷第179—180页。

2. 他认识到，"土地收益递减规律"不是农业生产发展的必要条件，所以它不是级差地租理论的必要要素。因为这个所谓的规律在资产阶级经济学中占据中心地位，并且至今仍然如此，所以，驳斥这个规律就是为在研究工资理论、积累理论、人口理论、利润理论以及在论证地租理论等等方面取得新的研究成果开辟了通路。

因此，马克思在研究过程的下一个阶段上转向了研究资产阶级经济体系，这不是偶然的。

（原载《马克思恩格斯全集》历史考证版第 4 部分第 7 卷）

（卢晓萍 译 沈渊 校）

关于马克思《伦敦笔记》第 VII—X 笔记本

——《马克思恩格斯全集》历史考证版第 4 部分第 8 卷前言*

这一卷的内容包括保存下来的马克思在 1851 年 3 月至 6 月作的摘录和笔记,它们是:手稿《金银条块。完成的货币体系》,这篇手稿可能是在 1851 年 2 月开始写的;一本《摘录和笔记》,上面有几处记载着日期,直到 1851 年底和 1852 年初为止,还有《1850—1853 年伦敦笔记》的第 VII—X 笔记本。这些内容除少数例外都是首次发表。

第 4 部分第 8 卷继续第 4 部分第 7 卷就已开始研究的资料,即马克思在 1850 年以后主要在英国博物馆阅览室深入研究时作的记录,马克思进行这些研究的目的,是要写一本早在 1848 年前就已计划写的关于政治经济学的内容广泛的著作。1859 年马克思在他的《政治经济学批判》(第 1 分册)一书的前言中写道:"1848 年和 1849 年《新莱茵报》的出版以及随后发生的一些事变,打断了我的经济研究工作。直到 1850 年我在伦敦才能重新进行这一工作。英国博物馆中堆积着政治经济学史的大量资料,伦敦对于考察资产阶级社会是一个方便的地点,最后,随着加利福尼亚和澳大利亚金矿的发现,资产阶级社会似乎踏进了新的发展阶段,这一切决定我再从头开始,用批判的精神来透彻地研究

---

* 本文选自《马克思恩格斯研究》1994 年总第 18 期。

新的材料。"①

马克思和恩格斯在评价1848—1849年革命成果时得出了以下认识："在这种普遍繁荣的情况下，即在资产阶级社会的生产力正以在资产阶级关系范围内一般可能的速度蓬勃发展的时候，还谈不到什么真正的革命。"② 马克思要利用这个革命运动的低潮时期来进一步发展革命理论，以便武装工人阶级去迎接即将到来的斗争。1848年以前，马克思和恩格斯就已经阐述了唯物史观，于是他们现在把研究过程的重点放到了政治经济学上。

本卷反映了研究过程中具有不同性质的三个相互连接的阶段。第一个阶段，包括《1850—1853年伦敦笔记》第Ⅶ笔记本的大部分和第Ⅷ笔记本的一部分，以及《金银条块。完成的货币体系》。这是马克思在第Ⅰ—Ⅳ③笔记本中开始研究的有关货币、信用和危机问题的延续，并把这些研究暂时告一段落。在这个时期，由于马克思的经济理论还没有充分发展，他把危机和革命高潮的联系看得过于直接，他期待着危机爆发理所当然地会使革命运动重新活跃起来。马克思在1850年重新开始进一步研究经济学以前就已很清楚地知道，危机的真正原因不应在流通现象中寻找，其根源存在于生产矛盾中。马克思认为，危机是"现代生产力和资产阶级的生产形式这两个要素互相发生矛盾"④的标志。然而，危机周期的内在的必然过程还没有得到解释，因此马克思在这一点上开始他的研究并不是偶然的。第一，这个问题在同时代人的经济学文献中曾进行过热烈讨论。马克思在《资本论》第3卷中对此写道："自

---

① 《马克思恩格斯全集》第1版第13卷第10页。
② 《马克思恩格斯全集》第1版第21卷第258页。
③ 参看《马克思恩格斯全集》历史考证版第4部分第7卷。
④ 参看《马克思恩格斯全集》第1版第21卷第258页。

1830年以来，值得提到的经济学文献主要是论述通货、信用和危机的。"①

第二，马克思当时已经清楚地知道，尽管危机的原因不应在流通领域中寻找，然而危机是在商品流通和信用的现象中表现出来的，这些现象如果正确地加以理解的话，可能就是危机周期过程的标志。第三，马克思把对流通领域的分析看作能够进一步研究经济联系的更深层次的出发点。

资本主义的批评家，如比埃尔·约瑟夫·蒲鲁东、伊萨克·贝列拉、约翰·弗兰西斯·布雷、约翰·格雷等等，传播这样一种幻想，认为借助货币领域和信用领域中的计谋就能摧毁资本主义，从而就能消除危机。必须阻止这些观念再浸透到刚刚形成的工人运动中去。因此，马克思认为，有必要详细分析这些批评家关于货币和信用的观点。

马克思在写《1850—1853年伦敦笔记》第Ⅰ—Ⅵ笔记本的摘录时，已经掌握了关于资产阶级和小资产阶级货币理论和信用理论的广泛知识，以及资产阶级货币制度实践方面的知识。这样，他就有了能够在原则上克服李嘉图的货币数量论的决定性看法。正如他在1859年2月25日致恩格斯的信中写的，他早在1847年"在驳斥蒲鲁东的著作中……采用过李嘉图的理论"②。但是，如果像李嘉图认为的那样，货币的价值不仅由劳动，而且由货币的量决定，那么这一点对劳动价值理论的基本原理来说必然产生严重后果。因此，同李嘉图的货币理论划清界限成为进一步阐述工人阶级政治经济学的一种客观要求。1851年2月3日，马克思在致恩格斯的信中谈到他到那时为止的研究成果时写道："你知

---

① 《马克思恩格斯全集》第1版第25卷第558页。
② 《马克思恩格斯全集》第1版第29卷第387页。

道，这个问题是重要的。第一，这样一来，从根本上推翻了整个的流通理论。第二，这证明，**信用制度**固然是危机的条件之一，但是危机的过程所以和**货币流通**有关系，那只是因为国家政权疯狂地干预调节货币流通的工作，从而更加加深了当前的危机，就像1847年的情况那样。"①

因此，马克思在《1850—1853年伦敦笔记》第Ⅶ笔记本中继续研究他的货币理论时，已经清楚地认识到李嘉图的货币数量论是错误的，认识到建立在这种理论基础上的1844年英国货币立法是从错误的前提出发的。他在这方面的研究具有补充的和加深的性质。在这里，马克思再一次追溯到围绕英国货币立法的理论基础进行争论的起点上去。执政的托利党在1793年向革命的法兰西宣战以后，托利党通过向英格兰银行不断增加借债来为战争筹款，而英格兰银行被授权把这些国家债务作为发行银行券的保证。由于银行券发行过量，而这些银行券又被顾客用来兑换贵金属货币，英格兰银行的金储备明显下降。为了继续保证战争的财政需要，托利党实行了1797年银行限制法，该法解除了英格兰银行在发行银行券时必须兑换黄金的义务。这样做的结果使金价格高于铸币价格，这就导致了以英镑表示的商品价格的普遍上涨，导致了汇率的下降。

李嘉图1809年在他的小册子《金块价格高昂是银行券贬值的证明》中强调了关注和平，关注有保障的货币关系和经济增长的自由党反对派对这种阐述的立场。马克思在第Ⅶ笔记本中对此作了摘录②。李嘉图的观点是，只有金标准才能保证可靠的货币关系。虽然从历史角度看他针对主战派的做法是正确的。尽管如此，这篇论战作品已经包含有他的货

---

① 《马克思恩格斯全集》第1版第27卷第193页。
② 《马克思恩格斯全集》历史考证版第4部分第8卷第191—196页。

币数量论在理论上的错误构想：过大的货币量会导致金的贬值，并且在货币流通畅通的情况下，国内流通剩余的货币量会流往那些国内货币流通过于缓慢、因而金价过高的国家。他认为这种调节机制被1797年银行限制法打乱了，以致由于大量发行银行券和金块价格提高到铸币价格以上，金事实上从流通中消失了。但是李嘉图在这里混淆了银行券流通（银行券流通产生于货币作为支付手段的职能，并且遵循独特的规律）和具有强制通行效力的国家纸币流通（国家纸币流通产生于货币作为流通手段的职能）。然而，由于取消了银行券兑换金这项义务和把银行券用于战争开支，这种区别在实践中被混淆了，以致英格兰银行发行的银行券事实上成了国家纸币。

英国议会在1810年成立了一个研究金价高昂原因的委员会，马克思在第VII笔记本中摘录了这个下院特别委员会的报告和证词[①]。在这个委员会里，英国资产阶级的表现着不同利益的两个党派的意见针锋相对。金条党人（后来持他们的观点的是"通货原理派"的代表）以李嘉图理论为依据，要求取消1797年银行限制法，恢复英格兰银行发行的银行券必须兑换金的义务。与这派观点相反的是这项法规的维护者，首先是英格兰银行的经理们，他们的论点后来被"银行理论派"接受并进一步加以发展。他们否认金价格高昂的原因是银行券发行过量，因为银行券的流通是信贷运动的一种反应，每一张过多发行的银行券必然会自动流回英格兰银行。然而他们没有看到，在当时的具体条件下，兑换义务的必要前提并不具备。在委员会中金条党人的意见得到了承认，然而议会中的保守党多数拒绝同意报告中建议的结

---

① 《马克思恩格斯全集》历史考证版第4部分第8卷第182—187、235—245页。

论，即取消银行限制法。

在1810年的报告发表以后，金条党人的反对者查理·博赞克特马上在他的论战性著作《关于金条委员会报告的具体意见》① 中反对报告中提出的结论及其基础，即李嘉图的理论。博赞克特认为，金价格提高的原因不是银行券发行过量，而是货币市场的实际现状造成的。在这种情况下，李嘉图在1811年发表了题为《答博赞克特先生关于金条委员会报告的具体意见》② 一文作为答复。

在30年代，围绕英国货币立法的争论又在已经发生了变化的历史背景下重新爆发。1821年重新恢复了银行券兑换黄金的义务。现在人们争论的是，怎样才能够靠银行改革来阻止经济危机。"通货原理派"的代表们认为，李嘉图揭示了货币流通规律，然而这些规律产生于银行券和金货币同时流通的情况下。他们从数量论的角度来解释与危机周期结合在一起的价格波动，认为是货币量过多或过少的缘故。他们提出的并由1844年皮尔银行改革所实现的建议就是，银行券流通必须仿效金货币流通，因此这就与李嘉图的观点相符，即在金出口（所谓流通过剩的表现）的情况下，必须出现对银行券流通的限制，反之亦然。"通货原理派"的代表们现在维护保守党的利益，即金融贵族和大地主的利益。"银行理论派"的代表们则维护工业资本家的利益，工业资本家要求一种顺畅的信用机制，因为他们看到这种机制受到了1844年银行业法的威胁。"银行理论派"的代表们强调具有强制通行效力的国家纸币和银行券之间的区别。他们认为银行券决不可能过量流通，因为它们是信用运动的一种形式，任何过量发行的银行券都会流回银行。关于这场

---

① 《马克思恩格斯全集》历史考证版第4部分第8卷第188—190页。
② 《马克思恩格斯全集》历史考证版第4部分第8卷第197—198页。

争论的研究,马克思记录在第Ⅶ笔记本和《摘录和笔记》本中。这方面的研究具有补充的性质,应该说是补全了马克思以前就该问题所构画的图景。在这里马克思摘录了两派主要代表人物发表的著作,如"通货原理派"的代表罗伯特·托伦斯和约翰·盖利布兰德①,"银行理论派"的代表托马斯·图克②和约翰·富拉顿③。

马克思在1851年4月2日致恩格斯的信中写道:"我已经干了不少,再有大约5个星期我就可以把这整个的经济学的玩意儿干完。搞完这个以后,我将在家里研究经济学,而在博物馆里搞别的科学。"④ 马克思有可能是要把这部包括对货币理论进行批判的著作加以发表,就像他1857—1858年在《政治经济学批判大纲》中所做的那样。⑤

为了这个目的,他在写第Ⅶ笔记本以前(也就是1851年3月以前)又研究了已经写完的以货币和信用为主要内容的那些摘录笔记。这样就产生了笔记本《金银条块。完成的货币体系》⑥ 以及写在《摘录和笔记》中的后续部分⑦,这些内容在本卷中首次全文发表。

马克思整个手稿的结构还总是按照作者及其著作来编排的。但是,这本笔记与许多以前的那些摘录笔记不同,这本被视为第二加工阶段的笔记反映了马克思研究过程的一个新的和更高的阶段。马克思引用的那

---

① 《马克思恩格斯全集》历史考证版第4部分第8卷第212—215、216—221页。
② 《马克思恩格斯全集》历史考证版第4部分第8卷第199—211页。
③ 《马克思恩格斯全集》历史考证版第4部分第8卷第95—113页。
④ 《马克思恩格斯全集》第1版第27卷第246页。
⑤ 《马克思恩格斯全集》第1版第46卷。
⑥ 《马克思恩格斯全集》历史考证版第4部分第8卷第3—74或767—772页。
⑦ 《马克思恩格斯全集》历史考证版第4部分第8卷第78—85页。

些原材料通常题材广泛，而且是流传极广的。马克思不仅从专题的角度加工他的笔记，而且还把反映当时那些作者在马克思感兴趣的货币理论和信用理论问题上的主要观点集中起来。此外马克思还经常用自己的话来概括有关的内容。

在选材方面可以明显看出下列三个方面：第一，大部分摘录马克思是作为科学贡献来接受的，这是当时那些作者对发展经济理论所作出的贡献，马克思把这些贡献吸收为自己理论的要素。在一定意义上，《金银条块。完成的货币体系》是对货币理论史的一种历史性评注。第二，其余的摘录包括马克思打算批判分析时用的错误观点。第三，马克思收集了许多可以用来说明理论的历史事实。这样，马克思就为计划要写的经济学著作打下了写作基础。

然而，《金银条块。完成的货币体系》的意义远远超出了所有摘录本的总和。马克思对52位作者的63本著作中的观点进行了比较和概括，其余24位作者的摘录没有留下来，或者仅留下了标题。在许多或长或短的评注中，马克思写下了自己的看法，这些看法经常是独特的，而且在许多情况下是理论上已经成熟的。在这个意义上，这本手稿可以看作是马克思发展经济理论的一个独立的文献。从这里可以分析马克思货币理论和信用理论的具体发展阶段。手稿记载了马克思在认识资本主义货币和信用问题上的决定性进步，但同时也使人们清楚地看到，马克思在这时还面临着哪些尚未解决的、复杂的问题。与整个资产阶级和小资产阶级经济学相比，马克思当时已经达到了一个较高的崭新阶段，因为他已经认识到，货币不具有物的神秘属性，而是一种在物的外壳下隐藏着的社会关系。马克思当时已经把货币看作是一种历史范畴，它的产生虽然早于资本主义生产方式，但在抽象形式上却反映了资本主义生产关系。

马克思在对亚当·斯密的分析中明确阐述了自己关于货币的本质是

私人劳动和社会劳动之间矛盾的表现的观点，他说："金和银作为**一般商品**，作为各个特殊工业的**一般产品**……**社会产品**……交换行为就是相互独立的买和卖的行为……因此，货币必然使这两种行为**分离**，这两个行为虽然最终必须等同，但在任何已知情况下这两个行为都可能是**不一致、不均衡**的。因此，货币就成为危机的原因。"① 当然，在这里对货币本质的认识还没有完成。这要以揭示生产商品的劳动的二重性为前提，这是1857年才实现的。

在《金银条块。完成的货币体系》中马克思比1848年以前的著作更明确地区分了货币作为价值尺度、流通手段、支付手段、储藏货币和世界货币这些职能之间的差别。这就使他有可能明确阐述货币理论中某些迄今为止论证不够的命题，坚决驳斥货币数量论，尤其是李嘉图的货币数量论。同时在对货币流通规律和它的必然过程的认识上取得了决定性进展；不是货币量决定价格，而是商品价格总额决定流通的货币量。

在《金银条块。完成的货币体系》中记载了货币转化为资本的最初思想。在这里马克思主要感兴趣的是货币、信用和经济危机之间的联系。马克思一方面揭示了资产阶级特别是放高利贷的拜金者的真相：他们发现金和银是既不会被虫蛀，也不会生锈的财宝，"货币崇拜产生禁欲主义，节欲，自我牺牲——节俭和悭吝，蔑视世俗的、一时的、短暂的享受，寻求天上的财宝"②。另一方面马克思批判了小资产阶级空想主义观点，他们预言通过一个"完成的货币体系"就能消除资本主义的矛盾，从而消除危机。有意思的是，马克思联系到圣西门主义者的观点，没有排除把银行用作使生产资料变为公有制的手段："就像圣西门

---

① 《马克思恩格斯全集》历史考证版第4部分第8卷第3—4页。
② 《马克思恩格斯全集》历史考证版第4部分第8卷第37页。

主义者把银行……当作武器，使资本即生产工具从腐朽的土地所有者和资本家手中转到资产阶级工业家手中一样，银行的新组织应该是把生产工具转让给工人的媒介。"①

在经济危机中起码可以看到，金银条块，也就是金和银，始终是资本主义财富的绝对代表。金的代表——货币符号和信用货币——虽然在工业周期的繁荣阶段能够执行它作为流通手段的职能，但在危机期间却不再能执行这种职能。看起来，正是马克思批判资产阶级和小资产阶级关于通过控制货币就能消除资本主义矛盾的幻想这种缘故，使他给这个手稿加上《金银条块。完成的货币体系》的标题。

如果说在《金银条块。完成的货币体系》中马克思有目的地选择的摘录是第二加工阶段的起点，那么在第Ⅶ笔记本中马克思对货币、信用和危机之间的联系简短系统地叙述了自己的理论观点，他给这些内容加上了《反思》的标题②。在《反思》中对政治经济学的批判不再限于个别论点，而是针对其内在联系和阶级基础。

马克思后来给资产阶级货币理论的认识论立场冠以"商品拜物教"的概念。在社会表面上以货币的物的形态表现出来的社会历史关系被同物的表现形式本身等同起来。对资产阶级经济学来说起决定作用的不是从质上去分析社会关系，而是从量的变化来分析物之间的关系，商品和货币之间的关系，在《反思》中，马克思在考察货币作为一种在物的外壳下隐藏着的社会关系方面取得了认识上的明显进展。"货币制度的存在"以"现有生产方式为基础"③。货币制度以"更高的发展阶段和

---

① 《马克思恩格斯全集》历史考证版第 4 部分第 8 卷第 41 页。
② 参看《马克思恩格斯全集》第 1 版第 44 卷第 154—163 页。
③ 《马克思恩格斯全集》第 1 版第 44 卷第 158 页。

更大的阶级划分和分离"① 为前提。马克思清楚地知道，商品和货币的出现早于资本主义，但只有资本主义才体现十分发达的货币制度。他研究了商品货币关系，起先是作为资本主义生产方式的一个抽象领域来研究的，因为从这个抽象领域能深入研究深层的联系。然而许多资产阶级经济学家正是停留在这个简单流通的抽象领域中，并从这里得出他们的所有论点。他们只看到"价值和价值的老老实实的交换，在这种交换中，个人的自由得到了最高的实际的确认。在这种交换中谈不上阶级对立"，② 但是，"可见，在这种看来如此简单的行为中，**第一**，表现出总和的阶级关系……表明事先存在着一定的社会关系，这就使财富具有资本的性质"。③

如果说"银行理论派"的代表们断言，危机中缺乏的并不是货币，而是资本，那么正如马克思在《反思》中指出的，他们是把货币和资本相混淆了。在商品的出售中虽然商人资本家的商品资本转化成了货币资本，但是作为购买手段，货币仍是货币，而不是资本。危机的最重要的表现形式正是大量商品卖不出去："可见，主要问题始终是**商品即资本**本身**不能兑现**。某些人说，缺乏的不是货币，而是资本，流通手段是无关紧要的，这种说法是荒谬的。因为在这里，问题恰好在于资本即商品同货币之间的区别；问题在于，前者不是必然地把后者作为自己的代表，作为自己的**价格**带到贸易界来，资本不再是货币，不再能流通，不再是价值。"④

如果资产阶级和小资产阶级改革家相信在货币制度上实行控制就能

---

① 《马克思恩格斯全集》第 1 版第 44 卷第 161 页。
② 《马克思恩格斯全集》第 1 版第 44 卷第 159 页。
③ 《马克思恩格斯全集》第 1 版第 44 卷第 160—161 页。
④ 《马克思恩格斯全集》第 1 版第 44 卷第 158 页。

避免危机，那真是太愚蠢了："想在这一基础上改变这种状况，那就取消了货币所以是货币的属性，而又使资本不具有始终可以交换，而且是按照公正价格交换的属性。在**货币制度的存在中**不仅包含着［商品与货币］分离的可能性，而且已经存在着这种分离的现实性，并且这种情况证明，正是由于资本同货币相一致，资本不能实现其价值这一状况已经随着资本的存在，因而随着整个生产组织的存在而存在了。"①

在《反思》中，马克思首次研究了再生产和危机周期的联系。在这里，他直接联系到在此之前《1850—1853年伦敦笔记》第Ⅶ笔记本上很少几页摘自图克的引文，图克从亚·斯密著名的再生产理论中得出了货币理论的结论："贸易的区分——一方面是实业家和实业家之间的贸易，另一方面是实业家和消费者之间的贸易；前者是资本的转移，后者是收入和资本的交换；前者靠他们自己的货币来实现，后者靠他们自己的铸币来实现；——亚·斯密所作的这种区分是重要的，并且无论是图克，还是早在金条委员会的报告中，都提到了这一点。"②

图克和他那个时代的几乎所有经济学家一样，毫无批判地接受了亚当·斯密的观点，即实业家和实业家之间的交换必然等于实业家和消费者之间的交换。斯密再生产理论的根本错误来自他的外在的价值理论，按照这种理论——与内在价值理论相反——工资、利润和地租并不是劳动创造的价值产品的各个组成部分，相反，价值是由它们相加而得出的。虽然斯密知道，商品价值中有一个第四组成部分（马克思后来把这部分定义为固定资本），但斯密认为，从社会总产品的观点看，价值归根到底还原为工资、利润和地租这三种收入，也就是说，一年生产的价

---

① 《马克思恩格斯全集》第1版第44卷第158—159页。
② 《马克思恩格斯全集》第1版第44卷第154页。

值等于一年生产的总产品，由此得出他的命题，即实业家和实业家之间的交换必然等于实业家和消费者之间的交换。

为了能够认识实业家和实业家之间的交换必然大于实业家和消费者之间的交换，必须先认识和把握固定资本在再生产过程中的作用。但是这又以揭示劳动的二重性，首先以揭示纯粹形式的剩余价值为前提，而马克思在1851年还没有完成这两种揭示。正因为这样，马克思在1851年仍赞同斯密的看法，即实业家和实业家之间的交换必然等于实业家和消费者之间的交换，虽然他像李嘉图那样在原则上批判了斯密教条的理论基础，即外在的价值理论。在以后几年，马克思自己的再生产理论在对斯密的批判分析中取得了不断进展，同时把斯密观点的科学要素吸收进了自己的理论中，并克服了其中的错误和弊端。这方面的重要的第一步在《反思》中实现了。

马克思在40年代后半期认识到，危机的最深刻原因是生产力和资本主义生产关系之间的矛盾。现在这个从再生产理论中得出的认识更具体化了。马克思批判说，斯密缺少对"这两种贸易、两种货币之间的联系"[1]的分析，从而认为揭示的矛盾是资本主义再生产所固有的矛盾。虽然马克思当时还没有揭示再生产的精确的比例条件，尤其还没有揭示固定资本的再生产，但他已经认识到，资本主义生产方式不可能在它内在矛盾的基础上保证其比例性："所有的危机事实上都表明，实业家和实业家之间的贸易，总是超出实业家和消费者之间的贸易为它所设定的界限"[2]。交换是在一个不断扩大的基础上进行的，同时比例性不是通过国内市场，而是通过世界市场建立的。马克思认为，世界市场从一开

---

[1] 《马克思恩格斯全集》第1版第44卷第154页。
[2] 《马克思恩格斯全集》第1版第44卷第154页。

始就是探讨发达的危机的抽象领域："如果这种［实业家和实业家之间的］贸易是世界性的，那它就受世界市场上实业家和消费者之间的贸易的限制，而且，实业家和实业家之间的贸易本身规模越大，这个国家在世界市场上占的地位越重要，就越是如此。"①

资本主义中的不合比例性同生产和市场之间的矛盾有密切联系，也就是与资本家竭力无限扩大生产和工人阶级有限的购买力之间的矛盾有密切联系："生产过剩不只归因于生产的不合比例，而且也归因于资本家阶级和工人阶级之间的关系。"② 虽然马克思在资本主义生产方式的具体矛盾中（这些具体矛盾的共同作用会导致危机）把生产和市场之间的矛盾看作是起决定作用的，但他在《反思》中已经与西斯蒙第和蒲鲁东的消费不足理论划清了界限，按照他们的理论，危机是以工人生产的东西多于他们能够消费的东西为条件的。马克思写道："把这种论断绝对化，如说什么种植园主的贸易取决于他的黑人的消费，也同样是错误的。"③ 这种所谓的消费不足能够通过资本家的奢侈品消费、扩大生产、投机等等得到平衡。马克思在《反思》中已经认识到，不是单个的、孤立的矛盾导致危机，而是作为资本主义基本矛盾的各具体运动形式的许多矛盾的共同作用导致危机。

从第Ⅶ笔记本的末尾起，开始了研究过程的一个新阶段，这阶段尤其决定了第Ⅶ笔记本的特性。马克思希望在几个星期以后开始写作与计划中的经济学著作有关的笔记。为了这个计划中的经济学著作，他对资产阶级经济学的系统结构特别感兴趣。他重新研究了后来作为资产阶级政治经济学一定发展阶段的代表人物的资产阶级古典经济学家，他

---

① 《马克思恩格斯全集》第1版第44卷第155页。
② 《马克思恩格斯全集》第1版第44卷第156页。
③ 《马克思恩格斯全集》第1版第44卷第155页。

们是：詹姆斯·斯图亚特、亚当·斯密和李嘉图。马克思在《政治经济学批判》中把斯图亚特称为"建立了资产阶级经济学整个体系的第一个不列颠人"①，在《剩余价值理论》中称他为重商主义的科学的复制人②；马克思在同一个手稿中写道，在亚当·斯密那里，政治经济学"已发展为某种整体，它所包括的范围在一定程度上已经形成"③，在《资本论》中，马克思称亚当·斯密为"工场手工业时期集大成的政治经济学家"④，最后是大卫·李嘉图，李嘉图生活在资本主义生产方式的工业时代开始的时候，马克思说他是"古典政治经济学的完成者"，他标志着"政治经济学无情地作出了自己的最后结论并以此结束"⑤。

在1851年，马克思已很熟悉斯密的主要著作《国民财富的性质和原因的研究》。马克思第一次摘录这部著作是1844年在巴黎，摘的是热尔曼·加尔涅1802年出版的法文版⑥。这本书属马克思个人所有，这与罗兰德·丹尼尔出示的马克思个人藏书的书单是吻合的。重新研究斯密的主要著作可以说有多种原因。马克思在进一步阐述自己的经济理论的关键问题时总要重新分析斯密和李嘉图，因为他们的著作在资产阶级经济学中达到了最高水平，这个水平可以作为对政治经济学进行批判的起点。从一定意义上讲，能从马克思对他们著作的批判摘录的某一点上，衡量出马克思经济理论的成熟程度。

斯密天才地抓住了政治经济学的许多基本问题，但他在解决这些问

---

① 《马克思恩格斯全集》第1版第13卷第47页。
② 参看《马克思恩格斯全集》第1版第26卷（I）第11页。
③ 《马克思恩格斯全集》第1版第26卷（II）第181页。
④ 《马克思恩格斯全集》第1版第23卷386页。
⑤ 《马克思恩格斯全集》第1版第13卷第51页。
⑥ 参看《马克思恩格斯全集》历史考证版第4部分第2卷第332—386页。

题时经常陷入逻辑的矛盾中。彻底地、科学地解决这些矛盾对马克思发展经济理论起了重要作用。因为这些问题是政治经济学的基本理论问题，解决这些处于矛盾中的问题同时是马克思自己的理论达到成熟的一个过程。斯密的主要著作自从出版第 1 版（1776 年）以后，又出了许多版，并被译成多种文字。人们对各个版本的评述和注释反映了当时对斯密著作的各种看法。19 世纪上半叶斯密的某些论点，特别是他的劳动价值论，曾是人们热烈争论的对象，这些争论也反映在这些版本中。

第 VII 和第 VIII 笔记本中对斯密主要著作重新研究的特点是，马克思同时研究两个版本：1828 年由约翰·拉姆赛·麦克库洛赫出版的英文版和 1835—1838 年由爱德华·吉本·威克菲尔德出版的英文版。两个版本均有内容广泛的具有现实意义的评述及附注。此外，马克思在第 IX 笔记本上摘录了《论斯密〈国民财富的性质和原因的研究〉》一书，这本书是 1814 年大卫·布坎南对他在同年出版的斯密著作版本的评论。如果说马克思在第 VII 和第 VIII 笔记本中根据麦克库洛赫的版本首先记录下斯密正文中有关货币理论、固定资本和流动资本、生产劳动和非生产劳动、地租理论及其他若干理论的内容，那么在这期间马克思对威克菲尔德版本的兴趣是大量摘录该版本中所加的评注。

威克菲尔德的目的在于，研究斯密著作在出版 60 年后的现实作用，以及批判那些他认为错误理解斯密观点的同时代经济学家。一方面他要通过现实例子来论证斯密的论点，另一方面他要大家注意那些他认为是错误的论点。威克菲尔德写这些附注时，李嘉图学派正处于全面解体之中，而且资产阶级政治经济学的观点已经被打上了庸俗经济学的印记。

后来，在《剩余价值理论》中，当马克思彻底地科学地解决导致李嘉图学派解体的理论矛盾时（1. 资本和劳动之间的交换要与价值规律相一致；2. 价值和平均利润之间的关系没有讲通），马克思把威克菲尔德的附注看作属于导致李嘉图学派解体的文献。威克菲尔德在这里提出了问题：李嘉图是否真正解决了斯密价值理论中的逻辑矛盾，或者是否相反，他使自己陷入了新的更深的矛盾中。马克思摘录了威克菲尔德反对李嘉图价值理论的关键内容。"如果把劳动看成一种商品，而把资本，劳动的产品，看成另一种商品，并且假定这两种商品的价值是由相同的劳动量来决定的，那么，在任何情况下，一定量的劳动就都会和同量劳动所生产的资本量相交换；**过去的劳动**就总会和同量的**现在的劳动**相交换。但是，劳动的价值同其他商品相比，至少在工资取决于［产品在资本家和工人之间的］分配的情况下，不是由同量劳动决定，而是由供给和需求的关系决定。"①

马克思解决这个问题的理论前提首先是价值理论本身要达到一个较高的发展水平，特别是要揭示出生产商品的劳动的二重性，但这些马克思直到《政治经济学批判大纲》（1857—1858年）才完成。威克菲尔德提出了问题，但这没有使他进一步科学地解决这个问题，相反，他试图以竞争的作用来直接解释现象。马克思研究威克菲尔德附注的意义，使马克思注意到李嘉图著作中的自相矛盾，并在进一步的研究中加倍注意这些矛盾。然而马克思是经过一番苦心研究才认清李嘉图全部理论的自相矛盾，并彻底地科学地解决这些矛盾的。但这些矛盾首先使马克思把目光放在再一次研究李嘉图的主要著作上。因此马克思在数页后在对李嘉图摘录笔记进行评注时写道："李嘉图的大多数论敌，例如像威克菲尔德等人，都断言他不能说明［价值］的余额。"②

此外，早在这之前，马克思在开始他的伦敦研究后的几个月，就触

---

① 《马克思恩格斯全集》第 1 版第 26 卷（Ⅲ）第 205 页。
② 《马克思恩格斯全集》第 1 版第 44 卷第 139 页。

及了李嘉图货币理论和级差地租理论中的错误,这些错误马克思在1847年还没有认识到。这些问题不是孤立的,而是涉及到李嘉图理论的基本结构。第Ⅷ笔记本重新分析李嘉图的主要著作《政治经济学及赋税原理》的部分,属于《1850—1853年伦敦笔记》中最有意义和最有价值的部分。马克思1844年在巴黎时曾第一次对这部著作的法文第2版(由弗朗西斯科·索拉诺·孔斯坦西奥出版)作过广泛的摘录,并加上了自己的详细评注。① 这部著作在马克思的研究过程中占有重要地位,马克思曾反复研究过它。这次马克思重新研究时读的是1821年出版的英文第3版。

第Ⅷ笔记本对李嘉图这部著作的摘录在内容和形式上都远远超过其他摘录:马克思比以往更多地评论李嘉图的正文或叙述自己的看法。在这里,他没有严格按照李嘉图著作的结构顺序,而是就以下几个主题总结各个不同的、散见于全书的论点:Ⅰ. 论价值;Ⅱ. 论地租;Ⅲ. 论自然价格和市场价格;Ⅳ. 论工资;Ⅴ. 论利润;Ⅵ. 论赋税。

在第1篇《论价值》中,马克思对李嘉图的使用价值和交换价值的区分作了摘录,并且后来在《价值(自然价格)与财富的区别》② 篇中分析了两者形式上的性质。马克思已经认识到,发达的商品生产是资本主义生产方式所特有的,同时他强调了李嘉图与斯密相比的进步,即价值规定的前提是"**无限制的竞争**"③。再稍往后,马克思评论说:"在李嘉图那里重要的是,虽然甚至亚·斯密和萨伊也还把劳动的某种**一定产品**看作[价值的]调节者,但他却到处把劳动、活动即生产本身,

---

① 参看《马克思恩格斯全集》历史考证版第4部分第2卷第392—427和549—550页。

② 参看《马克思恩格斯全集》第1版第44卷第108页。

③ 参看《马克思恩格斯全集》第1版第44卷第90页。

也就是说，不是把产品，而是把生产即创造的行为［当作调节者］。由此而来的是资产阶级生产的整个时代。"① 马克思记下的李嘉图与斯密的价值规定相比的重大进步是，所谈论的并非"本身是商品的劳动"，而是"创造商品的劳动"。②

在李嘉图那里，量的分析起决定作用。马克思注意到了进行质的分析的萌芽，并把它作为卓有成效的研究的出发点。质的分析在作为资产阶级经济学家的李嘉图那里一开始就受到局限，因为他把经济范畴理解为不变的东西，也就是非历史的和非过渡性的。在李嘉图那里有一个重要的出发点，他认为："劳动自然具有各种不同的性质。"③ 李嘉图是从各种不同具体劳动向工人的技能提出的不同要求来理解这种差别的。在价值形成问题上，李嘉图局限于以下看法，他认为，这些不同质的劳动通过实践作为价值成为一样的东西，马克思在这里显然看到了自己进一步研究的起点，他说："李嘉图没有进一步阐明这个问题。"④

马克思极为注意价值和生产价格（起先称为自然价格或费用价格）的关系。对马克思来说，在他揭示了纯粹形式的剩余价值，从而把资本分为不变资本和可变资本之后，价值转形为生产价格的问题将成为迫切的科学问题。李嘉图把价值的形态转化问题仅说成是附属问题，说成是工资和资本流通中的变化如何影响平均利润率，从而影响价值的问题。而主要问题，即在不破坏价值规律的情况下，怎么可能在资本构成不相等时会出现相等的利润率问题，李嘉图并没有提出来。虽然马克思在这时还追随着李嘉图，但在马克思那里已经有了超过李嘉图的最初的萌

---

① 参看《马克思恩格斯全集》第 1 版第 44 卷第 115 页。
② 参看《马克思恩格斯全集》第 1 版第 44 卷第 116 页。
③ 参看《马克思恩格斯全集》第 1 版第 44 卷第 90 页。
④ 参看《马克思恩格斯全集》第 1 版第 44 卷第 91 页。

芽。如果说李嘉图在他的阐述中仅考虑在固定资本不同使用的情况下的资本流通，那么马克思用一个例子明确地说明了问题，该例子还说明了各种不同的原料使用与提高工资的关系。另一方面，马克思评论说，固定资本占主要份额或流通时间较长的商品，在提高工资的情况下与其他商品的价格相比会出现相对价格下跌，这纯粹是名义上的现象，因为："**工资的提高**又**反作用于**固定资本，使之**贬值**。**完成的死劳动**是由活劳动决定的，因而死劳动所带来的利润同样是由活劳动决定的。"①

马克思在寻求解决价值和生产价格之间的矛盾方面，在当时已经找到了正确的方向，即在竞争的特殊作用中寻找，马克思认为，李嘉图"把他认为是**偶然的东西**抽象掉了。然而叙述**实际过程**则是另一回事，因为在这个过程中，不论是他称为偶然的运动但却是稳定的和现实的东西，还是它的**规律**，即平均关系，两者同样都是本质的东西"②。马克思虽然认识到，众多利润均衡为一个平均利润率会造成商品个别价值发生偏离；但他起先还把这种偏离看作是价格竞争的直接作用，从而看作是对资本实际运动的分析，因此，这些应在竞争学说中来讨论。价值转形为生产价格这个问题的正确表述，是与揭示和表述一系列中间环节联系在一起的，只有通过这些中间环节，才能在从抽象上升到具体中由价值来解释生产价格，但这些中间环节在1851年还没有被揭示出来。因此，在成熟理论中对竞争地位的精确说明是与以下内容联结在一起的：生产价格偏离价值不是价格竞争的直接作用，而是由于竞争的两个属于分析资本本质的基本形式引起的：1. 在生产价格范围内为争取商品的最佳销售条件而进行的竞争，这使商品具有一种统一的市场价值；

---

① 参看《马克思恩格斯全集》第1版第44卷第93—94页。
② 参看《马克思恩格斯全集》第1版第44卷第108页。

2. 为争取尽可能好地利用资本而进行的竞争，这使各个不同的个别利润率均衡化为平均利润率。

马克思对李嘉图地租理论所作的广泛摘录清楚地表明，他在这里也是把研究过程看作还没结束的过程。他在以前就认为，李嘉图的级差地租理论的前提——随着农业生产的提高，人们耕种越来越差的土地等级，或者，在已经耕种的土地上追加资本会导致收益下降——是错误的。马克思也摘录了李嘉图指出的"提高土地的生产力"的"农业的改良"①。然而，凡是李嘉图从地租理论中得出理论结论的时候，他都沉默地假定是因为农业价格提高因而是农业收益降低的缘故。例如，在工资理论中写道："随着**社会的进步**，劳动的自然价格总是有上涨的趋势，因为调节劳动自然价格的一种主要商品由于生产困难不断增大而有涨价的趋势。"② 因为李嘉图把剩余价值率和利润率混为一谈，所以他用所谓工资提高来解释利润率下降趋势。"**利润有下降的自然趋势**，因为随着社会的进步和财富的增长，为了生产追加食物量，必须花费越来越多的劳动。"③ 然而在原则上马克思是赞赏李嘉图在级差地租方面取得的重大进步的。

在第1篇《论价值》中，马克思摘录的使用价值和交换价值的概念和李嘉图自己使用的一样。在第Ⅲ篇《论自然价格和市场价格》中，马克思分析了使用价值和交换价值的关系。在这里，马克思研究了使用价值怎样影响经济的形式规定性，他在评注中的思想已经超过了李嘉图，这种思想就如同他后来在《政治经济学批判大纲》中所写的，"使

---

① 参看《马克思恩格斯全集》第1版第44卷第99页。
② 参看《马克思恩格斯全集》第1版第44卷第124页。
③ 参看《马克思恩格斯全集》第1版第44卷第136页。

用价值……始终只是作为前提呆在那里不起作用"。①

马克思在第Ⅷ笔记本上的一个评注中接触到李嘉图的思想,即劳动生产率的提高会导致财富的增长,但不会引起价值的增加,接着马克思写道:"商品生产的增长**从来**不是资产阶级生产的目的,**价值**生产的增长才是它的目的。"② 李嘉图——撇开增加雇佣工人来使生产在外延上得到扩大不说——排除了价值生产的增长,与李嘉图不同,马克思在评注中阐述了通过生产的内涵强化也能使价值生产增长的重要论点:"在李嘉图那里,始终不能理解,**价值**以及资本怎么会增加,而同时又不像地租的情况那样,一人的所得就是他人的所失。要使价值增加,除了必须增加人口,提高资本的生产力,也就是说,减低工人的相对工资,节约已完成的劳动外,首先还必须**按比例地增加劳动的使用方式**。"③ 当然,价值的实际增加要以其承担者使用价值得到实现为前提。

使用价值和价值之间的矛盾在它们的可交换性中表现出来。马克思在这种矛盾中已经看到了产生经济危机的可能性:"生产力和商品生产的实际增长,是违背资产阶级生产的目的而进行的,**价值增长**在自己的运动中扬弃自己,转变为产品的增长,这种价值增长所产生的矛盾,是一切危机等等的基础。资产阶级的生产就是经常在这样的矛盾中打转的。"④

李嘉图抽象掉经济的形式规定性,这就使他经常把物质内容和社会形式相混淆。因此,马克思评论了李嘉图把资本看作用于未来生产的一国财富的一部分的定义:"李嘉图在这里把资本和构成资本的**材料**混为

---

① 《马克思恩格斯全集》第 1 版第 46 卷（上）第 281—282 页。
② 《马克思恩格斯全集》第 1 版第 44 卷第 110 页。
③ 《马克思恩格斯全集》第 1 版第 44 卷第 111—112 页。
④ 《马克思恩格斯全集》第 1 版第 44 卷第 110 页。

一谈了。财富只是资本的材料。资本总是重新供生产利用的**价值总和**；它不单是产品的总和，也不是为了去生产产品的，而是为了去生产价值的。"①

在第Ⅳ篇《论工资》和第Ⅴ篇《论利润》中，马克思分析了李嘉图的剩余价值学说。事实上李嘉图没有能说明，在不违背价值规律的情况下雇佣劳动和资本之间的交换是怎样进行的。在《剩余价值理论》中马克思把这一点看作李嘉图学派碰壁的两个二律背反之一。② 马克思在1857—1858年通过揭示雇佣工人卖给资本的不是他的劳动，而是他的作为商品的劳动能力而解决了这个问题。此外，李嘉图从来没有明确分析过纯粹形态的剩余价值本身，而仅研究了剩余价值作为利润和地租的特殊形态，这一点必然导致严重的错误。重要的是，马克思在第Ⅷ笔记本中挖掘出了李嘉图剩余价值学说的合理内容，从这里马克思能够作出理论上的进一步发展，尽管马克思在这个时期还没有取得决定性的突破。为了指出"余额"的产生，马克思在评注中抽象掉了所有与此无关的要素，他说："余额不是在这种交换中产生的，虽然只有在交换中才能实现。余额是这样产生的：工人从花费了20个工作日的产品中，只得到值10个等等工作日的产品。随着劳动生产力的增长，工资的价值按同一比例降低。"③ 根据以上事实可以这样来解释"余额"的本质和来源：余额是由雇佣工人未获得等价而创造出来的并由资本据为己有的剩余劳动。如果说马克思在这个主要问题上没有被李嘉图的批评家们弄糊涂的话，那么，马克思在这个时候还没有对在价值规律的基础上雇佣劳动和资本之间的交换这个二律背反作出关键性的回答。这里还不仅

---

① 《马克思恩格斯全集》第1版第44卷第110—111页。
② 参看《马克思恩格斯全集》第1版第26卷（Ⅲ）第259页。
③ 《马克思恩格斯全集》第1版第44卷第140—141页。

仅是用"劳动力"或"劳动能力"的术语代替"劳动"的问题。相反,这里要求有一个能使整个政治经济学发生革命变革的突破。这要求认识到劳动具有具体劳动和抽象劳动的二重性,并由此得出一连串结论,从而能重新解答政治经济学的复杂的理论问题。

马克思在1851年初还没有像他原先设想的那样着手写计划中的经济学著作,这不仅是因为他还没有找到这本书的出版商,而且首先是因为,在研究李嘉图期间又出现了许多新的理论问题,这必然要求他继续进行深入细致的研究过程。

在第Ⅷ笔记本中,马克思给予斯图亚特的著作《政治经济学原理研究》(1770年都柏林第2版)以极大的注意。1847年以前马克思就已经熟悉斯图亚特的这部著作,虽然在遗留下来的文献中没有发现这一时期的摘录。他引用过他自己藏书中的这本书(《政治经济学原理研究》5卷本,1789—1790年巴黎法文版),该书上留有马克思用不同颜色划的着重号和注释。

马克思迄今在伦敦在货币理论、信用理论、人口理论和地租理论领域所取得的研究成果使他较好认识了这个被后来的经济学家称为重商主义者,从而是非科学的、受人鄙视的经济学家的历史功绩。从一定意义上讲,马克思通过他的这些不寻常的内容广泛的摘录重新发现了斯图亚特,后来他还经常引用这些摘录。斯图亚特的主要著作是1767年出版的,仅比斯密的《国民财富的性质和原因的研究》早9年。当时已经是工场手工业的全盛时期,这个时期要求从理论上加以概括。但是,斯图亚特还没有摆脱重商主义的传统思想。斯密和整个自由派的资产阶级经济学家都反对斯图亚特,如马克思在《政治经济学批判》中评论的,他们进行过"反对重商主义幻想的激烈论战"。① 唯物史观使马克思不同于 19 世纪和 20 世纪的资产阶级经济学家,他能从历史角度正确对待重商主义。马克思在《政治经济学批判》中写道:"政治经济学在批判货币主义和重商主义时,攻击这种主义是一种纯粹的幻想和完全虚构的理论,不承认它是自己的基本原理的野蛮形式,那是错误的。"② 马克思把重商主义体系看作是资本还没有统治生产,而仅统治流通领域这一时代在意识形态方面的反思。

斯图亚特是在这些经济条件已经消失或被理解为消失的时期发挥作用的。这就使他能够科学地总结重商主义体系的成果,并把它引导到经济理论的较高体系。马克思后来在《剩余价值理论》中强调指出,斯图亚特虽然在总体上没有超出重商主义体系的"狭隘看法",但他同时把重商主义进行"科学地复制"③,他"是货币主义和重商主义体系的**合理的**表达者"④。

虽然斯图亚特没有真正克服让渡利润中的局限性,但他把这个认识提高到了一个新的阶段。他认为,让渡利润不表示财富的实际增加,而只是现有财富的再分配。他把通过提高生产力而得到的财富的实际增加看作是"绝对利润",但他只是从使用价值的角度来理解的。马克思在他的摘录笔记本中按照斯图亚特著作的系统结构作摘录,但没有加评注。马克思仔细地记下了斯图亚特的科学成果,这些成果后来经常被经济学家们所利用,但并不被引用。马克思高度评价了斯图亚特在历史上的意义,在《资本论》第 1 卷中把他称为"善于看出各种生产方式的

---

① 《马克思恩格斯全集》第 1 版第 13 卷第 159 页。
② 《马克思恩格斯全集》第 1 版第 13 卷第 149 页。
③ 《马克思恩格斯全集》第 1 版第 26 卷(I)第 11 页。
④ 《马克思恩格斯全集》第 1 版第 26 卷(I)第 13 页。

社会特征"①的人。马克思现在也发现,斯图亚特是约翰·格奥尔格·毕希叙述经济史的文献资料来源,对毕希的书,马克思在第Ⅳ和第Ⅴ笔记本中作为事实材料进行了广泛摘录。②他在斯图亚特那里不仅发现了许多所谓原始积累过程的历史材料,而且就像马克思在《剩余价值理论》中所评价的那样,斯图亚特还指出这个过程的本质就是"生产条件作为一定阶级的财产同劳动能力分离的过程"③。

马克思追踪考察了斯图亚特是怎样阐述人口发展取决于当时的具体历史条件的。在所谓的原始状态下,人们还没有耕种土地,人口的发展受自然野生果实的限制。斯图亚特认为,生殖能力和要求更多的享受迫使人们耕种土地。在斯图亚特看来,人口的发展取决于肥力和气候之间的关系,以及取决于居民的勤勉④。只有具备较高的农业生产率才可能出现社会分工,并为增加从事农业以外活动的人口(斯图亚特称为"自由的手")数量创造前提。城乡之间的分离是商品交换的基础,对此马克思在《资本论》第1卷中评价说,斯图亚特"最清楚地阐明了这一点"⑤。

马克思详细摘录了斯图亚特对货币和信用问题的观点,这是合乎他的特殊的研究兴趣的。马克思发现斯图亚特是在货币理论史方面占领先地位的经济学家,然而人们到那时为止几乎没有作出应有的评价,却经常把他的贡献说成是斯密作出的。斯图亚特把货币看作一般等价物,所

---

① 《马克思恩格斯全集》第1版第23卷第369页。
② 参看《马克思恩格斯全集》历史考证版第4部分第7卷第277—303、329—343、361—372页。
③ 《马克思恩格斯全集》第1版第26卷(Ⅰ)第13页。
④ 《马克思恩格斯全集》历史考证版第4部分第8卷第313页。
⑤ 《马克思恩格斯全集》第1版第23卷第390页。

有商品都用它来衡量自己的价值,并可以和它直接交换。斯图亚特已经把货币的多种职能加以区分,而且基本上是准确的。但是,他在货币作为价值尺度这个问题上弄错了,他认为货币作为价值尺度实际上只要是一种观念上的计算货币就可以了,他把货币看作是"相等部分的观念上的尺度"①。他没有看到这是在从商品价值到货币价值的关系的客观基础上发生的。

斯图亚特的主要功绩在于,他是第一个理解货币流通本质的人,是第一个令人信服地反驳查理-路易·德·孟德斯鸠和大卫·休谟的货币数量论的人。因此他也就提前推翻了李嘉图的货币数量论及其"通货原理派"实践应用的基础。马克思后来在《政治经济学批判》中评价斯图亚特的这个功绩时说:"实际上,他是第一个提出流通中的货币量决定于商品价格还是商品价格决定于流通中的货币量这个问题的人。虽然,由于他关于价值尺度的奇怪观点,关于一般交换价值的摇摆不定的解释和重商主义的残余,他的阐述模糊不清,但他还是发现了货币的各种基本的形式规定性和货币流通的一般规律。"②

斯图亚特揭示了贮藏货币和奢侈品是调节流通着的货币量的手段。如果流通中的金过多,它就会作为贮藏货币停留下来或被制成奢侈品。如果流通中流通的金过少,就会发生相反的过程。斯图亚特分析信用和信用货币的回流大大早于"银行理论派"。最后他确定了世界货币的职能,在这种职能中,金不能像在流通手段中那样由象征物来代替,而必须作为"金银条块"进行流通。

马克思原来打算能从1851年5月开始阐述经济理论,但这个打算

---

① 《马克思恩格斯全集》历史考证版第4部分第8卷第376页。
② 《马克思恩格斯全集》第1版第13卷第155页。

没有实现。在这之后，他在第 VI 笔记本上开始了研究过程的一个新阶段。通过第 VII 和第VIII笔记本中对斯密和李嘉图的分析，马克思要研究政治经济学中的一些未解决的基本问题的想法更加强烈了。如果说他在此之前把探讨的问题限制在货币、信用和危机方面的话，那么现在工人阶级的状况，特别是雇佣劳动和资本之间的交换问题越来越突出了。这些研究通过1857—1858年揭示剩余价值规律而达到了顶峰。

在第 IX 和第 X 笔记本中，马克思除了进行历史研究外，首先对围绕李嘉图学说的争论感兴趣，尤其关心与价值规律相适应的雇佣劳动和资本之间的交换，价值和生产价格之间的矛盾这些问题。在这里可以看到所有使李嘉图理论解体，从而使科学的资产阶级经济学解体的各个流派的代表人物：李嘉图的反对派马尔萨斯、查默斯、托伦斯和凯里；李嘉图理论的鼓动者和庸俗化者麦克库洛赫和德·昆西；从李嘉图理论中得出有利于工人阶级的结论，但没有超越李嘉图理论范围的经济学家，如霍吉斯金和莱文斯顿；最后还有那些在某些方面超过李嘉图而得出科学成果的经济学家，例如巴顿、拉姆赛和琼斯。

还没有展开的阶级斗争和争取完全实现资本主义生产关系的统治的斗争，使李嘉图有可能毫无偏见地深入到政治经济学的内在联系中去，取得一个资产阶级经济学家的认识极限的科学成果。他明确表述了工人阶级和资本家阶级之间的阶级对立。他认为资本主义生产方式似乎就是合理的和天然的。这就使他采用了一种基本上是非历史的考察方式。因此，形成商品价值的劳动的独特的历史社会性问题和资本主义剥削的本质问题，他都没有提出来。尽管李嘉图的所有发现丰富了政治经济学，但这一点必然使他陷入死胡同。恩格斯在《资本论》第2卷前言中写道:"1830年左右,李嘉图学派在剩余价值问题上碰壁了。"①

从本质上说,资产阶级古典政治经济学的能量到李嘉图就穷尽了,因为它的历史基础消失了。马克思在《资本论》第1卷第2版跋中写道:"1830年,最终决定一切的危机发生了。法国和英国的资产阶级夺得了政权。从那时起,阶级斗争在实践方面和理论方面采取了日益鲜明的和带有威胁性的形式。它敲响了科学的资产阶级经济学的丧钟。"②

从劳动价值理论的结论中可以清楚地看到马尔萨斯和李嘉图之间的对立,劳动价值理论是反对马尔萨斯所代表的那些阶级(大土地占有者和一定的非生产阶层)的利益的。马克思在第 IX 和第 X 笔记本中摘录了马尔萨斯的著作,马克思后来也把这些著作看作是提出理论的、针对李嘉图的东西。马克思摘录的著作有:1.《价值尺度说明和例证》③;2.《政治经济学定义》④;3.《政治经济学原理》⑤。马克思在《剩余价值理论》中从历史的角度公正地评价了这个庸俗经济学家和辩护士:"马尔萨斯的上述三部著作的真正贡献在于,他强调了资本和雇佣劳动之间的**不平等交换**。"⑥ 其实,马尔萨斯对解决这个问题并没有作出真正贡献,而是试图使政治经济学退回到斯密那里去。他把斯密的价值规定之一理解为:"……这必然是和它们所支配的劳动的量相等的。"⑦ 然而这就意味着,一个商品支配的劳动始终比它所包含的劳动要多。这

---

① 《马克思恩格斯全集》第1版第24卷第24页。
② 《马克思恩格斯全集》第1版第23卷第17页。
③ 《马克思恩格斯全集》历史考证版第4部分第8卷第533—535页。
④ 《马克思恩格斯全集》历史考证版第4部分第8卷第568—571页。
⑤ 《马克思恩格斯全集》历史考证版第4部分第8卷第753—755页。
⑥ 《马克思恩格斯全集》第1版第26卷(III)第7页。
⑦ 《马克思恩格斯全集》历史考证版第4部分第8卷第533页。

样，利润就表现为超过生产者生产该商品所花费的劳动之外的单纯余额："……商品所支配的劳动的那个普通的量必须代表和计量花费在商品中的劳动量，还有增加的利润。"① 马尔萨斯从利润转化为商品价值的单纯附加额中又得出所谓必然存在一种不是卖者的买者，也就是非生产消费者这个结论。

马克思曾多次分析过托伦斯对通货问题的看法。马克思在第Ⅸ笔记本上摘录了他的《论财富的生产》②。在《剩余价值理论》中马克思把这本书称为在"李嘉图学派的解体"③过程中提出过理论的著作。托伦斯把批判李嘉图的重点放在价值和生产价格之间的矛盾上，马克思把他注意到这一点看作是他的功绩④。马克思在第Ⅸ笔记本中摘录了具有决定意义的一段话："如果所使用的是量相同而耐久程度不同的资本，那么，**一个生产部门生产的商品连同资本余额，跟另一个生产部门生产的产品和资本余额，在交换价值上将是相等的**。" "**等量资本，或者换句话说，等量积累劳动，往往推动不等量的直接劳动**。"⑤ 这个庸俗经济学家在单纯证实李嘉图的矛盾方面也没有取得真正的理论进步，而是回到了对社会表面上直接表现出来的现象的描写上："市场价格〈马尔萨斯称之为'购买价值'〉总是包括某一时期的普通利润率。**自然价格**由**生产费用**构成，或者换句话说，由生产或制造商品时的**资本支出**构成，它不可能包括利润率。"⑥

---

① 《马克思恩格斯全集》历史考证版第 4 部分第 8 卷第 570 页。
② 《马克思恩格斯全集》历史考证版第 4 部分第 8 卷第 536—540 页。
③ 《马克思恩格斯全集》第 1 版第 26 卷（Ⅲ）第 70—87 页。
④ 参看《马克思恩格斯全集》第 1 版第 26 卷（Ⅲ）第 74 页。
⑤ 《马克思恩格斯全集》第 1 版第 26 卷（Ⅲ）第 73—74 页。
⑥ 《马克思恩格斯全集》第 1 版第 26 卷（Ⅲ）第 79 页。

马克思在第Ⅹ笔记本上摘录了托马斯·德·昆西的著作《三位法学家关于政治经济学的对话，主要是关于李嘉图先生的〈原理〉》①和《政治经济学逻辑》②。马克思后来在《剩余价值理论》中也把这些著作算作使李嘉图学派解体的典型文献。他把这些著作评价为："试图反驳一切对李嘉图的攻击。"③马克思用他摘录的句子中的一段话来证明德·昆西知道围绕李嘉图理论进行争论的关键所在："政治经济学的一切困难可以归结为：什么是交换价值的基础？"④德·昆西力图明确指出李嘉图在价值理论上同所有以前的观点相比所取得的进步，但他没有解决那些由于李嘉图的理论发展不充分而产生的困难。他没有抓住他与李嘉图的对手们所争论的问题的核心，而是受了表面现象的迷惑。

李嘉图理论的解体曾受到一群经济学家的决定性打击，马克思在《剩余价值理论》中用《以李嘉图理论为依据反对政治经济学家的无产阶级反对派》这个标题概括了这些经济学家。⑤马克思在第Ⅸ笔记本中摘录了其中的皮尔西·莱文斯顿的《论公债制度及其影响》⑥，托马斯·霍吉斯金的《通俗政治经济学。在伦敦技术学校的四次演讲》⑦。这两位经济学家抓住了矛盾，即一方面李嘉图和他的学生把劳动及劳动生产率的提高看作是一切财富的源泉，但另一方面又把财富的创造者规定为雇佣工人，他们的工资被算作资本的生产费用，为了追求高利润而

---

① 《马克思恩格斯全集》历史考证版第4部分第8卷第682—683页。
② 《马克思恩格斯全集》历史考证版第4部分第8卷第668—671页。
③ 《马克思恩格斯全集》第1版第26卷（Ⅲ）第132页。
④ 《马克思恩格斯全集》历史考证版第4部分第8卷第682页。
⑤ 参看《马克思恩格斯全集》第1版第26卷（Ⅲ）第260页。
⑥ 参看《马克思恩格斯全集》历史考证版第4部分第8卷第542—548页。
⑦ 《马克思恩格斯全集》历史考证版第4部分第8卷第549—562页。

把他们的工资保持在尽可能低的水平上。工人的贫困和没有保障就是由此而来的。资本主义生产的对抗性的阶级对立就表现在这个矛盾上。这些经济学家得出结论说:"资本**不过**是对工人的诈骗。**劳动**才是**一切**。"① 出自工人阶级遭受不公正待遇这种情感,这些经济学家站在工人阶级一边并要求,必须消灭对这个阶级的"诈骗"。但是,由于当时阶级斗争还没有展开,他们还不能了解工人阶级的历史使命。他们在理论的基础上接受了李嘉图的重要前提,因此在原则上他们也没有超出李嘉图的经济理论。他们的结论不是从经济上进行论证的,而是力争提出一些更公正的要求。因为他们只让人注意从李嘉图的观点中得出的结论,所以实质上他们促使了李嘉图理论的解体。

美国庸俗经济学家亨利·查理·凯里利用从李嘉图理论中得出的结论,称李嘉图是"共产主义之父"②。在第Ⅹ笔记本中,马克思摘录了当时发表的凯里的所有著作(除了已经在第Ⅴ笔记本摘录的著作《法国、英国和美国的信贷制度》之外)③。凯里和法国人弗雷德里克·巴师夏一起,是维护资本主义制度特别明显的辩护者,他们完全否认存在阶级对立,并认为这个制度是完全和谐的制度。马克思在1857年认为,与巴师夏不同,凯里"至少有这样的功劳",他"以抽象的形式表述了庞大的美国关系"④。凯里的庸俗调和论是以美国经济的许多经验材料为基础的,马克思注意收集这些材料,并用来加深理解美国的各种关系。凯里也把工资、利润和地租这些经济范畴看作是阶级和谐的表现。他强调指出,价值不是由生产商品的费用决定的,而是由商品的再生产

---

① 《马克思恩格斯全集》第1版第26卷(Ⅲ)第285页。
② 《马克思恩格斯全集》第1版第26卷(Ⅱ)第183页。
③ 参看《马克思恩格斯全集》第4部分第7卷第432—430页。
④ 《马克思恩格斯全集》第1版第46卷(上)第8页。

费用决定的，从而——遵循斯密的教条——得出了错误结论：由于劳动生产率的提高，活劳动与物化劳动相比在产品中所占的份额越来越大，这表现在利润率的下降上："他得出了以下的结论（请注意这个家伙是从以下情况得出这种结论的：新的发明等等不断使积累劳动的价值，也就是使资本的价值贬值，这样，根据他的说法，活劳动与积累劳动，与积存起来的劳动相比不断增加。这也就是他全部夸夸其谈的根源）。"①

李嘉图依据的论点是：人口随积累而增加，这样，对生活资料的需求增加，生活资料的价格提高，农业生产必然转向越来越贫瘠的土地。凯里为了论证他的和谐论，从对立的论点出发，它看来也是以美国的发展为依据的，他认为："在文明的进步中，耕作是从条件较差的高地向平原上的较肥沃的低地过渡的。"② 马克思已经批判过李嘉图的所谓收益规律。尽管如此，他这时已经认识到，凯里的地租理论与李嘉图相比是一种倒退。除了所谓的收益规律之外，被凯里所否定的李嘉图级差地租理论的论点却是正确的。在凯里那里，向较好土地的过渡是同耕种自然肥力较高的、迄今交通还不方便的土地联系在一起的。相反，马克思在论述提高收益的可能性时主要是从科学和技术的发展出发的。

凯里反对李嘉图，不仅因为李嘉图阐述了雇佣工人和资本家之间的阶级对立，而且也因为李嘉图是英国资本主义的理论代表。他认为英国对世界贸易的垄断是自然和谐遭到了破坏。起初他维护自由贸易论，但1843—1844年，他放弃了这种理论，成为美国贸易保护主义的代言人。与弗里德里希·李斯特的国家体系（在李斯特的国家体系中，保护关税仅是国家促进民族工业的临时措施）不同，凯里认为，贸易保护主义是

---

① 《马克思恩格斯全集》历史考证版第4部分第8卷第689页。
② 《马克思恩格斯全集》历史考证版第4部分第8卷第740页。

国家体系中和谐的基本理论设想，它使生产和消费协调，贸易渠道缩短，国家经济免遭外国有害的竞争威胁。

马克思在第Ⅸ笔记本中还摘录了这样一些经济学家的著作，这些经济学家在庸俗经济学已成为政治经济学中的决定性现象的时期，在某些重要观点上超过了李嘉图。其中有约翰·巴顿的《论影响社会上劳动阶级状况的环境》①、理查·琼斯的《1833年2月27日在伦敦皇家学院讲述的政治经济学绪论。附工资讲座大纲》② 和《论财富的分配和税收的源泉》③，以及乔治·拉姆赛的《论财富的分配》④。马克思在这里已经记录下这些经济学家在政治经济学史上还可能作出贡献的那些主要思想。

马克思注意到了巴顿对人口理论的贡献。巴顿否定绝对的人口规律，提出每一时代都有其特殊的人口规律。随着机器生产的发展，固定资本的增长快于流动资本的增长，他从中得出重要结论，认为雇佣工人的就业状况相对来说越来越坏。

马克思在《剩余价值理论》中评价理查·琼斯说，他"有一个特点，那是詹姆斯·斯图亚特爵士以来一切英国经济学家所没有的，这就是：对各种生产方式的**历史**区别有了一些理解"⑤。这些内容反映在有关资本主义生产方式的形成，有关一个国家的经济结构和地租理论的摘录中。

---

① 参看《马克思恩格斯全集》历史考证版第4部分第8卷第518—521页。
② 参看《马克思恩格斯全集》历史考证版第4部分第8卷第563—567页。
③ 参看《马克思恩格斯全集》历史考证版第4部分第8卷第615—640页。
④ 参看《马克思恩格斯全集》历史考证版第4部分第8卷第643—647和650—659页。
⑤ 《马克思恩格斯全集》第1版第26卷（Ⅲ）第439页。

马克思是在1857—1858年以后才充分认识拉姆赛的作用的,更确切地说,马克思是在揭示纯粹形式的剩余价值的基础上,在理论上正确论证了资本从价值增殖过程来看可分为不变资本和可变资本,从而为克服斯密教条奠定了基础的情况下,才认识拉姆赛的作用的。但是在第Ⅸ笔记本的摘录中已经可以看到拉姆赛曾给予马克思以重要启示的那些主要思想,例如,"耗费掉的所有各种贮存要素必须再生产出来"①。在《剩余价值理论》中,马克思认为拉姆赛的主要功绩是"他事实上区分了**不变资本和可变资本**"②。"当然,拉姆赛的错误在于,他把这种从直接生产过程得出的资本的划分与从流通中产生的区别等同起来。"③

《马克思恩格斯全集》历史考证版第4部分第8卷发表的文献的意义在于,概括了迄今为止在货币理论和信用理论方面达到的水平;再次分析了在斯密和李嘉图那里达到顶峰的资产阶级古典政治经济学的体系;反映出了马克思后来在《剩余价值理论》中称为李嘉图理论解体的那个过程。马克思在这几个月的研究过程中越来越清楚地认识到上面提到的李嘉图学说所固有的两个二律背反。李嘉图作出了不朽的功绩,他在他的体系的经济范畴中说明了工人阶级和资本家阶级之间的对立。但他同时又必然碰到一种界限,这是他作为资产阶级经济学家所不能超越的界限。这一点导致了他的科学的矛盾性,他的对手抓住了这些并用自己的解释又使李嘉图的科学成果倒退回去。在这期间,工人阶级和资本家阶级之间的阶级对立成了历史上决定性的现象。工人阶级为了能卓有成效地经受阶级斗争的考验,需要认识自己的客观的阶级状况。为了弄清楚资本主义剥削的本质,他们需要彻底地科学地阐明这样的问题,

---

① 《马克思恩格斯全集》历史考证版第4部分第8卷第650页。
② 《马克思恩格斯全集》第1版第26卷(Ⅲ)第360页。
③ 《马克思恩格斯全集》第1版第26卷(Ⅲ)第361页。

即雇佣劳动和资本之间的交换是怎样在不违背价值规律的情况下进行的。虽然马克思到1857—1858年才完全解决这个问题，但在50年代初已经加深了对这个问题的认识，在认识上已经取得了很重要的进步。在分析资产阶级古典政治经济学因内在矛盾而衰落下去的同时，形成崭新理论的条件产生出来了，这种新理论将始终不渝地维护工人阶级的利益，并将最终解决上述的二律背反。这样，研究纯粹形式的剩余价值就成为研究过程的中心点了。

（原载《马克思恩格斯全集》历史考证版第4部分第8卷）

（章丽莉 译　张钟朴 校）

关于马克思《伦敦笔记》第 XI—XIV 笔记本

——《马克思恩格斯全集》历史考证版第 4 部分第 9 卷前言*

    本卷收入了流传下来的马克思于 1851 年 7 月至 9 月作的笔记和摘录。《1850—1853 年伦敦笔记》共 24 个笔记本。《马克思恩格斯全集》历史考证版第 4 部分第 7 卷开始发表了第 I—VI 笔记本，第 8 卷发表了 VII—X 笔记本，① 本卷继续发表第 XI—XIV 笔记本。本卷发表的这几个笔记本包括了对工资、工人阶级状况发展的研究，关于工作日长短的摘录，对地租理论、人口发展的研究，有关前资本主义的各个社会形态、殖民侵略、殖民理论和殖民政策方面的摘录。

    马克思利用 1848—1849 年革命后革命运动相对平静的时期来从事他的理论研究，尤其是政治经济学的研究。1859 年，他在《政治经济学批判》第一分册的序言中写道："英国博物馆中堆积着政治经济学史的大量资料，伦敦对于考察资产阶级社会是一个方便的地点，最后，随着加利福尼亚和澳大利亚金矿的发现，资产阶级社会似乎踏进了新的发展阶段，这一切决定我再从头开始，用批判的精神来透彻地研究新的材料。"②

---

    * 本文选自《马克思恩格斯研究》1994 年总第 18 期。

    ① 参看《马克思恩格斯全集》历史考证版第 4 部分第 7 卷前言和第 1 部分第 10 卷前言，后者的中译文载于本刊第 3 辑第 34—63 页。

    ② 《马克思恩格斯全集》第 1 版第 13 卷第 10 页。

《1850—1853年伦敦笔记》的24个笔记本表明了这个研究过程。这些笔记本是马克思为自己弄清问题而收集的资料，所以表面上没有明显的结构。而在进一步分析之后，我们便会发现一个有目标的研究过程，这一过程遵循着马克思认识兴趣的某种内在逻辑。因此，这些笔记本可以使我们看到马克思在1850—1853年期间进行的这个研究过程的特点。

在已发表的笔记本 I—X 中，反映出了马克思在认识水平上的重大进步。1850年，他期望危机爆发后会出现一次革命运动的新高潮，所以他首先在笔记本 I—VII 中着重关注货币、信贷和危机的联系问题。虽然他在货币理论方面还没有决定性的发现，即没有确定生产商品的劳动的二重性，但在这几个笔记本中已经解决了部分重要的问题，他克服了大·李嘉图的货币数量论，从而克服了劳动价值理论和货币理论之间的一个十分重要的矛盾。他在更加准确地区别货币的各种职能方面，在揭示货币拜物教方面，并且在分析货币、信贷和危机的联系方面取得了具有深刻影响的进展。①

笔记本 VII 和 VIII 表明了马克思研究过程的第二个阶段。在这个阶段中，他分析了资产阶级古典经济学的系统结构。他重新研读了各体系重要人物的主要著作，他们是：对重商体系作出总结的詹姆斯·斯图亚特，工场手工业时期的经济学家亚当·斯密，产业资本主义初期的经济学家大卫·李嘉图。尤其是马克思在笔记本 VIII 中对李嘉图的著作《政治经济学及赋税原理》所作的广泛评论性的摘录，使我们能够深入了解马克思批判资产阶级政治经济学的情况。马克思认识到，他自己迄今部分地未加批判地沿用的李嘉图的若干论点是有问题的，或者是自相矛盾

---

① 参看本卷第284—304页。

的。当然,马克思还没有马上意识到他所注意到的那些理论上的矛盾①的全部影响。首先,这些理论上矛盾的论点促使他在笔记本 IX 和 X 中,即在研究过程的第三个阶段,对1820年以后围绕李嘉图理论中的矛盾展开的激烈争论产生了特别的兴趣。② 这两个笔记本摘录了李嘉图理论的所有反对者、庸俗化者和辩护者的出版物中的内容。这些就是马克思在1862年收入《剩余价值理论》的《李嘉图学派的解体》那一章中的东西。③ 在这部著作中,他当然已经在理论上解决了1851年及其后若干年引起他思考的一些问题,而且他这时已经能够概括性地总结出导致李嘉图及其学派碰壁的两个根本矛盾:"(1)资本和劳动之间按照价值规律交换。(2)一般利润率的形成。把剩余价值和利润等同起来。不理解价值和费用价格的关系。"④

解决第一个矛盾是解决第二个矛盾的前提。当马克思1851年春天发现,人们对李嘉图关于资本和劳动之间的交换关系的论断还有争议时,他便在1851年夏天,也就是在另一个研究阶段,即在笔记本 XI—XIII 中,转而研究工人阶级状况发展的一些专门问题和工人阶级生存的一般条件。⑤

工资是工人阶级生存的基本条件。1851年春天,马克思对资产阶级的工资理论已经有了一个总的了解,在巴黎笔记、布鲁塞尔笔记和曼彻斯特笔记中都有关于这个问题的大量摘录。在1847年撰写的著作《哲学的贫困》中和1849年在《新莱茵报》上发表并作了修改的报告

---

① 参看本卷第284—304页。
② 参看本卷第308—317页。
③ 参看《马克思恩格斯全集》第1版第26卷(III)第70—259页。
④ 参看《马克思恩格斯全集》第1版第26卷(III)第259页。
⑤ 参看《马克思恩格斯全集》历史考证版第4部分第2卷和第5卷。

《雇佣劳动与资本》中（它们是马克思于1847年在布鲁塞尔德意志工人协会作的报告），马克思就已经向公众展现了富有成果的、科学的基本论点。他指出，雇佣劳动和资本不是永恒的、仿佛天然就有的现象，而是构成资本主义生产关系的历史本质的范畴。资产阶级经济学家把资本理解为生产出来的生产资料，把工资理解为一定数量的生活资料（生活资料基金、工资基金、劳动基金）并因此主张这些范畴的物的内容。而马克思则从雇佣劳动和资本的关系中看到了一种历史的社会关系，即生产关系。然而，1851年在这个方面的研究还远未结束。马克思虽然已经明确地区分了工资和价值产品，认为工资是工人在资本交换过程中获得的、物化在生活资料中的劳动的货币表现，而价值产品则是工人通过他的劳动为资本家创造的。工资和价值产品之间的差额便是资本家无偿占有的"余额"①。这是马克思在以彻底的科学形式揭示剩余价值规律方面迈出的极为重要的一步，但是，这不仅仅需要一些术语上的改动（而且马克思在1851年夏天也还没有进行这种改动）。这里需要完全弄清资本家向雇佣工人购买的、在遵循价值规律的情况下使资本增殖的那种商品。1857年马克思在《大纲》中才取得了决定性的突破，他认识到，雇佣工人向资本家出售的商品不是劳动，而是劳动能力或劳动力。然而，马克思在笔记本XI—XIII中对工资和工人阶级的状况的研究是他作出这一揭示的一个重要前提。

当时的大多数资产阶级经济学家拥护所谓的工资基金理论（劳动基金理论），托·罗·马尔萨斯使这一理论有了一种特别尖锐的形式。这一理论认为，供工人阶级使用的消费品受劳动基金的限制。劳动基金虽然能够通过资本积累而增加，但是在这方面"土地收益递减规律"很

---

① 参看《马克思恩格斯全集》历史考证版第4部分第8卷第413—414页。

快就会起限制的作用。与此相对,人口的增长有超出食物范围的趋势。这一趋势表现为使工资降低到仅够维持生活的水平。在马尔萨斯那里,"工资基金理论"是解释由于不可避免的自然原因而造成工人阶级贫困的一个有效的手段。

在笔记本 XI 中,马克思摘录了李嘉图以后的那个时期经济学家的若干部著作,他们都公开用"工资基金理论"反对工人的工会组织。其中具有代表性的著作有:纳·威·西尼耳的《关于工资率的三篇演讲》① (1830 年伦敦版) 和《就工厂法问题给商业大臣……的信》②(1837 年伦敦版);罗·托伦斯的《论工资和联合》③ (1834 年伦敦版);由詹·H. 雷里撰写、匿名出版的小册子《关于工资、谷物法、物价的高低、纸币和银行业……的提示》④ (1832 年伦敦版)。这些出版物都认为,工人组织起来争取提高工资的斗争,最终只能对他们自己不利,因为这种斗争只会事与愿违。其中最典型的是马克思从托伦斯的著作中摘录的一段话:"在一个依赖外国市场的国家里,联合起来要超出由外国竞争决定的限度来提高工资,最终带来的不是工资的提高,反而是下降。"⑤

在笔记本 XI 中,马克思收集了有关工人阶级状况发展的大量事实材料和分析论述。其中他摘录了一些著作的内容,它们的作者是查理·

---

① 参看《马克思恩格斯全集》历史考证版第 4 部分第 9 卷第 16—17 页。
② 参看《马克思恩格斯全集》历史考证版第 4 部分第 9 卷第 22—24 页。
③ 参看《马克思恩格斯全集》历史考证版第 4 部分第 9 卷第 20—21 页。
④ 参看《马克思恩格斯全集》历史考证版第 4 部分第 9 卷第 18—19 页。
⑤ 参看《马克思恩格斯全集》历史考证版第 4 部分第 9 卷第 20 页。

戴维·布里尔顿①、威廉·罗冈②、赛米尔·兰格③、查理·温④、彼得·盖斯克尔⑤，他还摘录了报刊上的材料。这些摘录的内容涉及工资、工作日的长短、女工和童工、工人的健康状况、他们的居住条件、一般的劳动条件和赤贫现象等等。

在所有这些研究材料中，归根到底是围绕着依靠劳动谋生的人的命运问题来论述的，其中包括这样一些问题：贫困状况是否不可避免或命中注定；或者生产方式内的改革是否有可能出现明显的改善。这些问题不论就事实而言，还是就学术性而言，都是马克思所感兴趣的内容，它们促使马克思直接研究工会这个论题。

在笔记本 XI 中，马克思重新分析了英国工会运动的历史、组织和理论。他研读了报纸和杂志上的重要文章，工会运动的反对者和支持者的出版物以及有关不列颠工会的作用的文献。

马克思详细摘录了爱德华·塔夫耐尔撰写的匿名出版的有关不列颠工会运动历史的著作《工人联合会的性质、目标和作用……》⑥（1834年伦敦版）。1800 年大不列颠颁布了一项"对上届议会作出的对待工人的法令的修正法"（关于结社的法令），宣布所有为提高工资和改善劳动和生活条件而进行的罢工均为非法行为。政府通过暴力手段镇压了大多数罢工行动，尽管如此，工人仍然继续试图秘密联合，组织罢工。这

---

① 参看《马克思恩格斯全集》历史考证版第 4 部分第 9 卷第 25—28 页。
② 参看《马克思恩格斯全集》历史考证版第 4 部分第 9 卷第 42 页。
③ 参看《马克思恩格斯全集》历史考证版第 4 部分第 9 卷第 48—50、61—76、93 页。
④ 参看《马克思恩格斯全集》历史考证版第 4 部分第 9 卷第 96—99 页。
⑤ 参看《马克思恩格斯全集》历史考证版第 4 部分第 9 卷第 104—100 页。
⑥ 参看《马克思恩格斯全集》历史考证版第 4 部分第 9 卷第 29—39 页。

就清楚地表明，工人需要工会。就连李嘉图这样的资产阶级经济学家都认为，禁止结社是有害的。1824年，这项法令被废除。在这之后，部分地在全生产部门范围内联合起来的工会迅速扩大。棉纺工人是组织得最好的。马克思以特别的兴趣考察了塔夫耐尔所描写的持续较长时间的罢工斗争的历史，以及工人在斗争中所运用的策略。

企业家和经济学家一再指责工会组织，认为工资中用于工会的组织机构的部分和工会组织的费用比工人通过罢工斗争而可能得到的要高。就连马克思和恩格斯在他们当时发表的著作中也认为这种情况是可能的，但是他们认为：工会是工人不可缺少的组织形式，这是关键所在，他们不仅通过文献了解了工会组织的现实问题，而且还同宪章派的左翼领导人，特别是同厄·查·琼斯交上了朋友。他们支持宪章派左翼领导人为使宪章运动这一工人阶级的群众性革命运动再度振兴而作出的努力，支持琼斯更加紧密地同工会联合，使工会除进行日常的经济斗争外，把注意力更多地转向对社会进行根本的政治和社会变革。

当然，马克思在这个时期还没有克服最低生活费是工资的基础的观点。他承认，工会不太可能通过斗争使工资持续增加，并且认为，工会只能在工业周期中把工资的波动加以平衡并阻止工资下降到最低生活费以下。在马克思看来，即使是当时的"最低生活费"也不是抽象的、自然的、固定的量。同样，工人阶级需求的增加也取决于作为社会的量的生产力。马克思在他发表于1853年7月14日《纽约每日论坛报》上的一篇文章《俄国对土耳其的政策——英国的工人运动》中，概括了他当时有关工会作用的立场："我们不能被那种表面上看来它们的经济成果不大这样一种情况所迷惑，我们必须首先注意到它们精神上和政治上的成果。"①

50 年代初期，要从总体意义上看到在工会争取提高工资的斗争实践中所发生的变化，还为时过早。18 世纪的最后 30 年和 19 世纪的前 30 年的特点是剥削的加剧。人口过剩压低了实际工资。劳动因机器的使用而简化了，这就允许大量使用女工和童工。工作日被大大地延长。工人阶级的贫困化已极为明显。从 40 年代开始，加剧的剥削方法日益引起人们的注意。在这个过程中，伴随有实际工资的逐步提高。后来，当马克思在《资本论》及其草稿中认识了劳动力商品的价值的实质时，他着重指出，这种价值具有一个历史的和道德的因素。随着劳动生产力的发展，劳动强度也在增大。在历史的趋势中工人阶级的需求也在增长。这种增长了的需求能否和如何才能真正得到满足，取决于道德的因素。

在笔记本 XI 和 XII 中，马克思除了研究工资以外，还研究了工作日长短这个属于工人阶级状况发展的重要问题，在这两个笔记本中，他收集的从各种著作、统计材料和报道中所作的摘录，构成经验材料的一个重要部分。马克思后来在《资本论》第 1 卷和《资本论》的草稿中通过这些材料抽象地得出了绝对剩余价值理论。他在第 1 卷中写道："被生产的轰隆声震晕了的工人阶级一旦稍稍清醒过来，就开始进行反抗，首先是在大工业的诞生地英国。"② 1802 年至 1833 年颁布了五项工厂法，它们规定了限制儿童和少年的法定劳动时间。但是，由于国家并没有作出任何努力使这些法令实际上得到实施，所以工人阶级"所争得的让步完全是有名无实的"③。随着 1833 年 "联合王国关于儿童和少年

---

① 《马克思恩格斯全集》第 1 版第 9 卷第 191 页。
② 《马克思恩格斯全集》第 1 版第 23 卷第 308 页。
③ 《马克思恩格斯全集》第 1 版第 23 卷第 308 页。

在工厂劳动的管理法"的颁布，国家开始派遣工厂视察员，他们的使命是监督规定的遵守和实施。但是，工厂主把儿童和少年的劳动时间安排得很巧妙，使监督实际上不能有效地进行。1844年的工厂法是"关于工厂劳动的法令的修正法"，它把成年妇女也包括进了迄今仅对儿童和少年有效的限制劳动时间的法令之中。1847年通过了妇女和未成年人的10小时工作日法，即"限制工厂中少年和妇女劳动时间的法令"。

马克思和恩格斯对1847年的10小时工作日法的反应，在40年代末和50年代初还是矛盾的。他们确信，从法律上限制工作日当时对英国工人阶级来说是必需的。1850年春天，恩格斯写道："没有10小时工作制法案，英国整个年轻一代的工人的身体就会垮了。"① 他和马克思一样，在这一时期因10小时工作制法案的实施办法而仍然把这一法案看作是"反动的措施"②。工人阶级在其第一次广泛的群众性运动——宪章派的领导下，开展了一场争取法律上限制工作日的有力斗争。马克思和恩格斯期望这场斗争的结果能使工作日真正得到缩短。尽管这一斗争是导致10小时工作制法案颁布的较深一层原因，却不是斗争的直接结果。某些以托利党为代表的土地贵族想就工业资产阶级废除谷物关税一事向他们进行报复，并通过接受工人普遍提出的从法律上规定正常工作日的要求来拉拢工人阶级中的一部分人。在托利党人的提议下，议会通过了10小时工作制法案。

50年代初期，马克思和恩格斯就已认识到，如果有利于工人阶级的法案得不到工人的相应斗争的支持，它们就会遭到亵渎。50年代初的情况就是如此。1850年，大不列颠四个高等法庭之一，高等控诉院

---

① 《马克思恩格斯全集》第1版第7卷第285页。
② 《马克思恩格斯全集》第1版第7卷第271页。

作出一个判决。有关这一次判决,马克思曾于1853年在《议会辩论。——僧侣和争取十小时工作日的斗争。——饿死》这篇文章中写道:"可是,工业资产阶级通过司法权又取回了议会立法使他们丧失的东西"①。当工人为争取10小时工作制法案开始展开一场群众性的斗争时,政府才认真努力地为工厂视察员创造可能性,使已经作了明确规定的工厂法真正得以实施。后来,马克思和恩格斯称10小时工作制法案是工人阶级斗争中的一个里程碑。马克思在1864年的《国际工人协会成立宣言》中评价这个法案是"工人阶级政治经济学"的胜利。

在第 XI 笔记本中,马克思摘录了拥护和反对从法律上限制正常工作日的人们提出的论据。约翰·菲尔登是以不列颠议会中托利党的艾释黎勋爵为首的拥护10小时工作日的贵族慈善运动的主要代言人之一。马克思在第 XI 笔记本中摘录了他1836年出版的小册子《工厂制度的祸害》②。菲尔登在小册子中反对工厂主,因为工厂主们想取消缩短劳动时间的现存法案,并认为继续缩短劳动时间对经济来说是不合理的。此外,菲尔登列举了议会报告中的统计材料和事实,马克思摘要地将它们收入自己的知识库。菲尔登本人就是工厂主,他根据自身的经验提出报告说,在较短的劳动时间里能够要求工人有较高的工作效率,从而也会获取较高的利润。

但是许多工厂主,尤以颇有影响的曼彻斯特集团为代表,他们暂时不准备走这一条路。他们委托牛津大学的政治经济学教授纳·威·西尼耳收集反对1833年"联合王国关于儿童和少年在工厂劳动的管理法"中关于缩短劳动时间的规定的论据,让这些论据来论证,继续缩短劳动

---

① 《马克思恩格斯全集》第1版第8卷第612页。
② 《马克思恩格斯全集》历史考证版第4部分第9卷第43—47页。

时间必然会导致英国工业的毁灭。1837 年，西尼耳写了《关于工厂法对棉纺织业的影响的书信》这本小册子，从而完成了工厂主们的委托，马克思在第 XI 笔记本中也对此做了摘录。① 此后，马克思一再讽刺地把该小册子当作样板提出，用以证明当时的资产阶级经济学家在资本家的直接委托下是如何解释资本家的眼前利益的。马克思完整地摘录了他后来一再作为臭名昭著的"西尼耳的最后一小时"而引用的一段话："因此，在价格不变的情况下，如果工厂不是劳动 $11\frac{1}{2}$ 小时，而是可以劳动 13 小时，那么，只要增加大约 2600 镑流动资本，就能使纯利润增加一倍以上。反之，劳动时间每天缩短 1 小时，纯利润就会消失，缩短 $1\frac{1}{2}$ 小时，总利润也会消失……"②

罗·欧文是争取从法律上保证正常工作日的最重要的先驱。1851 年，马克思就已经熟悉了欧文的生平和著作了。在第 XI 笔记本中，他仅摘录了欧文的著作《评工业体系的影响》中的一些话。这些话写于 1815 年，包含了改革设想的基本思想。作为新拉纳克纺织厂的负责人，欧文从实践中认识到，劳动时间过长、劳动条件差、居住条件恶劣会导致工人的道德败坏和愚昧。他坚决主张改变劳动及生活条件。他在自己管理的工厂中进行了改革，从而创造出证明其改革建议的优越性的一个例证。他缩短工作日、提高工资、为工人及其子女建立学校，尽管如此，他还是比他那些拒绝改革的竞争者们获得了更高的利润。他在一项改革纲领中建议，应从法律上把劳动时间限制在 $10\frac{1}{2}$ 小时，完全杜绝

---

① 《马克思恩格斯全集》历史考证版第 4 部分第 9 卷第 22—24 页。
② 《马克思恩格斯全集》第 1 版第 23 卷第 251—252 页。

10 岁以下的儿童劳动。1819 年的工厂法,"为棉纺厂规定作的进一步规定,并更好地保护工厂青年工人健康的法令",是由欧文的倡议而提出的,但是这项法令在内容上与欧文的倡议相比,被打了折扣,而且在实践中并没有得到实施。

在 19 世纪 20 年代和 30 年代期间出现了一批经济学家,他们从李嘉图的劳动价值理论中得出了对工人有利的结论。他们使刚刚成立的英国工会认识到,工会争取改善工人阶级状况的斗争是正义的。马克思早在笔记本 XI 开始之前就研读了这些受空想社会主义观点影响的理论家们的一些读物。马克思在曼彻斯特逗留期间就摘录过约·弗·布雷的著作①和托·娄·艾德门兹的著作②。在《1850—1853 年伦敦笔记》中,他在笔记本 XI 之前就已经研究了皮·莱文斯顿③、托·霍吉斯金④、约·格雷⑤和布雷⑥的著作。在第 XI 笔记本中,马克思摘录了该流派另外一部形成概念的著作:《保护劳动反对资本的要求》⑦(1825 年伦敦版)。该书封面上写的作者名字为"一个工人";但是他的真名很快就被公开了,他是托马斯·霍吉斯金。他把这部著作献给"雇佣工人的团结"。在《剩余价值理论》的《以李嘉图理论为依据反对政治经济学家的无产阶级反对派》一章中,马克思认为,霍吉斯金的这部著作可以算

---

① 参看《马克思恩格斯全集》历史考证版第 4 部分第 3 卷。
② 参看《马克思恩格斯全集》历史考证版第 4 部分第 4 卷第 180—181 页。
③ 参看《马克思恩格斯全集》历史考证版第 4 部分第 8 卷第 542—548 页。
④ 参看《马克思恩格斯全集》历史考证版第 4 部分第 8 卷第 549—562 页。
⑤ 参看《马克思恩格斯全集》历史考证版第 4 部分第 8 卷第 83—84 页。
⑥ 参看《马克思恩格斯全集》历史考证版第 4 部分第 8 卷第 9—10 页。
⑦ 参看《马克思恩格斯全集》历史考证版第 4 部分第 9 卷第 9—12 页。

是"英国政治经济学方面的重要著作"①。经济学家托伦斯和马尔萨斯断言,利润来自全部资本,霍吉斯金与他们的观点相反,他维护李嘉图的基本思想,认为只有劳动才形成价值。霍吉斯金以传统的方式把资本分为固定资本和流动资本。固定资本是在生产资料中积累起来的劳动。它仅作为用于活劳动较高效力的辅助资金。霍吉斯金不像"工资基金说"那样把流动资本看成是雇佣工人通过其"劳动"获得的积累起来的生活资料的某种多少固定量的货币表现,而是强调认为,"由名叫流动资本的商品储备产生的结果,是由并存劳动引起的"②。工人用其工资购买的消费资料(由于它们被消费)总是不断地在并存劳动中再生产出来。这发生在分工体系中,分工要求某些生产部门的消费资料和生产资料积聚起来,也就是要求工人集体劳动。不是工人的生活资料需要资本家过去的积累,而是工人的知识和技能的积累才是唯一真正的积累。资本家强行挤入这一过程并将其结果占为己有:"**资本家**是在各种工人之间**从事压迫的中介人**。如果排除了资本家,那么'非常清楚,**资本**,或者说**使用劳动的能力**,和**并存劳动**就是一个东西;**生产资本**和**熟练劳动**也是一个东西。因此,资本和工人人口完全是一个意思。在自然界的体系中,口是同手和智慧结合在一起的'。"③

在第 XII 笔记本中,马克思摘录了另一本匿名发表的小册子《国民困难的原因及其解决办法》(1821 年伦敦版),后来他将这一部分内容也归入了《以李嘉图理论为依据反对政治经济学家的无产阶级反对派》之中。据调查,查理·温特沃思·迪耳克是撰写这一册子的作者。迪耳克并没有打算在这本小册中就基本的理论问题表明自己的观点,而是想

---

① 《马克思恩格斯全集》第 1 版第 26 卷 (III) 第 289 页。
② 参看《马克思恩格斯全集》第 1 版第 26 卷 (III) 第 325 页。
③ 《马克思恩格斯全集》第 1 版第 26 卷 (III) 第 348 页。

对某些现实的经济困难发表自己的看法。他在几个问题上超过了李嘉图，而他自己也许没有意识到这几个问题的重要意义。最有意义的一步是，他将利润、利息和地租概括为"利息"，将剩余劳动称作它的实体。其实，这种思想在李嘉图的阐述中就已涉及到了，但是他无论在什么地方都没有如此清楚地表达出来。迪耳克把"工人能够维持生活所需要的最低限度"①，确定为工资。雇佣工人除此之外所付出的劳动被资本家无偿占有。资本家是"剩余产品的所有者，或者说资本的所有者"②。另外，马克思从这一小册子中摘录了有名的一段话，"一个国家只有在使用资本而不支付任何利息的时候，只有在劳动6小时而不是劳动12小时的时候，才是真正富裕的。'财富就是可以自由支配的时间，如此而已'。"③ 在《剩余价值理论》中，马克思使我们看到，这段话完全可以用不同的意思解释，通过马克思的解释，这段话才有了如下全面的意义：随着"利息"的消除，资本也就消失了，而依靠别人的无偿劳动生活的那个社会阶层也就随之消失了。如果把劳动平均分配给每个人，把剩余劳动限制在必要的、用于共同目的的范围内，工作日就会缩短。

在第 XII 和 XIII 笔记本中，马克思专心研究了"工资基金理论"的两个主要方面："耕地产量不断下降的规律"和所谓马尔萨斯的人口规律。如果能够说明这两个论据都是虚构的话，那也就同时证明了"工资基金理论"是站不住脚的。而做到这一点的前提是，对农业科学进行细致的研究。1851 年夏天，马克思必须对与此相关的两个问题作出回答：农业生产在资本主义的政治经济学中占有何种位置？从农业的自然科学

---

① 《马克思恩格斯全集》历史考证版第 4 部分第 9 卷第 164—165 页。
② 《马克思恩格斯全集》历史考证版第 4 部分第 9 卷第 163 页。
③ 《马克思恩格斯全集》历史考证版第 4 部分第 9 卷第 163 页。

的和技术的基础来看，它是否能够向不断增加的人口提供充足的食粮，并向工业提供有机原料？

把农业生产纳入政治经济学体系的最重要的范畴，是地租。早在 1850 年末，马克思在分析 1847 年危机原因的统计情况时就注意到，转入使用等级较差的土地，或者说，在已耕的地块上追加投资时收益的下降，并不是扩大农业生产的必要条件。李嘉图的级差地租理论的正确性决不是同他所假定的这种递减规律联系在一起的。① 马克思在《1850—1853 年伦敦笔记》的第 VIII 笔记本中，再次研究了李嘉图的主要著作。因此他特别注意了地租理论的问题。在李嘉图的著作中，地租同几乎所有的经济规律都有重要的相互作用的关系，而且地租对总的经济发展产生重要的影响。李嘉图的伟大功绩在于，他始终把地租理论建立在劳动价值论的基础上。在他看来，价值作为物化在商品中的劳动的量是一个既定的量。价值不是由工资、利润和地租的总和构成的。相反，它们作为价值的组成部分是受价值的量限制的。如果这些部分中的一项发生了数量上的改变，其他部分就要相应地进行重新划分。② 根据李嘉图假定的"土地收益递减规律"，如果因人口的增长增加了对食品的需求而必需提高农业生产的话，那么结果就是必需更多地使用劳动和资本。因为农产品的"自然价格"是由最差的、为满足需求而必需耕种的地块决定的。所以，按照李嘉图的观点，食品的价值就趋于上升。在较差地块上耕种需要较高的费用，在较好地块上耕种需要的费用较低，两者之间就形成了差额。较优土地的所有者占有这些差额价值，这就成为级差

---

① 参看《马克思恩格斯全集》历史考证版第 4 部分第 7 卷第 34—37 页；《马克思恩格斯全集》第 1 版第 27 卷第 175—180 页。

② 参看《马克思恩格斯全集》历史考证版第 4 部分第 8 卷第 350 页。

地租。①

工资直接受不断上升的食品的自然价格的影响。李嘉图用保证工人生存和再生产这个阶级所必需的消费资料，确定了工资的物质内容。②如果食品价格上升，工人的货币工资也必须提高，尽管实际工资仍旧和过去一样，或者甚至还有所下降。③ 李嘉图还认为，工资和利润之间存在着一种直接的相互作用的关系，所以工资的提高就引起利润率的下降。由此得出的利润率下降的趋势困扰着李嘉图。生产的进步依靠资本的积累。刺激积累的是利润率。所以，利润率下降就会限制生产的发展。④ 在这个时期，马克思已经认识到，农业生产中的进步不仅可以与产量的下降联系在一起，而且也可以与产量不变和产量的上升以及相应的价格联系在一起。李嘉图虽然因利润率的下降趋势在经验上认识到了资本主义生产方式发展的一个重要的、综合的规律性，但是他的出发点，即"土地收益递减规律"，却是错误的。同样，马克思要在这个时期完整地认识利润率下降趋势的问题，甚至解决这个问题，显然还缺少必要的先决条件，尤其是还没有发现纯形态的剩余价值。马克思首先着手对地租作进一步的探讨。

除理论的内在原因以外，地租问题和农业生产发展的问题以各种形式与大不列颠、欧洲其他地区以及美国的阶级斗争的现实问题联系在一起。在政论活动中，马克思注意研究了农业生产方面的许多问题，如大土地所有者、农场主和农民的利益，马克思用经济学研究获得的理论认识来论证这些问题。在马克思的活动中，经济学研究和政论活动是紧密

---

① 参看《马克思恩格斯全集》历史考证版第 4 部分第 8 卷第 351 页。
② 参看《马克思恩格斯全集》历史考证版第 4 部分第 8 卷第 385 页。
③ 参看《马克思恩格斯全集》历史考证版第 4 部分第 8 卷第 388—389 页。
④ 参看《马克思恩格斯全集》历史考证版第 4 部分第 8 卷第 409—411 页。

地联系在一起的。土地贵族和工业资产阶级之间的利益的对立，当时始终具有巨大的社会意义。土地贵族通过1773年的"谷物进出口调节法"滥用政权，通过谷物关税给进口外国的便宜粮食造成困难，从而通过提高粮食价格来增加地租。随着工业革命的开始，经济分量发生了有利于工业生产而不利于农业生产的根本改变。但是，流传下来的选举办法没有相应地改变政治力量的对比。大土地所有者依然是占主导地位的阶层，他们根据其自身利益来运用他们的权力，如坚持谷物关税法。李嘉图坚定地站在工业资产阶级一边，成为反对谷物法的代言人。马克思在第Ⅶ笔记本中扩大了对李嘉图的研究，他摘录了两个论战性的小册子：《论谷物的低价对资本利润的影响》（1815年伦敦版），[①]《论农业的保护关税》（1822年伦敦版）[②]。马克思摘录了《论谷物的低价对资本利润的影响》中一段很能说明李嘉图的特点的话："如果因考虑到某一个阶级的利益而使国家财富和人口的增长受到阻碍，我将感到非常遗憾。"[③]

李嘉图逝世后，1832年的议会改革导致了土地贵族和工业资产阶级达成政治妥协。工业资产阶级作为经济上的强大阶级，在政治上也得到了承认，土地贵族则保持了对立法和管理国家的重要影响。土地占有者对高额地租的兴趣始终与资产阶级对利润的兴趣矛盾，它构成激烈的政治分歧的背景。同时面对新崛起的工人阶级，两个阶级在不列颠政权和繁荣不列颠世界贸易方面的共同利益则不断增加。1846年，土地所有者的政党托利党的一部分与代表工业资产阶级自由利益的辉格党一起，投票赞成取消谷物法。马克思在1852年8月写的《英国的选

---

① 参看《马克思恩格斯全集》历史考证版第4部分第9卷第159—160页。
② 参看《马克思恩格斯全集》历史考证版第4部分第9卷第161—162页。
③ 《马克思恩格斯全集》第1版第8卷第382页。

举。——托利党和辉格党》一文中评价了这两个党之间的对立:"托利党人和其他资产者的区别,也就等于地租和工商业利润的区别。……1846年废除谷物法,只是承认了一件既成的事实,承认英国市民社会的成分中早已发生的变化,这就是:土地占有的利益服从于金融集团的利益,地产服从于商业,农业服从于工业,乡村服从于城市。"① 围绕自由贸易和贸易保护主义所进行的政治争论并没有停止,但是即使托利党重新承担了政府的责任,它们也已经不能够再次实行谷物关税了。

在第 XII 笔记本中,马克思摘录了大多数曾在政治经济学史中对地租理论的形成作出过贡献的资产阶级经济学家的著作。1862 年,当他在《剩余价值理论》中撰写《对所谓李嘉图地租规律的发现史的评论》② 一章时,就是以这些摘录为依据的。

詹·安德森是级差地租理论的真正的发现者。马克思在 1845 年曼彻斯特的研究过程中,第一次了解了安德森的理论观点。③ 在第 XII 笔记本中,马克思摘录了安德森的两部著作:《关于至今阻碍欧洲农业进步的原因的研究》(1779 年爱丁堡版)④;《论农业和农村事务》(1796 年爱丁堡版)⑤。安德森不是经济学家,而是一位颇有造诣的农学家。他坚决维护面对新兴工业生产的农业生产者的利益。他拥护谷物关税,目的是使不列颠农业在外国的竞争面前得到保护。当然,他期望人们对本国农产品的需求增加起来,以促进生产,从而使粮食价格下降。他陈述了大量有关如何使农业生产率提高的具体建议。他认为,阻碍农业生

---

① 《马克思恩格斯全集》第 1 版第 8 卷第 382 页。
② 参看《马克思恩格斯全集》第 1 版第 26 卷(II) 第 120—176 页。
③ 参看《马克思恩格斯全集》历史考证版第 4 部分第 4 卷第 62—65 页。
④ 参看《马克思恩格斯全集》历史考证版第 4 部分第 9 卷第 119 页。
⑤ 参看《马克思恩格斯全集》历史考证版第 4 部分第 9 卷第 120—123 页。

产力发展的不是不可克服的自然限制，而是对从事农业的人员的知识和能力的挑战。为了提高农业生产，他建议进行系统试验，而且他自己也进行试验。他认为，土地肥力不是自然界固有的，而是可以随着社会的进步加以改善的。他认为土地肥力是自然肥力和人工肥力的统一。同时他使人们注意到，同样大小的地块在消耗同等数量的劳动和资本的情况下会获得不同的收益。他认为，造成这种情况的原因还有：土地的地质情况，气候，与销售市场的距离，机器耕作土地的方法，灌溉，施肥，地块的大小和地租条件，在马克思所摘录的这两部著作中，安德森再次阐述了他在1777年发现的级差地租并用农业生产发展的新材料进一步充实了这一理论的内容。马克思从这两部著作中摘录了级差地租理论的基本思想。例如，他从《论农业和农村事务》中摘录了这样一段话："有两块土地，它们的产量同上面说过的例子大致相符，就是说，一块收12蒲式耳，正够补偿费用，另一块收20蒲式耳：如果这两块土地都不需要立刻支出任何改良土壤的费用，那么租地农场主可以为后一块土地，比方说，支付甚至6蒲式耳以上的地租，而不能为前一块土地支付任何地租。"[1]

安德森没有从经济学的角度对地租理论进行系统分析。这种理论寓于主张农业保护主义的争论之中和为提高农业生产而提出的实际建议里。他因此也没有意识到他的发现的历史意义。这一发现也同样没有引起他同时代人的注意。安德森是作为实践农场主而出名的，他的著作也是在这个范围内受到极大重视的，并且是由这些人阅读的。相反，官方的政治经济学并没有注意到它们。在这个时期，人们在现实中的讨论主要围绕着数年前出版的詹姆斯·斯图亚特的主要著作和1776年发表的

---

[1] 《马克思恩格斯全集》第1版第26卷（Ⅱ）第160页。

亚当·斯密的著作《国民财富的性质和原因的研究》。对马克思来说具有重要意义的是，级差地租理论的发现者没有像后来的马尔萨斯和李嘉图那样，认为级差地租取决于"土地收益递减规律"，他更多地是从提高农业生产产量的原理的可能性出发的。为满足对粮食需求的增加，他认为必需耕种最坏等级的土地，这类土地的产量也能够提高，从而使粮食的价格下降。1862年，马克思在《剩余价值理论》中对安德森、爱·威斯特、马尔萨斯和李嘉图有关级差地租理论的论述作了比较，比较后得出的结果认为："李嘉图显然不知道安德森……"① 李嘉图在《政治经济学及赋税原理》的《序》中提到了匿名发表的《论资本在土地上的应用》（1815年伦敦版）的作者爱·威斯特以及于同年出版的马尔萨斯的小册子《地租的性质与发展》。从威斯特叙述级差地租的独特方式判断，马克思认为，他不知道安德森并且是独立发现级差地租的。相反，马克思毫不怀疑的是，马尔萨斯知道安德森的级差地租理论，他没有提及安德森而将这一理论吞并，为己所用，也就是说剽窃了它。然而，马尔萨斯用"土地收益递减规律"来解释在相同地块上生产出不同的产量，这就把安德森的基本思想用反了。

在第XII笔记本中，马克思摘录了威斯特后来写的一篇文章《谷物价格和工资》（1826年伦敦版），这是一篇论战性文章，反对斯密、马尔萨斯和李嘉图关于粮食价格、"劳动价格"和实际支付的工资之间的联系的论述。虽然他与李嘉图和其他资产阶级古典经济学家一样没有理解"劳动价格"的本质，但是他就工资形式的特点表述了有趣的思想。马克思摘录了这些内容，后来反复批判地加以研究并在《资本论》第1

---

① 《马克思恩格斯全集》第1版第26卷（Ⅱ）第121页。

卷及其草稿中加以引用。① 威斯特强调，他理解为计时工资的劳动价格和实际支付的工资是不同的，因为后者也取决于实际完成的劳动时间和劳动强度："……劳动价格是对一定量劳动所支付的货币额……工资决定于劳动价格和完成的劳动量。"

威斯特结合自己对工资和粮食价格发展所做的研究，重新阐述了自己的级差地租理论，马克思留心地摘录了这一理论。向马尔萨斯和李嘉图一样，威斯特是从粮食价格的提高中，也就是从产量的降低中得出地租的。和李嘉图一样，他的出发点是一个统计表，根据1744年和1821年期间的统计，平均的粮食价格事实上是提高了。威斯特在这篇文章中对在已耕种的地块上追加资本作了一个有趣的论断，马克思后来在《剩余价值理论》中提到了它。② 他认为，在价格不变时，追加资本会提高较好等级土地的级差地租："……在农业改良了的情况下，用在旧制度下最好土地上用的那样少的费用，就能够在二等或三等质量的土地上进行生产。"当然，只有资本雄厚的承租人才能充分利用这些可能性。

在第XII笔记本中，马克思摘录了托马斯·霍普金斯的两部著作：《关于调节地租、利润、工资和货币价值的规律的经济研究》（1822年伦敦版）和《论地租及其对生存资料和人口的影响》（1828年伦敦版）。霍普金斯在区别地租的不同形式方面在某些问题上超过了他的前人，例如，在分析自然资源用于工业目的方面，以及它们在级差地租理论中的经济作用方面就是如此。

威斯特、马尔萨斯、李嘉图以及其他同时代的经济学家只知道级差地租形式的地租。霍普金斯在上述两部著作中使人们注意到了地租的一

---

① 参看《马克思恩格斯全集》第1版第23卷第595—596页；第48卷第613、616、618页。

② 参看《马克思恩格斯全集》第1版第26卷（II）第147页。

种形式,马克思1862年在《剩余价值理论》中第一次对它作了分析并科学地把它理解为绝对地租。霍普金斯的出发点是,垄断权赋予土地所有者以一种权力,使他能够为了允许别人利用他的土地而提高特殊地租。马克思从霍普金斯的两部著作中摘录了有关这方面内容的重要段落:"**地租**,或者说,[土地]使用费,自然是从[土地]**所有权**产生的,或者说,是从**财产权**的确立产生的。"① "地租的原则是地主有权不让土地被别人使用,除非他要求的东西得到满足。"② 李嘉图的功绩是,他彻底地将地租理论置于劳动价值理论的基础之上。李嘉图否认与级差地租无关的地租存在,这是由于他的价值理论的发展水平决定的,因为他没有区分价值和生产价格。马克思虽然在霍普金斯的著作中注意到了他后来称为绝对地租的形式,但是尽管如此,霍普金斯还是落后于李嘉图,因为霍普金斯把地租的这种形式与它的科学基础即劳动价值理论脱离开了。马克思摘录了一些重要段落,它们表明,霍普金斯把地租的这种形式看作是超过价值以上的加价。马克思从《论地租及其对生存资料和人口的影响》中摘录道:"地租进入产品价格。地租对商品价格的影响最令人信服的是表现在牛身上,牛的价格与地租的增加是同步的。"③

1851年7月,马克思研究了由马·德·东巴尔出版的19世纪20年代后半期若干年度的杂志《罗维尔的农业年鉴》,并在第XII笔记本中摘录了4篇文章。④ 东巴尔是一位在国际上得到承认的农学家,马克思

---

① 参看《马克思恩格斯全集》第1版第26卷(II)第151页。
② 《马克思恩格斯全集》历史考证版第4部分第9卷第153页。
③ 《马克思恩格斯全集》历史考证版第4部分第9卷第155页。
④ 参看《马克思恩格斯全集》第1版第5卷第501—505页;《梯也尔关于采用强制比价证券的全国抵押银行的演说》。

早在40年代后半期就熟悉并赏识他的文章。①东巴尔在罗维尔建立了一个示范农场,在那里,他进行了广泛的农业生产的科学试验并培养了农技员。在《罗维尔的农业年鉴或关于农业、农业经济和农业法的各种材料》中,东巴尔发表了他本人以及他的学生的科学成果。马克思认为,杂志中提出的各种建议是值得摘录的:如何通过完善的耕种方法、新的品种、正确的轮作、施肥和灌溉而使农业生产的产量提高。东巴尔和他的学生们主张农业生产集中具有优越性,大企业优越于小企业,因为大农业有可能研究出科学方法,有可能将新的知识很快地转用到实践中,有可能实行分工和专业化。他认为,用较多的资本和知识,在同时投入较少劳动力的情况下可以用较多和较便宜的食品供给增加了的人口,用较多的原料供应工业。东巴尔及其学生是"土地收益递减规律"的坚决反对者。

马克思研究了托·汤普逊的两部著作,马克思在第XII笔记本中摘录了其中的一部著作。②汤普逊从一个自由贸易运动的狂热拥护者的角度研究了地租理论。他认为,取消谷物关税不会给不列颠的农业带来损害。廉价的外国粮食的竞争会迫使农技人员提高生产力,以便能够提供同样低成本的粮食。

上个世纪中叶,农业化学是农业科学最先进的部门之一。它是促使农业生产提高产量的重要动力。第XII、XIII和XIV笔记本中的大量笔记使人们清楚地看到,对马克思来说,不是要摘录某一细节,他是以自己特有的缜密态度系统地研究这一科学领域的。为此,他选择了两位处于国际领先地位的农业化学家的著作:尤·冯·李比希的《化学在农业

---

① 参看《马克思恩格斯全集》第1版第5卷第501—505页;《梯也尔关于采用强制比价证券的全国抵押银行的演说》。

② 参看《马克思恩格斯全集》历史考证版第4部分第9卷第144—146页。

和生理学中的应用》（1842年不伦瑞克版）①，以及"英国的李比希"②詹·约翰斯顿的《关于农业化学和地质学的演讲》（1847年伦敦版）③和《农业化学和地质学问答》（1849年伦敦版）④。

马克思在李比希的著作中发现了对化学结构的最高认识水平，以及植物的生理学、土地和空气的化学构成、植物的这些生存条件之间的相互作用的认识。李比希不仅描写了这些过程，而且提出实际的建议，说明如何由人通过人工培育、灌溉等等来控制这些过程，从而促进植物生长，以利于农业。他为农业化学提出的任务清楚地反映了他结合实际的做法："耕作的任务一般地是最有利地生产出不同种类植物的某些特性，或者某些部分或器官的最大量，这个任务的完成将运用那些对形成这些部分或器官不可缺少的材料的知识或生产这些特性所需的条件。"

约翰斯顿的《关于农业化学和地质学的演讲》收入了他有关农业化学的24个题目的演讲。它们的特点是结构比较系统，而且非常适合马克思了解整个科学领域。约翰斯顿不仅描述了自己多方面的研究成果，而且在每个题目的演讲中都介绍了国际上已达到的认识水平。正如演讲的标题所表明的那样，约翰斯顿对植物生长的地质条件赋予了特殊的意义。对地质学的探讨超出了地质学对农业化学的意义。马克思也许从中获得了启发，几个月之后便使用社会形态这一概念了。⑤ 在摘录《关于农业化学和地质学的演讲》时，马克思特别注意农业化学的地质

---

① 参看《马克思恩格斯全集》历史考证版第4部分第9卷第172—213页。
② 《马克思恩格斯全集》第1版第27卷第380页。
③ 《马克思恩格斯全集》历史考证版第4部分第9卷第276—317页。
④ 《马克思恩格斯全集》历史考证版第4部分第9卷第372—386页。
⑤ 参看马克思《路易·波拿巴的雾月十八日》，见《马克思恩格斯全集》第1版第8卷第117—227页。

基础。他摘录的地质层的概念既作为地层的基本概念，也把它应用于说明各个社会形态的结构。① 显然，在地层的发展中和社会的发展中的相似情况引起了马克思的注意，因为他在40年代就已经从文献中得知了它们的这种联系。

约翰斯顿在马克思所摘录的第2部著作《农业化学和地质学问答》中比在《关于农业化学和地质学的演讲》中更加重视了说教的方面。他以问答的形式，用易懂的方法回答了就农业化学提出的问题。这部著作流传很广，出版了许多版本和译本。在回答"什么是农民耕种土地的目的？"这个问题时，约翰斯顿说："以最少的开支和土地最小的破坏来获得最好的收成。"② 总的来说，从李比希和约翰斯顿的著作中摘录的内容在自然科学上令人信服地证明，作为"工资基金理论"依据的"土地收益递减规律"在科学上是站不住脚的。

在第XIII笔记本中，马克思考察了"工资基金理论"的第二个依据，即所谓的马尔萨斯的人口规律。马克思和恩格斯从他们一开始研究经济学起就否定了马尔萨斯的人口论。恩格斯早在《国民经济学批判大纲》中就把"人口规律"说成是"对自然和人类的恶毒的诬蔑……在这里我们终于看到了，经济学家的不道德已经登峰造极。"③ 19世纪30年代以前，"人口规律"几乎完全控制了围绕英国济贫法的讨论。有人企图取消对穷人的所有津贴。马尔萨斯及其追随者论证道，生产资料按算术级数增长，人口则按几何级数增长。如果人口的增加"按自然规律"超过生活资料的增长，那么部分人口就需要通过瘟疫、饥荒和战争

---

① 参看《马克思恩格斯全集》历史考证版第4部分第9卷第288—293、312页。
② 参看《马克思恩格斯全集》历史考证版第4部分第9卷第372页。
③ 《马克思恩格斯全集》第1版第1卷第618页。

等等来加以消灭,从而使人类继续存在下去。马尔萨斯主义者建议,有效的方法是工人们实行性欲的节制,从而自己限制人口的数量。

当时,人们普遍把"人口规律"称为"马尔萨斯规律",把它同作为这一规律的发现者的马尔萨斯等同起来。马克思通过笔记本 XII 的研究已经了解到,级差地租理论的发明人之一并不是像李嘉图所认为的马尔萨斯,马尔萨斯只是窃取了安德森的基本思想,而没有提及安德森的名字。在第 XIII 笔记本中,马克思摘录了那些曾在人口理论史中对概念的形成起过作用的作者的观点。通过对摘录笔记进行比较,我们不难看出,马尔萨斯也同样不是人口论的最初发明者。而是接受了他的前辈的基本思想。所以,在这方面人们不得不把他称为剽窃者。

资产阶级人口理论的创立者是詹姆斯·斯图亚特。马克思在第 VIII 笔记本中已经摘录了他的主要著作。[①] 马克思在笔记本中记下了斯图亚特的基本思想:"就数量而言,人类一直而且必须永远要与所产粮食成正比,而产粮则与气候的丰润和居民工业等综合因素成正比。"[②] 然而,斯图亚特没有把"人口规律"描述为永恒不变的"自然规律",而是把它看作是受具体的历史条件限制的规律。他认为,农业部门为全社会生产生存的基础。与马尔萨斯相反,他假设,在历史发展过程中,农业生产的生产率趋于提高。这就是说,少量农业生产者可以向社会提供较多的粮食。这是"自由人手"数量增加的基础,这些人手可以投入农业以外的工作,并使人们能够区分城市和农村。

1752 年,大卫·休谟在他的《政治演讲》中发表了《论古代国家的人口密度》的文章。[③] 他的主要论断是,就人口发展来说,18 世纪的

[①] 《马克思恩格斯全集》历史考证版第 4 部分第 8 卷。
[②] 《马克思恩格斯全集》历史考证版第 4 部分第 8 卷第 313 页。
[③] 《马克思恩格斯全集》历史考证版第 4 部分第 9 卷第 224—225 页。

条件与古代相比有所改善,罗伯特·华莱士在他的小册子《一篇论古代和现代的人口数量的论文》中反对休谟的这一论断。① 华莱士声称,现在,人类生存的条件同古代相比变得灾难性的糟糕。每33年人类就增加一倍。如果没有使人类大大减少的起反作用的原因,如像瘟疫、战争、饥荒,那么地球就会人口充斥,人就不会再有粮食维持生计了。马尔萨斯没有提及华莱士的名字而抄袭了他的人口增加的几何级数,在这方面,马尔萨斯仅仅将这个级数的倍加时间缩短为25年。②

在第XIII笔记本中,马克思完成了对约瑟夫·唐森的两部著作的摘录:1786年第一次发表的《论济贫法》(1817年版)③ 和《1786和1787年西班牙游记》。唐森以斯图亚特的有关人口增长与生活资料之间的联系的思想为出发点。然而,他完全相反地运用了这一思想,并且像华莱士那样假定,人口有超过生活资料增加的趋势。《论济贫法》的写作诱因是一场反对本来完全不充分的英国济贫法的论战。唐森认为,对穷人的任何帮助都会干扰"自然的人口规律",最终还会加剧生活资料的问题。人只有通过节制性欲和向外移民才能减少过剩的人口。唐森认为,饥饿是促进发展的一个因素:"……饥饿不仅是一种平和、无声却不断加剧的压力,而且作为工业和劳动的最自然的动力,它还能唤起力量的最大发挥。"④ 由于穷人从事繁重的、肮脏的和单调的劳动,他们同时就为统治阶级和精神精英们的幸福创造了条件:"这些人由于摆脱了单调乏味的劳动,不受干扰地从事较高级的职业,而使他们幸福的内

---

① 《马克思恩格斯全集》历史考证版第4部分第9卷第221—223页。
② 参看《马克思恩格斯全集》历史考证版第4部分第9卷第226页。
③ 《马克思恩格斯全集》历史考证版第4部分第9卷第215—218、220页。
④ 《马克思恩格斯全集》历史考证版第4部分第9卷第215页。

涵大大增加。"①

在第 XIII 笔记本中，马克思第一次摘录了 1798 年第 1 版的马尔萨斯《人口原理》。②后来的版本逐版增加了有关说明性的第二手资料。人们在第 1 版中还可以清晰地看到马尔萨斯抄袭其前辈的基本概念，然而他这个剽窃者并没有提及这些人的名字。马克思未作评论地摘录了他在第 XII 和 XIII 笔记本中在马尔萨斯的前辈那里已经遇到过的相应段落：人口的增加超出其生活资料的增加这一趋势必然会导致贫困；③人口的增加按几何级数，而生活资料则是按算术级数；④济贫法不能减少贫困，而是加剧贫困，因为它会起到激发人口增长的作用。⑤饥荒、瘟疫和其他疾病是使人口和生活资料保持平衡所必需的。⑥笔记本 XII 和 XIII 中的摘录使马克思能够在《剩余价值理论》中作出如下概括："马尔萨斯的《人口论》这部著作第 1 版没有包含一个新的科学词汇；这本书只应看作卡普勒教士喋喋不休的说教，只应看作是用阿伯拉罕·圣克拉文体对唐森、斯图亚特、华莱士、埃尔伯等人的论断的改写。"⑦

在第 XIII 笔记本中，马克思还摘录了马尔萨斯人口论的反对者们的著作。早在 19 世纪初，西蒙·格雷就于 1804 年写出并于 1815 年出版了《国家的幸福……》一书，在书中，他始终反对马尔萨斯的论断。该书几乎没有在公众中引起注意。1818 年，格雷以乔治·普尔维斯为

---

① 《马克思恩格斯全集》历史考证版第 4 部分第 9 卷第 216 页。
② 《马克思恩格斯全集》历史考证版第 4 部分第 9 卷第 226—229 页。
③ 参看《马克思恩格斯全集》历史考证版第 4 部分第 9 卷第 226 页。
④ 《马克思恩格斯全集》历史考证版第 4 部分第 9 卷第 226 页。
⑤ 参看《马克思恩格斯全集》历史考证版第 4 部分第 9 卷第 228 页。
⑥ 参看《马克思恩格斯全集》历史考证版第 4 部分第 9 卷第 228—229 页。
⑦ 《马克思恩格斯全集》第 1 版第 26 卷（II）第 128 页。

笔名发表了《格雷对马尔萨斯》一书，格雷想引起别人对自己以及他1815年那本书的注意。马克思引用的第一句话就已经反映了格雷的立场："……人口的自然增长并不特别基于比率，但是人口的增长在任何特定地区都会受各种情况的调节。"①

一部分有仁慈思想的资产阶级提出改良性的建议，这些建议的实现是要证明，工人的状况在资本主义制度下也会得到改善。威·托·桑顿是资产阶级社会改良主义的一位典型代表。他在其1846年出版的小册子《人口过剩及其补救办法》②中指责马尔萨斯的人口规律和"工资基金理论"是不科学的。他提出了一个假设，认为人口过剩并非农业生产较低的后果，而是由于工业对劳动力的需求减少的结果。马克思评论道："桑顿没有提供任何证据。对贫困来说，任何增加都是多余的，不需要任何证明，但是可以证明的是，所有国家的人口与其生产力的关系在任何时候都是多余的。"③

马克思转而研究了社会改良主义的另一位代表人物，托马斯·达布耳德。他是威廉·科贝特的追随者。他以其1842年出版的《真正的人口规律》一书坚决反对马尔萨斯的人口论、"工资基金理论"以及从中得出的政治结论。他认为，英国济贫法的改良必须基本上有利于穷人并清除马尔萨斯主义的论点。他反对马尔萨斯主义的原理，但并没有对人口的发展作具体的经济分析。马克思引用了达布耳德在抽象地进行生物学论证时做出的基础理论论断："……在一切社会中，人口持续不断增长发生在粮食供应最糟的那部分人当中，即发生在最穷的穷人中。"④

---

① 《马克思恩格斯全集》历史考证版第4部分第9卷第230页。
② 《马克思恩格斯全集》历史考证版第4部分第9卷第235—247页。
③ 《马克思恩格斯全集》历史考证版第4部分第9卷第245—246页。
④ 《马克思恩格斯全集》历史考证版第4部分第9卷第250页。

在英国保守党人中，批判马尔萨斯的最著名的人物是阿契波德·艾利生。早在1810年他就已经写了一本书，在书中，他根据某些学术研究成果认识到，马尔萨斯的人口规律是错误的。由于他的托利党的朋友在制定济贫法时依据的是马尔萨斯的观点，所以，出于党的利益，他放弃了这部书的出版。他继续收集资料，这些资料坚定了他反对马尔萨斯主义的决心。1840年，许多保守党追随者的立场发生了变化，所以他们和显然已经站不住脚的马尔萨斯主义的过分做法有了距离。这时，艾利生的《人口原理及其和人类幸福的关系》一书才出版。恩格斯在《国民经济学批判大纲》中认为艾利生是最稳健的经济学家和统计学家。马克思在其摘录中确认了恩格斯对艾利生所作的积极评价，以及恩格斯对艾利生的批评："可是艾利生没有深入事物的本质，因而他最后也得出了同马尔萨斯一样的结论。固然他证明了马尔萨斯的原理是不正确的，但是他未能驳倒马尔萨斯据以得出他的原理的事实。"①

由于笔记本XII和XIII中所摘录的材料，马克思就拥有了一个知识库，在他原则上批判资产阶级人口论并阐述自己的人口理论时都依据了这些材料。马克思在《资本论》第1卷的《资本主义积累的一般规律》中，总结了资本主义的人口规律："因此，在工人们生产出资本积累的同时，工人人口也以日益扩大的规模生产出使他们自身成为相对过剩人口的手段。这就是资本主义生产方式所特有的人口规律，事实上，每一种特殊的、历史的生产方式都有其特殊的、历史地起作用的人口规律。抽象的人口规律只存在于动植物界。"②

1851年8月，马克思在写笔记本XIV时开始了研究过程的一个新

---

① 《马克思恩格斯全集》第1版第1卷第619页。
② 《资本论》德文第1版中译本，经济科学出版社1987年版，第604页。

阶段，这一阶段一直持续到《1850—1853年伦敦笔记》工作的结束为止。从选材和对摘录材料的分析中我们可以看到，马克思主要是研究社会发展阶段的顺序、结构和相互影响的各个方面。马克思早在40年代中期就已经和恩格斯一起共同制定了历史唯物主义的基本概念。这一概念在于："从直接生活的物质生产出发来考察现实的生产过程，并把与该生产方式相联系的、它所产生的交往形式，即各个不同阶段上的市民社会，理解为整个历史的基础，然后必须在国家生活的范围内描述市民社会的活动，同时从市民社会出发来阐明各种不同的理论产物和意识形式，如宗教、哲学、道德等等，并在这个基础上追溯它们产生的过程。这样做当然就能够完整地描述全部过程（因而也就能够描述这个过程的各个不同方面之间的相互作用）了。"① 笔记本XIV—XXIV所包括的摘录涉及人类社会的历史顺序、它们的结构、相互依赖性以及生产力、生产关系和社会的上层建筑之间的相互作用，它们在马克思进一步整理素材时对继续发展作为历史唯物主义的重要范畴的社会形态理论是非常重要的。

马克思涉及的问题体现了人类历史在其世界范围内和它的多种多样现象的历史发展过程中的特点。这样一来，问题的范围就愈加清楚，随着理论的向前发展，对这些问题进行分析是为了掌握历史的形成过程。因此，马克思在着手笔记本XIV之后的若干笔记本的摘录工作时，第一次使用社会形态这一范畴，并用它来描述人类社会的历史发展阶段，这并非偶然。马克思有可能是通过在《1850—1853年伦敦笔记》的笔记本XIII中对约翰斯顿的《关于农业化学和地质学的演讲》的研究而最后使他形成这一概念的措词的。即使马克思从40年代中期开始的研究

---

① 《马克思恩格斯全集》第1版第3卷第42—43页。

主要集中于对资本主义社会的分析，而且在以后的年代里也仍然如此，但是他多方面的研究（尤其是《1850—1853年伦敦笔记》的笔记本XIV—XXIV中的研究）表明，他是在怎样的历史过程的广度上研究世界历史过程内的相互依赖性的。对马克思来说，寻根究底地、历史地理解资本主义也就是要将资本主义这一阶段之前的和与之并存的各种社会形态纳入分析之中。因此，他同时也为分析这些形态提供了钥匙。马克思在这一基础上于50年代初获得的认识，是马克思在《路易·波拿巴的雾月十八日》中、在50年代的政论活动中、在1857—1858年经济学手稿中、在1859年《政治经济学批判》第一分册的《序言》中、一直到《资本论》完成时期为止，继续制定历史唯物主义的一个重要基础。

笔记本XIV的内容，基本上是关于资本主义的殖民主义理论和实践的摘录，以及有关前资本主义生产方式的摘录。马克思结合自己在前几个笔记中已经展开的问题来研究殖民主义，为的是此时从另外的角度阐明这些问题。资本主义在国际范围的发展，世界市场的建立，均已成为现实。资本主义国家的工业有廉价的原料供应，人口有廉价的食品供应，为工业生产的增长开辟了新的销售市场，许多欧洲国家向外移民，不同社会形态相互作用的后果，这些问题是马克思对资产阶级关系进行分析的不可缺少的组成部分。不列颠强国在政治上的最新发展首先把眼睛盯在殖民地身上。随着1845年谷物关税的取消，妨碍殖民地贸易的"航海法"也被废除。在30和40年代，大不列颠推行一项掠夺殖民地并使附属地区屈服的积极政策。19世纪中叶，它是世界上最大的殖民强国，拥有殖民地200多万平方公里，人口超过1亿。40年代，有100多万人移民到这些殖民地去，减少了大不列颠的过剩人口。因此，在工人运动内部也必须有一个认清关于工人运动与这一殖民政策的关系以及向殖民地移民的可能性和前景的关系的过程。

1851年8月，马克思已经从文献资料中获得了有关殖民地对于资本原始积累过程的意义和殖民地在形成和继续发展资本主义的世界市场和世界体系的作用等方面的广泛认识。尤其在《共产党宣言》中反映了这一点："美洲和环绕非洲的航路的发现，给新兴的资产阶级开辟了新的活动场所。东印度和中国的市场，美洲的殖民化，对殖民地的贸易，交换资料和一般商品的增加，给予了商业、航海业和工业空前未有的刺激，因而也就促进了崩溃着的封建社会内部所产生的革命因素的迅速发展。……大工业建立了由美洲的发现所准备好的世界市场。世界市场引起了商业、航海业和陆路交通工具的大规模的发展。……由于需要不断扩大产品的销路，资产阶级就不得不奔走全球各地。它不得不到处钻营，到处落户，到处建立联系。"①

马克思特别从古斯达夫·居利希的《关于现代主要商业国家的商业，工业和农业的历史叙述》②中摘录了大量有关这个方面问题的笔记。这是第一部用德文发表的世界经济史的总论述，它使马克思有可能把欧洲的重要国家及其殖民地的经济史作为统一的过程来研究。在《1850—1853年伦敦笔记》的第XIV笔记本中，马克思摘录了海·路·赫伦的《欧洲国家体系及其殖民地历史手册》③，这些摘录使马克思对这一问题的整个研究更加深入。通过大量的事实和材料，马克思掌握了欧洲历史以及美洲发现以来殖民帝国的形成和围绕它们所进行的讨论。

马克思从同一部著作中引用了殖民地这一概念的定义和殖民地不同形式的划分："欧洲人在世界其他地方的任何领地和租界均称为殖民地。它们分成：1）农业殖民地。殖民地的欧洲移民发展成一个民族。2）种

---

① 《马克思恩格斯全集》第1版第4卷第467和469页。
② 《马克思恩格斯全集》历史考证版第4部分第6卷。
③ 《马克思恩格斯全集》历史考证版第4部分第9卷第502—515页。

植殖民地。〔……〕3）矿山殖民地。4）贸易殖民地。"① 后来，在涉及资本主义的殖民化问题时，马克思和恩格斯把主要由欧洲人移民居住并经营的殖民地同那种主要是土著人或输入的人口受奴役，大地主占统治地位的殖民地区别开来。关于第一种形式，马克思后来在《资本论》第1卷批判"现代殖民理论"时写道："这里说的是真正的殖民地，即自由移民所开拓的处女地。……此外，这里还包括那些由于消灭了奴隶制而完全改变了关系的旧种植殖民地在内。"② 与此相似，恩格斯后来把"真正的殖民地"同"那些只是被征服的、由土著人居住的土地"区别开来。③

在第 XIV 笔记本中，马克思还研究了"现代殖民理论"的两位大概是最著名的代表人物的著作，他们是爱·吉·威克菲尔德和赫·梅里威耳。马克思从威克菲尔德的小册子《略论殖民艺术》中摘录了他把殖民化的概念限制在向迄今未被占据的国家移民这个范围的观点。④ 威克菲尔德不无担忧地认为，在北美、新西兰和澳大利亚，资本主义生产方式的长处不能发挥。移民们首先会占领不花分文的土地，为的是成为农场主，而不是成为雇佣工人。"现代殖民理论"的代表们认为，这是资本积累的主要障碍。作为出路，威克菲尔德建议，国家应当给土地规定一个人为的价格，迫使没有任何财产的移民在一定时间内先当雇佣工人去挣钱，然后他们用自己挣得的钱来购买土地。国家殖民协会及其著名的代表人物威克菲尔德、约·斯·穆勒和罗·托伦斯特别宣传了这些要求，并把这概括为"系统的殖民"。威克菲尔德赞成"系统的殖民"，

---

① 《马克思恩格斯全集》历史考证版第4部分第9卷第505页。
② 《资本论》德文第1版中译本，经济科学出版社1987年版，第732页。
③ 《马克思恩格斯全集》第1版第35卷第353页。
④ 参看《马克思恩格斯全集》历史考证版第4部分第9卷第486页。

因为它一方面通过过剩人口的移民可以减轻大不列颠的负担，另一方面，殖民地又是有利于资本和商品出口的地区。

梅里威耳在他的《关于殖民和殖民地的演说》中和威克菲尔德提出的通过向殖民地大量移民来减少大不列颠的过剩人口的建议进行了论战。他认为，过剩的人口是必要的从业后备力量，如果他们移民国外，就会造成工业繁荣时期劳动力的缺乏。尽管如此，马克思在《资本论》第1卷中仍然把梅里威耳看成是威克菲尔德的门徒。① 梅里威耳同威克菲尔德相一致的地方在于，他也认为，殖民地的无偿土地会阻碍资本主义生产关系的普及。他们似乎从殖民地的例子中发现，雇佣工人一无所有是资本关系存在的一个必要条件。

除了"真正的殖民地"以外，马克思也关心殖民剥削的所有其他可能性，即在世界范围发展资本关系的其他形式。殖民地的意义首先在于向征服它们的国家提供奴隶和原料，并且成为这些国家的销售地区。马克思所研究的文献清楚地反映了资产阶级各个部分的不同兴趣所在。如果说在资本主义殖民制度的开始时期，是那种使殖民地这一未来的利润源泉陷入困境的野蛮剥削方法占优势的话，那么代之而起的另一种态度会很快地表现出来，这就是使殖民地长期保持成为不断获取利润的源泉。但是，这要以殖民地具有再生产的能力，并过渡到采取文明的剥削方法为前提。

自由派的重要政治家亨利·布鲁姆于1803年出版了《关于欧洲国家殖民政策的研究》一书，从中马克思摘录了一系列有关殖民主义的历史和殖民政策的实践方面的引人注意的事实。② 布鲁姆主张对殖民地的

---

① 参看《马克思恩格斯全集》第1版第23卷第839页。
② 参看《马克思恩格斯全集》历史考证版第4部分第9卷第542—552页。

占领，使之成为不列颠商品的销售地区、资本输出的接纳地区和移民的居住区域。同时，他谴责对土著人所采取的残暴行为，尤其谴责把他们变为奴隶以及与此相联系的贩卖奴隶的做法。

马克思摘录了托·福·巴克斯顿的两部书：《非洲的奴隶交易》①和《补救办法，非洲奴隶交易的后果》②。这两部著作都是研究非洲殖民地问题的。巴克斯顿把奴隶制和贩卖奴隶说成是没有人性的事情。他是上个世纪20年代主张严禁贩卖奴隶的议员小组的代言人。他认为，贩卖奴隶与一项明智的殖民政策不相容，因为长此下去会破坏人们从非洲殖民地获利。他使人们注意到，非洲大陆是原料和食物的供应地，它借助作为自由生产者的土著人的帮助可以得到最合理的开发。这样就可以为不列颠的商品建立一个重要的销售地区。

马克思在第XIV笔记本中也摘录了反对不列颠的殖民政策的人出版的著作。马克思从慈善家托马斯·霍吉金医生的著作《关于美洲殖民协会的功过的研究》，摘录了该协会在反对奴隶制野蛮性的斗争中所作出的功绩，以及霍吉金有关将这一斗争继续下去的论据。③

战栗教徒威廉·豪伊特在其1838年出版的《殖民和基督教》④一书中，用大量事实证明了欧洲人在占领和掠夺殖民地时的野蛮暴行。豪伊特反对战争、种族主义和奴隶制。马克思为了证明殖民制度是原始积累的工具，在《资本论》第1卷中摘引了该书中的内容并广泛运用。⑤

---

① 参看《马克思恩格斯全集》历史考证版第4部分第9卷第494—498页。
② 参看《马克思恩格斯全集》历史考证版第4部分第9卷第499—501页。
③ 参看《马克思恩格斯全集》历史考证版第4部分第9卷第492页。
④ 参看《马克思恩格斯全集》历史考证版第4部分第9卷第516—526页。
⑤ 参看《马克思恩格斯全集》第1版第23卷819—820页。

马克思写道，豪伊特是一位"把基督教当作专业来研究的人"①，豪伊特建议，唤起基督教的良知是避免殖民政策弊端的解决办法。

马克思的有关前资本主义生产方式的摘录，一部分与他对殖民制度的研究紧密相关，另一部分则超出了这一研究的内容。马克思把这两个方面的问题结合在一起的做法表明，马克思在 XIV 笔记本中了解了殖民地在超出资本主义的殖民化以外的历史范围中的作用和地位，并把包含在前资本主义生产方式的殖民地扩张的动力及其各种形式纳入了自己的研究范围。马克思在笔记本的开头摘录了 1840 年出版的杜罗·德·拉·马尔的著作《罗马人的政治经济学》②，这就扩大了马克思在古代的蓄奴州及其扩张欲方面的知识积累。马克思在书中发现了许多有关生产力、经济关系的发展、有关古代罗马的货币、国家制度和文化的形成和作用方面的很有价值的事实材料。马克思认为，勒索被压迫民族的纳贡以及募集奴隶是对外扩张的动力。罗马帝国只有通过军事政权，不断发动战争，进行新的占领才能得以维持。

第 XIV 笔记本的结尾摘录的是布鲁姆有关欧洲国家殖民政策的著作，马克思概括地从中摘录了他对古代殖民问题的论述："罗马人发展他们殖民地的目的在于征服和掠夺。……迦太基的殖民地同母国是交易关系。……希腊殖民地就其起因和政治关系来说不同于罗马和迦太基殖民地。雅典、斯巴达、科林斯和阿哥斯的领土非常有限，因此，人口数量的增加使移民成为必要。"③

马克思的摘录表明，除了前资本主义的殖民问题以外，他关心的问题还有，被征服的人民的生活处在什么样的社会关系中，他们的社会结

---

① 参看《马克思恩格斯全集》第 1 版第 23 卷 819—820 页。
② 参看《马克思恩格斯全集》历史考证版第 4 部分第 9 卷第 325—364 页。
③ 参看《马克思恩格斯全集》历史考证版第 4 部分第 9 卷第 542—543 页。

构是如何遭到破坏的,他们如何适应了并服从了新的条件。而马克思的主要注意力是放在资本主义的殖民化及其对占领地区的影响上。

然而,有关前资本主义生产方式的摘录也具有一种超出殖民问题以外的意义。马克思选择了一系列对历史过程的整体考察具有相当水平的著作,并在很大程度上概括了那个时期研究状况的著作。马克思对古代罗马、西班牙的封建制度,对波斯人、阿兹台克人和印加人的历史的研究同《1850—1853年伦敦笔记》中后面一些内容广泛的摘录在一起,无疑对马克思1859年的如下论断具有重要的意义:"大体说来,亚细亚的、古代的、封建的和现代资产阶级的生产方式可以看作是社会经济形态演进的几个时代。"① 马克思即使是在研究前资本主义的社会形态时,也把重点放在经济的运动规律上,所以,其中许多思想可以归为后来产生的广义的政治经济学的概念。②

在胡安·泽姆佩尔的著作《论西班牙君主国的兴衰原因》中,马克思发现了有关西班牙封建制度从产生直至衰亡这一过程的可靠的原始资料。③ 在摘录中,马克思主要注意的是西班牙封建制度的兴盛时期和它的衰败。马克思主要摘引那些最终导致西班牙强国落后于其他国家的事实。尤其通过研究《1850—1853年伦敦笔记》中的其他著作,马克思这时已经全面掌握了封建社会和原始积累过程方面的知识。此外,就在这个时期,英国已在马克思的研究工作中占有中心地位。后来,在论及原始积累问题时,马克思写道:"只有在英国,它才具有典型的形式,因此我们拿英国作例子。"④ 正因为如此,马克思感兴趣的问题必然也

---

① 《马克思恩格斯全集》第1版第13卷第9页。
② 参看《马克思恩格斯全集》第1版第13卷第160页。
③ 参看《马克思恩格斯全集》历史考证版第4部分第9卷第527—541页。
④ 《马克思恩格斯全集》第1版第23卷第784页。

是可能的历史选择。泽姆佩尔的著作使人们看到,在西班牙,封建主义是如何发展到顶峰的,资本主义发展的萌芽是怎样形成的。虽然资本主义发展的萌芽广泛地遭到破坏,但是在伴随有多次挫折的、令人痛苦的过程中,最终还是实现了历史的进步,并于1812年颁布了第一个资产阶级的宪法,从而达到了一个暂时的高潮。

在摘录中马克思注意到,自从12世纪以来,城市资产阶级的蓬勃发展导致了贸易的扩大。由于金是货币的材料并可以做首饰,对它的需求与日俱增。这是扩大世界市场、导致地理大发现的重要动力。然而,与西欧其他国家不同,从非洲掠夺来的流向西班牙的资金并没有成为原始积累的源泉。它们的绝大部分留在贵族手里并被挥霍掉了。城市里的资产阶级生产不景气。马克思还摘录了泽姆佩尔就西班牙天主教会的统治地位所作的大量陈述。天主教会对日益扩大的寄生性消费负有重要责任。早在16世纪,西班牙的封建主义在资产阶级生产还没能发展时就明显地出现了开始衰亡的迹象。马克思在发表于1854年9月9日《纽约每日论坛报》上的文章《革命的西班牙》中写道:"在西班牙则恰恰相反,贵族政治虽趋于衰落,却保持自己的最恶劣的特权,而城市虽已丧失自己的中世纪的权力,却没有得到现代城市所具有的意义。"①

马克思还摘录了在当时被视为论述世界史的标准著作《关于古老世界最主要民族的政治、交通和贸易的思想》,作者是海·路·赫伦。②这部著作为人们对并存的不同社会形态进行对比提供了极好的可能性。赫伦在书中把主要注意力放在了政治、商业、交通和地理的因素上。马克思仅从书的第一部分中摘录了"亚洲各民族"。他摘引了赫伦有关

---

① 《马克思恩格斯全集》第1版第10卷第462页。
② 参看《马克思恩格斯全集》历史考证版第4部分第9卷365—371、454—460页。

"单一的亚洲历史"的评论。① 军事上组织严密的游牧民族武装穿越亚洲大陆并征服其他民族。所以就产生了不过只是转瞬即逝的大王国,赫伦把这些民族的政治组织称为世袭的专制主义并明确肯定:"国王＝土地和人的所有者"。②

马克思摘录《关于古老世界最主要民族的政治、交通和贸易的思想》一书时分为两个阶段进行。在间隙时期,马克思显然开始摘录威·希·普雷斯科特的《征服墨西哥的历史》③ 和《征服秘鲁的历史》④。由于这些摘录主要包括了早期阶级社会的特点,所以它们在内容上是有联系的。这可能激发了马克思更加深入地研究人类发展的这个阶段。普雷斯科特的著作是极好的资料,它们概括了当时研究这一主题的最高水平并且扩展了。马克思从广泛论述墨西哥和秘鲁征服史的内容中仅摘录了少数一些评述。相反,马克思却从这两部著作中详细摘录了西班牙人在其征服这些国家时所遇到的当地民族的社会发展水平。普雷斯科特试图综合论述政治和生产方面的社会状况,经济关系,地理环境,阶级关系,宗教,文化等等。马克思摘录了大量事实,与赫伦著作中的事实一样,它们使人们对早期阶级社会有一个粗略的了解。例如,阿兹台克人建立的国家拥有一个由各阶级和阶层组成的人口结构。其中发展起来的统治阶级在管理部门、军事和神职人员中占据了一切统治地位。它以活的和物化的劳动形式,如捐税、贡金或者劳务,来掠取生产出来的剩余产品。主要生产者是自由农民,他们生活在按区域组织的邻里村社中。这些村社集体向国家负有捐税和劳务的义务。同时,还存在着对土地的

---

① 参看《马克思恩格斯全集》历史考证版第4部分第9卷第369页。
② 参看《马克思恩格斯全集》历史考证版第4部分第9卷第455页。
③ 参看《马克思恩格斯全集》历史考证版第4部分第9卷第403—415页。
④ 参看《马克思恩格斯全集》历史考证版第4部分第9卷第416—434页。

特殊所有权和特殊使用权（它们同担任一定的职能如统治者或最高法官的职能联系在一起），并且存在着贵族对村社或村社生产出的剩余产品的不同形式的支配权。

印加人的国家处在一个类似的发展阶段。除了他们每年从村社得到供使用的那部分土地以外，农民生产者还共同为太阳，为最高的神，为印加国王耕种村社的2/3的土地。从而，统治阶级保证了对生产出的剩余产品的支配权，他们将这些剩余产品用于宗教和军事目的，供统治阶级和官吏机构消费。除此之外，一部分剩余产品用于供应那些农业生产以外的，为国家提供生产能力或服兵役的劳动力。

马克思有关这些早期阶级社会的内容广泛的摘录，以及他后来在《1850—1853年伦敦笔记》的笔记本XXI—XXIII中[①]对亚洲地区的详细研究，尤其是对印度的研究，使他认识到了人类社会相似的发展阶段，而在抽象地得出亚细亚生产方式的概念时可能也使用了已有的笔记。

《马克思恩格斯全集》历史考证版（MEGA）第4部分第9卷清楚地表明了马克思紧张的研究工作的广度。克罗茨纳赫笔记、巴黎笔记、布鲁塞尔笔记以及伦敦笔记，均可视为理论的、经验的、统计的材料的基础，马克思通过研究这些材料提高了一般社会理论方面，特别是政治经济学方面的认识水平。

（原载《马克思恩格斯全集》历史考证版第4部分第9卷）
（佐海娴 译　张钟朴 校）

---

① 参看《马克思恩格斯全集》历史考证版第4部分第11卷。

马克思1850—1853年的伦敦笔记[*]

〔德〕克劳斯·福利克　沃尔夫冈·约翰

《资本论》中所叙述的资本主义社会形态的经济运动规律,是经过长期的研究过程才得出来的结果,这种研究的最后成果,只有联系到它的起源一道考察,才能了解到其全部深度和广度。马克思的笔记本表明,马克思怎样以他的前辈们为起点,吸取人类文化发展所取得的全部进步的东西,用工人阶级的科学立场重新批判地加以考察,并经过实践的检验,把科学的理论提高到一个新的质的阶段。

单是整理这些笔记,就可以使马克思和恩格斯的研究工作者弄清楚某些原理是怎样产生出来的。何况,马克思并不限于在他的笔记本中单纯进行摘录。他往往批判地对待他所摘录的他的前辈著作中包含的思想,对这些思想加以评论,形成新的问题提法,并且从批判开始去阐述自己的观点。

人们能够说,在研究马克思政治经济学的形成史方面已经取得了很有价值的成就。但是在我们看来,为了更深入地研究这个形成史,钻研

---

[*] 本文选自《马列主义研究资料》1982年第2辑。

原题注:马克思1850—1853年期间写的手稿《伦敦笔记》中,关于李嘉图主要著作的笔记和《反思》发表在《马克思恩格斯全集》第1版第44卷。本文和下一篇文章《马克思1850—1853年期间的经济学研究》对马克思这一时期的研究工作和《伦敦笔记》,作了概括的介绍,可供参考。

马克思在各个不同发展阶段上的笔记本占有关键地位。例如1844年的"巴黎笔记"是理解"经济学哲学手稿"的钥匙,特别是理解马克思当时对资产阶级古典政治经济学的劳动价值论的态度的钥匙。1845—1847年的"布鲁塞尔笔记"是研究马克思的《哲学的贫困》和《雇佣劳动与资本》的基础之一。"伦敦笔记"开始了马克思研究工作的一个新阶段,在这个阶段中,马克思把政治经济学的研究放在最优先的地位。

"伦敦笔记"包括二十四本篇幅各不相同的笔记。马克思在这些笔记本上写了通贯前后的连续页码。有些笔记本没有写着标题的封皮(第Ⅲ、Ⅵ—Ⅹ、ⅩⅢ—ⅩⅤ、ⅩⅦ、ⅩⅧ、ⅩⅪ—ⅩⅩⅣ本)。有时人们弄错了,说只有二十三个笔记本(例如《卡尔·马克思传》1973年柏林版就这样说)。这些手稿的整个篇幅是巨大的。它总共有1250多页,写满了密密麻麻的很难辨认的马克思的手迹。

1850—1851年写成的前七本笔记,主要是研究货币理论问题。其中"通货原理"和"银行理论"之间的论战等问题占了相当大的篇幅。

在第Ⅶ笔记本的末尾,马克思重新摘录了亚·斯密的主要著作,所涉及的也是货币和货币资本问题。第Ⅷ笔记本是马克思在第Ⅳ笔记中重新研究李嘉图主要著作的续篇,从第Ⅷ笔记本开始,马克思开始更多地转入一般性经济著作的研究。这时,除了价值、利润、工资等问题以外,特别是地租问题成了注意的中心。马克思除了摘录李嘉图的著作外,还摘录了斯图亚特、图克、巴顿、拉姆赛、德·昆西、凯里和琼斯的著作。

在第Ⅺ笔记本中,马克思主要研究工人的状况问题,其中包括工资问题、工场手工业和工厂制度、就业问题、卫生保健、工会、机器的作用。马克思在这里又摘录了霍吉斯金、欧文、西尼耳、托伦斯、布里尔顿、菲尔登、兰格、霍普金斯、盖斯克尔等人的著作。

第 XII 和 XIII 笔记本涉及的几乎只是农业问题，其中有农业史、地租、谷物价格、农业中的保护关税以及有机化学在农业中的应用等问题。

在以后的一些笔记本中，马克思作了篇幅很大的至今还没有进一步研究过的一些笔记，其中有关于殖民体系问题（第 XIV 和 XXI—XXIII 笔记本；其中是普雷斯科特、梅里威耳、威克菲尔德、霍吉斯金、布克斯登（Buxton）、赫尔兰（Heeren）、霍维特（Howitt）、泽姆佩尔、布鲁姆、麦克库洛赫、索图柯夫（Soltykoff）、贝尔尼埃、莱佛尔斯、坎伯尔、佩顿、法耳梅赖耶尔等人著作的摘录），关于历史和经济史问题（第 XIV、XVII、XVIII、XX、XXII 和 XXIV 笔记本；其中是德·拉·马莱（de la Malle）、赫尔兰、纽曼、哈拉姆（Hallam）、休尔曼（Hüllmann）、达尔林普尔、福尔邦奈、考尔福斯（Kaulfuß）、威格奈尔（Wegener）、德鲁森（Droysen）、奥尔斯豪森（Olshauson）和瓦克斯穆特等人著作的摘录），关于银行问题（第 XVI 笔记本；其中是普莱斯、尤利乌斯、科魁林（Coquelin）、哈德卡斯特（Hardcastle）、柯贝特和凯特勒等人著作的摘录），关于文学史（第 XVIII 笔记本；是波特维克（Bouterwek）著作的大量摘录），关于文化史问题（第 XIX、XX、XXI 和 XXIV 笔记本，是艾希霍恩、瓦克斯穆特、德鲁曼（Drumann）和克列姆著作的摘录），关于妇女历史问题（第 XIX 笔记本；是荣克、赛居尔、迈纳斯、托马斯和亚历山大著作的摘录），关于伦理史（第 XX 和 XXI 笔记本；瓦克斯穆特），关于当时的外交政策问题（第 XIV 笔记本；上一世纪三十、四十年代的议会报告）。

特别值得注意的是第 XV 笔记本，马克思在其中仔细地考察了自然科学和技术问题，以及工艺史和发明史等问题。

在一系列的笔记本中，马克思还摘录了《经济学家》杂志以及其他报刊、文集等。

现在让我们转而论述某些内容问题，不过我们决不自认为是进行全面的论述。

马克思列宁主义社会科学总是特别注意分析马克思政治经济学中研究方法和叙述方法的相互关系问题。B. C. 维戈茨基在他的重要著作中清楚地说明，在《资本论》的手稿中，即在1857—1858年的《政治经济学批判大纲》和1861—1863年《政治经济学批判》手稿中，研究方法还在起作用，并且可以明显看得出来。① 但是，从《大纲》开始，马克思的研究已经达到了较高的发展水平，并且同叙述方法密切地交织在一起。

"伦敦笔记"使我们有难得的机会来较为深入地考察马克思的研究方法。我们认为这方面是未来的马克思研究工作者的重要任务……

我们认为，在马克思那里，研究和叙述是作为过程结合在一起的。这个过程在一门活生生的科学中是从来不会中断的。对客观现实的研究先于对它的抽象叙述，而叙述的一定水平又使一个新的研究过程成为必要，而新的研究过程之后，接着又是进一步发展了的叙述的较高阶段。无论是叙述还是研究，都由互相联系在一起的许多不同的阶段所组成。恩格斯1883年9月18日写信给考茨基说："一般说来，在所有这些范围如此之广和材料如此之多的科学研究中，要取得某些真正的成就，只有经过多年的工作才是可能的。在一些个别问题上探索到新的正确的观点比较容易……但是，要把全部材料一下子掌握住，并用新的方法加以系统化，这只有在充分加工之后才是可能的，否则像《资本论》这样

---

① 参看B. C. 维戈茨基：《一个伟大发现的历史》一书。

的著作就会是很多很多的了。"①

《资本论》中成熟的叙述事先经过了持续时间很长的、历经许多阶段的研究过程，然而对局部问题的不同成熟程度的叙述也不应当忽视。我们所理解的叙述，不只是指在《资本论》的成熟的形式上对整体进行辩证加工，而且所进行的抽象、把现象归结为它的概念、揭示资本主义生产关系各个方面、对它们的抽象认识，都被看作叙述的形式。

虽然在形式上必须把研究方法和叙述方法区分开，以便正确地理解它们的特点和它们的内在联系，但是在马克思的全部著作中，从而也在马克思的摘录笔记中，研究方法和叙述方法是结合在一起的，尽管程度各不相同。

就"伦敦笔记"来说，研究方法是起决定作用的。马克思把他的研究顺序描述如下："研究必须充分地占有材料，分析它的各种发展形式，探寻这些形式的内在联系"。②

"伦敦笔记"和《大纲》不同，在《大纲》中所涉及的是探寻"内在联系"，而在"伦敦笔记"中占优势的是"充分地占有材料"。毫无疑问，这种占有是经验上的研究的形式。但是在马克思那里，经验并不意味着他作为个人从零开始，通过归纳的道路使一堆混乱的现象系统化。"伦敦笔记"证明，说什么它根本没有表明研究过程中的辩证法，这是完全错误的。

马克思并不是个人感觉地、沉思冥想地对待经验，而是历史集体地、实践地对待经验。不可忽视的事实是，在"伦敦笔记"中，马克思辩证唯物主义中的哲学和方法论立场已经充分发挥作用。辩证唯物主

---

① 《马克思恩格斯全集》第1版第36卷第61页。
② 《马克思恩格斯全集》第1版第23卷第23页。

义比政治经济学成熟得早,这决不是偶然的。当然,我们并不认为,辩证唯物主义方法本身不加任何改变就可以现成地在研究中起作用。方法本身由于较深入地理解材料的结果也会进一步发展。已经达到的理论高度表现在对摘录的选择上,表现在对摘录的评论上和用实践来检验上。

马克思是以在他以前已经完成的历史集体的思想——科学——为出发点的。资本主义生产方式已经由资产阶级古典经济学在一定的抽象水平上叙述过了。因此,已经存在着理论的系统,马克思无需被迫从零开始由个人去概括经验。然而,说马克思把经验的"直观和表象加工成概念"①,这始终是对的。所以这样说,是因为马克思要对理论的前提本身进行检验。他批判地对待现有的理论,把这种理论同客观现实加以对照,从更高的理论高度来辩证地加以否定。因此,把马克思的研究方法片面地说成是归纳的、由具体上升到抽象,和把叙述方法片面地说成是演绎的、由抽象上升到具体,这是错误的。无论是在研究中还是在叙述中,起作用的是唯物辩证法的整个武库(虽然起作用的程度各不相同)。这种唯物辩证法是抽象和具体的统一,归纳和演绎的统一,历史和逻辑的统一,分析和综合的统一,一般、特殊、个别之间的统一,等等。在研究过程中,马克思自己在局部范围内达到的理论叙述高度也要加以批判地检验,必要时也要进一步发展。

为了说明马克思的研究方法,我们现在从"伦敦笔记"中举一些研究过程的例子。这些例子表明,马克思在"伦敦笔记"中已经在政治经济学方面得出了值得注意的发现。

1850—1851年完成的前七个笔记本主要是货币理论的摘录。单从表面上看可能会认为,这些摘录或多或少是没有经过选择随便放在那里

---

① 《马克思恩格斯全集》第1版第46卷上册第39页。

的。可是仔细研究一下就会知道，这些引文的选择是具有真正认识意义的。大家知道，马克思把1847年的经济危机看作是1848—1849年革命的最深刻原因。为了规定有科学根据的无产阶级阶级斗争的战略和策略，必须更深入地研究经济联系。马克思的出发点是："**新的革命只有在新的危机之后才有可能。**"① 马克思这时已经明白，经济危机的本质和原因不应当到流通中去寻找，流通只是"**现代生产力**和**资本主义生产方式这两个要素**互相**发生矛盾**"②的表现。但是流通的过程能够发出危机爆发的信号，国家的货币和信用政策能够加快或延缓经济危机的爆发，能够使经济危机尖锐化或缓和化。

在重新开始经济学研究的时候，马克思的兴趣集中在货币和信用政策的两种理论思想的激烈争论上：一方面是"通货原理"的代表，另一方面是"银行理论"的拥护者。通货原理是一定时期内（1844—1857年）英国货币和信用政策方面皮尔银行法的基础，并且曾经是使危机尖锐化的因素，它根源于休谟的货币数量理论的传统，在李嘉图那里得到了成熟的系统的表现。根据这种理论，价格的高低不只取决于商品以及货币的价值，而且也取决于流通中的货币的数量。通货原理的拥护者们不仅在这个方面追随李嘉图，而且还接受了他的错误做法，把作为流通手段的货币流通同信用货币的流通区分开。按照他们的意见，信用货币的运动必须模仿金币的流通。如果金流出国外，那么这就表示流通充斥，这时必须用人为的办法限制信用货币流通。结果，在危机开始时，当最需要货币和信用的时候，信用货币的流通却被英格兰银行用人工的办法加以限制。

---

① 《马克思恩格斯全集》第1版第7卷第514页。
② 《马克思恩格斯全集》第1版第7卷第514页。

马克思仔细摘录了通货原理派的各种方案的理论论据：包括奥维尔斯顿勋爵（劳埃德）、罗伯特·托伦斯、哈伯德、诺曼、阿特伍德、克莱等人的著作。

马克思从银行理论的代表们那里得到了重要的思想启发，他在这些人的著作中详细地摘录了反驳通货原理的所有论据。他特别摘录了他和里瑟姆给予很高评价的富拉顿和图克的著作。

马克思赞同他们所说的调节货币流通的规律和调节银行券流通的规律之间的区别，但同时注意到他们的货币理论的不彻底性和缺陷，例如，他们把货币和资本等同起来。

毫无疑问，马克思从这种争论中得到了许多启发来形成自己的货币理论。但这只是研究过程的一个方面，因为对马克思来说，具有决定意义的是："只有抛开互相矛盾的教条，而去观察构成这些教条的隐蔽背景的各种互相矛盾的事实和实际的对抗，才能把政治经济学变成一种实证科学"。① 就马克思的标准来说，居于首位的不是在逻辑上加以伪造或强行证明的问题，而是用实践来检验。因此，马克思搜集了真正"勃朗峰"似的历史事实材料，并对它们加以概括。他分析了价格统计材料（图克），收集了人类历史上不同时期的生产金的材料（杰科布、莱特麦耶尔[Reitemeyer]、加尔涅）。他研究了金向全世界的涌流，金在各个国家沉淀为铸币、宝藏和奢侈品以及金从一种用途转入另一种用途的情形。

由于仔细从理论上钻研所得到的经验材料，使马克思得出了结论：货币数量理论是错误的。为了检验来自数量理论的通货理论所得出的结论，他仔细研究了美国的银行业组织和信贷业务的技术实践，直至所有

---

① 《马克思恩格斯全集》第1版第32卷第170页。

的细节（毕希、凯里、弗兰西斯、贝尔、加拉廷［Gallatin］、吉伯特等人）。他考察了英国的银行法，研究了经济期刊，评价了讨论信用问题的议会报告和信贷立法方面议会调查委员会的报告。

从原则上批判李嘉图的数量理论，对马克思来说也是出于进一步制定自己的劳动价值理论的必要。在《哲学的贫困》中，马克思的货币理论已经在质上高于李嘉图的货币理论。李嘉图在理论上主要对货币的数量方面感兴趣，而马克思已经把货币看作历史地形成的商品生产者的生产关系。不过，马克思在1847年还没有完全摆脱李嘉图从数量方面考察的方式。马克思还没有认识到劳动的二重性和价值形式的发展。在我们看来，这就是他所以赞同李嘉图下面这段话的原因："李嘉图非常理解这个真理，他把价值取决于劳动时间作为他的整个体系的基础，并且指出：'**金银**像一切其他商品一样，它们所具有的价值，只是与生产它们并把它们投入市场所必要的劳动量相适应'，但是他又补充说，确定**货币**价值的不是实物所包含的劳动时间，而只是供求规律。"①

如果商品生产的最高产物不只由劳动时间决定，而且也由它的数量决定，那么整个说来，这对从理论上论证劳动价值理论是会产生消极的影响的。

虽然在写"伦敦笔记"时还没有在劳动二重性和货币形式发展的认识方面取得理论上的突破，但是货币数量理论的克服本身，已经是在科学地论证劳动价值理论的道路上大大前进了一步。

在"伦敦笔记"的第Ⅳ本笔记中，马克思已经明显地表现出他对李嘉图的数量理论所采取的新态度。他摘录了一段话："**对货币的需求**

---

① 《马克思恩格斯全集》第1版第4卷第125页。

完全是由货币的价值决定的,而货币的价值又是由它的数量决定的"。①接着马克思评论说:"这是非常混乱的一章。李嘉图认为,黄金的生产费用只有在黄金的数量因此而增加或减少时才能产生影响,而这种影响只有很晚才会表现出来。另一方面,按照这种说法,流通中的货币量有多少是完全无关紧要的"。②1851年2月3日致恩格斯的信表明了他制定自己新的货币理论和克服数量理论的开端。马克思在信中说:"我在这里要谈的是有关这个问题的基本原理。我断定,除了在实践中永远不会出现但理论上完全可以设想的极其特殊的情况之外,即使在实行纯金属流通的情况下,金属货币的数量和它的增减,也同贵金属的流进或流出,同贸易的顺差或逆差,同汇率的有利或不利,没有任何关系……你知道,这个问题是重要的。第一,这样一来,从根本上推翻了整个的流通理论。第二,这证明……危机的过程所以和货币流通有关系,那只是因为国家政权疯狂地干预调节货币流通的工作,从而更加加深了当前的危机,就像1847年的情形那样。"③

马克思在研究价格发展的经验材料时,在摘引1850年12月14日的《经济学家》杂志时遇到了一个问题,这个问题使他提出疑问:"不推翻李嘉图的规律,怎么会是谷物价格下降而同时地租上升呢?"

这个问题关系重大,因为它不仅涉及到李嘉图,而且也涉及到马克思自己当时的理论立场。马克思在《哲学的贫困》中不仅赞同李嘉图的正确认识,即"地租就是资产阶级状态的土地所有权,也就是从属于资产阶级生产条件的封建所有权",而且他也赞同李嘉图的下列论点:"由于人口逐渐增加,人们就开始经营劣等地,或者在原有土地上进行

---

① 《马克思恩格斯全集》第1版第44卷第81页。
② 《马克思恩格斯全集》第1版第44卷第81页。
③ 《马克思恩格斯〈资本论〉书信集》第33—34页。

新的投资，这新的投资的收益比原始投资的收益就相应地减少"。①

马尔萨斯在李嘉图的这个"规律"的基础上，得出了土地肥力递减"规律"的辩护理论和所谓的人口规律，认为人口有不断超过食物增长的趋势。

李嘉图自己也把自己理论的基本要素建立在这个"规律"之上：如工资理论、积累理论、利润率趋向下降的规律。

如果说在前七个笔记本中，只能发现关于农业和地租问题的个别摘录（例如在第 IV 笔记本中），那么以后的一些笔记本（第 VIII—X 和 XII、XIII 笔记本）表明，马克思对于解决这个问题越来越感兴趣。第 VIII—X 笔记本（1851 年 3 月至 6 月）的大部分篇幅都是研究地租理论。首先马克思对于以前的经济理论中已经得出的认识作了一个总的考察。这样，他也熟悉了詹姆斯·安德森（第 XII 笔记本），后来在《剩余价值理论》中，马克思把安德森评价为地租理论的真正发现者。正像马克思所指出的，李嘉图显然不知道安德森，而马尔萨斯却隐匿了安德森的名字，无耻地剽窃他。马克思从一些人那里摘录了关于地租理论的所有理论论据和各种不同说法，以及他们这些理论所依据的事实。这些人就是安德森、凯里、德·东巴尔、霍普金斯、杰科布、琼斯、德·昆西、拉姆赛、李嘉图、斯图亚特、汤普逊、托伦斯、特纳、威克菲尔德、威斯特等。

同地租理论直接相联系，马克思还摘录了下列这些人的有关人口理论的见解：艾利生、巴顿、达布耳德、马尔萨斯、桑顿、塔克特等。

然而，即使在这个问题上，对马克思来说具有决定意义的并不是他的前辈们叙述的内在逻辑（这种逻辑对于问题本身是很重要的），而是

---

① 《马克思恩格斯全集》第 1 版第 4 卷第 183 页。

他们的理论在多大程度上与现实的发展相符合。为了这个目的，马克思收集了谷物价格史的材料，把这种价格视为考察地租时具有决定性的因素，对于种植其他作物来说也适用。他对地租发展的历史趋势作了一个总的概括。

他特别注意农业中生产力的发展史。在第 XII 和 XIII 笔记本中他从李比希和约翰斯顿的著作中作了详细的摘录，这也是为了能回答农业生产中生产力的前景问题。马克思高度评价李比希在农业化学方面所取得的成果。李比希一个人的材料在第 XII 和 XIII 笔记本中就占了手稿二十页。

在第VIII笔记本中马克思得出了一种总的认识，即农业中的"一般肥力"在历史上不是下降，而是提高。如果说"一般肥力"作为生产力发展的结果是提高了，并且不可能是级差地租形成的原因，那么"相对肥力"即各个地块之间的肥力差别，则是级差地租形成的原因。随着一般肥力的提高，相对肥力的水平也在提高。由于人的活动而造成的"人工肥力"在历史上将不断重新变为土地"自然肥力"的要素，因为后者只是由于人的耕作才能存在。

马克思研究的结果，在建立级差地租理论方面取得了重大进展。马克思1851年1月7日在给恩格斯的信中概括自己的认识说：他确信，李嘉图所说的人们耕种越来越坏的土地，土地的肥力相对地变得越来越低，地租由于谷物价格提高而只能提高，由于耕种大量的较坏的土地，一个国家的地租总额只能提高，——这一切处处都是和历史相矛盾的。马克思接着说："（1）毫无疑问，随着文明的进步，人们不得不耕种越来越坏的土地。但是，同样毫无疑问，由于科学和工业的进步，这种较坏的土地和从前的好的土地比起来，是相对地好的。

（2）自1815年以来，谷物价格从九十先令下降到五十先令……而地租却不断地提高……

（3）我们在各个国家都发现……当谷物价格下跌时，国内地租的总额却增加了。

在这里，主要问题仍然是使地租规律和整个农业的生产率的提高相符合；只有这样，才能解释历史事实，另一方面，也才能驳倒马尔萨斯关于不仅劳动力日益衰退而且土质也日益恶化的理论。"①

在1851年初，马克思已经必须在两个重要问题上改变他从前对李嘉图的肯定态度。现在必须重新研究李嘉图的主要著作，这已经是第三次研究了（第一次是1844年在巴黎，第二次是1845年在布鲁塞尔）。在第VIII笔记本（1851年4月至5月）中，有表明这次研究的大量摘录和评注。这些摘录和评注是"伦敦笔记"中最有趣的内容之一，对这些摘录和评注加以全面分析就可以知道，马克思以后必然会写出新的著作来。在我们看来，这里只是显示了马克思在科学地建立劳动价值论和剩余价值论方面取得两个决定性理论进展的信号。

劳动价值理论的全新的发现，即劳动二重性和价值形式的发展，是在《大纲》中完成的。关于马克思只有很少评注的劳动价值理论的笔记，所涉及的是价值规定的量的方面（因为是李嘉图的著作，也不可能是另外的情况），马克思就李嘉图提出的不同性质的各个工人的劳动小时问题加了一个简短的评注，这在我们看来是关于将来进一步研究过程的提示。这个评注是："李嘉图没有进一步阐明这个问题"。②

关于工人作为商品出卖给资本的不是他的"劳动"，而是他的"劳动能力"的论证，也是在《大纲》中才完成的。马克思在对李嘉图进

---

① 《马克思恩格斯〈资本论〉书信集》第29页。
② 《马克思恩格斯全集》第1版第44卷第91页。

行的一次评论时,第一次用"余额"这个概念来概括纯粹形态的剩余价值的本质。马克思说:"余额是这样产生的:工人从花费了20个工作日的产品中,只得到值10个等等工作日的产品"。① 马克思着重指出:"商品生产的增长**从来**不是资产阶级生产的目的,**价值**生产的增长才是它的目的"。②

在我们这个科学技术飞速发展的时代,第 XV 笔记本的摘录对我们具有特殊意义。马克思在波佩、尤尔、贝克曼的著作中钻研了一般的工艺学、物理学和数学在生产中的应用,以及发明史。马克思写道:"在最近一百五十年,这门科学(指的是力学)比以前一千年更有用。"③

对于科学的生产力越来越深入到生产中也写了一段话:"在十八世纪,许多学者努力去学习详细了解手工业、工场手工业和工厂……只有在新时期,力学、物理学、化学等同手工业的结合才得到应有的考察。"④

马克思用磨和钟表生产的发展作为例子考察了这个过程:"在十六世纪,钟表的机构还是多数学者所不了解的。只有到了十七世纪,大多数学者才考虑研究它的机构和发现这种机构的原理"。⑤

没有任何重要的生产领域,马克思没有考察过。他的这些摘录,为他关于生产力发展方面的全面知识奠定了基础,他的这些知识我们后来在《资本论》等著作中已经看到了。

以上只是提出一些与整理出版"伦敦笔记"有关的问题,并对马

---

① 《马克思恩格斯全集》第 1 版第 44 卷第 140—141 页。
② 《马克思恩格斯全集》第 1 版第 44 卷第 110 页。
③ 卡·马克思 1850—1853 年伦敦笔记第 XV 笔记本第 10 页。
④ 卡·马克思 1850—1853 年伦敦笔记第 XV 笔记本第 12 页。
⑤ 卡·马克思 1850—1853 年伦敦笔记第 XV 笔记本第 21 页。

克思的这一著作作了某些评价。我们决不侈谈全面，我们只是想表明，在这方面为进一步的研究开拓了广阔的和有意义的领域，只有许多社会科学和自然科学界的科学工作者共同努力，才能进行这种进一步的研究。

（原载《马丁·路德大学学报》1976年德文第2期）

（京祚 摘译）

《伦敦笔记》在马克思政治经济学发展中的地位[*]

〔民主德国〕沃尔弗冈·扬

一、阅览室是主要战场

二、二十四本笔记

1. 危机周期、关于货币的争论以及评论文章《金银条块》和《反思》

2. 对李嘉图的最初怀疑

3. 关于工人的状况，人口规律，食物，技术

4. 风俗史，城市建设，殖民地管理等等

三、多层次的研究过程

四、六册计划

伦敦笔记——马克思在其中做了大量札记——是马克思于1850—1853年期间在极其认真地研究政治经济学时写成的。它将第一次全文发表在《马克思恩格斯全集》原文版第4部分第7—11卷中。在哈雷—维滕堡的马丁·路德大学，一个科研组受出版者的委托已经编排出版了第4部分第7和第8卷，其余的3卷仍在编排中。

---

[*] 本文选自《马克思恩格斯研究》1989年总第2期。

原题注：本文作者沃尔弗冈·扬是民主德国马丁·路德大学教授，《马克思恩格斯全集》原文版有关《伦敦笔记》各卷编辑科研组负责人。

《1850—1853年伦敦笔记》标志着马克思研究过程中的一个重要阶段。它是马克思进一步研究用的直接的基本资料。正是在对这些资料进行加工概括的基础上，马克思在《资本论》的最初草稿《政治经济学批判大纲》（1857—1858年）中完成了一些伟大的发现，而且他一生中都把它们当作知识的宝库来使用。现在，《1850—1853年伦敦笔记》本身成了马克思恩格斯研究的特殊对象，在很多方面都证明它对于深入研究马克思和恩格斯的著作非常富有启迪作用。

一、阅览室是主要战场

马克思从革命运动的实践中得出了重新深入钻研政治经济学的必要性。在欧洲1845—1849年革命失败之后，开始了经济全面蓬勃发展的时期。这时，马克思和恩格斯为革命的工人运动得出了战略和策略的基本结论："在这种普遍繁荣的情况下，即在资产阶级社会的生产力正以在资产阶级关系范围内一般可能的速度蓬勃发展的时候，还谈不到什么真正的革命。只有在**现代生产力**和**资本主义生产方式**这两个要素互相发生**矛盾**的时候，这种革命才有可能。……**新的革命只有在新的危机之后才有可能。但是新的革命的来临像新的危机的来临一样是不可避免的。**"① 尽管马克思和恩格斯起初由于受自己的经济学理论发展水平所限，把危机和革命的关系看得过于直接，然而他们为即将来临的时期所作的结论却是正确的。在革命运动中出现低潮时，必须在有秩序地撤退中聚集力量，并且通过进一步阐述革命理论，使工人阶级对新的高潮做好思想准备。在这一时期，马克思把英国博物馆当作他的"主要战

---

① 《马克思恩格斯全集》第1版第7卷第513—514页。

场"。1850—1853 年的研究过程中潜心钻研的主要内容是政治经济学。

早在 1845—1849 年革命之前,马克思已经为工人阶级的科学的政治经济学制定了一些重要的出发点。他在这一时期的伟大科学发现是唯物史观。从唯物史观得出的结论是,为了证明资本主义社会形式的合乎规律的灭亡,必须找到这个社会形式的经济运动规律。把历史唯物主义作为理论。把唯物辩证法作为方法运用于政治经济学当中,从而使政治经济学开始发生质的变化。由此得出:(a)作为政治经济学对象的资本主义生产关系整体具有历史性,并且与生产力发展的一定水平相适应;(b)经济学范畴是生产关系的一定方面在理论上的表现和抽象,它们同生产关系一样具有历史性;(c)经济学范畴和经济规律不是物与物之间的关系,而是隐藏在物的表现形式后面的社会关系;(d)经济学范畴和经济规律所固有的矛盾是经济发展的动力;(e)经济学范畴和经济规律作为抽象,通过内在的结构结合成资本主义生产关系整体。

随着政治经济学的理论出发点和方法论出发点的制定,开始了政治经济学的变革过程,但还远远没有完成。政治经济学领域中真正的伟大发现,如生产商品的劳动的二重性,尤其是纯粹形态的剩余价值的发现,都还有待马克思去完成。他完全清楚已经达到的水平的局限,并且正如他 1859 年在他的著作《政治经济学批判》序言中所写的那样,他决定"再从头开始"研究政治经济学,"用批判的精神来透彻地研究新的材料。"①

---

① 《马克思恩格斯全集》第 1 版第 13 卷第 10 页。

二、二十四本笔记

对《1850—1853年伦敦笔记》的二十四本笔记的分析证明,伦敦笔记绝不仅仅是许多摘录的汇集。深入研究这些笔记,能使人追述研究过程的经过和获得各有关成果的确切时间,探究马克思研究方法的特点,弄清马克思的认识过程,便能够对成熟的理论成果及其形成过程进行考察并且较完整较深刻地加以理解。

研究过程的出发点及其过程是由革命工人运动实践的需要决定的。

1. 危机周期,关于货币的争论以及评论文章《金银条块》和《反思》

马克思从经济危机一爆发就期待着革命新高涨的到来,因此,在第一阶段,他集中研究工业周期的过程及其发生的原因。马克思在开始研究时就已经知道,导致经济危机爆发的在深处起作用的原因,是生产力和生产关系之间的矛盾。资产阶级经济学家认为错误的货币政策和信用政策是危机的原因,而马克思则把货币运动和信用运动中的特定现象看成工业周期过程的外部指示器。他在1850年9月至10月和1851年3月写的《伦敦笔记》第I—VI笔记本和第VII笔记本的一部分笔记中,集中研究了货币、信用和危机的关系。在这些笔记本中,我们发现了包含着19世纪上半叶工业周期过程的事实和资产阶级经济学家对这些事实所作说明的巨大知识宝库。

在那个时代的经济学著作中,人们曾围绕英国1844年的货币立法展开了一场争论。因为很多资产阶级经济学家都认为这个货币立法是1847年危机的原因。虽然流通的现象不是危机的原因,但马克思认为,在货币运动和信用运动的表面上可以看到一些特定的指示器,值得认真予以重视。马克思仔细研究了这场争论,对各派观点的论据做了广泛的摘录,既包括"通货原理"派,也包括"银行理论"派。前者的主要代表人物有劳埃德、托伦斯、哈伯德、克莱等人,① 他们从李嘉图的货币数量论出发,从理论上论证1844年皮尔银行法并为之辩护。而这一派的反对者是"银行理论"派,其代表人物有图克、富拉顿、艾利生、吉尔巴特、威尔逊等人。② 通过认真检验他们观点的理论内容和深入研究大量有关货币关系和信用关系的实践的经验事实,马克思不仅对工业周期的过程及其指示器获得了较深刻的认识,还在货币理论方面获得了崭新的深刻认识。如果说马克思以前一直追随李嘉图而不可能区分货币的职能,那么现在他已经认识到,必须明确区分货币作为价值尺度、流通手段、支付手段、贮藏货币和世界货币的职能。如果说他1847年在《哲学的贫困》中还不加批判地接受李嘉图的货币数量论③,那么他在1851年2月3日给恩格斯的信中已经把他的研究成果概括如下:"我断定……,**即使在实行纯金属通货的情况下,金属货币的数量和它的增减,也同贵金属的流入或流出……没有任何关系。**……你知道,这件事情是重要的。第一,这样一来,从根本上推翻了(李嘉图的——作者)

---

① 《马克思恩格斯全集》原文版第4部分第7卷。劳埃德,第411—414、416—419页;托伦斯,第108—109、480—485页;哈伯德,第48页;克莱,第43、346、406、421、422页。

② 《马克思恩格斯全集》原文版第4部分第7卷。图克,第62—65、68—76、84—107页;富拉顿,第42—51页;艾利生,第112—114、150—154页;吉尔巴特,第128—145页;威尔逊,第35、74、75、83页。

③ 《马克思恩格斯全集》第1版第4卷第125页。

整个的流通理论。"①

这一时期。马克思还对自己的经济学理论作了进一步的重要修正。就在 1847 年，马克思还同样不加批判地同意李嘉图的如下观点："由于人口逐渐增加"，人们在农业中"开始经营劣等地，或者在原有土地上进行新的投资。这新的投资的收益比原始投资的收益就相应地减少。"②通过对 1850 年 12 月 14 日《经济学家》杂志上的一个统计表的研究（这份杂志被摘录在第 V 笔记本中），促使马克思检验了级差地租理论。在 1815 年之后，地租不断提高而同时谷物价格趋于下降。这种情况使马克思研究了具有重大影响的问题。这就是："不推翻李嘉图的规律，怎么会是谷物价格下降而同时地租上升呢……"③

马克思第一次研究了农业中生产力的发展，此后不久又在第 XII 和 XIII 笔记本中进一步透彻研究了农业科学。因而能够在 1851 年 1 月 7 日给恩格斯的信中把极其重要的成果告诉他说："李嘉图用一个最简单的命题提出来的地租规律（撇开从它引申出来的结论不谈），不是以土壤肥力的递减为前提，而仅仅是以（**尽管随着社会的发展土壤肥力普遍地日益提高**）土壤肥力**各不相同**或连续使用于同一土地上的资本所产生的结果各不相同为前提。"④

1851 年初，马克思希望在短期内就结束他的研究，以便能开始写作他计划中的经济学著作。可以认为，马克思写这部著作同他 1857—1858 年写《政治经济学批判大纲》一样，打算从货币理论开始。为此，他完成了第二加工阶段的一个笔记本，标题为《金银条块。完成的货币

---

① 《马克思恩格斯全集》第 1 版第 27 卷第 193 页。
② 《马克思恩格斯全集》第 1 版第 4 卷第 183 页。
③ 《马克思恩格斯全集》原文版第 4 部分第 7 卷第 358 页。
④ 《马克思恩格斯全集》第 1 版第 27 卷第 179 页。

体系》（首次发表在《马克思恩格斯全集》原文版第4部分第8卷中）。① 马克思把他以前在巴黎、布鲁塞尔和曼彻斯特所做的摘录笔记，以及《伦敦笔记》前六个笔记本中他认为重要的货币理论的摘录，按照作者和著作的顺序集中概括在这个手稿笔记中。他摘录的东西大多是与自己的观点相吻合的，并且是他在后来作历史评注时加以利用的东西；还有一些是资产阶级的典型错误的观点，他打算以后加以批判分析。《金银条块》这一手稿所以成为马克思货币理论史的独立理论文献而具有极其重要的意义，是因为其中包含有关货币理论的许多或长或短的评论。虽说科学的货币理论直到1857年由于劳动二重性的发现和对价值形式的分析才有了崭新的决定性的突破，但《金银条块》中的评注和引文仍然使人可以看出，这一时期在马克思货币理论的不断精确化和完善方面取得了重大的进步。

如果说在《金银条块》中摘录是批判性评注的出发点，那么在第Ⅶ笔记本中出现了马克思为自己弄清问题而对研究成果所做的理论概括。这里，马克思越过了职能的分析，阐述了货币、信用和危机之间的质的联系。他为这一理论概括加的标题为《反思》。② 在《反思》中，不仅有商品和货币拜物教理论的非常重要的萌芽，而且还有很有趣的最初尝试：试图在再生产理论的基础上阐释货币、信用和危机的关系。生产力和生产关系之间的一般矛盾通过分析一些具体矛盾——如生产和市场之间的矛盾，世界市场上资本运动的比例失调和特点等——而得到了精确阐述。

---

① 《马克思恩格斯全集》原文版第4部分第8卷第3—74、78—85页。
② 《马克思恩格斯全集》第1版第44卷第154—163页。

2. 对李嘉图的最初的怀疑

研究过程的一个新阶段（第二阶段），开始于《伦敦笔记》第Ⅶ笔记本的末尾，并且决定了第Ⅷ笔记本的特征。《马克思恩格斯全集》原文版第4部分第8卷的内容表明了这一点。由于希望很快过渡到撰写计划中的经济学著作，系统地概括政治经济学在这一研究过程中居于突出地位。为此，马克思重新研究了资产阶级古典政治经济学创体系的伟大学者们的主要著作，其中有詹姆斯·斯图亚特，他是集重商主义大成的经济学家；[①] 亚当·斯密，工场手工业时期创体系的学者；[②] 资产阶级古典经济学的顶峰，大卫·李嘉图。[③]

毫无疑问，第Ⅷ笔记本包含的加了大量评注的李嘉图笔记，是这一时期的最高潮。这一笔记使人深刻认识到马克思经济学理论所达到的总发展水平和取得的巨大进步，但也使人看到存在着有待解答的问题。在这里，面对所提出的饶有趣味的理论问题，只应指出那些我认为对进一步发展具有重要意义的问题。马克思在威克费尔德对斯密的主要著作所做的注释中[④]，也发现了人们对李嘉图著作中的两个矛盾所作的批判，他后来把这两个矛盾说成是李嘉图学派解体的主要原因。这就是：(1) 雇佣劳动和资本之间的交换怎么能够在不违反李嘉图本人的前提

[①] 《马克思恩格斯全集》原文版第4部分第8卷第304、312—325、332—349、372—380、400—401、405—408、429—445页。

[②] 《马克思恩格斯全集》原文版第4部分第8卷第3—7，32、272—287页。

[③] 《马克思恩格斯全集》原文版第4部分第8卷第326—331、350—372、381—395、402—404、409—425页。

[④] 《马克思恩格斯全集》原文版第4部分第8卷第272—284、287—288页。

即劳动价值论的情况下进行呢？（2）价值和生产价格的相互关系是怎样的呢？

这两个矛盾的解决为马克思的理论达到崭新的科学水平创造了重要前提。要达到这一目标，还须经过一段路程。马克思虽然还没有立即意识到其全部重要意义，但当时已把注意力放在这些问题上，因此，他对问题的认识不断的提高是这一时期的主要成果。在第Ⅸ和Ⅹ笔记本中，我们看到了对一些经济学家的著作所作的摘录，这些经济学家就是马克思后来在《剩余价值理论》中认为能说明李嘉图学派解体的那些人。首先是李嘉图的反对者，如查默斯①、马尔萨斯②、托伦斯③、凯里④；其次是宣传李嘉图的学说同时又把自己的老师庸俗化的人，如昆西⑤和麦克库洛赫⑥；最后是从李嘉图学说中得出有利于工人阶级的结论，但未能真正从理论上超过李嘉图的经济学家，如霍吉斯金⑦和莱文斯顿⑧，以及在局部领域中取得了超过李嘉图科学成果的那些经济学家。如拉姆赛⑨和琼斯⑩。

---

① 《马克思恩格斯全集》原文版第4部分第8卷第572—591页。

② 《马克思恩格斯全集》原文版第4部分第8卷第533—535、568—571、753—755页。

③ 《马克思恩格斯全集》原文版第4部分第8卷第536—540页。

④ 《马克思恩格斯全集》原文版第4部分第8卷第672—681、684—752页。

⑤ 《马克思恩格斯全集》原文版第4部分第8卷第668—671页。

⑥ 《马克思恩格斯全集》原文版第4部分第8卷第606—609页。

⑦ 《马克思恩格斯全集》原文版第4部分第8卷第572—591页。

⑧ 《马克思恩格斯全集》原文版第4部分第8卷第542—548页。

⑨ 《马克思恩格斯全集》原文版第4部分第8卷第643—647、650—667页。

⑩ 《马克思恩格斯全集》原文版第4部分第8卷第615—640页。

3. 关于工人的状况，人口规律，食物，技术

马克思未能实现他在1851年中期开始撰写计划中的经济学著作的打算。这不仅是因为他没能为此书找到出版商这一表面事实。而且更重要的是因为他在分析李嘉图及其反对者和学生的著作时更进一步意识到了政治经济学中还有许多尚未解决的问题，以致他本着极其科学的认真态度而不能结束这个研究过程。研究过程的一个新阶段（第三阶段）开始于1851年5月中旬和6月中旬之间，持续至1851年秋，这个时间完成了第 IV、X①、XI—XIV② 和 XV③ 笔记本。研究的重点是工人阶级状况的发展，这一阶段的成果作为基本资料实际上有助于马克思在1857年发现纯粹形态的剩余价值。马克思收集了大量关于所谓原始积累过程的事实材料；有关使工人阶级在工会中以及在争取法律规定的正常工作日、争取提高工资和改善劳动条件的斗争中组织起来的事实材料；有关工人的居住条件，童工和工人阶级的教育以及济贫法等等的事实材料。

在这一时期，马克思深入研究了资产阶级的工资基金理论，认识到这个理论是以两个错误的前提为基础的，马克思特别在《伦敦笔记》第 XII 和 XIII 笔记本中深刻分析了这些前提：（1）人口有超过地球所能提供的生活资料而增长的趋势。（2）地球所能提供的生活资料虽然能通过积累来扩大，但是这种可能性受所谓土地收益递减规律的限制。马克思从马尔萨斯及其先驱者和追随者的著作里摘出了所谓人口规律的论

---

① 《马克思恩格斯全集》原文版第4部分第8卷第615—640页。
② 《马克思恩格斯全集》原文版第4部分第9卷。
③ 《马克思恩格斯全集》原文版第4部分第10卷。

证，同时认真仔细地把反对派如格雷、桑顿、艾利生等人的论证做了笔记。这时马克思加深了自己的认识并得出精确的结论：没有抽象的人口规律，人口与所能提供的生活资料之间没有不受具体历史经济规律制约的关系。马克思特别是依据农业科学方面的最高研究成果，依据李比希和约翰斯顿的农业化学成果，通过对农业科学的广泛研究印证了这些认识。在李比希和约翰斯顿的著作里，他为自己的历史乐观主义找到了证明：贫困并不是由无情的自然条件造成的，一旦资本主义生产关系的枷锁被砸碎，人类就足以靠发展生产力维持生活。

人们在讨论中往往把第 XV 笔记本同《伦敦笔记》的整个上下文联系割裂开来，认为它属于一组并不存在的技术笔记。在第 XV 笔记本中，马克思继续进行他在布鲁塞尔开始的研究，摘录主要技术科学家波佩、尤尔和贝克曼的著作。并且他已清楚地认识了技术的最新状况及其自然科学的基础。然而，马克思感兴趣的并不是技术的一般发展，他把这种发展看作资本主义生产过程形式的物质内容，因为在这种形式下工人阶级是主要的生产者。可见，在这一时期对技术的研究是结合探讨工人阶级状况的发展进行的，而后来这一研究则反映在相对剩余价值理论中。如果说马克思为人们了解科学技术以及科学技术史做出了杰出的贡献，并且天才地预言了科学技术进一步发展的趋势，那么，这一预言如今在科学技术革命中基本上已为实践所证明，而他之所以能做到这一点，就是因为他从未忽视科学技术的社会形式规定性和它们推动社会的能力。

4. 风俗史，城市建设，殖民地管理等等

最后一个阶段从 1851 年 10—11 月继续到 1853 年秋天，这一时期

写成了第 XVI—XXIV 笔记本，它们将发表在《马克思恩格斯全集》原文版第 4 部分第 10 和 11 卷中。它们包含对各种不同知识领域的研究，涉及古代史、中世纪史、近代史、社会史、建筑和城市建设史、风俗史、文学史、法学、地理学和教会史，直至专门的经济学对象。这些笔记表明，马克思是结合全部丰富的科学来看待他的研究对象的。这也是他的最终成果《资本论》博大精深的原因之一。

在最后这一阶段的许多专门的研究中，探讨殖民地的历史、分割、管理和剥削的问题占了很大篇幅。关于殖民地的摘录将会得到人们广泛的利用，这将证明，马克思的经济学理论绝非像少数资产阶级思想家们所说的那样是以"欧洲为中心"的。在一些新兴的民族国家中少数人所以这样断言，显然是为了把马克思主义作为与他们的民族问题不相干的东西而加以排除。马克思的论述概括的是整个世界历史的经验，其中殖民地史占重要地位，马克思所揭示的一般发展规律是放之四海而皆准的。

三、多层次的研究过程

科学地利用《1850—1853 年伦敦笔记》，不仅可以精确地了解马克思经济学理论的形成过程，而且能准确地认识使一门科学得以实现革命化的创造性方法。马克思在《资本论》第 2 版跋中写道："当然，在形式上，叙述方法必须与研究方法不同。研究必须充分地占有材料，分析它的各种发展形式，探寻这些形式的内在联系。只有这项工作完成以后，现实的运动才能适当地叙述出来。"[①] 把研究方法看作是按照从具

---

① 《马克思恩格斯全集》第 1 版第 23 卷第 23 页。

体"下降"到抽象的过程,是从"勃朗峰"似的大量经验事实形成概念,这是简单化的看法,这种看法在研究资料中没有得到证实,同样,某些马克思学家的说法也没有得到证实,他们说什么研究方法尽管是唯物主义的,但不是辩证的,还说什么与此相反,叙述方法虽然是辩证的,但却像黑格尔那样是唯心主义的。事实上,马克思的方法的辩证唯物主义特点表现在研究和叙述的统一中,它们之间的差别只是形式上的。叙述由研究发展而来,两者在某一点上是相互渗透的。研究方法只有在与研究对象相适应的情况下才能取得效果。把唯物辩证法作为研究方法运用于政治经济学,这无非表示要在研究对象本身中揭示经济规律和经济范畴的客观性以及它们的辩证发展。在研究过程本身中不仅已经应用了唯物辩证法的所有方法,而且这些方法也得到了进一步的发展。不言而喻,这种方法也是有区别地加以运用的,在充分占有材料时,其着重点显然是与揭示内在联系时不同的。

除了运用著名的唯物辩证的方法外,通过分析遗留下来的研究材料,还可以使我们认识到特有的研究方法。① 马克思进行的研究主要是"政治经济学批判"。如果马克思必须从概括经济生活中的经验事实开始。那么他显然会淹没在事实的汪洋大海之中。他在开始研究时做的摘录笔记,在其中他汲取了政治经济学史上的研究成果,也就是说,他有意识地以历史上集体的思想成果为出发点。资产阶级经济学体系及其个别方面已经在一定的理论水平上进行了概括,特别是在资产阶级古典经济学家斯密和李嘉图的著作中达到了资产阶级思想家认识的极限。马克思在研究中不仅深入分析了传统的理论在逻辑上是否严密,而且同时还

---

① 关于研究方法的特点,参见沃尔弗冈·扬和迪特利希·诺斯克的文章《〈1850—1853年伦敦笔记〉中马克思的研究方法发展的问题》,载1979年《马丁·路德大学学报》第7期。

用最新的实践,尤其是用工人阶级的经验,对传统的理论进行了检验。此外,他还搜集了大量事实材料并将它们积累起来。在这个多层次的过程中,他将自己的摘录笔记综合在第二加工阶段的笔记中并对它们作了评注,如像在上面提到的笔记本《金银条块。完成的货币体系》中那样。他还为自己弄清问题而写了短篇论文,如《伦敦笔记》第VII笔记本中的《反思》。其他一些包含研究材料的笔记本证明,归根到底研究方法和叙述方法是交织在一起的,这种情况在《资本论》的3部手稿即1857—1858年手稿、1861—1863年手稿和1863—1865年手稿中尤为明显。

在研究过程的各个阶段,理论和实践都是不可分割地结合在一起。在实践中,理论认识找到出发点。经受考验并证明自己的正确性。

我们认为,深入发掘遗留下来的摘录笔记本中马克思的研究方法。不只是对于政治经济学具有伟大的科学意义。不言而喻,取得了如此杰出成果的研究方法也具有一般科学理论的、方法论的和启迪学的意义。我们深信,《1850—1853年伦敦笔记》也将像其他研究材料一样得到利用,使这一学科取得值得重视的成果。众所周知,列宁曾说过:"虽说马克思没有遗留下'逻辑'……但他遗留下了《资本论》的逻辑,应当充分地利用这种逻辑来解决当前的问题。"①

四、六册计划

马克思在1857年《大纲》的导言中概括地谈了他关于政治经济学的全面论述如何分篇的想法。② 他在1858年2月22日的信中将这些想

---

① 《列宁全集》第1版第38卷第357页。
② 《马克思恩格斯全集》第1版第46卷上册第46页。

法明确地告诉斐·拉萨尔说："全部著作分成6个分册：(1) 资本……；(2) 地产；(3) 雇佣劳动；(4) 国家；(5) 国际贸易；(6) 世界市场。"① 在我们看来，马克思从未放弃他这个阐述经济学理论的全面计划，只是没有使之实现。原来在计划中列入第2—6册的那些问题。凡是与资本的核心结构有关的内容，都被纳入了最后的《资本论》中。有材料证明，马克思直到晚年仍在计划制定独立的学说，其中除竞争和信用学说外，还有那些原来为第2—6册拟定的专题，但它们是否还按照这几册的顺序来阐述，则不能肯定。

马克思曾经担心他无力实现这一全面的计划，他在1862年12月28日写给路德维希·库格曼的信中说，他要把精力集中在"精髓"上，"至于余下的问题……别人就容易在已经打好的基础上去探讨了。"②

《马克思恩格斯全集》原文版的出版，为把计划中的第2—5册的材料编在一起并进行加工整理创造了前提。除了《资本论》的3部草稿和书信中包含的一些"插入部分"和作了说明的地方，是属于上述几册的专题的东西外，《马克思恩格斯全集》原文版第4部分中发表的研究材料为上述目的提供了丰富的基础。《1850—1853年伦敦笔记》在这方面占有重要地位，因为它是马克思提出经济学主要著作的全面计划所依据的基本资料，它包含许多应当成为第2—5册研究对象的材料。

（原载《马克思主义研究》1987年第12期）

（卢晓萍 译 张钟朴 校）

---

① 《马克思恩格斯全集》第1版第29卷上册第531页。
② 《马克思恩格斯全集》第1版第30卷上册第636页。

马克思 1850—1853 年期间的经济学研究[*]

〔苏〕亚·马雷什

欧洲 1848—1849 年革命后,马克思和恩格斯被迫流亡到英国,无产阶级的两位领袖开始了在新的复杂条件下进行斗争和创作的新时期。

从 1849 年开始,意味着首先在英国特别繁荣时期的开始。英国此时产业革命时期已经完成,在整个资本主义世界经济生活中起主导作用。1846 年取消了谷物法,实现了自由贸易,英国工业获得了进一步的推动,大小工厂堆满了订货单,旧企业实现了扩建和改建,新企业大规模地建设起来,新的铁路网迅速扩大,新的交通运输工具和横跨太平洋的大贸易公司涌现出来。工业资产阶级加紧向工人阶级进攻,改进劳动组织,采用新技术,延长工作日,降低工人的生活费用,实行"换班制度",工人干完"法定的"十小时之后,立即被转入下一班去干活。

与此同时,美国迅速发展起来,变成英国的危险的竞争者,日益严重地威胁着英国在全世界的垄断地位。1848 年夏天加利福尼亚金矿的发现,成了美国生产力发展的巨大推动力。除美国之外,德国和法国也迅速发展起来,成了英国前进道路上的障碍。

---

[*] 本文选自《马列主义研究资料》1982 年第 2 辑。

原题注:本文是《马克思政治经济学的形成》(1966 年俄文版)一书中的一节,原标题为《马克思在 1848—1849 年革命后反动时期的政治经济学研究》,译文作了一些删节。——译者资产阶级在国内加剧了对劳动人民的剥削,在国际市场上,强盗们彼此之间的竞争也尖锐化了。所有头脑清醒的观察者都可以看到,新的经济危机无疑正在临近,而马克思和恩格斯则把新的革命高潮的前景同这次经济危机联系起来。他们决定,面临这种情况,最正确最迫切的事情就是为即将到来的阶级搏斗进行理论和思想上的准备。首要的任务就是阐述经济学说,为工人阶级阐明他们的地位和历史作用。这样,大约从1850年7月起,在中断了两年多以后,马克思在伦敦重新开始了经济学研究。

马克思住在伦敦这个"考察资产阶级社会"的"方便的地点"①,在最发达的资本主义国家和大殖民帝国的首都,不仅可以了解英国工农业的状况,而且这里也反映着其他国家的经济状况,反映着世界市场的状况,反映着银行、交易所投机的活动等等。伦敦,特别是英国博物馆,是丰富的经济学著作和官方文献的中心。这些都大大有助于马克思的经济学研究。

同时,马克思在伦敦也受尽了流亡者的苦难。欠债累累,缺吃少穿,自己和家里的人不断生病,马克思为生活所迫,不能专心于科学研究工作。马克思的坚强意志使他得以克服巨大的困难,朝着既定的目标前进。

马克思在两三年的过程中,通常都是从早上九时到晚上七时,一直坐在英国博物馆的阅览室里,阅读堆积如山的材料。他研究的题目极为广泛。他感兴趣的问题有:货币和货币流通史、土地关系史和农业关系、技术和发明史、农业化学、现代英国经济学、加利福尼亚和澳大利亚的金矿对英国工业的影响、市场行情等。马克思在自己的一封信中问

---

① 《马克思恩格斯全集》第1版第13卷第10页。

恩格斯,商人和工厂主怎样计算他们自己消耗的那一部分利润①。同时,他重新研读了政治经济学一般理论问题的著作。

马克思1850年9月到1853年8月期间所作的笔记,主要是1851年作的笔记,是从他所阅读和研究过的书籍、官方文献和期刊等处摘录来的,总共超过了一百印张,用他特有的密密麻麻的小字写满了二十四个笔记本。在这些笔记本中,还从不同的来源收集了各种各样的统计材料。

在伦敦,马克思像几年前在巴黎和布鲁塞尔那样重新仔细进行了阅读,也许比在巴黎和布鲁塞尔读得更仔细。不仅对著名的经济学家的著作作了笔记,而且对完全不知名的经济学家的著作也作了笔记。

第 VII 笔记本和第 VIII 笔记本的一部分包含着没有加任何评注的亚·斯密《国富论》的摘录。

第 IV 笔记本(1850年11—12月)和第 VIII 笔记本包含着大·李嘉图《政治经济学和赋税原理》一书的非常详细的摘录②。马克思的注意力集中在下面这样一些问题上:如价值、地租、原产品税、反驳亚·斯密的地租理论、反驳马尔萨斯的地租理论、谷物进口对地租和租佃者利润的影响、自由输入谷物对租佃者的利润和资本的影响、自然价格和市场价格、价值和财富的区别、供求对价格的影响、农业进步产生的经济后果、劳动价格、积累和利润、总收入和纯收入、税收、金银价值的变化、货币价值的变化所产生的不同影响、金银货币和对外贸易、票据行情。

马克思特别仔细地对李嘉图论述价值问题、自然价格和市场价格问

---

① 《马克思恩格斯〈资本论〉书信集》第40页。
② 这个摘录有一部分发表在《马克思恩格斯全集》第1版第44卷。——译者

题、价值（自然价格）和财富的区别问题、金银价值的变化问题、货币价值的变化所产生的不同影响问题、金银货币和对外贸易问题部分做了笔记。

1851年，马克思对他的李嘉图《政治经济学原理》一书的摘录笔记做了索引，这反映了他最感兴趣的那些问题①。这个索引包括下列各项：生活资料的价格对工资的影响；利润和工资成反比；资本积累；人口和工资；关于工资；关于利润和工资；对外贸易对利润率的影响；论国内贸易；赋税；谷物价格并不调节其他商品的价格（对论市场价格和自然价格那一篇的补充）；市场价格；实际价格；总收入和纯收入；农业和工业的改良对现有的一部分资本发生贬值的影响。

马克思笔记的很大部分涉及货币问题。这是可以理解的，因为在货币这个中心点上集中了资本主义世界的矛盾的本质。简单的货币形式是政治经济学上最抽象最困难的部分。同货币联系在一起的有商品、价值、价格这些范畴，理解这些范畴是正确地科学地考察所有其他经济范畴的必要前提。

第V笔记本（1851年1月）包含关于货币和货币流通的详细和大量的材料。

从赛·贝利《货币及其价值的变动》这一本后来被用于《资本论》第一卷的著作中所作的摘录，特别详细。这本书的作者论述的是货币的本质和职能问题。特别是他把货币规定为市场上的一般商品、契约上的一般商品和价值尺度。马克思从贝利的书中摘录了论述货币价值变化的原因，或同样可以说价格变化的原因的部分。马克思从贝利的书中所作的大量摘录涉及货币价值的变化对一个国家工业的影响问题。

---

① 参看《马克思恩格斯全集》第1版第44卷第88—89页。

马克思在1851年夏天和秋天,把收集到的关于货币和货币流通的广泛材料部分地加以系统化,写成大约四印张的手稿,标题为《完成的货币体系》("Das Vollendete Geldsystem")。在这里,除了从其他作者那里摘录的引文之外,还有马克思自己写的为数不多的一些评注。

在《亚当·斯密》一节,马克思写道:"指出:金银是每一特殊产业的**一般**商品;**产品交换性的**,产品交换能力的体现,**躯体**。(货币在这里只是交换手段。)"马克思的另一评注是:"(1)**一般贸易工具**——商品,例如金银,在这里有**一般贸易工具**、用具的谓语。但是一般贸易工具作为主体还没有与任何实际产品相独立的表现。金是货币,但充当货币是金的本性。货币本身没有与实物产品相独立的某种确定的存在。(2)金和银作为货币在这里表现为**媒介**。交换行为分裂为彼此独立的**买**和**卖**行为。需求和供给。可见,货币的必然后果是这两个行为的**分裂**,这两个行为最终必然平衡,但是在每一既定时刻它们可能**不协调,不合比例**。因此,货币奠定了危机的基础。(3)虽然在这里商品同商品的物物交换消失了,但仍然还有特殊形式的物物交换,因为金和银像以它们为媒介来进行交换的商品一样,有自然价格……上面我们看到了货币只作为一般**交换工具**的规定,这里是**商品价值一般测量器**的规定"。

可见,在这个手稿中已经完全确定了货币的两种职能:一般交换工具,即流通手段;商品价值的一般测量器,即商品价值的尺度。

接着,马克思指出价格同货币一道产生出来,因为价格不是别的,只是价值的货币表现。马克思还指出,亚·斯密只从交换和分配的角度考察货币,也就是说,斯密没有研究货币转化为资本的问题。按照马克思的看法,萨伊在这方面较为深刻,因为他把货币看作生产工具,看作生产资本,看作生产动因。

马克思用下面这些话概括了罗西的观点:"可见,总结是:货币不是价值的绝对尺度。对贵金属的需要由于极不相同的原因而发生变化。也就是说，它的生产费用和它的供应不断变化。最后，它的供应的增加在后来有可能由需求的增加所抵消。而随着交换手段的增加，交换本身是否能增加呢？罗西没有研究这一点"。

马克思从布雷那里复述了"劳动货币"的论点，复述了"借助劳动货币剥夺资本家"的论点。

往下，马克思转述了欧文的一些看法（"各地的居民所以贫困，是因为追求**影子**，而不是保证使货币成为多余的那种实体"），布朗宁的看法（关于金条交换铸币和金币交换纸币的条件），西斯蒙第、德罗兹的看法（"没有货币不可能形成资本"），傅利叶的看法（"货币导致产品流通，因为货币把这种产品创造出来"），施托尔希的看法，不加任何注释地抄录了李嘉图的原理："对货币的需求只受货币价值的调节，而货币的价值取决于货币的量"。然而，在詹姆斯·穆勒的一段话下边，即货币的价值等于它们交换某种商品的比例，或等于用来交换一定量其他商品的那个商品量这段话下边，马克思加了这样的评注："**认为在商品量不变的前提下，如果货币量增加或减少为十倍，商品的价值必然增加或减少为十倍，这是不对的**。只有当全部货币数量乘以每一货币单位平均在一年中所实现的平均购买数所得的积增加或减少时，货币的增加或减少才开始表现出来。流通运动不是取决于货币数量，而是取决于其他情况，取决于一日内进行的交易的数量，取决于流通手段、信贷、人口等等"。

可以看到，马克思已经非常接近于对流通所必需的货币量规律做出表述。这里所指出的对于货币数量理论这种依据错误价值理论原理所作的批判，在《完成的货币体系》手稿往后的正文中表现得更为明显。例如，马克思在继续考察专门著作中的观点时断然宣称，"流通取决于整个产业组织";"商品的价格无论如何不取决于流通的货币的增加或减少"。总的说来,马克思坚持的意思是,实际流通的货币和直接用于流通的货币对商品现行的价格产生影响,同时价格还取决于实际流通的商品量。

按照先后次序来说,马克思从下列各个人的著作中抄录了关于货币、信用、银行等等的不同论述:西尼耳、西斯蒙第、阿特金森、麦克库洛赫、约翰·威德、约翰·斯图亚特·穆勒、托马斯·库伯、吉尔伯特、艾德门兹、科贝特、居利希、奥日埃、萨伊、罗德戴尔、凯里、约·沃德·诺尔曼、威廉·克莱、赛米尔·琼斯·劳埃德、阿尔弗勒德、若波林、约翰·洛克、大卫·休谟、富拉顿、加尼耳、彼乔。最后这个作者描绘了国家伪造货币的情景,并且在马克思看来,几乎叙述了关于货币问题的全部政治经济学。

手稿中摘录了威廉·配第的观点,并且引用了他所说的其他作家的有趣叙述。特别是指出了配第的重商主义看法,即认为商业最大和最终的效果,不是财富一般,而主要是剩余的金、银和珍宝,这些东西不像其他商品那样短暂和易变,而是永恒的和普遍的财富。抄录了配第从17世纪一位作家的著作中摘引来的一段话,认为金银是既不蛀又不锈的财宝,[1] 由于崇拜货币而产生了禁欲主义、自我牺牲、自我节俭——节欲和吝啬,轻视世俗的、一时的和短暂的享受,而追求天上的财宝。

在谈到布阿吉尔贝尔的遗产时,马克思指出在他的书中已经遇到了**"构成价值"**,而蒲鲁东却在《贫困的哲学》中把这吹嘘为自己的科学**"发现"**。布阿吉尔贝尔认为贵金属必然充当交换中的抵押品;人们把

---

[1] 这种著名的说法,被马克思引用在自己的《政治经济学批判》中(参看《马克思恩格斯全集》第1版第13卷第148页)。

它们变成神,越来越多的财物、需求甚至人都成了它的牺牲品。人们不是把它们用作贸易的仆人、奴隶,而是把它们变成贸易的暴君。通过货币的作用,天然的秩序被歪曲了。货币成了一切物品的刽子手。货币的罪行在于,它们想成为上帝,而不是成为奴隶。布阿吉尔贝尔把高利贷者同炼金术士相比,后者为了得到金而把一切物体化为灰烬。

圣西门派除了票据和国债以外,把银行看作实现资本转移的工具,看作把生产资料从懒惰的土地所有者手中转到资产阶级产业家手中的工具。因此,银行制度的新组织应当成为把生产工具转归工人支配的媒介。

整个地说,《完成的货币体系》手稿概要地包括了八十多名作者关于货币的本质和社会作用问题、关于国际贸易、世界市场和银行制度问题的论述。单是这一数字,就再好不过地证明了马克思研究货币和货币流通问题时的广阔领域和少有的科学责任感。

在马克思的著作遗产中还有一个手稿,也像《完成的货币体系》手稿一样,基本上是不同作家的引文的总和。这个手稿的篇幅大体上和上一手稿差不多,但只包含三十二个作家的著作的叙述,他们是吉尔伯特、桑顿、布莱克、加拉坦、图克、托伦斯、哈伯德、约·斯·穆勒、富拉顿、艾什巴尔顿、配第、劳、洛克、休谟、米塞尔登、布阿吉尔贝尔等人。这个手稿的标题是:《货币、信用、危机》。它的写作日期曾被判断为 1853—1854 年。①

马克思把货币领域的过程理解为生产和贸易领域过程的第二级的派

---

① 在《大纲》的编者注释中,被判断为大约写于 1854 年 11 月至 1855 年 1 月期间,在《马克思恩格斯全集》第 1 版第 10 卷的马克思恩格斯生平事业年表中,认为写于 1854 年 11 月至 1855 年 1 月。由于上述两个日期缺乏直接证据,我们宁可主张手稿第一页上的日期,即 1853—1854 年。

生的过程，根据这一点，马克思坚决驳斥了吉尔伯特的错误意见，即认为"符号的数量"决定商品的价格。在第Ⅶ本摘录中，马克思简短地复述了加拉坦的意思，即认为货币流通数量取决于一个国家的财富，并由于该国社会条件而发生改变。在奴隶劳动条件下，在农业国家，在农民满足自己需要的地方，在实物地租条件下，这个数量比较少。总的说来，农民（农业中）所要求的货币比其他领域中要求的少。工资、地租、生活资料构成货币支出的一大部分。

马克思指出了分配和消费收入的交换工具同以分配和使用资本为目的工具之间的区别。存在着两类流通：实业家（dealer）之间的流通，和实业家与消费者之间的流通。前者是资本的运动或转移。与此相联系，银行也有两重使命：管理资本流通和管理货币流通来满足这个领域里的局部需要。相应地，银行的全部业务归结为两种：（1）收集资本，它们自己不使用这些资本，而是转给需要资本来达到商业目的的人。在这种情况下，银行表现为集中和分配资本的机构。（2）银行的第二种职能是为自己的顾客存款和支付存款。

在《货币、信用、危机》手稿中，把图克关于货币流通和商品价格关系的思想系统化了。

在商品数量既定，生产费用不变的条件下，需求的大小不取决于流通中货币的总量，而取决于以地租、利润和工资形式构成不同阶级收入的那一货币量。在直接用于支出的那些收入中，比重最大的是工资。因此，工资（以及所有直接用于支出的那些收入）的增加，会引起价格的普遍上涨，反过来则相反。

看来，马克思不同意这种观点，并且在这个地方把图克的问题提了出来：这怎么能同下列情况相一致呢？这种情况就是工资提高的结果是利润下降，反过来则相反；与此同时，商品价格却依然保持原来的水平

（除去某些例外情况不说）。照马克思看来，这里出现了自然价格（生产费用所决定的价格）和现实的日常的价格之间的区别。前者在现实中从来不存在，但却是支配波动的规律，这个规律在波动中得到实现。马克思在《资本论》中阐述了这个完全正确和深刻的思想，并且表明，价值的本性，价值的决定方式，即价值决定于社会平均生产条件下生产市场上不同商品的社会必要量所必需的那种劳动时间，在市场价格上获得了自己的外部表现形式，即围绕着价值而波动的形式。

往下，马克思叙述图克关于利息和价格之间的关系的原理。利息加入生产费用，特别是在使用许多固定资本的地方，例如在工厂中是如此。低利息的标志和直接后果之一是所有商品价格的下降。在图克的《价格史》著作中，引起马克思注意的还有英格兰银行发行纸币和流通之间的关系的材料，还有关于货币流通的扩大从来不是票据行情降低的原因的结论。相反，货币流通的扩大总是发生在票据行情降低之后。在手稿中，还有关于图克所说的信用货币和纸币之间的区别的笔记。信用货币是贷出去的，纸币是不流回的，信用货币是流通的，纸币是不流通的。

《货币、信用、危机》手稿表明，马克思在那些年代里，除了研究金属货币和货币符号的流通之外，还专门和大量地研究票据流通的规律性。有关这个问题的笔记，特别是从布莱克、图克以及托伦斯的著作中摘录的。

手稿的一些页可以作为一种证明文献，用来反驳这样一些资产阶级的研究人员，他们以令人吃惊的天真表示怀疑说，为什么马克思从来也没有说过他的全部理论武库几乎都应归功于约·斯·穆勒，这些人认为马克思的观点在许多方面都是约·斯·穆勒的观点和发现。

我们已经说过，马克思很了解约·斯·穆勒的著作。他也很好地表明了，在整个说来很弱的折衷主义的这些著作中，所有正确的和值得利用的东西都不是它们的著者的东西，而著者多少有点独创性的所有东西却是不正确的。马克思在《货币、信用、危机》手稿中就是做了这样的笔记。约·斯·穆勒断言，货币流通学说中最基本的原理，就是金量的增减决定着价格的相对涨落。这是主张货币流通数量理论的人们所持的基本的和起始的原理，这个原理决不是约·斯·穆勒最先提出来的，马克思把这个原理再次评价为"完全错误"。

当约·斯·穆勒说下面这些话的时候，他离真理近了一些。他说，如果被分配的商品的量和这些商品售卖和转卖的次数已定，那么货币的价值就取决于它们的数量以及每一货币单位在这一过程中转手多少次。流通中的货币量，等于全部售卖商品的货币价值除以表示流通速度的次数。马克思就这个问题指出，这个原理只有在下述保留条件下才是正确的，即出售是通过货币来进行的，而不是通过债务来进行的。换句话说，如果不考虑货币的支付手段职能，就不可能表述正常流通所必需的货币量的规律。

手稿中比较详细地叙述了富拉顿关于银行券作为一定信用形式来流通的规律性原理。强调指出了信用同货币流通的区别。按照富拉顿的意见，不同形式的流通的信用是潜在的货币流通的基金，它们的比重取决于支付的规模。

富拉顿的结论得到了肯定，即贴现率的高低取决于资本的利润，而归根结底取决于流通手段的膨胀和收缩，而不管资本得到分配时是借助于货币或信用。至于金条的输出和输入，那么这个问题不涉及国内流通的价值，只取决于对外收支的状况。

关于危机的许多笔记也是跟富拉顿的名字联系在一起的。马克思写道，富拉顿用资本的迅速流通和由此而来的贴现率的下降来解释危机。

定期消灭资本是市场利息率存在的必要条件。

在这部手稿中,关于危机的题目研究得最少。危机的材料比起货币和信用的材料来要少得多。手稿没有包含马克思自己有关危机的任何论点。但是,所有的摘录也像马克思本人的议论一样,为下面这样的结论作了准备:一方面,既然前提条件是商品流通,另一方面,既然买和卖互不平衡是无可争辩的事实,那么,实际上这种平衡是不可能发生的,因而生产过剩的经济危机的可能性,已经包含在商品所固有的使用价值和价值之间的对立借以得到实现的货币形式中。

通过不断收集和思考科学原料,马克思在五十年代初期已经就一系列复杂的理论问题得出了重要结论,这些结论证明了政治经济学所完成的变革。

在马克思的评论中明显地表现出(虽然还没有直接表述出来)资产阶级政治经济学中有两股潮流,其一是它的古典学派,首先是以斯密和李嘉图为代表,另一个就是庸俗派,它的特点是堕落和在资本面前赤裸裸地阿谀逢迎。

马克思把李嘉图说成资产阶级利益的最典型的代表。李嘉图本质上也是站在敌视工人阶级立场上的资本主义的卫士。但是在他活动的时代,无产阶级和资产阶级之间的阶级斗争还不发达,还没有达到很尖锐的程度,因此,他对生产关系所进行的分析,他所论述的政治经济学原理,基本上还是科学的,或多或少是客观的。在他以后的时期,资本主义矛盾和无产阶级阶级斗争的尖锐化,迫使经济科学领域里的资产阶级思想家同斯密和李嘉图的传统和结论决裂。特别是斯密和李嘉图所阐述的劳动价值论,遭到资产阶级经济学家的普遍攻击,被说成是什么不科学的理论。这些人是不得不这样做的,因为在劳动和资本之间的社会冲突日益尖锐的时期,承认劳动是价值的唯一源泉,这对统治阶级来说包含着巨大的危险。马克思1851年4月2日在给恩格斯的信中说："实际上，这门科学从亚·斯密和大·李嘉图时代起就没有什么进展，虽然在个别的常常是极其精巧的研究方面作了不少事情。"① 这是马克思最终的意见，他在以后从来没有再后退过。在这些话中，对资产阶级政治经济学所取得的实际成就给了准确的评价并表示了敬意。

李嘉图比斯密站得高，更不用说同其他资产阶级经济学家相比了。马克思在第VIII笔记本中写道："在李嘉图那里重要的是，虽然甚至亚·斯密和萨伊也还把劳动的某种**一定产品**看作［价值的］调节者，但他却到处把劳动，活动即生产本身，也就是说，不是把产品，而是把生产即创造行为［当作调节者］。由此而来的是资产阶级生产的整个时代。在亚·斯密那里，活动还没有解放，还不是自由的，还没有摆脱自然的束缚，还没有摆脱物。在李嘉图那里，人处处要和自己的生产率打交道，在亚·斯密那里，人还在崇拜自己的创造物，所谈的还是某种一定的物，在他活动之外的物。"② 斯密是工场手工业时期的经济学家，他的科学理论相对地说不够发展，其中劳动价值的原则也贯彻得不够彻底，他认为"在亚当以前的时期"价值才完全取决于劳动，也就是说，只有在简单商品生产中才是如此，——上述这一切是由于现实的社会关系不够发展造成的。李嘉图登上舞台的时期比较晚一些，当时资本主义关系已经更加成熟。也许正因为如此，李嘉图的观点要比斯密的观点彻底和完善。

马克思不同意李嘉图把货币只解释成表现相对价值的手段，解释成表现为了另一种商品而提供的一种商品的量的手段。李嘉图曾说，实际

---

① 《马克思恩格斯〈资本论〉书信集》第41页。
② 《马克思恩格斯全集》第1版第44卷第115页。

价值，与某些人的断言相反，不取决于货币的价值。在评论李嘉图的这段话时，马克思补充说，"〔实际价格〕不取决于任何商品，而取决于生产商品的活动。"①

马克思在自己的一段摘录笔记中引用了李嘉图的如下原理："对货币的需求完全是由货币的价值决定的，而货币的价值又是由它的数量决定的……一切商品的市场价值和自然价值的一致，在任何时候都取决于增加或减少商品供应的方便与否"。紧跟在这段话之后，马克思指出："这是非常混乱的一章。李嘉图认为，黄金的生产费用只有在黄金的数量因此而增加或减少时才能产生影响……另一方面，按照这种说法，流通中的货币量有多少是完全无关紧要的，因为流通的是许多价值低的金属还是少量价值高的金属，这是无关紧要的。但是，难道说同时进行的买和卖的增加不需要更多的流通手段吗？"②

由此可见，在这里马克思对李嘉图的货币理论不仅极为怀疑，而且把它推翻了。和李嘉图不同，也和马克思自己在几年前，特别是在《哲学的贫困》中的看法不同，货币的价值现在已经不被看作职能，不被看作流通中的货币量所派生的量。相反地马克思认为，这个量本身取决于以货币为媒介来进行交换的商品价格的总额。

马克思在1851年2月3日的信中把自己这个重要的科学发现告诉恩格斯。马克思断言，货币流通，流通中的货币额，并不像李嘉图、劳埃德和许多其他金融银行业的理论家和实践家所认为的那样，由贵金属的流进和流出决定，而是由工商业的状况决定。

马克思说，"只有在业务迅速发展，需要更多的流通手段来进行这

---

① 《马克思恩格斯全集》第1版第44卷第115页。
② 《马克思恩格斯全集》第1版第44卷第81—82页。

些业务的**情况下，货币流通**才会增加……货币流通的增加归根到底是投资增长的**结果**，而不是相反。"① 恩格斯在给马克思的回信中说："依我的看法，这个问题本身是完全正确的，并且对于把复杂的流通理论变为简单明了的基本原理，大有帮助。"②

马克思在自己的 1851—1853 年的经济学笔记中表现了比李嘉图深刻得多的对资本本质的理解。李嘉图把资本解释成用于将来生产的目的的那部分国家财富，它可以和财富按照同样的方法增加。针对李嘉图的这种解释，马克思评论说："李嘉图在这里把资本和构成资本的**材料**混为一谈了。财富只是资本的材料。资本总是重新供生产利用的**价值总和**；它不单是产品的总和，也不是为了生产产品的，而是为了去生产价值的。"③ 接着，马克思着重指出，李嘉图始终不能理解，"价值以及资本怎么会增加，而同时又不像地租的情况那样，一人的所得就是他人的所失"。李嘉图忽略了"按比例地增加劳动的使用方式"，即生产部门的扩大，要求追加工人人数的新劳动部门的出现。

不难看出，在李嘉图和马克思之间在对资本的看法上存在着原则的分歧。李嘉图认为，资本是物的总和，而马克思认为，资本是价值的总和，即一定社会关系的总和。

在关于资产阶级财富的本质的问题上，李嘉图只用毫无内容的官样文章来敷衍了事。正像马克思所说的，李嘉图消除不了困难。马克思在同李嘉图争辩时，暂时还只是简略地指出了对这个问题的唯一可能的科学解决，试图科学地发现资本主义发财致富的秘密，换句话说，试图发挥剩余价值理论。但同时也说明了资本的隐蔽目的。"资产阶级的财富

---

① 《马克思恩格斯〈资本论〉书信集》第 34 页。
② 《马克思恩格斯〈资本论〉书信集》第 39 页。
③ 《马克思恩格斯全集》第 1 版第 44 卷第 110—111 页。

和资产阶级全部生产的目的是**交换价值**，而不是满足需要。要增加这种交换价值，只有——且不谈互相欺骗——增加产品，更多地生产，此外没有其他办法"。① 但是，马克思接着说："商品生产的增长**从来**不是资产阶级生产的目的，**价值**生产的增长才是它的目的"。②

马克思反驳了流行的理论，即认为利润只是在资本主义所有者阶级当中分配和再分配"全部余额"的技巧的结果。要进行分配和再分配，就必须存在着待分配的东西。"虽然个别的特殊利润可以由商业来说明，但商业却不能说明余额本身。如果提出关于整个工业资本家阶级的余额问题，那么，这样的说明一开始就毫无意义。因为用资本家作为阶级自己窃取自己的说法，是决不能说明这一余额的……每一个有产阶级的原有收入必然来自生产……余额不是在这种交换中产生的，虽然只有在交换中才能实现。余额是这样产生的：工人从花费了 20 个工作日的产品中，只得到值 10 个等等工作日的产品。随着劳动生产力的增长，工资的价值按同一比例降低"。③ 在这里，剩余价值还没有自己的名称，但是，资本主义发财致富的来源已经完全正确和肯定地指出来了。

在马克思五十年代初期所取得的最主要的科学成就当中，还应当指出他的级差地租理论，这个理论的简短叙述包含在马克思 1851 年 1 月 7 日给恩格斯的信中。马克思当时详细地重新考察了李嘉图的地租理论，实质上推翻了这个理论的主要原理。

马克思对农业和自古以来的土地关系深感兴趣。

在第 IV 笔记本（1850 年）中，有杜罗·德·拉·马尔《罗马人的政治经济学》（1840 年巴黎版）一书的详细摘录。其中一部分内容涉及

---

① 《马克思恩格斯全集》第 1 版第 44 卷第 109 页。
② 《马克思恩格斯全集》第 1 版第 44 卷第 110 页。
③ 《马克思恩格斯全集》第 1 版第 44 卷第 140—141 页。

古罗马的货币史。另一部分摘录的内容是罗马从驱逐皇帝起到对汉尼拔战争开始时为止的农业状况。马克思以后也研究了罗马的土地关系。例如，他在1855年3月8日写给恩格斯的信中说："不久前我又仔细研究了奥古斯都时代以前的（古）罗马史。国内史可以明显地归结为小土地所有制同大土地所有制的斗争，当然这种斗争具有为奴隶制所决定的特殊形式。从罗马历史最初几页起就有着重要作用的债务关系，只不过是小土地所有制的自然的结果"。①

马克思摘录了法国、普鲁士、奥地利、巴伐利亚的不动产抵押债务增长的材料。这些国家的土地耕种得越来越差，因为农民缺少必要的资本。他们没有东西可卖，他们购买的东西也很少。在农村中形成了失业者的后备军。兄长从弟兄们手中赎买一份土地，而弟兄们不得不去寻找其他的职业。农民的经济主要是自然经济。在小农所有制的各个国家里，军队和行政机构多得不可计算。

我们在各个不同的笔记本中，发现了从许多书籍和原始资料中摘录来的关于农业和土地关系问题的材料。在从李嘉图的《政治经济学原理》中摘录来的论地租的笔记中，反映了李嘉图反驳斯密地租观点的争论。马克思指出，"李嘉图研究地租，是为了弄清楚亚·斯密的下述观点是否正确：对土地的占有以及由此而来的地租的产生，会引起商品相对价值的变动而不管生产商品所必需的劳动量如何"。②

李嘉图忽视科学、工业和农业的进步，他总是喜欢想，随着时间的进展，人们迫于必要，会把越来越坏的土地投入耕种，因此，只有在谷物价格提高的情况下地租总额才能提高。这种观点意味着承认土地肥力

---

① 《马克思恩格斯全集》第1版第28卷第438页。
② 《马克思恩格斯全集》第1版第44卷第96页。

递减的规律在起作用。

马克思1851年1月7日在给恩格斯的信中写道：李嘉图地租理论的三个基本论点"处处都是和历史相矛盾的"。这三个论点就是：（1）随着时间的推进，人们耕种越来越坏的土地；（2）只有当谷物价格上涨时，地租才能提高；（3）国内地租总额的增加表示大量较坏的土地投入耕种。①

马克思依据在现实中观察到的无可辩驳的事实，表明了李嘉图的见解没有根据，他同意随着农业中生产力的发展会形成级差地租。所有被耕种的地块照例拥有不同的肥力。把资本投在这些地块上会产生不同的生产效果。这就不可避免地形成级差地租。科学和生产的进步，在普遍增加生产规模，从而增加利润的情况下，必然会使单位商品的费用减少。结果，农产品价格的下降不一定必然引起地租的减少。实际上价格的下降恰恰伴随着地租的上涨，因为，由于整个农业耕作的提高，土地肥力也会增长，从而生产出来的产品数量也不断增加。

新的级差地租理论的矛头是反对马尔萨斯主义的，因为后者认为人民群众的贫困是"不可克服的"自然规律。恩格斯立即宣布自己是这种新地租理论的热烈拥护者。他写信给马克思说："如果能够把你的论述地租的文章发表在英国的一家杂志上，这会产生巨大的影响"。② 马克思很高兴恩格斯对他的发展给了如此高的评价。遗憾的是，马克思没有能按照朋友的这种建议和愿望去做。马克思1851年2月3日写信给恩格斯说："我的新地租理论目前只是使我获得了任何一个老实人所必

---

① 参看《马克思恩格斯〈资本论〉书信集》第29页。

② 恩格斯1851年1月29日致马克思的信，《马克思恩格斯〈资本论〉书信集》第32页。

然追求的自信心。不过,无论如何,你对新地租理论表示满意,我是高兴的"。①

1853年以后的大约三年期间,马克思在政治经济学方面的直接科学研究已经没有这样紧张和经常了。他在这个时期又通读了自己的笔记本,这"至少也是为了掌握材料,为整理材料作好准备"②。但是,看来马克思没有进行补充研究,没有寻找原来没有涉及的新史料,而是认为收集到的材料已经够了。这个时期,马克思和恩格斯的基本工作是研究外交史、国际关系史,研究克里木战争的原因和性质。经济学的研究,相对地说,暂时间断了。

(原载《马克思政治经济学的形成》1966年俄文版)

(马今 摘译)

---

① 恩格斯1851年1月29日致马克思的信,《马克思恩格斯〈资本论〉书信集》第32页。
② 《马克思恩格斯全集》第1版第28卷第432页。

附 录

马克思经济学创作年表[*]

1842年10月上半月 马克思来到科隆,并从10月15日起担任《莱茵报》的编辑。

1842年10月至1843年3月 马克思担任《莱茵报》的主编。这期间他第一次遇到要对物质利益问题发表意见的难题。

1842年11月至1844年8月 恩格斯在英国居住,为英国社会史这一著作收集材料,起初恩格斯想在这本著作中专辟一章来写英国工人状况,后来决定专写一本书来研究英国工人阶级的状况,这就是《英国工人阶级状况》一书。

1843年4月1日 普鲁士政府作出决定,从4月1日起查封《莱茵报》。

1843年夏 马克思从科隆去克罗伊茨纳赫,6月19日在那里同燕妮·冯·威斯特华伦结婚。

1843年10月末 马克思迁居巴黎,12月末开始研究政治经济学。"在观察现实和研读他人著述的基础上,马克思逐步产生了表述自己独立观点的想法……这样,马克思形成了写作2卷本《政治和政治经济学》的计划。《1844年经济学哲学手稿》就是马克思曾经打算撰写的这

---

[*] 这个年表是中央编译局冯文光编写的,并非已经发表的作品,文中有些问题可能存在争议,有些用语也不够规范,附在这里是为了方便读者了解马克思经济学研究的历程。

部书的草稿，当然这一计划后来没有完成。""通常以《1844年经济学手稿》称谓巴黎笔记中的三个笔记本"（摘自聂锦芳的文章《关于重新研究"巴黎手稿"的一个路线图》）因为《穆勒评注》中马克思的个人的议论占了相当大的篇幅，所以聂锦芳把它归入"巴黎手稿"。（见上述聂锦芳的文章）

1843年10月至12月 马克思写作《〈黑格尔法哲学批判〉导言》；《马克思恩格斯全集》中文第1版第27卷卷末注311中说《导言》是马克思在1843年夏写的。

1843年10月中旬至1845年1月底 马克思定居巴黎，在此期间所作的摘录笔记构成《巴黎笔记》。《巴黎笔记》从摘录雅各宾党人和国民公会议员勒奈·勒瓦瑟尔的《回忆录》开始。这些摘要可说是连接《克罗伊茨纳赫笔记》和《巴黎笔记》的中间环节。《巴黎笔记》的下一批材料是对资产阶级政治经济学古典作家亚当·斯密和大卫·李嘉图的著作的摘录以及对萨伊、麦克库洛赫、穆勒、普雷沃、特拉西等人的著作的摘录。

1844年1月至8月和1845年初 马克思阅读萨伊、斯密、李嘉图、穆勒、詹姆斯、麦克库洛赫等人的著作，写了大量摘录笔记，这些材料构成《巴黎笔记》的组成部分。

1844年1月 恩格斯在《国民经济学批判大纲》的结尾处写道："考虑到机器的作用，我有了另一个比较远的题目即工厂制度……"

1844年2月 在巴黎出版的德文刊物《德法年鉴》上，马克思发表了《论犹太人问题》和《黑格尔法哲学批判导言》，恩格斯发表了《国民经济学批判大纲》。

1844年3月 恩格斯完成一组文章：《英国状况。Ⅰ。评托马斯·卡莱尔的〈过去和现在〉》、《英国状况。Ⅱ。十八世纪》、《英国状况。

III。英国宪法》。

1844年3、4月至8月 马克思写了《1844年经济学哲学手稿》。维戈茨基:"马克思在《1844年经济学哲学手稿》中第一次试图揭示资本主义剥削的内部机制。无疑,剩余价值理论的萌芽是同这一著名的著作(1932年才初次发表)联系在一起的。"

1844年夏 马克思在一个笔记本上作恩格斯著作《大纲》的摘要。

1844年—1847年笔记本。以下摘引自鲁克俭的文章《再论"马克思文本解读"研究不能无视版本研究的新成果——从〈巴黎手稿〉的文献学研究谈起》:巴加图利亚依据马克思的1844—1847年笔记本考证出《关于费尔巴哈的提纲》写于恩格斯1845年4月到达布鲁塞尔之后与1845年7月马克思和恩格斯赴英国旅行之前。之所以断定是在来到布鲁塞尔之后,是因为在马克思的1844—1847年笔记本中,在写着《提纲》的第53—57页(新编号)之前的第44页上是用墨水写的第三个书籍目录(全是英国书籍),而马克思的笔迹和恩格斯的笔迹两次交替出现。这说明此时恩格斯已经来到布鲁塞尔。之所以断定《提纲》写于马克思和恩格斯7月赴英国旅行之前,是因为在《提纲》(第53—57页)之后的第74—93页(新编号)记载的是四个英国书籍目录(中间有空白),该书目编制于曼彻斯特,也就是马克思和恩格斯赴英国旅行之后;而《提纲》与四个英国书籍目录之间的第58—73页(中间有空白)记载着有书号的书籍目录,这些书号属于布鲁塞尔图书馆,这说明《提纲》是在布鲁塞尔及马克思和恩格斯赴英国旅行之前写的。

1844年10月初 恩格斯致信马克思:"你要设法赶快把你所收集的材料发表出来"。(恩格斯指的是马克思曾经打算要写的一本著作《政治和国民经济学批判》)

1844年11月19日 恩格斯致信马克思:"目前,我正埋头钻研英国的报纸和书籍，为我写那本关于英国无产者状况的书收集材料。我想，到一月中或一月底就可脱稿"。（恩格斯指的是《英国工人阶级状况》）

1845 年　马克思在 1845 年写的《巴黎笔记》中摘录了德斯杜特·德·特拉西的《思想的要素》第 4、5 部分。

在马克思 1845 年写的《曼彻斯特笔记》中有对乔·拉姆赛的《论财富的分配》的摘录；有对穆勒的《略论政治经济学的某些有待解决的问题》（1844 年伦敦版）的摘录；有对亨·邓·麦克劳德的《政治经济学原理》的摘录；有对帕特森的《财政学。实用教程》（1868 年爱丁堡—伦敦版）的摘录。

1845 年 2 月 1 日　马克思在巴黎同出版商列斯凯签订出版两卷本《政治和国民经济学批判》的合同。

1845 年 2 月 22—26 日、3 月 7 日　恩格斯致信马克思："《批判的批判》**还是没有收到！**新的书名《神圣家族》将更加会使我和我家虔诚的、现在本来就已十分恼火的老头儿发生争吵，这一点你自然不会知道。"

1845 年 2 月至 7 月　马克思在布鲁塞尔阅读了毕莱、麦克库洛赫、罗西、布朗基、佩基奥、萨伊、西斯蒙第、西尼尔、施托尔西、拜比吉、尤尔、加尼尔等人的著作并作了摘录，这些笔记后统称为《布鲁塞尔笔记》。

1845 年 4 月中旬至 7 月 8 日　陶伯特提出恩格斯的《关于费尔巴哈的提纲》写于此期间。陶伯特指出，恩格斯并非 4 月 5 日达到布鲁塞尔的，而是 4 月中旬，因为恩格斯 4 月中旬前往比利时，打算在那里定居，17 日恩格斯申请在布鲁塞尔居住；马克思恩格斯动身前往英国的时间是 7 月 8 日而非 7 月 12 日。（摘自鲁克俭文章《再论"马克思文本解读"研究不能无视版本研究的新成果——从〈巴黎手稿〉的文献学研究谈起》）

1845 年 5 月末 恩格斯的《英国工人阶级状况》一书在莱比锡出版。

1845 年 6 月 25 日至 28 日 鲁克俭上述文章中说:"实际上,陶伯特说《维干德季刊》第 2 卷是 6 月 25 日至 28 日出版的,而马克思恩格斯是 7 月 8 日动身前往英国的。《维干德季刊》第 2 卷上发表了费尔巴哈的文章《就'唯一者及其所有物'谈'基督教的本质'》。"

1845 年夏 鲁克俭上述文章中说:"1988 年出版的 MEGA2/2/4 前言说《评李斯特》写于 1845 年夏马克思恩格斯的英国之行之后"……鲁克俭上述文章中说:"马克思小束手稿的写作最迟于 1845 年夏天结束,而此前《德意志意识形态》第一卷第二章和第三章及第二卷的付印稿已送交出版社"。

1845 年 7—8 月 《马克思恩格斯全集》历史考证版第 4 部分第 4 卷收入了马克思的 9 本曼彻斯特笔记本中的前 5 本和恩格斯的 3 本流传下来的曼彻斯特笔记。它们是马克思和恩格斯于 1845 年 7 月—8 月一起在英国旅行期间在曼彻斯特公共图书馆里完成的。马克思的其他几本曼彻斯特笔记将在下一卷(第 5 卷)发表。(摘自《马克思恩格斯全集》历史考证版第 4 部分第 4 卷前言)

1845 年 7 月 8 日 鲁克俭上述文章中说:陶伯特指出,马克思恩格斯动身前往英国的时间是 7 月 8 日而非 7 月 12 日。这样陶伯特提出《关于费尔巴哈的提纲》写于 1845 年 4 月中旬至 7 月 8 日之间。

1845 年 7、8 月 《1844 年经济学哲学手稿》的第一笔记本现存 36 页,马克思在第 1 页上写有"笔记本(Heft)I",在第 3 页上写有一个包括 29 篇论述经济问题的著作的目录,这是马克思后来(最早于 1845 年 7、8 月即马克思去过曼彻斯特和伦敦之后)才写到笔记本 I 上的。(摘自鲁克俭上述文章)

1845年10月16日至18日　《维干德季刊》第3卷出版。

1845年11月　马克思和恩格斯合著《德意志意识形态》一书。

1846年9至12月　马克思重新开始研究政治经济学，阅读欧文、魁奈、布雷等人的著作。

1846年9月16日　恩格斯致信布鲁塞尔共产主义通讯委员会："蒲鲁东在一本尚未出版的新书里（该书由格律恩翻译）提出了一个宏伟的计划，即凭空弄到钱，使所有工人都能进入天堂……请听听这个拯救世界的宏伟计划是什么吧：这不折不扣是在英国早已尽人皆知并且破产了十次的 labour-bazars 或者 labour-markets，是各行业全体手工业者组成的协作社……"（labour-bazars 是指英国各城市中由工人的合作团体建立起来的劳动产品交换市场）。

1846年9月18日　恩格斯致信马克思："我不知道除了列斯凯外，还有哪个出版商愿意接受我们的手稿"（恩格斯指《德意志意识形态》）。

1846年12月28日　马克思致信安年柯夫，信中批判了蒲鲁东的《贫困的哲学》一书中的错误观点，阐述了历史唯物主义的基本原理。

1847年　马克思写作《哲学的贫困。答蒲鲁东先生的〈贫困的哲学〉》一书。

1847年3月9日　恩格斯致信马克思："不管是你的书还是我们的手稿都多么迫切需要尽快发表"（指马克思的《哲学的贫困》和马克思恩格斯的《德意志意识形态》）。

1847年11月23—24日　恩格斯致信马克思："请你把《信条》考虑一下。我想，我们最好不要采用那种教义问答形式，而把这个文本题名为《共产主义宣言》"。

1847年11月29日—12月8日　马克思恩格斯受在伦敦举行的共产主义者同盟第二次代表大会的委托，写成了纲领性文件《共产党宣言》。

1847 年 12 月下旬　马克思在布鲁塞尔德意志工人协会作关于"雇佣劳动和资本"的讲演。讲演后以《雇佣劳动和资本》为标题，发表在 1849 年 4 月的《新莱茵报》上。

1847 年底至 1848 年初　马克思恩格斯写作《共产党宣言》，于 1848 年 2 月发表。

1848 年 2 月初　马克思用法文出版了《关于自由贸易的演说》一书。

1848 年 4 月 11 日　马克思到达科隆，并着手出版《新莱茵报》。

1848 年 4 月 25 日　恩格斯致信马克思："艾韦贝克请人在巴黎将《宣言》译成意大利文和西班牙文……现在我正在搞英译文，这比我原来想象的要困难。"

1848 年 6 月 1 日　《新莱茵报》创刊号出版。革命打断了马克思的经济学研究工作。

1848 年 6 月至 1849 年 5 月　马克思在科隆创办《新莱茵报》。

1849 年 8 月 24 日　马克思离开巴黎赴伦敦，此后一直住在伦敦。

1849 年 9 月　考普夫《〈马克思恩格斯全集〉历史考证版第 2 部分：〈资本论〉及其手稿一文》中说："大约从 1849 年 9 月起，马克思在伦敦恢复对政治经济学著作的系统研究，他的伦敦笔记就是证明。"

1849 年 12 月至 1850 年 10 月前后　马克思在伦敦的德意志工人教育协会作关于政治经济学的讲演，题目是："什么是资产阶级所有制？一、资本；二、土地所有制"。

1850 年　马克思重新从事政治经济学的研究，关于这方面的情况可参见《马克思恩格斯全集》中文第 1 版第 13 卷第 10 页。

马克思在 1850 年《伦敦笔记》第 IV 笔记本第 46 页上摘录了毕希的著作《从国家经济和商业来看的货币流通》中的一句话：农民的劳

动"量大得多，因为农民的一定的需要不再是他劳动的依据了"。这段引文被写在威·杰科布著作《论英国农业需要保护关税以及谷物价格对出口产品的影响》（1814年伦敦版）的摘录下面，马克思在《引文笔记》第18页上转录这段话时，错误地把杰科布的著作作为资料的出处。1861—1863年经济学手稿又重复了这一错误，编者根据《伦敦笔记》第IV笔记本作了更正。马克思在1861—1863年手稿中说："工人劳动量的大小决不是由工人的劳动与**他的需要**的关系决定的，而是由资本对剩余劳动的无限的、无止境的需要决定的。"（参见《马克思恩格斯全集》中文第2版第32卷卷末注176）

1850至1853年 马克思在这一期间写作《伦敦笔记》，它是马克思写《1857—1858年经济学手稿》的直接的材料基础。《伦敦笔记》包括24个笔记本，并用罗马数字 I—XXIV 编了号，还有一些笔记本没有编号，总计1250页。（参见海克尔的文章《〈资本论〉及其手稿研究和出版的若干情况》）马克思在《伦敦笔记》第 VI 笔记本中摘录了约·洛克1691年的著作《略论降低利息和提高货币价值的后果》中关于"货币是抵押品"的说法。《伦敦笔记》第 VII 笔记本和第 VIII 笔记本摘录了亚当·斯密的《国民财富的性质和原因的研究》（新四卷）；第 IX 笔记本摘录了查默斯的《论政治经济学》，摘录了托·霍吉斯金的《通俗政治经济学》；第 IX 和第 X 笔记本摘录了拉姆赛的《论财富的分配》；第 XV 笔记本和第 XVI 笔记本摘录了纽曼的《政治经济学原理》。

1850至1857年 马克思写满了数十本之多的摘录和概要的笔记本，他还在这几年内用几个笔记本把那些摘录的引文综合在"完成的货币制度"、"货币本质"、"信用制度"、"危机"这些题目下并加以简短的说明。

1850年11月中旬 恩格斯从伦敦转赴曼彻斯特，重新在"欧门—恩格斯"公司工作，这主要是为了给马克思以物质上的援助。

1850年12月至1856年9月　马克思和他的全家住在伦敦索荷区第恩街28号（见《马克思恩格斯全集》中文第1版第29卷第5页脚注）。

1851年　《伦敦笔记》第Ⅸ笔记本。马克思在该笔记本第85页上有引自乔·拉姆赛《论财富的分配》（1836年爱丁堡—伦敦版，第102页）上的一段关于增加劳动小时、实现夜间劳动的话。《引文笔记》第17页上有经过缩短的这段引文。

维戈茨基在《马克思列宁主义的牢固基础》一文中说："1851年期间对李嘉图的主要著作《政治经济学和赋税原理》所作的篇幅不小的笔记，以及马克思自己的一个手稿《反思》，代表了五十年代《伦敦笔记》的材料。《反思》实际上是作者对当时刚刚读完的斯密、图克等人著作所进行的思考。"

1851年1月7日和2月3日　马克思致信恩格斯，在信中批判了李嘉图根据马尔萨斯的土地收益递减"规律"得出的地租理论，以及李嘉图的货币数量论。

1851年1月29日　恩格斯致信马克思："无论如何，你关于地租的新观点是完全正确的。李嘉图关于土地肥力随着人口的增加而递减的看法，我始终是不信服的，同样他关于谷物的价格不断上涨的论点，我也从来没有找到论据。"

1851年2月3日　马克思致信恩格斯："我断定，除了在实践中永远不会出现但理论上完全可以设想的极其特殊的情况之外，**即使在实行纯金属通货的情况下，金属货币的数量和它的增减，也同贵金属的流入或流出，同贸易的顺差或逆差，同汇率的有利或不利，没有任何关系**……这件事情是重要的。第一，这样一来，从根本上推翻了整个的流通理论。第二，这证明，**信用制度**固然是危机的条件之一，但是危机的过程所以和**通货**有关系，那只是因为国家政权疯狂地干预通货的调节，会使当前的危机进一步加剧,就像1847年那样。"

1851年2月25日 恩格斯致信马克思:"我早就应当向你答复货币流通问题。依我的看法,这个问题本身是完全正确的……"。接着恩格斯提出了一些意见,并说"这些评论只涉及你的说明的方式。问题本身则是完全正确的"。

1851年4月2日 马克思致信恩格斯:"我已经干了不少,再有五个星期我就可以把这整个的经济学的玩意儿干完。完成这项工作以后,我将在家里研究经济学,而在博物馆里从事别的科学研究。"

1851年4月3日 恩格斯致信马克思:"你终于把经济学搞完了,我很高兴。这件事情确实拖得太久了,而只要你那里有一本你认为是重要的书还没有看,你是不会动笔去写的。"

1851年6月1日 从丹尼尔斯1851年6月1日至马克思的复信中可以看到马克思于1851年5月给丹尼尔斯的信中的一句话:"……共产主义者应当指出,只有在共产主义关系下,工艺学上已经达到的真理方能在实践中实现。"

1851年6月27日 马克思致信魏德曼:"从早晨9点到晚上7点,我通常是在英国博物馆里。"

1851年7月31日 马克思致信恩格斯:"我在图书馆的工作本来早就可以结束。但是,间断太多,阻碍太大,而在家里,由于一切总是处于紧急状态……自然干不了多少事情。"

1851年8月 马克思在《伦敦笔记》XIV中开始涉及一些表明人类历史在世界范围和历史演变过程中呈现出来的多样性特点。

1851年11月5日至15日 马克思住在曼彻斯特恩格斯处,同恩格斯讨论自己的经济学著作计划,第一卷是《政治经济学批判》,第二卷是《社会主义者批判》,第三卷是《政治经济学史》。

1852年3月18日 恩格斯致信马克思:"说实在的,巴枯宁之所以捞到了一点东西,只是由于谁也不懂俄语。而这种把古代斯拉夫公社所有制变成共产主义和把俄罗斯农民描绘成天生的共产主义者的陈旧的泛斯拉夫主义的骗人鬼话,将会再次十分广泛地传播。"

1853年6月 马克思在英国博物馆的图书馆为给《纽约每日论坛报》写通讯努力收集资料。

1853年6月2日 马克思致信恩格斯:"贝尔尼埃正确地看到,东方(他指的是土耳其、波斯、印度斯坦)一切现象的基础是**不存在土地私有制**。这甚至是了解东方天国的一把真正的钥匙。"

1853年6月6日 恩格斯致信马克思:"不存在土地私有制,的确是了解整个东方的一把钥匙。这是东方全部政治史和宗教史的基础。但是东方各民族为什么没有达到土地私有制,甚至没有达到封建的土地私有制呢?我认为,这主要是由于气候和土壤的性质,特别是由于大沙漠地带,这个地带从撒哈拉起横贯阿拉伯、波斯、印度和鞑靼直到亚洲高原的最高地区。在这里,农业的第一个条件是人工灌溉,而这是村社、省或中央政府的事……"

1853年秋至1857年春 马克思为了养家糊口,不得不为《纽约每日论坛报》撰写文章,研究工作因此曾一度中断。

1855年2月13日 马克思告诉恩格斯,他正在通读他的经济学笔记本,"想把材料整理出来,至少也是为了掌握材料,为整理材料作好准备。"

1856年2月29日 马克思致信恩格斯:"我在博物馆找到五册对开本关于俄国的手稿(只涉及十八世纪)并做了摘录。"

1857年7月 马克思写作手稿《巴师夏和凯里》。维戈茨基在《马克思列宁主义的牢固基础》一文中说:"1857年7月,马克思写了一个未完成的关于庸俗经济学家巴师夏和凯里的手稿,在其中第一次明确地划清了古典政治经济学的范围,它从十七世纪末配第和布阿吉尔贝尔的著作开始,到十九世纪三十年代李嘉图和西斯蒙提的著作的完成。"

1857年8月23日 《导言》。马克思写于1857年8月末,在稿本上标明字母"M",并附有日期:"1857年8月23日"。

1857年8月底 马克思在写《导言》时为他的经济学著作写了第一个计划,人们通常称为"五篇计划"。马克思写道:"显然,应当这样来分篇:(1)一般抽象的规定……(2)形成资产阶级社会内部结构并且成为基本阶级的依据的范畴。资本、**雇佣劳动、土地所有制**。它们的相互关系。城市和乡村。三大社会阶级。它们之间的交换。流通。信用事业(私人信用)。(3)资产阶级社会在国家形式上的概括。就它本身来考察。'非生产'阶级。税。国债。公共信用。人口。殖民地。向外国移民。(4)生产的国际关系。国际分工。国际交换。输出和输入。汇率。(5)世界市场和危机。"(《马克思恩格斯全集》中文第1版第46卷上册第46页)

1857年10月至1858年5月 马克思写了篇幅巨大的经济学手稿,共七个笔记本,标题为《政治经济学批判》,后统称为《政治经济学批判(1857—1858年手稿)》。1857—1865年期间完成的《资本论》第3卷的各种不同的手稿的不同的标题显示出马克思写作过程的艰难曲折,这个过程决不是直线式的。这些标题如:《第三篇。资本是结果实的东西。利息。利润(生产费用等)》[《马克思恩格斯全集》中文第1版第46卷(下)第263页](政治经济学批判大纲);《第3章。资本和利润》(《马克思恩格斯全集》中文第1版第48卷第252页)(1861—1863年手稿);《总过程的各种形态》(MGⅡ.4.2)。《资本论词典》第1068页上说:"马克思在写完了《政治经济学批判(1857—1858年手稿)》之后,又写了《七个笔记本的索引》、《政治经济学批判》第一分册初稿（片断）。"

  1857 年 10 月至 11 月 马克思写作《政治经济学批判》货币章。（《马克思恩格斯全集》中文第 1 版 46 卷上卷末注 92）

  1857 年 11 月 马克思在写作《1857—1858 年手稿》的《货币章》正文时，又写了第二个计划。在考察交换价值、货币、价格的这个第 1 篇里，商品始终表现为现成的东西。形式规定很简单。我们知道，商品表现社会生产的各种规定，但是社会生产本身是前提。然而，商品**不是被设定在**这一规定上。事实上，最初的交换也只是表现为多余的产品的交换，并不涉及和决定整个生产，这是一种处于交换价值世界之外的总生产的**现成的**多余产品，即使在发达的社会中，这些多余的产品同样会作为直接现成的商品世界而出现在社会表面上。但是，商品世界通过它自身便超出自身的范围，显示出表现为**生产关系**的经济关系，因此，生产的内部结构构成第二篇。[资产阶级社会]在国家上的概括构成第三篇。[生产的]国际关系构成第四篇。世界市场构成末篇：……（《马克思恩格斯全集》中文第 1 版第 46 卷上册第 177—178 页）

  1857 年 11 月中旬 马克思在写作笔记本 II 的第 8 页开始写《资本章》，写了几页，在该笔记本第 18 页写了第 3 个计划。这个计划主要是涉及第 2 篇，特别是"资本"部分的结构……[见《马克思恩格斯全集》中文第 1 版第 46 卷（上）第 219—220 页]

  在第 3 个计划之后，马克思在笔记本 II 的第 22—24 页上又拟定了第 4 个计划[《马克思恩格斯全集》中文第 1 版第 46 卷（上）第 232—233 页]。这个计划把"资本"的结构分成"一般性"、"特殊性"（资本的积累、资本的竞争、资本的积聚）和"个别性"（资本作为信用，资本作为股份资本，资本作为货币市场）3 个部分。"一般性"的 3 个组成部分实际上是后来《资本论》的前三卷的萌芽。在《货币章》中发现了劳动的二重性,在"资本章"中发现了剩余价值。

1857年11月13日 马克思致信恩格斯:"虽然我自己正遭到经济上的困难,但是从1849年以来,我还没有像在这次危机爆发时这样感到惬意。"

1857年11月15日 恩格斯致信马克思:"你收集关于这次危机的材料,这很好。今天再寄上两天的《卫报》。你可以定期收到这个报纸,有时还可以收到《观察家时报》。凡我知道的,我也将尽可能经常告诉你,使我们积累起大量事实。"

1857年12月18日 马克思致信恩格斯:"我的工作量很大,多半都工作到早晨四点钟。工作是双重的:(1)写完政治经济学原理。(这项工作非常必要,它可以使公众认清事物的实质,也可以使我自己摆脱这个讨厌的东西。)"

1858年1月11日 马克思致信恩格斯:"在制定政治经济学原理时,计算的错误大大地阻碍了我,失望之余,只好重新坐下来把代数迅速地温习了一遍。算术我一向很差。不过间接地用代数方法,我很快又会计算正确的。"

1858年1月14日 马克思在写作《政治经济学批判大纲》第四笔记本(《马克思恩格斯全集》中文第1版第46卷上册第344—480页)过程中致信恩格斯,说"我取得了很好的进展。例如,我已经推翻了迄今存在的全部利润学说。完全由于偶然的机会……我又把黑格尔的《逻辑学》浏览了一遍,这在材料的加工**方法**上帮了我很大的忙。""在所有的现代经济学家中,巴师夏先生的《经济的谐和》集庸俗之大成。只有癞蛤蟆才能搞出这种谐和的烂泥汤。"

1858年1月29日 马克思致信恩格斯:"我在经济学的写作中现在遇到一个问题,想从你那里得到一些实际材料的解释,因为这在理论著作中是找不到的。这个问题就是关于资本的**周转**，周转在不同种类的企业里的差别，以及它对利润和价格的影响。"

1858 年 2 月 22 日　马克思在给拉萨尔的信中提出了 6 册计划：全部著作分成六分册：（1）资本（包括一些绪论性的章节），（2）**地产**，（3）**雇佣劳动**，（4）国家，（5）国际贸易，（6）世界市场……关于地产为什么放在雇佣劳动前面（在第 3 个计划中已经改变了位置），马克思在第 3 个计划中说：在资本之后可以考察土地所有权。然后考察雇佣劳动。这一改动是在第 3 个计划中出现的。

1858 年 3 月　马克思与出版商弗兰茨·敦克尔在柏林商定，将他的著作以分册的形式出版，不久后开始写第一分册。

1858 年 3 月 2 日　马克思致信恩格斯："再者，你能否告诉我，隔多少时间——例如在你们的工厂——更新一次机器设备？拜比吉断言，在曼彻斯特大多数机器设备平均每隔五年更新一次。这个说法在我看来有点奇怪，不十分可信。机器设备更新的平均时间，是说明大工业巩固以来工业发展所经过的多年周期的重要因素**之一**。"

1858 年 3 月 4 日　恩格斯致信马克思："十年到十二年的时间足够改变大部分机器设备的性能，因而多多少少使它更新。在十三年零四个月的时间里自然会发生破产事件、修理费极贵的重要部件的损坏等等，这一类偶然事件会使得这个期限缩短一些，但无论如何不会少于十年。"

1858 年 3 月 5 日　马克思致信恩格斯："非常感谢你对机器设备的说明。十三这个数字，就其必要性来说，与理论也符合，因为它为多少与大危机重现的周期相一致的工业再生产的周期规定了**一个计量单位**，而危机的过程从它们间断的时间来看，当然还是由绝然不同的另一些因素所决定的。在大工业直接的物质先决条件中找到**一个决定再生产周期的因素**对我是很重要的。"

1858年3月11日　马克思致信拉萨尔重谈了第一分册的计划：(1)价值，(2)货币，(3)资本一般（资本的生产过程，资本的流通过程，两者的统一），或资本和利润、利息……并再次提到著作的6分册结构。信中还说，前3册是基本经济原理，要做"详细的解释"，而后3册则"只打算作一些基本的叙述"。(《马克思恩格斯全集》中文第1版第29卷第534页)

1858年4月2日　马克思致信恩格斯，信中提到6册结构，并把**资本**一册划分为4篇：(a)资本一般（**这是第一分册的材料**）；(b)**竞争**或许多资本的相互作用；(c)**信用**……；(d)**股份资本**……接着马克思对"资本"（第1册）向"地产"（第2册）和雇佣劳动（第3册）的转化，提出了逻辑的和历史的论据；然后对"价值"和"货币"这两章作了详细的说明，这两章构成了1859年出版的《政治经济学批判》第1分册的内容。

马克思在这封信中关于资本向地产和雇佣劳动的转化说："资本向土地所有制的过渡同时又是历史的过渡，因为现代形式的土地所有制是资本对封建土地所有制和其他土地所有制发生影响的产物。同样，从土地所有制向雇佣劳动的过渡不仅是辩证的过渡，而且也是历史的过渡，因为现代土地所有制的最后产物是雇佣劳动的普遍确立，而这种雇佣劳动就是这一堆讨厌的东西的基础。"

1858年4月9日　恩格斯致信马克思："我因研究你写的分册的前半部分的纲要，十分忙碌。这个 abstract〔纲要〕的确非常 abstract〔抽象〕，这在简短的叙述中是难免的，我常常要费力地去寻找辩证转化，因为我对一切抽象的推理很不习惯。全部材料分为六本书，是再恰当没有了，我非常赞成，虽然我还没有弄清地产向雇佣劳动的辩证转化。"

1858年5月6日至24日　马克思在曼彻斯特住在恩格斯那里，与恩格斯商讨涉及出版计划中的著作的所有理论问题和实际问题。

1858年5月31日 马克思致信恩格斯："伦敦出版了麦克拉伦的一本关于全部通货史的著作；就《经济学家》的摘引看来，这是一本第一流的书。图书馆还没有，这些东西总是在出版了几个月以后才会到那里。但是，在完成我的论述之前，我当然应该把这本书看一遍。"

1858年6月 回到伦敦后，马克思为了便于自己写作，编制了一个关于1857—1858年经济学手稿的《七个笔记本的索引（第一部分）》，这个索引是由两份未完成的手稿组成的，写在M号笔记本的最后11页上。

1858年夏 马克思在伦敦所作的摘录笔记摘录了亚里士多德《政治学》第1册第9章。他在写作《政治经济学批判》第1分册初稿时引用了这些摘录（见笔记本B″第8页）。（见《马克思恩格斯全集》中文第2版第32卷卷末注11）

1858年8月至10月 马克思根据《七个笔记本的索引》写作《政治经济学批判》第一分册第二章初稿片段和第三章开头部分。

1858年11月29日 马克思就准备出版《政治经济学批判》事致信恩格斯，信中说："我的妻子正在誊抄手稿，恐怕月底以前寄不出去……最后，第一篇内容更充实了，因为头两章比原来计划的要写得更详细。其中**第一章《商品》**，在草稿里根本没写，**第二章《货币或简单流通》**只有一个简单的轮廓。"

1859—1862年 在伦敦作摘录笔记。马克思在第VII笔记本中1859—1862年在伦敦作的摘录笔记摘录了弥勒的《治国艺术》，《马克思恩格斯全集》中文第2版第45卷第207页脚注中提到该著作中的一句话："城市生产被束缚在日周转中，农村的生产则被束缚在年周转中"；第VII笔记本中摘录了阿·波特尔的《政治经济学：它的对象、应用和原理。以美国人的生活状况来加以说明》（1841年纽约版）。该书的大部分基本上是乔·斯克罗普的《政治经济学原理》一书前十章的翻版。马克思在1851年曾经摘录了斯克罗普的《政治经济学原理》；第Ⅶ笔记本中1859—1862年在伦敦作的摘录笔记摘录了杜尔哥的《关于财富的形成和分配的考察》；对魁奈《经济表分析》的摘录和对杜邦·德尔穆尔的《魁奈医生的学说》的摘录，见补充笔记本C；对吉·勒特罗纳的《就价值、流通、工业、国内外贸易论社会利益》的摘录见补充笔记本D和E；上述第Ⅶ笔记本还摘录了弗·威兰德的《政治经济学原理》，马克思在写《资本论》第一卷时援引了威兰德的引文；第Ⅶ笔记本还摘录了库尔塞尔-塞讷伊的《工商企业、农业企业的理论和实践概论》，摘录了威·罗雪尔的《国民经济体系》第1卷《国民经济学原理》；在该笔记本中马克思还摘录了杜·斯图亚特的《政治经济学讲义》关于分工的看法，马克思关于分工的观点从这些摘录中得到了启示。马克思还在第Ⅶ笔记本中1859—1862年在伦敦所作的摘录笔记第172页上直接把柏拉图的《理想国》第2卷第369页引入《分工》篇。年表编者认为，所谓的第Ⅶ笔记本中1859—1862年在伦敦所作的摘录笔记应该与第Ⅶ笔记本中1859—1863年在伦敦所作的摘录笔记是一回事。

1859—1863年 马克思在第Ⅶ笔记本中1859—1863年在伦敦所作的摘录笔记第155页摘录了托·本特利的《关于使用机器缩短工时的益处和政策的书信》（1780年伦敦版）第2—3页上的一段话："人们用许多方式对人下定义……a toolmaking animal 或 engineer（富兰克林）已被一些人当作人的最好的、最有特点的定义而加以采纳。"（见《马克思恩格斯全集》中文第2版第44卷卷末注171）

1859年1月13日 马克思致信恩格斯："手稿大约可排十二印张

（三册），尽管它的标题——别被吓倒了——是《资本一般》，但这几册还**一点没有**谈到资本，它们一共只有两章：（1）**商品**。（2）**货币或简单流通**。你可以看到，已经仔细加工（5月间我在你家里的时候）的那一部分还完全没有出来。这从两方面来看都是好的。如果事情顺利，那么第三章《资本》可以马上接着出版。"

1859年1月25日 马克思把《政治经济学批判》第一分册一书的原稿寄给柏林的出版商敦克尔。

1859年1月间 马克思写作《政治经济学批判》序言。马克思一开头说："我考察资产阶级经济制度是按照以下的次序：**资本、土地所有制、雇佣劳动；国家、对外贸易、世界市场**。在前三项下，我研究现代资产阶级社会分成的三大阶级的经济生活条件；其他三项的相互联系是一目了然的。第一册论述资本，其第一篇由下列各章组成：（1）商品；（2）货币或简单流通；（3）资本一般。……我把已经起草好一篇总的导言压下了，因为仔细想来，我觉得预先说出要证明的结论总是有妨害的，读者如果真想跟着我走，就要下决心，从个别上升到一般。"

1859年2月至3月 《资本论词典》第1105页上说："约2月至3月，马克思为了写作第三章《资本》，重新编制了1857—1858年经济学手稿七个笔记本的索引，标题为《我自己的笔记本的提要》。"

1859年2月1日 马克思致信魏德迈，又一次详细说明了6册计划……所不同的是，在每一章节后面，都附了一个历史部分……马克思在信中还说："在这两章里从根本上打击了目前在法国流行的蒲鲁东社会主义……"

1859年2月2日 马克思致信恩格斯："今天收到拉萨尔来信（以后再寄给你），说手稿**还没有**寄到。现在要注意：手稿是星期二（25日）寄出的。1月30日我就接到这里邮局的回执：手稿已寄到柏林了。"

1859年2月21日　马克思致信恩格斯，他在信中告诉恩格斯，他"现在正在整理《资本》"。

1859年2月23日　马克思把写好的《政治经济学批判》序言原稿寄给出版商敦克尔。

1859年2月28日　马克思在关于资本问题的摘录笔记本上注明"1859年2月28日开始"。

1859年6月　马克思于1859年6月出版了《政治经济学批判》第一分册，内容是价值理论和货币理论。

1859年6月4日　《人民报》第5号发表马克思为自己的著作《政治经济学批判》写的序言。

1859年6月11日　马克思的《政治经济学批判》第一分册在柏林出版。

1859年10月2日　马克思致信拉萨尔："看过你以前的一封信，老实说，我认为敦克尔已答应出版两个分册，即整个第一篇（《资本一般》）。但是，另一方面，第一分册的篇幅要比原定计划预计的大得多，而且我也根本不愿意使他成为'被迫的出版者'。无论如何，最好至少前两个分册由同一个出版者出版，因为这两个分册是一个整体。我现在应当全部重新加以修改，因为第二分册的手稿是一年以前写的。"

1859年11月7日　马克思致信恩格斯："在目前的情况下，我简直不可能继续写第二分册。我认为这个分册具有决定性的重要意义。实际上，这是全部资产阶级污垢的核心。"

1860年　从1860年开始，马克思接着写作第3章"资本一般"，他草拟了一个《政治经济学第3章提纲草稿》，共包含4个部分：（I）"资本的生产过程"，（II）"资本的流通过程"，（III）"资本和利润"，最后还有一个部分"其他问题"。其他问题包括："生产劳动和非生产劳动"，"对资本的各种解释"。这个提纲草稿是《1857—1858年经济学手稿》理论成果的概括，又是《1861—1863年经济学手稿》的写作提纲。

1860年2月3日　马克思致信恩格斯："我还在加工我的《**资本论**》"。《资本论》指《政治经济学批判》第二分册。

1861年1月　马克思继第3篇计划之后，又拟定了第1篇《资本的生产过程》的计划：（1）导言：商品，货币。（2）货币转化为资本。（3）绝对剩余价值：a）劳动过程和价值增殖过程，（b）不变资本和可变资本，（c）绝对剩余价值，（d）争取正常工作日的斗争……[《马克思恩格斯全集》中文第1版第26卷（Ⅰ）446页]

1861年6月10日　马克思致信恩格斯："一星期以来，我在认真写我的著作。""著作"指"《政治经济学批判》"。

1861年8月　1859年6月《政治经济学批判》第一分册出版后，马克思计划出版《资本》这一章作为第二分册，然后再出版经济学著作的其余部分，但由于党的事务马克思未能实现这一计划，只是在1861年8月才又重新进行自己的经济学研究工作，而这时他已放弃以分册形式出版自己的著作的计划。（《马克思恩格斯全集》中文第1版第29卷卷末注400）

关于资本的生产过程这一部分的材料包含在1861—1863年经济学手稿第Ⅰ—Ⅴ和ⅩⅨ—ⅩⅫ笔记本中。根据第Ⅰ笔记本的封里上马克思注明的日期来看，这部手稿开始写作的时间应是1861年8月。（见《马克思恩格斯全集》中文第2版第32卷卷末注3）

1861年8月—1863年7月　马克思写作了1861—1863年手稿。

1861年12月　马克思开始写作Ⅲ"资本和利润"。大村泉考证：马克思的《1861—1863年手稿》第ⅩⅥ笔记本写于1861年12月至

1862年1月，第XVII笔记本第1022页—1028页写于1862年1月至1862年3月，马克思的该手稿的第1029—1158页即第XVII笔记本和XVIII笔记本写于1862年11月至1863年1月。由此可见，第XVI笔记本论述《第三章。资本和利润》的部分，以及第XVII笔记本中与此有关的评述，写于《剩余价值理论》稿本之前。马健行的结论："第XVI本和第XVII本前七页写于《剩余价值理论》之前。"

笔记本XVI第一封页上有标题《政治经济学批判。最后的笔记。12月》。笔记本第XVII第一封页上有标题：《最后的笔记本2。政治经济学批判。1862年1月》。马克思标明"从1029页开始续笔记本XV（1862年10月和11月）"。

1861年12月—1862年1月 马克思在完成了标明日期为1861—1862年1月的第XVI笔记本之后才写完第II笔记本的最后几页的。（见《马克思恩格斯全集》中文第2版第32卷卷末注325）

1862年3月 马克思中断了第V笔记本的写作，没有写作第四点（他本来准备在第四点中把绝对剩余价值和相对剩余价值结合起来加以研究）。到了1863年1月，他在写了《剩余价值理论》的主要部分之后，接着写完了第V笔记本，并写作第XIX笔记本。无法确定中断的地方。中断至迟是在第211页上引用1862年11月26日的《泰晤士报》时发生的。

1862年3月6日 马克思致信恩格斯："你能不能把例如你们工厂里工人的各个工种（货栈中的工人除外）写给我，并指出他们之间的数量比例？我的书需要一个这样的例子来说明。"

1862年3月至9月以后 马克思写作1861—1863年手稿中的第VI—XV笔记本，即关于《剩余价值理论》的主要部分。

1862年6月18日 马克思致信恩格斯："我现在正在加紧工作，

奇怪的是，在种种困苦的包围之下，我的脑袋倒比前几年更好用了。我正在把这一卷大加扩充，因为德国的狗东西是按篇幅来估量一本书的价值的。现在我终于顺便把地租这个烂摊子也清理出来了（但是在这一部分我一点也**不打算涉及**它）。很久以来，我就怀疑李嘉图的学说是否完全正确，现在我终于揭穿了骗局。"（《马克思恩格斯文集》第10卷第184页）

1862年8月2日　马克思致信恩格斯："我还是打算把地租理论放在这一卷作为增补，即作为对前面提出的原理的'例解'。"（《马克思恩格斯文集》第10卷第185页）第10卷卷末注说："后来他改变了主意，在《资本论》第三卷（见《马克思恩格斯文集》第七卷）中阐述了他的地租理论。"马克思在这封信中还说："这里你可以看到对李嘉图的理论的批判（粗略的，因为这个问题相当复杂）。无论如何你会承认，由于考虑到了**资本的有机构成**，许多一向似乎存在的矛盾和问题都消失了。"

1862年8月9日　马克思致信恩格斯，他在信中论证了绝对地租在不违反价值规律的情况下的可能性。他认为，"这是从重农学派起直到现在的**理论论战的中心点**。"

1862年12月28日　马克思致信库格曼，说他的著作的第2部分及《资本一般》部分已经脱稿，"它是第一分册的续篇，将以《资本论》为标题单独出版，而《政治经济学批判》只作为副标题"，关于这一部分的性质，他写道："其实，它只包括本来应构成第一篇第三章的内容，即《资本一般》……。这一卷的内容就是英国人称为'政治经济学原理'的东西。这是精髓（同第1部分合起来）。至于余下的问题……别人就容易在已经打好的基础上去探讨了。"后来马克思没有实现他的写续篇的想法。在这封信中马克思还打算"写续篇，即结束资本、竞争和信用的阐述"。后来马克思写作并由恩格斯编辑的《资本论》第三卷已经不再把竞争、信用的专门研究纳入他的《资本论》写作范围。马克思在《资本论》第三卷，即《马克思恩格斯全集》中文第2版第46卷第401页上的第二十二章一开头说："这一章研究的对象，和所有要在以后说明的信用现象一样，不能在这里作详细研究。贷出者和借入者之间的竞争以及货币市场上由此造成的短暂变动，都在我们考察的范围之外。"同上书第450页第二十五章一开头说："详细分析信用制度和它为自己所创造的工具（信用货币等等），在我们的计划之外。"

1862年底 维戈茨基在《马克思列宁主义理论的牢固基础》一文中说，还在写作这一手稿（指1861—1863年手稿）的过程中（1862年底），马克思已经最终决定把自己的著作分四册出版，总标题为《资本论》。为实现这一决定，马克思在1863年7月或8月开始创作新的手稿即1863—1865年手稿，即《资本论》的第三稿。这个手稿没有全部保存下来，只找到第六章《直接生产过程的结果》，此外，1863—1865年手稿还包括《资本论》第二卷的第Ⅰ稿。

1863—1864年 马克思写了《资本论》第一册《资本的生产过程》，接着写《资本论》第三册《总过程的各种形式》。《总过程的各种形式》写于1864年夏天和1865年12月期间，属于1863—1865年手稿的最后组成部分。恩格斯把这一初稿称作第三卷的"主要手稿"。

1863—1865年 马克思在1863年7月或8月开始创作新的手稿即1863—1865年手稿，即《资本论》的第三稿。这个手稿没有全部保存下来，只找到第六章《直接生产过程的结果》，此外，1863—1865年手稿还包括《资本论》第二卷的第Ⅰ稿。

1863—1867年 1863—1867年手稿的这一年代的划分在从前各种材料中被划定为1863—1865年手稿。（参见海克尔文章：《〈资本论〉

及其手稿研究和出版的若干情况》)

1863 年 1 月 马克思为了写好经济学手稿中的机器一节，先后两次给恩格斯写信，同他探讨了机器和工具区别的问题。马克思为了弄清问题，又把他的工艺学摘录笔记重读了一遍，并去听韦利斯教授为工人开设的实习课。

马克思在写完《剩余价值理论》之后，在第 XVIII 笔记本第 1109 页上制定了未来第 3 册第 2 章的详细计划，又拟定了一个第 3 篇《资本和利润》的计划。（见《马克思恩格斯全集》中文第 1 版第 26 卷第 1 分册第 447—448 页）

1863 年 1 月 24 日 马克思致信恩格斯："我在动手写我的书关于机器的一节时，遇到一个很大的困难。我始终不明白，走锭精纺机怎样改变了纺纱过程，或者确切些说，既然从前已经采用了蒸汽力，那么现在除了蒸汽力以外，纺纱工人的动力职能表现在哪里？"马克思在 1863 年 1 月 24 日和 28 日给恩格斯的信中指出，他只是在 1862 年底、1863 年初才又回到机器的资本主义应用这个问题。

1863 年 1 月 28 日 马克思致信恩格斯，信中说到"工业革命并不始于**动力**……**工作机**（例如在缝纫机上）就是唯一有决定意义的，因为现在谁都知道，一旦这一过程实现了机械化，就可以根据机械的大小，用手、水或蒸汽来转动机械。"

1863 年 5 月 马克思的《补充笔记本 C》的写作时间不早于 1863 年 5 月。马克思在该笔记本的第 9—11、15—23 和 29—41 页上详细摘录了弗·魁奈的著作《租地农场主》中关于仆人的论述。

1863 年 6 月 22 日 马克思致信恩格斯："我所有时间都花在英国博物馆里，而且直到月底都会是这样"。

1863 年 7 月—1865 年 12 月 马克思在 1861—1863 年手稿的基础

上写出了1863—1865年经济学手稿，即《资本论》第三稿。在1863—1865年期间，马克思撰写了《资本论》第一册的正文，它是《资本论》第一卷付印的基础；完成了第二册正文的初稿，马克思标明是"第Ⅰ稿"；最后，在这一时期创作了第三册的唯一完整的手稿。

1863年7月6日 1863年7月6日和1877年8月8日马克思在给恩格斯的信中对经济表作了论述。（参见《马克思恩格斯全集》中文第1版第34卷卷末注125）

1863年8月15日 马克思致信恩格斯："我的工作（整理手稿，准备付印），一方面进行得很好。我觉得这些东西在最后审订中，除了一些不可能避免的G—W和W—G以外，已经变得相当**通俗**了。"马克思这里所指的最有可能是《货币转化为资本》章中的一些段落……（摘自《〈资本论〉第一卷德文第一版的产生》）

1864年中至1865年底 "从第一册'誊清稿'转向对资本的进一步考察，是同大约从1864年中至1865年底对《资本论》第三册和第二册的初步编辑加工工作结合在一起的。这个写作时期还有一些书信。如1865年5月9日马克思写给恩格斯的信说：'希望我的书（尽管多次间断）能在9月1日以前完工。'"（摘自《〈资本论〉第一卷德文第一版的产生》）

1864年8月至1865年9月 马克思写作第三册第Ⅰ稿前5章，劳动力经常作为劳动能力的同义语用，而在《工资、价格和利润》（1865年5—6月）则只用劳动力。

1864年9月至12月 马克思写完第三册第二章之后才转向第一章，然后又转向第三章，第135页上说："现在，1864年10月，处于新的危机中。"

1864年10月或者说不定是在11月上旬 马克思完成第1章的写作，马克思在第135页上说："现在，1864年10月，处于新的危机中。"在这一页之后,论述的问题是危机对棉花工人的影响。1864年11月和12月的信件以及1865年4月的信件证明,马克思这时在研究未来《资本论》第三卷的问题。

1864年和1865年 1885年5月5日恩格斯在他为《资本论》第二卷德文版第一版写的序言中作出这样的评价:"从第1—220页(第Ⅰ—Ⅴ本),然后再从第1159—1472页(第ⅩⅨ—ⅩⅩⅢ本),是论述《资本论》第一卷中……所研究的各个题目,是该书现有的最早文稿。"随后关于1861—1863年手稿,恩格斯继续说道:"按照时间的顺序,接下去是第三册的手稿,这个手稿至少大部分写于1864年和1865年。马克思在基本上完成这个手稿之后,才着手整理1867年印行的第一册。"

1864年底或1865年初 马克思写到第三章(即第三册)的中途转过来写《资本论》第二册《资本的流通过程》(第一稿,就是第二册的稿本Ⅰ,MEGA编者推测第二册第Ⅰ稿写于1865年上半年),写完第二册后接着在1865年下半年把《资本论》第三册写完。

1865年或1867年 《资本论》第二册最早的独立的文稿(Ⅰ)大概写于1865或1867年,恩格斯在《资本论》第二卷"序言"中说:"第Ⅰ稿(150页),大概写于1865年或1867年,这是现在这样编排的第二册的最早的一个独立的、但多少带有片段性质的文稿。这个手稿也没有什么可以利用的。"《马克思恩格斯全集》中文第1版第49卷第68注中说,第Ⅰ稿"很可能写于1864年下半年至1865年春天"。

大约在1865年下半年,马克思在写作第三册手稿后半部分时,交错着写了第二册《资本流通过程》的手稿,共分三章:《资本流通》、《资本周转》、《流通和再生产》。《马克思恩格斯全集》中文第1版第49卷第251—525页第一次发表了这一手稿(第Ⅰ稿)。这一稿的第三章《流通和再生产》中的第3、4、5、6、7、8、9节被选入了《资本论文集》。这些内容包含在《马克思恩格斯全集》中文第 1 版第 49 卷第 487—525 页。

1865 年上半年 创作《资本论》第二册第 I 稿；1867—1880 年创作《资本论》第二册第 II 、III、IV 稿，1876—1882 年创作《资本论》第二册第 V、VI、VII、VIII 稿及其他未编号的手稿。在这个第二册的第一稿中发生了从劳动能力到劳动力的转变。

1865 年 6 月 20 日和 27 日 马克思参加了第一国际委员会关于工资本质的辩论。他作题为《工资、价格和利润》的报告。

1865 年中—1867 年 4 月 可以断定第二册第 III 稿写于此期间。

1865 年 7 月至 12 月之间 马克思写作了《资本论》第三册手稿第 5、6、7 章，在此之前，在第二册第 I 稿执笔之前写作了第三册第 3 章，而第 4 章是在第二册第 I 稿之后写作的。

1865 年 7 月 31 日 马克思向恩格斯通报《资本论》写作情况，他说："再写三章就可以结束理论部分（前三册），然后还得写第四册，即历史文献部分；对我来说这是最容易的一部分，因为所有的问题都在前三册中解决了，最后这一册大半是以历史的形式重述一遍。但是我不能下决心在一个完整的东西还没有摆在我面前时，就送出任何一部分。不论我的著作有什么缺点，它们却有一个长处，即它们是一个艺术的整体，但是要达到这一点，只有用我的方法，在它们没有**完整地**摆在我面前时，不拿去付印。"（《马克思恩格斯文集》第 10 卷第 230—231 页）这样《资本论》的四册或四卷结构开始形成了。在 1861—1863 年手稿中，"第三章"是指马克思的"资本一般"的研究的第三部分即资本生产过程和流通过程的统一，在 1857—1858 年手稿中，这一部分的手稿称为"第三篇"；再往后，这一部分改为"第三册"。（参见《马克思恩格斯全集》中文第 2 版第 32 卷卷末注 268）

  1865 年 10 月 马克思在《资本论》第三册手稿第 5 章的末页上写了"现在（1865 年 10 月）"这几个词，此外还引用 1865 年 10 月 11 日英格兰银行报告中的话。

  1865 年 11 月最迟至 1866 年 1 月初 马克思重新开始准备付印的誊清稿。1865 年 11 月 20 日，马克思要求恩格斯向他提供关于一个工人每周平均纺多少纱的材料，另外还说，"我在得到这些详细情况以前，就无法着手抄写第二章。"

  1865 年 12 月 马克思在第三册初稿的第 415—416 页上引用了 12 月 14 日《晨报》上刊登的约翰·布莱特 12 月 13 日在伯明翰演说的一段话。第三册完稿于 1865 年 12 月。1865 年底，马克思把所有三册《资本论》都写完了。（引自大谷祯之介的文章：《马克思恩格斯全集》历史考证版第 2 部分第 4 卷第 2 分册——评《资本论》第 3 册第 1 稿的发表。）

  1866 年 1 月 1 日 马克思开始第一册手稿的誊写工作。

  1866 年 1 月中旬 马克思致信约翰·菲利浦·贝克尔："我必须誊写一千二百页手稿"。这些手稿指：第一册 495 页，第二册第 I 稿 149 页，第三册 575 页。总共 1219 页。

  1866 年 2 月 10 日 马克思致信恩格斯："我对**《工作日》**一节作了历史的扩展，这超出了我原来的计划。我现在'加进去的'是对你的书到 1865 年止的（**简略的**）补充（我在注释中指出了这一点）"。（见《马克思恩格斯全集》中文第 2 版第 44 卷卷末注 196）

  1866 年 2 月 13 日 马克思致信恩格斯说"12 月底已经**完成**"，指完成了第三册。马克思在致恩格斯的信中说到研究地租的情况："关于这本'该死的'书，情况是这样：12 月底已经**完成**。单是论述地租的倒数第二章，按现在的结构看，就几乎构成一本书（在恩格斯出版的《资本论》第三卷中，相当于该章的是整个第六篇：《超额利润转化为地租》——编者）……两年以前，我结束了对地租所作的理论探讨。正好在这一期间，许多新东西出现了，并且完全证实了我的理论。"（《马克思恩格斯全集》第 2 版第 46 卷卷末注 1 中注明是 1866 年 2 月 23 日，不正确，应该是 2 月 13 日，见《马克思恩格斯文集》第 10 卷第 234—235 页）

1866 年 3 月 11 日 从即日起，马克思在马尔吉特休养了一个月。

1866 年 7 月 7 日 马克思致信恩格斯："我现在顺便研究孔德，因为英国人和法国人都对这个家伙大肆渲染。使他们受迷惑的是他的著作简直像百科全书，包罗万象，但是这和黑格尔比起来却非常可怜（虽然孔德作为专业的数学家和物理学家要比黑格尔强，就是说在细节上比他强，但是整个说来，黑格尔甚至在这方面也比他不知伟大多少倍）。"

1866 年 10 月—12 月止 马克思写第二册的《第 I 稿》。

1866 年 10 月 13 日 马克思致信库格曼："我的情况……迫使我只好先出版第一卷，而不是像我起初设想的那样两卷一起出版。而且现在看来总共可能有三卷。全部著作分为以下几部分：第一册 资本的生产过程。第二册 资本的流通过程。第三册 总过程的各种形式。第四册 理论史。第一卷包括头两册。"

1866 年 11 月 10 日以后 马克思把第一卷的一部分手稿送往汉堡，但不包括第一章。

1867—1871 年 马克思为《资本论》第二册、第三册撰写手稿，例如第三册的 II、III 稿，第二册的 II、IV 稿，以及同时论述第二册、第三册的"关于剩余价值率和利润率，剩余价值率的规律，成本价格，资本周转"。

1867 年 4 月 2 日 马克思致信恩格斯："现在已经写好了……下星期我必须亲自带手稿到汉堡去。"

1867 年 6 月底　马克思写完《资本论》第一卷第一章的附录《价值形式》以后，未及等到第一卷出版（9 月），马克思开始继续创作第二册和第三册，交叉写了多份手稿，有的手稿同时涉及第二册和第三册。这些手稿并不是对 1863—1865 年第 I 稿的补充。

1867 年 6 月—8 月　可以确定第二册第 IV 稿写于此期间。

1867 年 6 月 22 日　马克思致信恩格斯，信中谈到关于价值形式的阐述，"第一，我写了一篇**附录，把这个问题**尽可能简单地和尽可能教科书式地加以叙述；第二，根据你的建议，把每一个阐述上的段落都变成**章节**等等，分别**加上小标题**……这部分对全书来说是太有决定意义了"。德文第二版和以后各版中，马克思对这一部分作了某些修改，并且并入正文。1872 年出版《资本论》第二版时，马克思对价值形式的附录作了改写，形成一批内容丰富的手稿。在改写过程中，马克思认真地实现了恩格斯的建议，采用一种讲义式的叙述方式。

1867 年下半年至 1881 年期间　《资本论》词典第 1072 页："据现已发现的材料，1867 年下半年至 1881 年期间，马克思为修订第二册先后写了十二份手稿。"

1867 年 7 月 25 日　马克思写作《资本论》第一卷《第一版序言》，序言一开头讲了 1859 年发表的《政治经济学批判》和《资本论》第一卷之间的联系，《资本论》第一卷第一章概述了前书的内容，马克思说："这样做不仅是为了联贯和完整，叙述方式也改进了……关于价值理论和货币理论的历史的部分，现在自然完全删去了"，在《序言》的末尾他说："这部著作的第二卷将探讨资本的流通过程（第二册）和总过程的各种形式（第三册），第三卷即最后一卷（第四册）将探讨理论史。"（《马克思恩格斯全集》中文第 2 版第 44 卷第 13 页）

1867 年 8 月　马克思写作"第 IV 稿"，第一章完成的时间不会早于 1867 年 8 月，马克思中断"第 IV 稿"写作的时间也不会迟于 1868 年底，即马克思开始写"第 II 稿"的时候。

1867 年 8 月 16 日　马克思于深夜两点校完《资本论》第一卷正文最后一个印张。马克思致信恩格斯说："这样，**这一卷就完成了**。"

1867 年 8 月 24 日　马克思致信恩格斯说，他当时"正在写第二册（**流通过程**）……"《马克思恩格斯全集》中文第 1 版第 31 卷卷末注 333 说："马克思是指《资本论》第二册（分析'资本的流通过程'）最初的草稿。马克思的这个第二册草稿，估计基本上是在 1865 年写的"，恩格斯在整理马克思的《资本论》第二册的手稿时，考虑到有后来的草稿，所以没有利用这个最初的手稿。

1867 年 8 月 27 日　应马克思的请求，恩格斯研究了资本周转问题，并收集了一些资料寄给马克思，供他使用。

1867 年 9 月　《马克思恩格斯全集》中文第 2 版第 45 卷卷末注 1：1867 年 9 月，马克思写了《资本论》第二册第 III 稿。

《资本论》第一卷于 9 月 14 日在汉堡出版，此后马克思继续写以下两卷。按照他当时的意图，第二卷应包括对资本流通过程的分析（第二册）和对资本主义生产总过程各种形式的研究（第三册），而第三卷则是学说史（第四册）。1867 年 7 月 25 日《第一版序言》："这部著作的第二卷将探讨资本的流通过程（第二册）和总过程的各种形式（第三册），第三卷即最后一卷（第四册）将探讨理论史。"《马克思恩格斯全集》中文第 2 版第 44 卷卷末注 23："这里所说的第二卷后来由恩格斯编为两卷出版，这就是《资本论》第二卷和第三卷。"1867 年 9 月，马克思写作《资本论》第二册第 III 稿。恩格斯在《资本论》第二卷"序言"中说："第 III 稿一部分是引文和马克思札记本的提示的汇编（多半和第二册第一篇有关），一部分是关于个别论点的文稿，特别是涉及对亚当·斯密关于固定资本和流动资本以及关于利润源泉的见解的批判的文稿;此外,还有属于第三册范围的关于剩余价值率和利润率的关系的论述。提示没有提供多少新的东西;用于第二册和第三册的论述部分,由于有了后来的文稿,大部分也只好弃置不用。"(《马克思恩格斯全集》中文第2版第45卷第7页)

1868 年 1 月 3 日 马克思为了写地租这一章,请恩格斯向肖莱马打听有关农业化学、土壤学方面的最新资料。

1868 年 1 月 8 日 马克思致信恩格斯:"(1)过去的**一切**经济学**一开始**就把表现为地租、利润、利息等固定形式的剩余价值特殊部分当作已知的东西来加以研究,与此相反,我首先研究剩余价值的一般形式,在这种形式中所有这一切都还没有区分开来,可以说还处于融合状态中。(2)经济学家们毫无例外地都忽略了这样一个简单的事实:既然商品是二重物——使用价值和交换价值,那么,体现在商品中的劳动也必然具有二重性,而像斯密、李嘉图等人那样只是单纯地分析劳动本身,就必然处处都碰到不能解释的现象。实际上,对问题的批判性理解的全部秘密就在于此。(3)工资第一次被描写为隐藏在它后面的一种关系的不合理的表现形式,这一点通过工资的两种形式即计时工资和计件工资得到了确切的说明。"

1868 年 3 月 6 日 马克思致信库格曼:"在第二卷……里面,土地所有权也是所要分析的问题之一,而竞争则只有在论述其他题目需要时才会讲到。"

1868 年 4 月到 5 月 马克思写作《资本论》第二册第 IV 稿(参见《马克思恩格斯全集》中文第 2 版第 45 卷卷末注 1)。恩格斯在《资本论》第二卷"序言"中说:"第 IV 稿是第二册第一篇和第二篇前几章的已经可以付印的文稿,这部分已经在适当的地方采用了。这个手稿虽然比第 II 稿写得早，但是，因为形式上比较完整，所以可以在本书适当的地方很好地加以利用，只要把第 II 稿的一些内容补充进去就行了。"《资本论》第二卷中包括《资本论》第二册第 IV 稿的页码如下：第 138—170 页（其中第 146 页正文第二段到第 148 页正文第一段末属于《资本论》第二册第 VIII 稿，第 151 页上的脚注 12 和 158 页上的脚注 16 属于《资本论》第二册第 II 稿），第 182 页第一段末以下属于第 II 稿。

1868 年 4 月 30 日　马克思致信恩格斯："如你所知，在**第二册**中，资本的**流通过程**将根据第一册中所阐述的前提来论述。因此就有了从流通过程中产生的新的形式规定，如固定资本、流动资本、资本的周转等等……在第三册中，我们将要说到剩余价值转化为它的各种不同的形式和彼此分离的组成部分。"接着马克思分七部分来介绍《资本论》第三卷的内容，在结尾的第 VII 点中谈到关于资本主义社会中与三种收入形式相适应的三大阶级必然产生阶级斗争的观点。这里讲到的第三册即"总过程的各种形式"，恩格斯把它编为《资本论》第三卷出版。

1868 年 7 月 4 日　马克思致信迈耶尔，信中表示希望迈耶尔"能收集到某些有关土地所有权以及美国土地关系的反资产阶级的材料，那对我是特别有价值的。由于我在第二卷里要研究**地租**，所以我非常欢迎专门批判凯里先生的《谐和》的材料"。

1868 年 10 月 7 日　马克思致信丹尼尔逊，信中说俄文版《资本论》的出版不必等待第二卷，"您不必等待第二卷，因为它可能还要推迟六个月才出版。只要去年和 1866 年法国、美国和英国所进行的某些官方调查还没有结束，或者这些调查的资料还没有公布，我对它的最后加工就不可能完成。何况第一卷已经是一个完整的部分。"

1868 年 12 月到 1870 年 7 月　马克思写作《资本论》第二册第 II 稿。马克思在稿本上注明的写作日期是 1870 年，并指出"第二个文稿必须作为基础"。这个手稿包括三章:《资本的循环》、《资本的周转》、《流通过程和再生产过程的实现条件》。《资本论》第二卷(《马克思恩格斯文集》第 10 卷)中包括《资本论》第二册第 II 稿的页码如下:

1. 第 31 页和第 32 页的第一、第二、第三段。
2. 第 151 页和第 158 页上的注。
3. 从 182 页第二段开始到第 388 页。
4. 从 389 页到 397 页(第 18 章)
5. 从 432 页(第三节)开始到 434 页。
6. 从 435 页到 438 页第一段末。
7. 从 438 页到 442 页第二行。
8. 从 470 页第 VI 节开始到 487 页第 X 节止。
9. 从 539 页第 XIII 节开始到 549 页止。

1868 年底 马克思写作"第 IV 稿"第一章完成的时间不会早于 1867 年 8 月。即马克思中断"第 IV 稿"写作的时间也不会迟于 1868 年底,即马克思开始写"第 II 稿"的时候。

1868 年底至 1870 年 7 月 《马克思恩格斯全集》中文第 2 版第 45 卷卷末注 1:1868 年底至 1870 年 7 月,马克思写了第二卷或第二册的第二个稿本(即第 II 稿)。

1869 年 11 月 26 日 马克思致信恩格斯,信中批评了凯里的理论,"投入土地的资本的**利息**之所以成为**级差地租**的组成部分,正是由于土地所有者得到了不是由**他**,而是由**租佃者**投入土地的资本的利息。这种整个欧洲都知道的事实,凯里竟想把它说成在经济学上是不存在的,因为在**美国**租佃制度**还没有**发展起来。可是,这种事情也已经在那里以另一种形式发生了。"

1870 年 在 70 年代,马克思为写作第三册收集了一些材料,这一时期的通信和笔记本证明了这一点。属于这个时期的还有该册第一章的两个修改稿的开头部分和"用方程式来说明剩余价值率和利润率的关系"(《马克思恩格斯全集》中文第2版第46卷第8页)的笔记本。这期间,准备《资本论》第一卷的德文第二版,特别是法文版的大量工作,一再推迟第二、三册工作的完成。

恩格斯在《资本论》第二卷序言注明第二册第Ⅱ稿的日期是1870年。

1870年1月24日 马克思致信巴普:"既然我在《资本论》第二卷中研究土地所有权问题,我认为在这一卷中比较详细地论述一下比利时土地所有权的结构和比利时的农业是有益的。"

1870年2月10日 马克思致信恩格斯:"**弗列罗夫斯基**的书我看过开头的一百五十页(这些篇幅是论述西伯利亚、俄罗斯北部和阿斯特拉罕的)。这是第一部说出俄国经济状况真相的著作。"

1870年6月27日 马克思致信库格曼:"至于迈斯纳催着要第二卷的问题,这项工作整整中断了一个冬天,这不仅仅是因为我生病。我发现有必要认真学习一下俄文,因为在探讨土地问题时,就不可避免地要从原文材料中去研究俄国的土地所有制关系。加之,由于爱尔兰的土地问题,英国政府出版了一套关于各国土地关系的蓝皮书(很快就出版)。"

1870年7月 第二册有一个未曾编号的稿本,应该是"第Ⅳ稿"第一章的开头部分的誊清稿,怎么证明呢?这个手稿附有一张纸,显然是封页,在上面马克思用墨水笔注明:"15日或16日?杜西的生日?"并且用铅笔写上:"车尔尼雪夫斯基1864年被判处在矿井服苦役。弗列罗夫斯基。"1870年7月5日马克思致信恩格斯:"我从洛帕廷那里了解到,车尔尼雪夫斯基1864年被判处在西伯利亚矿井服苦役8年"。马克思在此前不多几天才认识洛帕廷,并同他进行详谈,由此可见,这个注不会早于 1870 年 7 月。由此可以得出结论，马克思在写作"第 II 稿"时，"第 IV 稿"已经在他的手边。

1871—1875 年　马克思为《资本论》第一卷德文第二版和法文版进行工作，间或为《资本论》第三册撰写手稿。

1871 年 6 月 13 日　马克思致信丹尼尔逊："我很乐于整理'第一章'，但是最早也要**过两个星期**才能着手做这件事（指《资本论》德文第一版第一卷第一章）……说到续写我的著作，我们的朋友的消息是出于误会。我曾认为必须把稿子全部改写。而到目前为止，我还缺少一些必要的文献，不过这些文献最终会从合众国寄来的。"这里的误会是指有人说，出版者出于营业上的考虑，在没有把第一卷售完以前，不打算付印马克思已经准备好的第二卷（《资本论》第二册和第三册）手稿。这个消息搞错了。马克思本人没有来得及准备《资本论》第二册和第三册手稿的付印。参见丹尼尔逊 1871 年 5 月 23 日给马克思的信。

1871 年 11 月 23 日　马克思致信弗·波尔特："《资本论》的英文本或法文本，都还没有出版。法文版的准备工作曾进行过，但是由于最近的事件中断了。"这里的事件指法文版的原译者凯累尔与巴枯宁派关系密切，因而马克思与他断绝了往来。《资本论》第一卷完整的法译本由约·鲁瓦完成。

1871 年 12 月 18 日　马克思致信劳拉·拉法格："由于各种情况的巧合，正是现在需要出版**德文第二版**。我正全力以赴地忙于准备工作（因此只能简单地写几句），而法文版的译者自然应该根据校订过的德文版翻译"。

1872 年 1 月 19 日　恩格斯致信拉法格："各方面都要求再版《哲学的贫困》。为此自然要写一篇新的导言，我希望摩尔在《资本论》第二版的工作结束之后，立即就来进行这项工作。"

1872年1月23日　爱琳娜·马克思致信丹尼尔逊："爸爸的著作很快要在德国出第二版，这本书花费了他许多劳动，因为作了很多的修改。法文版也很快就要出版。您可以理解，为了准备好这一切，他得进行多么艰巨的工作。他一直要写到深夜，白天也整天不离开自己的房间。"

　　1872年2月1日　马克思致信斐迪南·约策维茨："我的时间都用于我的那本关于资本的书的德文第二版和我根据德文第二版准备的法文版以及我不得不作种种修改的俄文版。"

　　1872年3月17日　恩格斯致信佐尔格："马克思现在正忙于他的《资本论》第二版和当前急需的各种译文的校订工作。"

　　1872年5月23日　马克思致信佐尔格："我每天还要校对**《资本论》**第二版的**德文校样**（它将分册出版）和巴黎译的法文本**校样**，为了使法国人懂得实质，我往往必须把法译文重新改写"。

　　1872年6月14日　恩格斯致信贝克尔："马克思也觉得身体比去冬大有好转，但是他的工作很多，正忙于**《资本论》**德文第二版和很快就要出版的法译本。俄译本已经问世；这个译本很好。"

　　1872年12月12日　马克思致信尼·弗·丹尼尔逊："在《资本论》第2册关于土地所有制的那一篇中，我打算非常详尽地探讨俄国的土地所有制形式。"

　　1873年1月24日　马克思写了《资本论》第一卷第二版跋。马克思在跋中说明了第二版所作的修改。"第一章第一节更加科学而严密地从表现每个交换价值的等式的分析中引出了价值，而且明确地突出了在第一版中只是略略提到的价值实体和由社会必要劳动时间决定的价值量之间的联系。第一章第三节（价值形式）全部改写了，第一版的双重叙述就要求这样做。——顺便指出，这种双重叙述是我的朋友，汉诺威的路·库格曼医生建议的。1867年春,初校样由汉堡寄来时,我正好访问他。他使我相信,大多数读者需要有一个关于价值形式的附带讲义性的补充说明。——第一章最后一节《商品的拜物教性质及其秘密》大部分修改了。第三章第一节(价值尺度)作了仔细的修改,因为在第一版中,考虑到《政治经济学批判》(1859年柏林版)已有的说明,这一节是写得不够细致的。第七章,特别是这一章的第二节,作了很大的修改。"

1873年2月12日　马克思致信弗里德里希·波尔特:"《资本论》德文版至今出了八个分册。因为过二三个星期就要出完,我打算把所有各册(从第五分册开始)一并寄给您和纽约的其他朋友。至于英文版,因为有了法文版,也就完全不成问题了。不过,我对它还有些担心。修改法译文需要我做的工作比我全部自己翻译还要多。因此,如果我找不到十分内行的英译者,那我就得自己担负这一工作,而法文版已经妨碍我完成第二卷的工作,而且还会妨碍下去,直到搞完为止。"

1873年3月22日　马克思致信丹尼尔逊:"如果您能告诉我**一些**关于契切林对俄国公社土地占有制的历史发展的看法以及他在这个问题上和别利亚耶夫的论战的**情况**,我将非常感谢……历史上一切类似的现象都说明与契切林的看法相反。这个制度在所有其他国家是自然地产生的,是各个自由民族发展的必然阶段,而在俄国,这个制度怎么会纯粹是作为国家的措施而实行,并作为农奴制的伴随现象而发生的呢?"(德国讲坛社会主义者瓦格纳为了反对1869年巴塞尔代表大会关于土地集体所有制的决议,而写了《土地私有制的废除》,为了论证自己的观点,引用了契切林的俄国公社土地占有制的著作。——编者)

1873年12月5日　恩格斯致信马克思:"关于法译本,过几天再详谈。到现在为止,我发现你**加过工的**确实比德文的好,但这里的问题不在法文和德文上。就文体来说，关于穆勒的评语写得最好。"

1874 年 5 月 18 日 马克思致信库格曼："在我不能写作的期间，我为第二卷收集了大量新材料。但是，在法文本完全结束和我的健康完全恢复以前，我无法对这些材料进行最后的加工。"

1875—1882 年 马克思为《资本论》第二册、第三册撰写手稿，例如第三册的"用数学方法说明剩余价值率和利润率"，第二册的第Ⅴ、Ⅵ、Ⅶ、Ⅷ稿。

1875 年 1 月 20 日 马克思致信奥本海姆："今天才改完《资本论》尚未出版的各册的译文（法文）。只要全书一出版，我立即给您寄去；我在书中作了很多修订和补充，尤其是法文版的最后几部分。"

1875 年 2 月 11 日 马克思致信拉甫罗夫："今天给您寄去德文版的一卷本（我手头再没有分册的了）和法文版的前六册。法文版中有很多修订和补充……但是法文版中最重要的修订，是在尚未出版的各部分里面，即在关于积累的几章里面。"

1875 年 5 月 20 日至 8 月 马克思为了弄清利润率和剩余价值率的差别进行了多次计算，这些计算成果后来成了《资本论》第三卷第三章的基础。（见《资本论词典》年表）恩格斯在第三卷序言中说："可用于第三章的有一系列未完成的数学计算，此外还有写于 70 年代的整整一个几乎写满了的笔记本，用方程式来说明剩余价值率和利润率的关系。"

1876 年 2 月中旬 马克思在一个笔记本的内页上标明：第 XI 笔记本（1876 年）。（5 月中旬开始，第 I 页除外）〔第 I 页起的内容是：(1) 关于级差地租 I 的札记——《马克思恩格斯全集》中文第 2 版第 46 卷卷末注 330〕。这个笔记本的第 9 页被马克思编为页码"I"，并写有"开始于 1876 年 2 月中旬"字样，接下来是关于级差地租的一般论述。正文从"级差地租和地租只是投入土地的资本的利息"开始,到本章结束。(参见《马克思恩格斯全集》中文第 2 版第 46 卷卷末注 330)

1876 年 4 月 4 日 马克思致信左尔格:"可否为我(**当然是由我付钱**)在纽约弄到从 1873 年到现在的美国**书目**?我需要(为了《资本论》第二卷)亲自看看关于美国农业和土地所有制关系,以及关于信贷(恐慌、货币等以及与此有关的一切)方面是否出版了什么有用的东西。"

1876 年 5 月 28 日 恩格斯致信马克思:"你说得倒好。你可以躺在暖和的床上,研究具体的俄国土地关系和一般的地租,没有什么事情打搅你。我却不得不坐硬板凳,喝冷酒,突然又把一切都搁下来去收拾无聊的杜林。"

1876 年 10 月 20 日 恩格斯致信库格曼:"第二卷的工作日内将重新开始。但是,如果必须批驳学术界流传的关于马克思的**各种无稽之谈**,那么要做的事就太多了。例如,有一个俄国人昨天说,某个俄国教授固执地断言,马克思现在仅仅研究俄国问题,而且据说是因为马克思坚信俄国公社将遍布全世界。"《马克思恩格斯全集》中文第 1 版第 34 卷卷末注 434 说明第二卷指《资本论》。

1877 年 1 月 20 日或 21 日 燕妮·马克思致信佐尔格:"至于我的丈夫,他现在正认真研究东方问题……"

1877 年 3 月、4 月和 5 月 《马克思恩格斯全集》第 2 版第 45 卷卷末注 1:恩格斯在《资本论》第二卷序言中没有提到的三个属于第一章的手稿分别写于 1877 年 3 月、4 月和 5 月。

1877 年 3 月底 马克思从供第二册用的四份手稿中作出提示和笔记,并以此作为重新写作第二册的基础。

1877年4月—9月　马克思写作《资本论》第二册第Ⅴ稿。《资本论》第二卷中包括《资本论》第二册第Ⅴ稿的页码如下：从48页第2段末开始到133页第3段末。

1877年7月2日　《资本论词典》第1073页上说："第Ⅶ稿，马克思注明的日期是'1877年7月2日'"。

1877年8月1日　马克思致信白拉克："由于我的健康状况不佳，需要治疗。在这段时间内我被禁止做任何工作……"

1877年10月到1878年7月　马克思写作《资本论》第二册第Ⅵ稿，恩格斯在《资本论》第二卷"序言"中说：根据第Ⅴ稿"整理出一份可以付印的手稿的第一次尝试，是第Ⅵ稿（写于1877年10月以后和1878年7月以前）"。《资本论词典》说是1877年11月—1878年6月间马克思撰写了后来被恩格斯称为《资本论》第二卷的第Ⅵ稿，共62页。

1877年11月至1878年6月　《资本论词典》第1073页上说："第Ⅵ稿，写于1877年11月至1878年6月"。

1877年11月3日　马克思致信济格蒙德·肖特："您表示要再给我寄来一些法国、意大利、瑞士等国的材料，尽管我不好意思过多地麻烦您，但是我对此深表欢迎。顺便说一句，我可以安心地等待，而**丝毫不妨碍**我的工作，因为我的著作的各个部分是交替着写的。实际上，我本人写作《资本论》的顺序同读者将要看到的顺序恰恰是相反的（即从第三部分——历史部分开始写），只不过我最后着手写的第一卷当即做好了付印的准备，而其他两卷仍然处于一切研究工作最初阶段所具有的那种初稿形式。"

1878年7月2日　马克思写作《资本论》第二册第Ⅶ稿。

1878年11月15日　马克思致信丹尼尔逊："关于《资本论》第二版，我要请您注意以下几点：（1）我希望**分章**——以及**分节**——按法文版处理。(2)译者应始终仔细地把德文第二版同法文版对照,因为后一种版本中有许多重要的修改和补充(尽管在法文版中,特别是第一章中,我有时不得不使阐述'简化')。(3)我认为作**某些修改**是有益的,无论如何**我会在一星期内设法把这些修改之处为您准备好**,以便能够在下星期六(今天是星期五)寄给您。一俟《资本论》**第二卷**付印,——但是这未必会早于1879年底——,您就会像您希望的那样得到手稿。"

1878 年 11 月 28 日　马克思致信丹尼尔逊:"您寄来的三本书已经收到,非常感谢。"三本书中有亚·楚普罗夫《铁道业务》第2卷。

1879 年 4 月　马克思致信柯瓦列夫斯基:"就拿资本的理论,即现代社会结构的理论来说吧。从配第开始到休谟为止,这个理论只是根据作者生活的那个时代的需要,一部分一部分地——零零碎碎地——发展起来的。魁奈第一个把政治经济学建立在它的真正的即资本主义的基础上,不过奇怪的是,他在这样做的时候看起来却像是土地所有者的一个佃户。卡列也夫先生说,重农学派只是把一种社会职业即农业与其他社会职业即工业和商业对立起来,却从来没有像斯密那样把社会各阶级对立起来,他的这种说法根本不对。"

1879 年 4 月 10 日　马克思致信丹尼尔逊:"现在我首先要告诉您(这一点请不要对外人说),据我从德国得到的消息说,只要那里现行的制度仍然像现在这样严格,我的第二卷就**不可能出版**。鉴于目前的状况,这个消息并没有使我感到惊奇,而且我还应当承认,它也一点没有使我感到气愤,其原因在于:**第一**,在英国目前的工业危机还没有达到顶峰之前,我决不出版第二卷。这一次的现象十分特殊,在很多方面都和以往不同……因此,必须注意目前事件的进展,直到它们完全成熟,然后才能把它们'消费到生产上',我的意思是:'**理论上**'……我不仅从**俄国**而且也从**美国**等地得到了大批资料，这使我幸运地得到一个能够继续进行我的研究的'借口'，而不是最后结束这项研究以便发表。"

1879年7月29日　马克思致信卡洛·卡菲埃罗："至于说到问题的**本质**，我相信我没有弄错，我认为您在序言中阐述的观点有一个明显的缺陷，就是说，其中没有指出，无产阶级解放所必需的**物质条件**是在资本主义生产发展过程中自发地产生的。"手稿删去了几句话，其中有："我认为，把批判的和革命的社会主义同其先驱者区别开来的东西，正是这个唯物主义基础。它表明，当历史发展到一定的阶段动物必然要变成人。"

1879年12月19日　恩格斯致信贝克尔："第二卷进展缓慢，除非明年夏天比今年好，而马克思能真正恢复健康，否则就快不了。"

1880年—1881年　马克思写作《资本论》第二册第VIII稿。《资本论》第二卷中包括《资本论》第二册第VIII稿的页码如下：

1. 从第146页第2段开始到148页第1段末。

2. 第398页到第432页第1段末。

3. 第438页第2段。

4. 从第442页第III节开始到第470页第1段末。

5. 从第487页第X节开始到第539页第2段末。

6. 第551页到590页。

《资本论》第二册的八个稿本的利用情况：

1. 第一个稿本（I）已在《马克思恩格斯全集》中文第1版第49卷全文发表。

2. 第二个稿本（II），恩格斯在准备《资本论》第二卷正文时大约利用了第II稿的三分之一。

3. 第三个稿本（III），恩格斯在准备《资本论》第二卷正文时没有利用这一稿本。

4. 第四个稿本（IV），恩格斯在准备《资本论》第二卷正文时从这个稿本中采用的部分占《资本论》第二卷正文的42个页码。

5. 第五个稿本（V），恩格斯在准备《资本论》第二卷正文时从这一稿本中采用的部分占《资本论》第二卷正文的85个页码。

6. 第六个稿本（VI），恩格斯在准备《资本论》第二卷正文时从这一稿本中采用的部分占《资本论》第二卷正文的4个页码。

7. 第七个稿本（VII），恩格斯在准备《资本论》第二卷正文时从这一稿本中采用的部分只占《资本论》第二卷正文的1个页码。

8. 第八个稿本（VIII），恩格斯在准备《资本论》第二卷正文时从这一稿本中采用的部分占《资本论》第二卷正文的125个页码。

1880年6月27日 马克思致信纽文胡斯："在目前条件下，《资本论》的第二册在德国不可能出版，这一点我很高兴，因为恰恰是在目前某些经济现象进入了新的发展阶段，因而需要重新加以研究。"

1880年11月5日 马克思致信佐尔格："要是你能给我找到关于**加利福尼亚**经济状况的详细的（有内容的）材料，我将非常高兴，钱当然是由我付。我很重视加利福尼亚，因为资本主义的集中所引起的变化，在任何地方都没有像在这里表现得如此露骨和如此迅速。"

1881年12月7日 马克思致信燕·龙格："本来我想一俟我重新觉得自己有了精力，就以全部时间专门从事第二卷的收尾工作。"马克思把自己著作中的那一部分称为第二卷，这一部分后来被恩格斯编为《资本论》第二卷和第三卷。

图书在版编目（CIP）数据

经济学笔记研究Ⅰ／武锡申主编. —北京：
中央编译出版社，2014.5
（马克思主义研究资料／杨金海主编；3）
ISBN 978-7-5117-2115-0

Ⅰ. ①经… Ⅱ. ①武… Ⅲ. ①政治经济学-文集 Ⅳ. ①F0-53

中国版本图书馆CIP数据核字（2014）第064564号

经济学笔记研究Ⅰ

出 版 人：刘明清
出版统筹：薛晓源
责任编辑：盛菊艳　侯天保　薛迎春
责任印制：刘　慧
装帧设计：田晗工作室
排版制作：北京宏章文化发展中心
出版发行：中央编译出版社
地　　址：北京西城区车公庄大街乙5号鸿儒大厦B座（100044）
电　　话：（010）52612345（总编室）　　　（010）52612335（编辑室）
　　　　　（010）52612316（发行部）　　　（010）52612317（网络销售）
　　　　　（010）52612346（馆配部）　　　（010）55626985（读者服务部）
传　　真：（010）66515838
经　　销：全国新华书店
印　　刷：河北下花园光华印刷有限责任公司
开　　本：710毫米×1000毫米　1/16
字　　数：370千字
印　　张：29.5
版　　次：2014年5月第1版
印　　次：2018年9月第2次印刷
定　　价：90.00元

网　　址：www.cctphome.com　　邮　　箱：cctp@cctphome.com
新浪微博：@中央编译出版社　　　微　　信：中央编译出版社（ID：cctphome）
淘宝店铺：中央编译出版社直销店（http：//shop108367160.taobao.com）　（010）52612349

本社常年法律顾问：北京市吴栾赵阎律师事务所律师　闫军　梁勤
凡有印装质量问题，本社负责调换。电话：（010）55626985